FANNY
MENDELSSOHN

Collection « Voix »

Élisabeth Schwarzkopf : *La Voix de mon maître : Walter Legge*
Alain et Nicole Lacombe : *Fréhel*
Dietrich Fischer-Dieskau : *Résonance*
Alain et Nicole Lacombe : *Les Chants de bataille*
David Cairns : *Berlioz*

Collection « Voix » animée par Olivier Tcherniak et publiée avec le concours de la Fondation FRANCE TÉLÉCOM, mécène de la musique vocale.
FRANCE TÉLÉCOM a pour mission de faciliter la communication entre les hommes. Tout naturellement, la vocation de sa Fondation est d'encourager l'une des formes les plus spontanées et les plus pures de l'expression humaine : la voix.
Ainsi, afin d'aider la musique vocale, la Fondation FRANCE TÉLÉCOM apporte son aide à des ensembles comme La Chapelle Royale, l'Ensemble Vocal Européen, l'Ensemble Organum. Elle collabore à la création et à la diffusion d'œuvres vocales inédites, participe à de nombreux festivals lyriques et aide à la découverte et à la formation de jeunes interprètes.
Pour élargir son action, elle a décidé de collaborer à la création d'une collection d'ouvrages sur la voix avec les éditions Belfond.

FONDATION
FRANCE TELECOM

FRANÇOISE TILLARD

FANNY MENDELSSOHN

PIERRE   BELFOND
216, boulevard Saint-Germain
75007 Paris

Nous remercions les organismes qui nous ont communiqué les documents reproduits dans le cahier d'illustrations de ce livre : Mendelssohn Archiv, Geheimes Staatsarchiv et Kupferstich-kabinett pour la Staatsbibliothek Preussischer Kulturbesitz de Berlin, et le Markisches Museum de Berlin.

Si vous souhaitez recevoir notre catalogue
et être tenu au courant de nos publications,
envoyez vos nom et adresse, en citant ce livre,
aux Éditions Pierre Belfond,
216, bd Saint-Germain, 75343 Paris cedex 07.
Et, pour le Canada, à
Edipresse Inc., 945, avenue Beaumont,
Montréal, Québec H3N 1W3.

ISBN 2.7144.2943.2

A Liouba

mon arrière-grand-mère
lauréate du Conservatoire de Leipzig en 1905

INTRODUCTION

Dans *Une chambre à soi*, Virginia Woolf se demande ce qu'il serait advenu d'une hypothétique sœur de Shakespeare. Des difficultés sans nombre l'auraient probablement attendue, tellement insurmontables qu'elle se serait tuée de désespoir [1]. La romancière se pose avec humour la question de la créativité féminine, question à laquelle certains osent répondre : « Une femme ne saurait être géniale. » Grâce à Fanny Hensel, il se révèle en fait inutile de parler au conditionnel : la sœur de Felix Mendelssohn Bartholdy ne s'est pas tuée, elle a vécu heureuse et elle a beaucoup pensé.

Fanny est née à Hambourg en 1805 et morte à Berlin en 1847. Elle était de quatre ans l'aînée du compositeur Felix Mendelssohn Bartholdy. Les deux enfants apprirent la musique ensemble, et leur entourage les considérait comme « également doués ». Fanny ne se déclara pourtant jamais ni compositrice ni musicienne de profession : pour toute carrière elle devait se contenter de sa maison et de sa famille. Cela n'est pas très nouveau et ne mériterait pas d'être mentionné, d'autant moins que Fanny Hensel ne rechigna pas devant ce rôle et le remplit apparemment avec plaisir. Ce qui nous intéresse en revanche, c'est que Fanny ne se laissa jamais détourner de la musique. Elle eut certainement la chance de ne pas connaître de problèmes d'argent et d'épouser un homme qui, bien que peu musicien, la poussait à s'exprimer. Sur elle pesa cependant toujours l'interdit prononcé par son père et repris par ses frères Felix et Paul : une femme qui se respecte ne se produit pas en public. Fanny se produisit alors en privé. A la carrière publique de son frère correspondit une carrière privée de Fanny qui organisait dans son salon des concerts fabuleux avec les « moyens du bord » dont elle sut tirer le maximum. Mais elle ne contenta pas de montrer ainsi ses qualités de pianiste, d'organisatrice, de chef d'orchestre et de chef de chœur, qualités qu'elle possédait au même degré que son frère. Alors que la vie l'encourageait à se taire et que personne ne considérait sérieusement sa production – Felix moins que tout autre –, Fanny ne cessa jamais de composer.

On lui doit près de quatre cents œuvres. La plupart sont à l'état de manuscrits, respectueusement conservés dans la Staatsbibliothek Preussischer Kultubesitz, à Berlin. Fanny n'osa franchir le pas du privé au public que vers quarante ans et fit éditer quelques cahiers de mélodies pour le piano et des *Lieder*. Après sa mort, Felix fit publier deux autres cahiers et ajouta un trio, atteignant ainsi onze numéros d'*opus*. Depuis 1980, ces cahiers ont été réédités en même temps que l'on sort lentement de l'oubli ce qui dort encore dans les archives de l'État allemand ou celles des descendants des Mendelssohn.

Bien sûr, l'auteur de ce livre n'aurait pas commencé ce travail si elle n'aimait pas la musique de Fanny Hensel. Mais il ne saurait être question de traiter Fanny en génie méconnu. D'abord parce que Fanny Hensel, en ne se « coltinant » pas avec la vie, n'a pas achevé son œuvre et n'a pas été jusqu'au bout de ses limites, ensuite et surtout parce que la notion de « génie » est un concept appartenant à un monde masculin opposé à la créativité des femmes. Au mot « génie », le dictionnaire Robert note que ce qu'on appelait au XVIIᵉ siècle « aptitudes innées, dispositions naturelles » (« Ceux que l'on choisit pour de différents emplois, chacun selon son génie », citation de La Bruyère) devient au XVIIIᵉ siècle une « aptitude supérieure de l'esprit qui élève un homme au-dessus de la commune mesure et le rend capable de créations, d'inventions, d'entreprises qui paraissent extraordinaires ou surhumaines à ses semblables ». Un homme, bien sûr. Et c'est à partir du XVIIIᵉ siècle qu'il fallut créer une appellation qui donnerait un caractère magique au travail de l'artiste. Cela correspond au tour de passe-passe qui consiste à considérer l'homme comme le principal acteur de la procréation [2]. Il est apparemment important, pour des raisons symboliques et pratiques, de renvoyer la femme chez elle et de protéger la famille patrilinéaire. Nous sommes ici en présence de deux enfants également doués, dont l'un est autorisé à se déclarer créateur à la face du monde et l'autre chargé de se taire, ou de parler doucement, quels que soient son talent et son désir. Quels dangers pour la société, si une femme se déclarait ouvertement créatrice!

Le rapport des femmes à la composition musicale n'est pas le même suivant les époques et dépend de la valeur donnée à la notion de création. Tant que la musique reste chose spontanée et s'évanouit une fois le morceau terminé, et que les écrits sont proportionnellement rares, la composition ne se sépare pas vraiment de l'acte musical. Là où la composition fait partie de la formation et qu'il ne s'agit que d'avoir accès à l'éducation musicale, ou à l'éducation tout court [3], les gens bien élevés, hommes ou femmes, « composent » ou plutôt produisent des « madrigaux » sur des poésies conçues pour la circonstance. Les techniques d'écriture ne sont pas très compliquées et s'apparentent davantage au « truc » qu'à l'inspiration. Notre notion de « composition » se prête mal à une production aussi spontanée et aussi peu écrite. Le baroque italien a privilégié l'improvisation : peut-on dire que l'on « compose » une cadence ? Pas vraiment : on la chante, on la joue, on l'improvise. Les cantatrices ou les virtuoses italiennes Francesca Caccini, Barbara Strozzi et d'autres ont cependant été inventives, comme leur travail l'exigeait d'elles ; il y a toujours eu des femmes pour « faire » de la musique ! Nous avons tendance à projeter sur l'histoire nos convictions : les femmes ne créent pas, donc elles n'ont jamais créé. La redécouverte d'Élisabeth Jacquet de la Guerre – entre autres – vient contredire ce propos et qui sait, comme le dit Virginia Woolf, si l'on ne va pas s'apercevoir qu'Anonyme est une femme [4] ?

Le problème se rencontre quand la composition devient écriture. A la fin du XVIIIe siècle, alors que l'édition fleurit, l'écriture musicale devient réflexion et l'œuvre appartient à un créateur qui lui donne son nom. Les compositrices sont alors considérées comme des singes savants.

Fanny n'est donc ni *un* ni *une* génie. Felix, qui aimait beaucoup sa sœur, consentit à publier sous son nom à lui quelques-unes de ses œuvres. Il ne s'en cachait pas et tout le monde trouvait cela plutôt normal.

Felix et Fanny : Fa majeur et Fa mineur *(F in Dur und F in Moll* [5]). Le dualisme majeur-mineur date du début de notre période rationnelle et cartésienne. La diversité des modes, ou du moins la légèreté des règles, fait place à une seule alternative : Monsieur Majeur et Mademoiselle Mineure, tellement mineure qu'elle a besoin d'une canne pour soutenir sa tonique. Au mode majeur la clarté et la régularité, tandis qu'on renvoie au mode mineur toutes les ambiguïtés – sixte majeure en montant, mineure en descendant – héritées de la peur médiévale du diable : trois demitons au lieu de deux, quel déséquilibre, quelle perversion, quelle sensualité ! N'oublions pas que Guillaume de Machaut, au XIVe siècle, pour avoir abusé du demi-ton, s'est fait excommunier.

Cette distinction majeur-mineur, clair-obscur, se rencontre à

11

tous les tournants de la vie des presque jumeaux Mendelssohn, malgré leurs quatre années de différence! Felix est beau et Fanny laide, Felix voyage et Fanny reste à la maison, Felix public et Fanny privée.

Ce goût de l'opposition convient particulièrement bien à la société prussienne à partir des années 1810. Après l'invasion napoléonienne, l'effondrement de la Prusse et la liquidation du Saint Empire, tout était à reconstruire, et si possible en prenant le contre-pied de la période précédente. A l'admiration de la Révolution française se substitue la haine des Français, à la religion de la raison celle du sentiment, à l'universalisme, le pangermanisme. Dans la foulée, la liberté d'esprit et une certaine liberté sexuelle font place à la pruderie et à l'enfermement sur la famille. Le couple royal Frédéric Guillaume III et la reine Louise suscite l'admiration des romantiques : Novalis, Kleist et d'autres. La mort de la reine donnera naissance à un culte unissant dans un même idéal la lutte contre Napoléon, le respect de la famille et la valorisation de l'amour conjugal dont la *Fidelio* de Beethoven chante qu'il est le premier pas vers la conquête des libertés. Du haut en bas de l'échelle sociale se reproduit le modèle donné par la famille royale. Il n'y a plus de politique, il n'y a que des cellules familiales qui font ainsi acte d'allégeance à la royauté. Autrement dit, il ne se passe rien en Prusse, l'histoire appartient à une autre partie du monde : à la France, à l'Angleterre... Même s'il se passait quelque chose, on ne pourrait pas le dire : pas de liberté de la presse, pas de constitution. Le début du journal de Fanny, en 1829, décrit fortement cette sensation un peu étouffante : la Prusse à l'intérieur, le monde à l'extérieur. On est loin des salons berlinois de l'*Aufklärung* *, où la société se mélangeait joyeusement, aristocrates et Juifs confondus, et où tout se discutait! Au salon Biedermeier du XIXe siècle appartient le privilège de faire entendre de la bonne musique et il faut lui pardonner la fadeur de sa poésie bucolique, puisque c'était le seul langage permis. Ce n'est pas un hasard si le plus grand poète allemand de cette époque, Heinrich Heine, prit la fuite pour Paris!

Mais pour quelles raisons une femme de talent accepte-t-elle de rester à la maison? Pour obéir à la pression sociale certainement. Un être civilisé doit tenir le rôle qui lui permet de s'identifier à son entourage et les femmes ne vivaient pas seules au XIXe siècle, pas plus qu'elles ne voyageaient seules à moins d'y être absolu-

---

* *Aufklärung* désigne le « siècle des Lumières » allemand, qui ne dura en fait que quelques années.

ment contraintes. Cette situation durera jusqu'à la Première Guerre mondiale. Fanny, quel que fût son talent, se plia à la règle commune qui offrait en ce qui la concernait un grand nombre d'avantages; le rôle de maîtresse de maison était valorisé au maximum dans la famille Mendelssohn et la mère révérée comme une idole. Quant aux raisons personnelles, elles tiennent aux règles très particulières qui régissaient la tribu Mendelssohn.

Un grand-père de Fanny, le philosophe juif allemand Moses Mendelssohn, était sorti du ghetto et avait affronté la misère et la désapprobation des communautés juive et chrétienne pour accéder au savoir. Le nom qu'il s'était fait donna pour toujours à sa famille un lustre particulier, mais aussi un devoir moral. Lorsque la pression sociale contraignit peu à peu chaque membre de la famille à se convertir, ce devoir ne fit que se confirmer. Si un Juif doit à chaque instant prouver qu'il est « bon », c'est encore plus vrai d'un Juif converti. Le père de Fanny, Abraham, quitta la banque en même temps qu'il devenait chrétien. Ne composant pas d'opéra, Felix ne pénétra jamais dans ce monde d'argent et de compromis. Quant à Fanny, elle fut une épouse et une mère modèles, remplit tous ses devoirs familiaux avec zèle, et ils étaient nombreux à cette époque où les maladies pullulaient et où les malades étaient soignés à la maison. Mais, particularité remarquable, l'intellect n'avait pas de sexe chez les Mendelssohn. Les filles, Fanny et Rebecka, eurent donc la chance d'avoir accès à un savoir et à une culture qui faisaient d'elles des privilégiées ne pouvant souhaiter un sort meilleur. Si elles réalisaient quelque chose, l'objet était jugé en lui-même, sans suivre de critère « féminin ». Si Fanny composait, cela devait être bien. Ce n'était cependant pas son rôle et la musique ne devait pas la distraire de ses vrais devoirs. Petite fille et adolescente, elle mit toute son ardeur dans la musique, au point de complexer Felix et de lui faire détester toute idée de compétition pour le reste de ses jours. Puis l'herbe lui fut coupée sous le pied, elle dut laisser toute la place à Felix et apprendre à tenir une maison. Elle put choisir son mari, le peintre Wilhelm Hensel. Par chance pour elle, alors qu'elle avait peur que le mariage ne fût une rupture dramatique dans sa vie, il l'assit à son piano dès le lendemain de leurs noces et il mit une feuille de papier à musique devant elle. Elle eut un enfant, Sebastian, élevé entre les pinceaux de son peintre de père et les partitions de sa mère. Sebastian se donna pour tâche d'écrire les souvenirs de la famille Mendelssohn, sans lesquels aucune étude sur ces personnalités exceptionnelles ne verrait le jour. Au milieu de toutes ses obligations familiales, Fanny organisait et faisait répéter ses concerts du dimanche, composait et écrivait des lettres à son frère ou à ses amis. La somme des lettres de toute la famille Mendelssohn est colossale. En comptant seulement les lettres de Felix à sa famille, on atteint déjà plus de neuf cents pièces [6]. Les compositions de Fanny, peut-être influencées par cet environnement pictural et épistolaire, prennent souvent le caractère d'esquisses, ou de journal musical. Les formes courtes (mélodies pour le piano, études, ou *Lieder*, duos, trios ou quatuors vocaux) abondent dans ses cahiers manuscrits. Les formes longues (sonates ou cantates) sont rares et elle n'écrivit qu'une seule œuvre pour orchestre seul. Fanny affiche un défaut bien féminin, soigneusement inculqué et entretenu : le manque de confiance en soi. Il faut une certaine assurance pour s'atteler à un travail qui demande des jours de patience et pour surmonter la nécessaire alternance de frénésie et de découragement. De notre point de vue, à la fin du XXe siècle, les esquisses ont autant de charme que les grandes machines chères au XIXe siècle et Wilhelm Hensel reste plus célèbre et prisé pour ses rapides portraits au crayon que pour ses tableaux [7]. Il est certainement bien sympathique de se les figurer tous les deux en train de faire voler simultanément leurs crayons ou leurs plumes mais on peut regretter que Fanny ne se soit pas complètement investie dans sa musique dès sa jeunesse. Le Trio en ré mineur, son œuvre la plus achevée, écrite quelques mois avant sa mort, atteste de ce qu'elle pouvait faire. Quel dommage qu'elle ne se soit pas lancée plus tôt !

Il n'en demeure pas moins que l'œuvre qu'elle a laissée est personnelle et forte. Fanny composait vite et ses « esquisses », comme nous venons de les appeler, sont pleines de vie et d'imagination. En quelques pages, sans jamais vouloir quitter le style d'une improvisation ni exhiber sa technique, Fanny savait faire entendre sa voix sans aucun pédantisme. La rencontre avec les artistes de la Villa Médicis à Rome lui apporta le plus fort encouragement qu'elle reçut jamais. En 1839, les Hensel entreprirent un voyage qui était le rêve de toute la vie de Fanny, et passèrent trois mois à Rome, de février à mai 1840. Les artistes y résidant alors, dont les musiciens Gounod et Bousquet, le peintre Dugasseau et leur directeur Ingres tombèrent en extase devant le talent de Fanny, Gounod en particulier. Elle leur fit découvrir tout un aspect de la musique allemande qu'ils ne connaissaient pas. Avec sa mémoire extraordinaire, elle leur jouait tout Bach, tout Beethoven et aussi tout Felix Mendelssohn. Elle leur jouait aussi ses propres œuvres et leur admiration ne connaissait pas de bornes. Fanny se vit ainsi, pour la première fois, fêtée et encouragée comme elle le méritait. Sa musique se composait comme d'elle-même et il n'était pas question de manquer d'inspiration. Mais combien le retour à Berlin fut dur! Ce n'est que quelques années plus tard, encouragée par un jeune ami, Robert von Keudell, et sur la demande pressante des éditeurs Bote und Bock et Schlesinger, qu'elle se décida à faire publier quelques œuvres qui lui valurent des critiques encourageantes. Elle menait une vie qu'elle aimait, qui la rendait heureuse et où elle aussi rendait les autres heureux, quand elle mourut brutalement le 14 mai 1847, au milieu de la répétition d'un concert du dimanche. Comme s'il ne pouvait supporter la vie sans elle, Felix Mendelssohn mourut tout aussi subitement, le 3 novembre de la même année.

C'est presque une gageure que d'envisager la biographie d'une seule ou d'un seul Mendelssohn. Non seulement le chercheur ou la chercheuse se passionne tour à tour pour chacun d'entre eux – et ils sont une assez vaste famille –, mais eux-mêmes ne se pensaient pas les uns sans les autres. Pour parler de Fanny Hensel et la rendre vivante, nous n'avons pas trouvé d'autre moyen que de parler des gens qu'elle aimait et de situer tout ce petit monde dans son contexte. Les Mendelssohn sont avant tout une famille et un clan. Fanny en devint peu à peu le cœur, et sa mort le fit éclater.

1

Moses Mendelssohn

Figure centrale de l'*Aufklärung* berlinois, Moses Mendelssohn (1729-1786) créa son destin tout autant que son nom. A sa naissance, le 6 septembre 1729, le grand-père de Fanny s'appelait Moses, fils de Mendel Dessau, du nom de la petite ville qu'habitait la famille. Mendel était instituteur d'école primaire rabbinique et, malgré une très grande pauvreté, il tint à transmettre tout son savoir à son fils. Soit que son bagage fût très mince, soit que les capacités de Moses fussent exceptionnelles, la légende familiale raconte que Moses, à cinq ans, en savait autant que son père [1]. Celui-ci le confia alors au rabbin Fränkel qui se distinguait dans cette communauté juive pour sa liberté d'esprit et ses connaissances. La misère destinait Moses à devenir colporteur et à errer de village en village avec sa marchandise sur le dos. Pourtant, lorsque Fränkel fut nommé *Oberrabbin* à Berlin, le jeune Moses, âgé de quatorze ans, prit la décision de le suivre : il savait que Fränkel était son seul espoir d'accéder à la connaissance. Il pénétra à Berlin par la Rosenthaler Tor, porte réservée aux Juifs [2], et à la question posée « Que venait-il faire là ? » il aurait répondu : « Apprendre. » Il lui fallait une force d'âme sans égale pour prendre une telle décision, sans appui, sans argent. De sa force physique, il ne pouvait être question : il était petit, bossu et probablement rachitique. Il vécut sept ans dans la plus grande misère. Fränkel lui procurait quelques travaux de copie, qui n'auraient pas suffi à son entretien si quelques coreligionnaires plus aisés – dont Fränkel – ne l'avaient, certains jours, nourri. Sa situation morale n'était pas plus simple. Les Juifs n'étaient tolérés à Berlin que moyennant finances et leur communauté ne pouvait donc supporter qu'une quantité limitée de pauvres gens. Cette communauté était régie par des rabbins polonais qui n'autorisaient que la pratique des langues hébreu et yiddish ; l'allemand était absolument proscrit. Ainsi asseyaient-ils leur pouvoir. Or l'allemand était non seulement le moyen de sortir du ghetto mais surtout, pour Moses, la voie d'accès à la science, à la connaissance

17

en général et enfin à la philosophie. Il l'apprit donc en secret dès son arrivée à Berlin. S'il avait été découvert, il aurait été chassé de la ville. En véritable autodidacte, il engloutissait tout ce qui lui tombait sous la main : mathématiques, langues mortes ou vivantes et surtout philosophie. L'histoire seule l'ennuyait : n'étant pas citoyen, devait-il se sentir concerné ? Il ne se sortit d'affaire qu'en 1750. A vingt et un ans, il entra chez le fabricant de soie Bernhard, qui l'engagea comme précepteur de ses enfants, puis comme comptable. À la fin de sa vie, il en fit son associé. Moses acquit ainsi l'indépendance qui lui tenait à cœur et qui lui permettait d'une part de nourrir sa famille, d'autre part de lire et d'écrire comme il l'entendait. Après une telle jeunesse, le sens de sa vie était tout tracé. Il lui fallait aider ses coreligionnaires à sortir de leur misère physique et morale et à s'inscrire dans la civilisation allemande en tant qu'Allemands. Moses fut en effet le premier à revendiquer la double identité et à s'appeler Juif allemand. Le retour en Palestine ne lui semblait pas envisageable, et il voulait faire de la culture allemande une terre promise pour les Juifs. Il traduisit de l'hébreu les cinq livres de Moïse, les Psaumes et le Cantique des cantiques. Il voulait rendre l'allemand accessible aux Juifs et restituer aux Allemands un texte poétique débarrassé de son mysticisme et de son côté tendancieux. Il n'eut pas le temps de traduire tout l'Ancien Testament, comme il le souhaitait.

Mendelssohn eut, en même temps que son ami l'auteur dramatique Gotthold Ephraim Lessing (1729-1781) et que le libraire et éditeur Friedrich Nicolai (1733-1811), une influence déterminante sur la littérature allemande. Avant même que Lessing ne publiât les articles de la *Dramaturgie de Hambourg* (1768), où Shakespeare était vanté à l'exclusion de tout modèle français, les *Literaturbriefe* (« Lettres sur la littérature »), que les deux amis animèrent, cherchaient à délivrer les auteurs et les textes allemands d'une imitation de la France qu'ils jugeaient ridicule. Moses alla jusqu'à reprocher à Frédéric II d'avoir écrit ses *Poésies diverses* en français. C'était extraordinairement courageux de la part d'un homme dont la situation n'était pas stable et remarquable pour un Juif de défendre la culture allemande.

Il suscitait bien sûr des controverses amères chez les fanatiques des deux religions, mais aussi un énorme enthousiasme chez les philosophes et les gens éclairés. Mirabeau écrivit de lui : « Un homme jeté par la nature au sein d'une horde avilie, né sans aucune espèce de fortune..., s'est élevé au rang des plus grands

18

écrivains que ce siècle ait vu naître en Allemagne [3]. » Robert Badinter raconte comment ses idées influencèrent l'Assemblée constituante lors des discussions concernant l'émancipation et la citoyenneté des Juifs [4]. Moses Mendelssohn s'était fait le champion de l'intégration des Juifs et de leurs droits civils.

Son intelligence et sa conversation lui valurent autant d'amis que ses écrits. Son goût pour la discussion d'idées libre de tout préjugé se refléta dans son *Phaedon*, livre qui lui conféra le surnom de « Socrate allemand ». Un de ses admirateurs, Lavater, lui attira une querelle publique désagréable. Johann Kaspar Lavater (1741-1801), théologien protestant suisse, créateur de la « physiognomonie », pensait pouvoir juger du caractère des gens par les traits de leur visage. La bonté du visage de Moses ne pouvant selon lui ne se lire que sur les traits d'un chrétien, Lavater, en 1769, somma publiquement Moses de donner ses raisons d'être juif, ou de se convertir. Cet inconscient ne réalisait pas qu'il mettait en péril le droit de Moses à rester à Berlin. Il n'était pas question pour le philosophe d'admettre qu'une religion puisse détenir une vérité universelle. Son ami Lessing, dans sa pièce *Nathan le Sage* (1779), donne une idée de ce que pût être la réplique de Moses. Dans cette pièce, le sultan Saladin exige de Nathan – dont Moses était le modèle – qu'il lui dévoile laquelle des trois religions révélées serait la vraie religion. Le Juif Nathan, acculé à une situation aussi délicate que celle de Moses, raconte au sultan une parabole : un anneau miraculeux, qui donnait à son possesseur le pouvoir d'être aimé de tous, passait de père en fils. Il arriva qu'un père ne put choisir lequel de ses trois fils, également aimés, devait hériter de cet anneau. Il fit en sorte que chacun de ses fils héritât d'un anneau identique. A sa mort, il y eut dispute. Un juge, appelé pour l'occasion, rendit le verdict qu'aucun des trois anneaux n'était le vrai puisque aucun des frères ne savait se faire aimer des deux autres. En revanche, ils se devaient de rester fidèles à leur anneau tel que l'amour de leur père le leur avait laissé. Le véritable anneau était probablement perdu. Peut-être le père s'était-il lassé de la tyrannie d'une vérité unique [5] ?

Nathan-Moses gagna la bataille avec honneur et même humour. Alors qu'un autre convertisseur, Teller, lui adressait ce poème :

> « Vous croyez bien en Dieu le Père,
> Croyez donc aussi en son Fils.
> Vous faites bien crédit aux enfants
> Alors que le père vit encore ! »

Moses répondit :

« Comment pourrions-nous lui faire crédit ?
Le père est immortel ! »

Mendelssohn était avant tout tolérant et à cause de cela partisan de la séparation de l'Église et de l'État. Il n'obtint qu'en 1763 la *Schutzbrief* ou « lettre de protection » qui lui donnait l'autorisation de résider à Berlin. Le marquis d'Argens avait appuyé en ces termes sa demande auprès de Frédéric II : « Un philosophe mauvais catholique supplie un philosophe mauvais protestant de donner un privilège à un philosophe mauvais juif. Il y a trop de philosophie dans tout ceci pour que la raison ne soit pas du côté de la demande. » Mendelssohn exprima le désir de voir ce privilège s'étendre à ses descendants, mais ce n'est qu'en 1787 que Frédéric Guillaume II l'accorda à sa veuve et à ses enfants [6].

Tout cela, nous le trouvons dans le livre écrit par Sebastian Hensel, fils de Fanny, « La Famille Mendelssohn », véritable monument érigé en 1879 au souvenir de ses parents. Aujourd'hui, les chercheurs disputent à Sebastian tel ou tel point où il leur paraît manquer d'exactitude. C'est possible et même certain, mais cela nous concerne peu : Sebastian n'a pas connu Moses et il était un petit enfant quand ses grands-parents moururent. Il a donc reçu la légende familiale principalement de la bouche de sa mère, et c'est cela qui nous intéresse. Il possédait bien sûr une somme de documents de première main tout à fait enviable. Il n'en demeure pas moins que son admiration pour cet ancêtre exceptionnel lui vient de Fanny, elle-même élevée dans le respect de cet homme courageux, intelligent, dont la religion était fondée sur la raison, la tolérance, la fidélité à soi-même et à ceux qu'il aimait. Ces valeurs se reflétèrent dans le sens esthétique des Mendelssohn ; l'éducation musicale de Fanny comme de Felix fut marquée par la rigueur, l'étude des anciens, et surtout des anciens Allemands, Bach, Haendel, Gluck. Cette science ne devait pas altérer la fluidité du langage musical, toujours élégant et immédiatement compréhensible, comme la conversation d'une personne bien élevée. Moses eut sans aucun doute une influence plus intellectuelle que musicale sur ses descendants, bien que son goût pour les mathématiques et le jeu d'échecs ne fût pas sans rapport avec un certain aspect de la musique. La fierté de s'appeler Mendelssohn allait de pair avec la conviction du pouvoir absolu de la pensée, de la raison et du savoir. Le poète Heinrich Heine (1797-1856) écrivit avec son ironie habituelle cette strophe du poème *Atta Troll* :

« Hört es, hört, ich bin ein Bär,
Nimmer schäm' ich mich des Ursprungs,
Und bin stolz darauf, als stammt' ich
Ab von Moses Mendelssohn! »

« Oyez, oyez, je suis un ours,
Je n'ai pas du tout honte de mes origines,
J'en suis aussi fier que si je descendais
De Moses Mendelssohn [7] ! »

Fanny pouvait se dire certaine, hélas, de descendre de Moses :
elle avait elle aussi le dos déformé. La plupart des descendants
immédiats de Moses connurent, comme lui, une mort rapide et
sans souffrance. Il disparut le 4 janvier 1786.

2
La parentèle de Fanny Mendelssohn

Les filles de Moses Mendelssohn

De son mariage avec Fromet Gugenheim, fille d'un marchand de Hambourg, Moses eut trois filles et trois garçons : Brendel, Recha, Joseph, Henriette, Abraham et Nathan. Il prit grand soin de l'éducation de ses enfants, dit Sebastian, qui entendait par là : il prit grand soin de l'éducation de ses fils. Pourquoi aurait-il dû se montrer beaucoup plus intelligent que Rousseau ? Sophie ne doit apprendre qu'en fonction de ce qui va plaire, réconforter et rendre service à Émile. C'est la loi de l'univers, c'est l'ordre de la nature, qui ne se remet pas plus en question que les règles de la musique : le mode majeur et le mode mineur. La fille est assujettie à l'homme comme le mineur au majeur, même les sauvages savent cela ! Les fils Mendelssohn – en particulier Joseph, les deux autres sont encore petits lors de la mort de Moses – reçoivent de leur père un enseignement philosophique et biblique ; ils ont un précepteur, Herr Bomberg, et apprennent l'hébreu, le latin, l'allemand, les sciences. Les filles reçoivent l'éducation d'une Sophie un peu intellectuelle : les soins de la maison, la musique, le dessin, les langues vivantes sans oublier l'allemand. Le père a sur elles un pouvoir despotique. Ses idées avancées ne l'empêchent pas de disposer d'elles et de fiancer Recha et Brendel, qui n'avait alors que treize ans, sans leur demander leur avis. L'une et l'autre divorceront. Henriette restera célibataire.

Le XVIIIᵉ siècle finissant est cependant favorable au mode mineur : c'est durant la période *Sturm und Drang* que se composent le plus de pièces en mineur. La discussion rationnelle, le désir d'apprendre sont plutôt favorables à une certaine émancipation. A Berlin, dans les années 1780, se crée un mouvement littéraire initié dans les salons tenus par les « belles filles des Juifs » telles Henriette Herz ou Rahel Levin (future Rahel Varnhagen) qui étaient les amies intimes de Brendel Mendelssohn. Henriette

22

de Lemos avait elle aussi été mariée à quinze ans au célèbre médecin Markus Herz, mais, alors que Markus s'entourait de scientifiques, la belle Henriette rassemblait autour d'elle un cercle d'amis, où l'on rencontrait entre autres Schleiermacher et les frères Humboldt et où l'on parlait littérature et sentiment. C'est là que Brendel, épouse de Simon Veit, connut Friedrich von Schlegel (1772-1829), pour qui elle quittera mari, famille et patrie. Rahel Levin, moins jolie qu'Henriette, s'acharnait à écouter et à comprendre la psychologie des amis qui venaient prendre le thé chez elle. C'est dans la mansarde où elle tenait salon que le prince Louis-Ferdinand et Pauline Wiesel se rencontrèrent. Il semble bien que dans Berlin, ville en pleine expansion dans un Saint Empire à l'agonie, il fallait un exutoire, une sorte de zone franche, et comme dans les salons juifs il n'était question d'aucune exclusion sociale, les nobles se mélangeaient aux bourgeois et aux Juifs. Le seul critère commun se trouvait dans le goût pour la conversation. Au milieu de cette liberté de langage et de conduite, les femmes réclamaient une chose toute nouvelle en Allemagne : la liberté d'aimer, la liberté de choisir leur partenaire.

Brendel Mendelssohn (1764-1839), qui avait épousé, comme prévu par son père, le banquier Simon Veit, s'était donné un autre prénom, Dorothea. Elle conduisit sa logique jusqu'au scandale. Si environ la moitié des Juives de bonne compagnie divorcèrent de leurs maris imposés, elles appartenaient malgré tout à de riches familles et se remarièrent dans l'aristocratie prussienne appauvrie [1]. Dorothea choisit de partager le sort d'un homme de lettres sans situation. Simon Veit se conduisit plutôt bien à son égard et lui laissa une pension avec la garde du plus jeune de ses deux fils, Philipp, à condition qu'elle ne se remariât pas. Dorothea et Friedrich passèrent leur vie à demander de l'argent ou une situation à leurs amis et à leurs familles. Dorothea fit des traductions [2] et écrivit un roman, *Florestan*. Friedrich von Schlegel, par ailleurs grand critique littéraire [3], courait après l'argent et le succès. Dans l'espoir de gagner l'un et l'autre, il publia *Lucinde*, histoire de leurs amours. Il y décrivit sa passion pour Dorothea et leurs ébats amoureux aussi crûment que sa plume pouvait l'oser. Non seulement rien n'y manquait en termes de vêtements déchirés, d'appas excitants et d'étreintes fougueuses, mais Lucinde osait montrer son désir, réclamer et faire l'amour dans toutes les positions. Les livres de médecine de l'époque le déconseillaient, mais Friedrich et Dorothea ne les avaient apparemment pas lus ou s'en étaient moqués.

La société d'alors ne pouvait les comprendre. Leurs amis les plus proches, à l'exception de Schleiermacher, se montrèrent choqués. La fille du modèle de *Nathan le Sage*, héroïne d'un roman pornographique, c'était inconcevable. Si l'on ajoute qu'elle était juive, laide et de dix ans l'aînée de son ami, rien ne manquait au scandale. Le roman fut hélas! un échec financier, tout le monde en parlait sans l'avoir lu ni acheté.

Dorothea se convertira au protestantisme et épousera Friedrich von Schlegel à Paris le 6 avril 1804. Après une vie de voyages et d'incertitude matérielle et une deuxième conversion, elle finira ses jours à Francfort, chez son fils le peintre Philipp Veit, dans la peau d'une catholique bigote.

Moses maria sa deuxième fille Recha (1767-1831) à Mendel Meyer, fils du banquier Nathan Meyer, « Juif de cour » du Mecklembourg-Strelitz. Elle aussi divorça et dirigea un pensionnat de jeunes filles à Altona [4], puis elle vécut jusqu'à sa mort à Berlin, connue comme une femme d'esprit mais de santé très fragile.

La situation de la plus jeune sœur Mendelssohn, Henriette (1775-1831), était aussi difficile que son père pouvait le craindre en la voyant célibataire : il ne laissa que peu de chose à sa famille, sa veuve ne put que vivre chichement et dut quitter Berlin pour retourner dans sa famille à Hambourg. Henriette demeura quelque temps avec sa mère, puis se décida à voler de ses propres ailes, décision dictée par la nécessité. Elle devint gouvernante et partit pour Vienne. D'après Jean-Jacques Anstett [5], cette première expérience aurait consisté à parfaire l'éducation d'Henrietta, fille de Fanny von Arnstein (1758-1818) [6]. Henriette ne resta que deux ans à Vienne, dont le conservatisme lui déplaisait. Elle arriva à Paris en 1801 et y retrouva son frère Abraham, alors commis chez le banquier Fould. Celui-ci lui prêta ou lui loua un pavillon attenant à son immeuble rue Bergère, pour y installer un pensionnat de jeunes filles. Elle y reçut des enfants à partir de l'âge de sept ans, qui n'étaient pas forcément de confession israélite puisqu'elle avait une adjointe pour dispenser un enseignement catholique [7].

En 1812, Henriette reprit ses fonctions de gouvernante, et s'occupa jusqu'en 1825 de l'éducation de Fanny Sébastiani, fille du comte Horace Sébastiani, ancien général de Napoléon. Cet homme adroit poursuivit sa carrière sous la Restauration, devint député, puis ministre et obtint le maréchalat. Henriette vécut donc sur un pied tout à fait imposant, ce qui l'impressionnait peu. Elle essaya d'obtenir avec son élève d'aussi bons résultats que sa belle-sœur berlinoise auprès de notre Fanny, mais en vain. Bien que très gentille, la petite Parisienne était une mondaine, et se dirigeait vers un mariage mondain. Fanny Sébastiani mourra la même année que Fanny Hensel, en 1847, mais dans des conditions fort différentes : assassinée par son mari, le duc de Choiseul-Praslin, pair de France, qui se suicidera dans sa cellule plutôt que de comparaître aux assises. Le scandale rejaillit sur le gouvernement de Louis-Philippe, accusé d'avoir encouragé ce suicide, et contribuera à le discréditer. L'éducation ne peut pas tout. Henriette n'assista pas à la fin tragique de son élève car elle rentra à Berlin en 1825 après le mariage de Fanny Sébastiani. Le général lui assura une pension de 3 000 francs par an [8]. Elle mourra, elle aussi en bonne catholique, le 9 novembre 1831.

Ces deux femmes, Dorothea et Henriette, purent-elles constituer des modèles pour Fanny Mendelssohn ? Trente et quarante ans séparent Fanny de ses tantes. On aurait pu espérer qu'après ce laps de temps l'émancipation des femmes ait accompli de tels progrès que la libération sexuelle de l'une et l'indépendance financière de l'autre aient servi d'exemple et d'émulation à Fanny. Mais quand elle rencontre ses tantes, ce sont de charmantes vieilles dames cultivées et intéressantes, parfaitement rangées, ayant trouvé dans la religion catholique la « petite canne » qui leur manquait. Le XIXe siècle vogue de toutes ses voiles avec ses idées conservatrices.

Les parents de Fanny

Henriette était très proche de son frère Abraham, d'un an son cadet, commis comme nous l'avons déjà indiqué chez le banquier Fould. Elle avait une amie très chère, Lea Salomon, et elle sut convaincre son frère qu'il devait chercher à l'épouser. Petite-fille du Juif de cour Daniel Itzig (1723-1799), Lea appartenait à une des familles juives les plus privilégiées de Berlin.

La politique des Hohenzollern à l'égard des Juifs dépendait, comme partout ailleurs, de leurs intérêts. Le Mark Brandebourg était interdit aux Juifs depuis 1573, c'est-à-dire depuis que le Juif de cour Lippold, directeur de la Monnaie du Prince Électeur Joachim II (1505-1571), fut accusé d'avoir empoisonné le Prince et d'avoir séduit sa maîtresse, Anna Sydow. Lippold fut soumis à la question, roué, taillé en pièces, et tous les Juifs chassés du pays. Il fut réhabilité peu de temps après, mais les Juifs ne retrouvèrent pas leurs droits antérieurs[9]. Le besoin de repeupler un pays décimé par la guerre de Trente Ans (le Brandebourg y perdit les deux tiers de ses habitants) conduisit le Grand Électeur Frédéric Guillaume (1620-1688) à faire venir de Vienne en 1670, c'est-à-dire un siècle plus tard, cinquante familles juives que le jésuitisme de l'épouse espagnole de l'empereur Leopold Ier (1640-1705) avait fait expulser[10]. Le Grand Électeur n'introduisit pas chez lui n'importe quelles familles, mais seulement celles dont la fortune s'élevait au minimum à 10 000 thalers, richesses dont il avait besoin pour remonter le commerce et financer ses guerres[11]. Ces familles recevaient une *Schutzbrief*, une « lettre de protection », qui les autorisait à résider et à commercer, principalement dans le textile et l'habillement. A partir de 1700, une taxe fut collectivement imposée à la communauté, que les dirigeants (huit parnassim) étaient chargés de récolter. Il y avait bien sûr d'énormes différences sociales entre les Juifs viennois ou ceux qui avaient réussi à obtenir une *Schutzbrief*, et tous les autres. Les premiers commencèrent à fréquenter l'aristocratie chrétienne, à perdre leurs coutumes juives et à s'assimiler à la société qui les entourait. Mais la communauté juive demeurait quand même très unie ; les contacts avec les coreligionnaires d'autres villes se révélaient commercialement et financièrement très valables et donnaient au fait d'être juif un certain avantage.

L'édit de 1731[12] réglementa et réduisit fortement la liberté du commerce ; il s'agissait de protéger les manufactures nouvellement établies dans le pays en leur réservant le droit de travailler les matières premières. Les Juifs se voyaient réduits à quelques commerces : les bijoux, un certain type de tissu (le cattun), quelques fourrures (le mouton, le veau), le thé et le café. Aux plus pauvres, il restait la pacotille, les vieux vêtements, le change et les chevaux.

Ce règlement visait certainement à protéger les corporations traditionnelles, mais aussi à pousser les Juifs riches vers l'investissement dans les manufactures et le crédit. Les Juifs pauvres n'avaient plus qu'à partir tenter leur chance ailleurs. En 1737, le nombre de familles juives « tolérées » à Berlin était fixé à cent vingt. Comme il a été dit, toute famille nouvellement venue devait faire état d'une fortune de 10 000 thalers ; d'autre part, un père pouvait inclure deux de ses fils dans sa « lettre de protection », à condition que le premier fasse état d'un avoir de 1 000 thalers et le second de 2 000 thalers de fortune. Les filles n'étaient pas prises en compte.

En 1750, le souverain « éclairé » Frédéric II (qui en arrivant au pouvoir en 1740 avait décrété que chacun dans ses États devait *nach seiner Fasson selich werden* (trouver son salut à sa façon) promulgua un édit défendant aux Juifs tout artisanat pouvant porter un quelconque ombrage aux gains des « bourgeois ». « Une loi digne d'un cannibale » jugera Mirabeau dans son écrit *De la monarchie prussienne sous Frédéric le Grand* (1787) [13]. Une différence de taille fut introduite entre *ordentlicher Schutzjude* dont le privilège s'étendait aux enfants, et *ausserordentlicher Schutzjude*, Juif extraordinaire, toléré dans le pays durant sa vie, mais dont les enfants n'avaient d'autre ressource que de partir, s'ils n'arrivaient à se mettre sous la protection d'un *Schutzjude*, comme c'était le cas pour Moses Mendelssohn protégé par le *Schutzjude* Bernhard.

De toute évidence, Frédéric II se servait des Juifs pour remplir ses caisses. Il fit passer le minimum des fortunes à 15 000 puis 20 000 thalers et finit par « brader » le privilège du deuxième enfant pour la somme globale de 70 000 thalers.

En revanche, Frédéric avait trop besoin des plus riches, les *Hofjuden*, Juifs de cour, pour ne pas les excepter de la réglementation générale. Battre monnaie, privilège confié aux banquiers Gumpertz, Itzig, Isaac et Ephraim, et financer diverses manufactures rendait à la royauté prussienne des services qui appelaient forcément des récompenses, le plus souvent sous forme d'avantages sociaux. En 1761, Ephraim, Itzig et Abraham Markuse reçurent pour eux-mêmes et leurs enfants un privilège général qui leur reconnaissait les mêmes droits qu'aux marchands chrétiens. Enfin Daniel Itzig fut le premier Juif prussien à recevoir en 1791 la patente de naturalisation qui faisait de lui, de toute sa famille et de ses descendants l'égal des bourgeois des États de Sa Majesté [14].

On est obligé de constater que ces *Hofjuden* furent les seuls partenaires que trouva Frédéric II pour le comprendre et le soutenir dans ses plans financiers. Après 1753, le souverain chercha l'appui des marchands berlinois qui le lui refusèrent, soit par prudence, soit par manque d'imagination. Peut-être la bourgeoisie d'une aussi petite ville que Berlin, dont l'expansion était récente, n'avait-elle simplement ni la conscience ni la hauteur de vue de la bourgeoisie d'une ville hanséatique comme Hambourg ou d'une ville à forte tradition commerciale comme Leipzig. Frédéric II fit alors appel à des étrangers, mais ni l'Italien Calzabigi ni le Hollandais Clement n'étaient banquiers [15]. C'est donc vers les banquiers juifs berlinois qu'il se tourna. La bourgeoisie berlinoise, qui pouvait se permettre d'être timorée, n'avait ni leurs contacts ni leur esprit d'entreprise.

Daniel Itzig, Moses Mendelssohn : deux façons très différentes de conquérir le droit de cité. Daniel Itzig eut cinq fils et onze filles de son mariage avec Miriam Wulff, ce qui constitua pour Lea Mendelssohn une parentèle considérable. Ses enfants reçurent une éducation qui prouvait que l'argent ne comptait pas aux yeux de leur père. L'une de ses filles, Franziska, ou Fanny (1758-1818), épousa le banquier Nathan Arnstein avec qui elle partit vivre à Vienne où elle poursuivit avec beaucoup de lustre la tradition des salons berlinois ; une autre, Sara (1761-1854), épousa également un banquier, Samuel Levy, tint salon à Berlin et fut une claveci- niste réputée qui participa aux concerts de la Singakademie ; quant à Bella, ou Babette (1749-1824), elle épousa Levin Jacob Salomon et se fit connaître dans l'histoire de la musique pour avoir déposé au chevet de son petit-fils Felix Mendelssohn, un soir de Noël 1823, la copie intégrale de la *Passion selon saint Mat- thieu* de Jean-Sébastien Bach. Les Itzig étaient de grands admira- teurs de ce compositeur et de ses fils dont ils patronnaient les œuvres et qu'ils soutenaient en cas de besoin.

A la mort de Moses Mendelssohn, la situation de ses enfants n'était pas particulièrement florissante. Les garçons se cher- chèrent tous les trois une situation. Comme nous le savons, Abra- ham s'installa à Paris en 1797 chez le banquier Fould, rue Ber- gère ; il voyait beaucoup sa sœur Henriette, qui vivait et enseignait rue Richer. Abraham devenu parisien et francophile jurait de ne jamais retourner vivre à Berlin, cette poussiéreuse ville de province. Henriette, en revanche, montrait peu d'enthou- siasme pour la situation professionnelle de son frère, trop dépen- dant à son gré des caprices de son patron. Elle pensait que son avenir à Paris risquait de se trouver rapidement bouché, ne serait-ce que pour des raisons politiques. Elle s'arrangea pour qu'il rencontre son amie Lea Salomon, cette jeune fille parfaite à tous égards : pas simplement intelligente, mais très intelligente et extrêmement bien élevée. Elle parlait et écrivait le français, l'anglais, l'italien ; très musicienne, comme toute sa famille, elle jouait du piano et chantait ; son esprit et ses talents de société se manifestaient par des reparties toujours justes mais jamais bles- santes. Sans être vraiment une beauté, Lea avait des yeux noirs et expressifs, une taille de sylphide, une attitude douce et modeste ; elle lisait Homère dans le texte, mais elle était d'une telle modestie qu'elle ne s'en vantait même pas. Elle dessinait admirablement, montrait de grandes qualités d'économie ménagère, et de plus, elle était riche [16]! En sœur très aimante, Henriette dut bien faire l'article, ce qui paraît très facile. Abraham rencontra Lea à Berlin, se fit accepter de la jeune fille, et même de sa mère qui n'était pourtant pas enchantée à l'idée que sa fille épousât un simple commis. Beaucoup plus tard, Lea écrivit à son futur gendre :

« Ne m'accusez surtout pas d'égoïsme ni d'avarice, cher et doux insolent! Sinon je devrai vous rappeler que j'ai épousé mon mari avant qu'il ne possédât un pfennig. Mais il avait un revenu sûr, bien que très modeste chez Fould à Paris et je savais qu'il pourrait faire fructifier la fortune que je lui apportais. Me voir épouser un commis ne satisfaisait certes pas l'ambition de ma mère, c'est pourquoi Mendelssohn dut s'associer à son frère : c'est de cette époque, Dieu soit loué! que date leur prospérité. » Dans la famille de Lea Salomon, on épousait un banquier, pas son commis. Avec la dot qu'elle apportait, Lea aurait même pu songer à une alliance dans l'aristocratie prussienne, comme beaucoup de ses cousines. Elle montrera que ce n'était pas son idée. Quoi qu'il en fût, Abraham était en mesure de se lancer dans les affaires avec un capital à son nom, même si c'était l'argent de sa femme, et il s'associa avec son frère Joseph.

Le frère aîné d'Abraham, Joseph Mendelssohn (1770-1848), est certainement la tête financière de la famille [17]. Moses avait eu le temps de l'éduquer personnellement, puisque le fils avait seize ans lors de la mort de son père. Il n'eut pas vraiment le choix de sa profession : il eût sans doute préféré se diriger vers les sciences, mais cette option était interdite aux Juifs. Dans les années qui suivirent la mort de son père, il travailla comme comptable dans la banque Itzig jusqu'à son dépôt de bilan en 1796. De plus, Joseph avait fondé à Berlin en 1795 sa propre banque dans la Spandauer Strasse. Il s'agissait alors d'une petite affaire qu'il dirigeait avec Moses Friedländer, fils de David Friedländer, premier conseiller municipal juif de Berlin [18]. Cette association fut rompue en 1803, quand Joseph prit son frère Abraham pour partenaire. Abraham renonçait à Paris pour épouser Lea avec tous les avantages que cela représentait. L'année suivante, les frères fondèrent une autre banque à Hambourg sous le nom de Gebr. Mendelssohn & Co et partirent y vivre sans pour cela fermer le comptoir berlinois [19], qui resta dans la famille Mendelssohn jusqu'à sa liquidation par les nazis en 1938.

La grande banque Itzig dépose son bilan, les jeunes frères Mendelssohn en ouvrent une : signes de ces temps agités et lourds de transformation. La fin du XVIIIe siècle vit en effet l'éclosion de plusieurs banques privées en Allemagne, alors que les anciennes banques de cour passaient à l'arrière-plan. De 1790 jusqu'à la fin de l'ère napoléonienne, il y eut, pour des raisons politiques, économiques ou sociales évidentes, un changement de système commercial qui appelait une nouvelle forme de banque [20].

A Cologne, Düsseldorf, Krefeld, Elberfeld, Berlin, Hambourg, etc., des marchands juifs ou chrétiens abandonnèrent le commerce, le transfert de biens ou le prêt sur gages pour se spécialiser dans la banque. Depuis le début des guerres révolutionnaires jusqu'aux guerres de libération (1813-1815), l'occupation française ne signifia pas seulement liberté ou oppression, mais aussi besoin de capitaux et de liquidité. Oppenheim à Cologne et Warburg à Hambourg prirent leur essor à ce moment-là, dans les mêmes années que la banque Mendelssohn [21].

Abraham Mendelssohn, jeune banquier de vingt-huit ans, épouse donc Lea Salomon le 28 décembre 1804 et s'installe à Hambourg, cité libre, premier port d'Allemagne et deuxième port d'Europe. Le mariage s'annonce très heureux. Le jeune couple s'installe dans un certain désordre, comme il arrive souvent. D'ailleurs Lea l'écrit à sa chère « sœur » Henriette, qui lui demandait à quoi ressemblait son logement : « Furieusement désordonné *à dire le vrai*, comme chez le plus fou des étudiants ; [...] il ne saurait être question ici du confort berlinois, et quand je contemple mon *remue-ménage*, j'ai peine à croire que je suis vraiment mariée. Ce changement d'état s'accompagne habituellement comme par magie de la possession d'un monde de casseroles, de vaisselle, de lustres, de miroirs et de mahagonis : vision enchanteresse dont je dois jusqu'à présent me passer dans mon *chez-moi*... Le chaos ne s'organisera que lorsque nous déménagerons à la campagne, où on nous a proposé une jolie maison sur l'Elbe, ornée d'un balcon, tout près de Neumühlen [22]. »

C'est dans cette maison, qui s'appelait *Martens Mühle*, le « Moulin de Marthe », que Lea donna naissance à ses trois premiers enfants : Fanny Caecilia naquit le 14 novembre 1805, Felix le 3 février 1809 et Rebecka le 11 avril 1811. A la naissance de Fanny, le premier regard de Lea fut pour les mains de son bébé et elle déclara, ravie, qu'il avait des doigts faits pour jouer les fugues de Bach, *Bach'sche Fugenfinger* [23]. Les affaires d'Abraham marchaient extrêmement bien. Le blocus instauré par Napoléon en 1806 interdisait l'entrée en Europe continentale des produits manufacturés et des denrées coloniales qui lui étaient nécessaires, tels le sucre, le café, le cacao, le bois de teinture, le coton, que l'Angleterre vendait aux pays du continent. L'Angleterre avait en revanche besoin des huiles, des vins et des laines du midi et faisait venir par les ports de la Baltique du blé et du bois. Il s'instaura donc à Hambourg, à une très grande échelle, un système de contrebande dont profitèrent largement les frères Mendelssohn, ainsi que les autorités françaises « indemnisées » au passage. Mais en janvier 1812, lors de l'arrivée d'un nouveau gouverneur français, les frères Mendelssohn, se sachant découverts, prirent la fuite, de nuit et déguisés, pour retourner à Berlin [24] où Lea pouvait faire jouer ses relations auprès de l'ambassadeur de France [25]. On sourit à l'idée de ces deux riches banquiers et de leurs respectables épouses se sauvant avec leurs enfants comme des voleurs. Les deux fils de Joseph, Benjamin et Alexander, âgés respectivement de dix-sept et de quinze ans, ont sans doute pu s'adapter aux circonstances, mais les trois plus petits : Fanny, six ans, Felix, presque trois ans, et Rebecka, quelques mois seulement, posèrent probablement des problèmes. L'histoire ne dit pas en quoi ils étaient déguisés, et on peut s'étonner de ne pas en savoir davantage sur cette aventure épique. Bien entendu, la censure leur interdisait de s'en vanter dans leurs lettres, mais à partir de 1815 les langues et les plumes auraient pu se délier... Les Mendelssohn craignaient peut-être de ne pas faire sérieux, ou d'éveiller la curiosité à propos de leur réel enrichissement!

3
Berlin

Retour aux sources

« Je ne sais pas qui a donné l'idée de planter une ville au milieu de ce sable ; cette ville aurait 159 000 habitants, à ce qu'on dit [1]. »

Cette phrase de Stendhal, écrite en 1806, reflète aujourd'hui encore l'opinion de tous les voyageurs de passage à Berlin : le sol du Mark Brandebourg est étonnamment ingrat. Berlin est le pur produit d'une volonté politique. Pour que leur ville devienne une capitale européenne, les Hohenzollern firent aux XVIIe et XVIIIe siècles tout ce qui était en leur pouvoir pour attirer une main-d'œuvre qualifiée de France ou de Bohême, d'où elle était chassée par les persécutions religieuses. Après la guerre de Trente Ans, les faubourgs, qui avaient été brûlés pour assurer une meilleure protection à la ville, furent reconstruits de façon plus rationnelle. Unter den Linden fut conçu en 1647 selon les plans de l'architecte Memhardt (mort vers 1678). En 1685, 14 000 huguenots furent accueillis dans le Mark Brandebourg, dont 6 000 à Berlin même. Ils s'installèrent dans les quartiers récemment construits, Friedrichswerder, Dorotheenstadt puis Friedrichstadt. Les huguenots continuèrent à affluer en grand nombre et c'est ainsi qu'il se trouve à Berlin une Französische Strasse, rue des Français. La ville continua à se développer au mieux des intérêts de ses souverains, qui contrôlaient les loyers et la population, organisaient les logements, la distribution, les transports, etc. La ville de Berlin grandissait, plusieurs faubourgs la prolongeaient : les Spandauer Vorstadt, Königsstadt, Stralauer Vorstadt, Cöpenicker Vorstadt et Sebastianskirche (inclus dans Luisenstadt à partir de 1801). En même temps on édifiait partout des églises [2]. Lorsque l'Empereur fit de Frédéric III, Électeur de Brandebourg, un « roi en Prusse » sous le nom de Frédéric I er, les vastes territoires dont le Brandebourg et sa capitale Berlin n'étaient qu'une partie prirent le nom générique de « Prusse [3] ». La royauté édifia des monuments convenant à cette nouvelle dignité : l'Académie des beaux-arts (1696), l'Académie des sciences (1700), l'Arsenal (1696) et transforma la Bibliothèque royale et le château. En 1695, l'architecte Nering commença à Lietzow un autre château auquel la reine Sophie Charlotte donna son nom, qui devint ensuite le nom de tout le quartier : Charlottenburg. Sous le roi Frédéric Guillaume Ier, dit le Roi-Sergent, Berlin continua à se développer de façon rationnelle et trois places furent implantées à l'extrémité des rues les plus importantes du nouveau Berlin : le Quarré, à l'extrémité d'Unter den Linden, l'Oktogon, à l'extrémité de la Leipziger Strasse, et enfin le Rondell, au sud de la Frie-drichstrasse [4].

Frédéric II ne transforma pas radicalement sa ville, mais quand il mourut en 1786, elle était passée de 90 000 en 1740 à 150 000 habitants, en incluant la garnison. L'image culturelle de ce monarque fut affirmée par la construction d'un prestigieux Opéra qui ouvrit en 1742, et par une Bibliothèque royale située en face de cet Opéra (1775-1780). La Gendarmenmarkt, la place la plus prestigieuse de ce nouveau Berlin, fut conçue comme un ensemble architectural où le Théâtre français trônait entre les cathédrales française et allemande. Frédéric Guillaume II, neveu de Frédéric II et son successeur, eut le temps en onze ans de règne de faire construire la fameuse porte de Brandebourg (1788-1791). En 1789, on se mit à signaler les rues par des plaques, les maisons par des numéros, et les rues les plus importantes furent éclairées la nuit [5].

Son fils Frédéric Guillaume III, qui devint roi en 1797, eut le malheur de subir l'invasion napoléonienne. Après les batailles d'Iéna et d'Auerstedt (14 octobre 1806), Napoléon et ses troupes entrèrent dans Berlin le 27 octobre et l'occupèrent jusqu'en décembre 1808. La cour s'enfuit à Kœnigsberg, d'où elle ne revint qu'en 1809. Le traité de Tilsit, le 8 juillet 1807, démantela la Prusse et en fit un État vassal de la France. La misère des années qui suivirent fut atroce : l'occupant se servait, les maladies et la faim sévissaient. La francophilie des gens « biens élevés » en souffrit énormément, et l'enthousiasme pour la Révolution française se transforma dans beaucoup d'esprits en un rejet global de tout ce que la France avait pu apporter, y compris les droits du citoyen et la liberté d'opinion. Le Saint Empire romain germa-nique, au dernier degré de dégénérescence, ne méritait certes pas d'être pleuré. Mais Napoléon, en le liquidant à coups de réforme, eut tendance à jeter le bébé avec l'eau du bain, créant ainsi une amertume et un sentiment antifrançais qui furent à la base du pangermanisme. Tout ce qui avait fait l'atmosphère du Berlin de l'*Aufklärung* était en miettes. Le poétique prince héritier Louis Ferdinand, le musicien admirateur de Beethoven et des salons juifs, le modèle du prince de Hombourg, mourut en 1806 à la bataille de Saalfeld : le symbole du mélange harmonieux des classes sociales au nom des idées et de l'art disparaissait avec lui. Les espoirs de la nation se reformèrent autour du couple royal, Frédéric Guillaume III et Louise, cette ardente patriote qui mourra en 1810 du chagrin de la défaite. Le mouvement d'un peuple pour reconquérir son identité s'accompagnera de ce fait d'un conservatisme qui empêchera les réformes entreprises d'aboutir complètement. En effet, le désastre était tel qu'il suscita une réaction énergique. Les hommes d'État, Stein puis Hardenberg [6], réussirent à donner aux structures prussiennes un aspect plus moderne; le servage fut aboli ainsi que les redevances féodales et la corvée. Les seigneurs gardaient cependant leurs domaines propres et le droit de rendre la justice : les hobereaux prussiens reprenaient leurs distances par rapport aux avances sociales de l'*Aufklärung*. Mais les bourgeois et les paysans eurent le droit de posséder des terres et le monopole des corporations fut supprimé. Les militaires Scharnhost et Gneisenau réussirent à reconstituer une armée. Le projet de Parlement n'aboutit pas, mais les villes purent élire des conseils municipaux.

Berlin fut divisé en deux cents quartiers [7], dont les représentants se choisissaient un Magistrat suprême. Enfin, dernière réforme d'importance, Wilhelm von Humboldt fonda en 1810 l'université Friedrich Wilhelm, qui élut domicile place de l'Opéra, dans le palais du prince Heinrich. Cette université devint le centre culturel de toute l'Allemagne, grâce aux enseignements dispensés par l'historien Niebuhr, le juriste Savigny et le philosophe Fichte, dont les *Discours à la nation allemande* (1807-1808) jetèrent les fondements du pangermanisme.

Les Mendelssohn rentrèrent à Berlin dans cette atmosphère de révolution culturelle dont il était difficile de savoir si elle était progressiste, passéiste ou les deux à la fois. En tant que Juifs, quels étaient leurs droits à résider à Berlin? Lea, petite-fille de Daniel Itzig, en avait le « privilège », mais quels étaient les droits de ses enfants? Que restait-il des privilèges quand Napoléon était passé par là? Et enfin, qu'en était-il des Juifs et de leur « assimilation » ?

Acharné à moderniser la Prusse, le chancelier Hardenberg promulgua, le 11 mars 1812, un décret émancipant les Juifs de Prusse :

34

« Les Juifs et leurs familles résidant actuellement dans nos États et se trouvant pourvus de privilèges généraux, patentes de naturalisation, lettres de protection et concessions, sont considérés comme habitants et citoyens prussiens [8]. »

L'édit ne contenait aucune restriction, ou plutôt ne réglementait pas l'accès aux fonctions administratives et au service militaire. L'abolition des corporations leur permettait en principe comme aux autres l'accès à tous les métiers d'artisans.

1812, c'est aussi l'année de la naissance du quatrième et dernier enfant Mendelssohn, Paul.

Par rapport à l'émancipation des Juifs en France en 1791, la différence est essentielle entre une loi votée au nom de la nation et un édit émanant d'un pouvoir personnel. L'émancipation des Juifs en Prusse fut associée par conséquent à l'oppression française et à un pouvoir despotique, puisque la Prusse était alors un État vassal de la France. Il est regrettable, mais peut-être par certains côtés explicable, que les mouvements de libération prussiens se soient parfois exprimés de façon si radicalement antijuive. La *Christlich-deutsche Tischgesellschaft* (Tablée germano-chrétienne), fondée en 1811, qui réunissait pourtant ce que nous appellerions des intellectuels – Heinrich von Kleist, Clemens Brentano, Friedrich Karl von Savigny, Johann Gottlieb Fichte, entre autres –, interdisait son accès aux Français, aux Juifs, aux femmes et aux philistins. On peut dire en faveur de cette société qu'elle se dissoudra d'elle-même en 1813, considérant que ses buts étaient atteints.

Les propos racistes tenus par des esprits d'aussi haut niveau ont quelque chose de stupéfiant et de pathologique, qui ne peut s'expliquer que par l'agression dont ils se sentaient victimes. La Tablée germano-chrétienne, résolument noble, prussienne et romantique, rejette le XVIIIᵉ siècle en bloc. D'abord les Français, évidence politique ; les philistins, c'est-à-dire les rationalistes « classiques » qui, disait Brentano, « méprisent les fêtes populaires, les vieilles légendes, et ce qui a pu grisonner dans des coins isolés, à l'abri des insolences de l'heure actuelle [9] » ; les Juifs, « suppôts des Lumières », qui devaient leur émancipation aux Français [10]. Enfin les femmes, auxquelles l'*Aufklärung* avait apporté un certain degré d'émancipation, se voyaient exclues de cette société. Hannah Arendt souligne que même l'heure de réunion, le déjeuner, s'opposait au thé des salons juifs. Les femmes et les Juifs étaient rejetés ensemble. On reprochait également aux Juifs leur cosmopolitisme, considéré comme l'une des causes de la défaite prussienne.

Le fonctionnement de la Tablée avait cependant des côtés remarquables : le membre de la société chargé de l'exposé qui faisait l'objet de la réunion devait le présenter d'abord sur le mode sérieux, puis sur le mode ironique. Ce procédé autocritique caractérisait leur romantisme et les éloignait de toute tentation philistine ; le rationnel, d'après eux, n'offrait qu'une version des choses, la version matérialiste ; l'ironie romantique permettait de les saisir dans leur profondeur et leur diversité. Les femmes, les Juifs, les Français symbolisaient le culte de la raison cartésienne, du monde matériel et le triomphe de la cité. Il ne faut pas oublier que ces hobereaux prussiens défendaient aussi leur classe, celle des grands propriétaires terriens.

Les « écarts de langage » de la Tablée germano-chrétienne restent cependant terrifiants. On trouve sous la plume du sublime poète Clemens Brentano, secrétaire de l'équipe, les propos suivants : les Juifs seraient « des mouches, derniers restes de la peste égyptienne » et Fichte écrivait en 1793 qu'il fallait « couper la tête aux Juifs et leur en mettre une autre à la place, dans laquelle il n'y aurait pas une seule idée juive. Pour nous protéger d'eux, je ne vois pas d'autre moyen que de conquérir leur terre promise et de les envoyer tous là-bas [11] ».

Ces propos « antijuifs » trouvent une résonance immédiate dans les dires de certains Juifs. Rahel Varnhagen, par exemple, écrivit en ces termes à son frère : « Le Juif, c'est lui qu'il faut exterminer en nous ; voilà une vérité sacrée, dût-on en perdre la vie [12]. »

Une petite minorité juive essayait de faire bouger les choses à l'intérieur de la communauté. David Friedländer [13] publia anonymement en 1813 un ouvrage où il proposait de remplacer l'hébreu par l'allemand dans les écoles juives et de supprimer dans les livres de prière tout vœu de retour en Palestine.

A l'opposé, dans la crainte de perdre l'identité judaïque, Eduard Gans (un proche des Mendelssohn Bartholdy), Moses Moser et Leopold Zunz fondèrent le *Verein für Kultur und Wissenschaft der Juden*, « Association pour la culture et la science des Juifs ». Le but de cette association était de repenser le judaïsme pour qu'il puisse être vécu dans le monde moderne sans perdre ses racines. L'association disparut en 1824 [14].

La plus grande partie de la communauté juive restait attachée aux formes traditionnelles religieuses et professionnelles et ne se souciait pas d'autre chose. Les Mendelssohn ne faisaient plus en aucune façon partie de cette communauté. En tant qu'héritier des idées de la Révolution française, Abraham pensait peut-être, comme Johann Jacoby (1805-1841), que l'émancipation des Juifs ne pouvait se réaliser que dans un État de droit. Peut-être même pensait-il, comme Gabriel Riesser (1806-1865), que la démocratisation de l'Allemagne, l'émancipation des Juifs et l'unité allemande se rejoignaient dans un même idéal.

Des six enfants de Moses Mendelssohn, deux restèrent juifs, deux se convertirent au protestantisme et deux au catholicisme. Joseph Mendelssohn et sa femme Henriette [15] refusaient d'admettre qu'il n'y eût qu'une vérité et une seule religion valable et s'en tinrent au judaïsme, par conviction, par fidélité et par indépendance d'esprit [16], tout comme Recha, qui n'avait probablement rien à gagner à se convertir. Henriette et Dorothea, aux états d'âme éminemment romantiques, choisirent le catholicisme, tandis qu'Abraham et Nathan, proches de l'État prussien, prirent la confession évangélique, par conviction également, mais aussi par désir d'assimilation et par esprit pratique...

Les Juifs, convertis ou non, pouvaient encore croire en 1813 à la possibilité d'une assimilation réelle : l'occasion leur fut donnée de prouver leur patriotisme grâce aux guerres de libération de la Prusse. Tout sujet prussien en âge de se battre s'engagea dans l'armée prussienne rénovée. Les Mendelssohn n'y manquèrent pas. Le plus jeune fils de Moses, Nathan (1782-1852), et le fils aîné de Joseph, Benjamin (1794-1874), participèrent aux combats.

Dorothea puisa dans l'héritage maternel (Fromet Gugenheim était morte en 1812) pour équiper son fils Philipp Veit [17] et ses frères, qui refusaient d'habitude de la laisser toucher à son petit capital, ne firent en ce cas aucune difficulté. Friedrich Schlegel, le mari de Dorothea, Wilhelm Hensel, le futur mari de Fanny, risquèrent également leur vie pour leur pays. Abraham Mendelssohn finança deux bataillons, ce qui lui valut d'être nommé conseiller municipal de Berlin. Juifs et chrétiens n'avaient qu'une seule âme : allemande. Avoir fait la guerre pour son pays distinguait un individu et une famille pour les décennies qui suivaient.

La banque Mendelssohn profitait cependant largement de la guerre et la chancellerie de Hardenberg la taxait en proportion. En 1812, les Mendelssohn, qui comptaient parmi les vingt premières maisons berlinoises, versèrent d'abord 15 000 thalers lors d'un premier emprunt forcé, puis quelques mois plus tard 25 000 thalers. Les affaires traitées concernaient surtout la vente d'armement. En 1813, ils firent venir en neuf ou dix mois 40 000 fusils d'Autriche, à 8 thalers le fusil. Cela leur donnait les moyens de se montrer généreux et patriotes. En 1815, la banque

Mendelssohn, devenue l'une des six ou huit banques berlinoises importantes, quitta la Poststrasse pour s'installer Jägerstrasse, à deux pas de l'imposant Gendarmenmarkt, au centre de la prestigieuse Friedrichstadt. La banque Mendelssohn ne changera plus d'adresse : elle restera là, au n° 51 de la Jägerstrasse, jusqu'à son « aryennisation » en 1938 [18].

La conversion

Où vécut la famille d'Abraham Mendelssohn pendant ses premières années berlinoises ? Deux adresses nous sont connues, en dépit des incertitudes quant aux dates. Ils habitèrent un certain temps au n° 48 de la Markgrafenstrasse (aujourd'hui n° 40 Wilhelm-Külz-Strasse) à côté du Gendarmenmarkt, dans la maison du prêtre Johann Jakob Staegemann. Ils quittèrent ce domicile au plus tard en 1820, à la mort de ce prêtre qui était aussi leur ami, le 20 mars de cette année-là. Leur maison-refuge, peut-être dès leur arrivée à Berlin, en tout cas à partir de 1820, fut la maison de la mère de Lea, Bella Salomon, au n° 7 de la Neue Promenade, dans la Spandauer Vorstadt, près des fortifications et en face de la Garnison Kirche. En témoigne une lettre d'Henriette Mendelssohn à sa nièce Fanny, le 15 octobre 1820 : « Cela va bien être un peu fatigant pour ton père de se déplacer deux fois par jour Jägerstrasse, mais peut-être qu'en fait ce sera bon pour sa santé. » Abraham choisit donc de s'éloigner sensiblement de son lieu de travail – à une demi-heure de marche, les ponts étant rares [19]. Le logement était relativement étroit. Selon Manfred Kliem, la grand-mère Salomon devait vivre au rez-de-chaussée et, comme il y avait des locataires au deuxième étage, il ne restait à la famille Mendelssohn que le *Beletage*, ou étage noble. Les quinze mètres de long de la maison laissent supposer que l'appartement des Mendelssohn ne comportait que quatre pièces, ce qui paraît peu pour une famille de quatre enfants accompagnée du personnel qui correspondait à leur statut. Manfred Kliem pense que le climat social de la rue convenait mieux aux Juifs assimilés ou convertis dont faisaient partie les Mendelssohn. La Neue Promenade n'était en aucun cas représentative de la société berlinoise de l'époque : on y trouvait peu d'officiers et peu de fonctionnaires. En revanche, il n'y avait pratiquement pas de maison qui ne soit habitée au moins par un Juif ; sur quinze familles de mar-

chands, huit étaient chrétiennes et sept juives. Au regard de l'antisémitisme croissant de Berlin en général, ce quartier devait constituer un espace de tolérance, où les voisins se connaissaient et s'acceptaient, les enfants jouaient ensemble dans la rue et les couches sociales se côtoyaient constamment.

La génération d'Abraham et de Lea Mendelssohn était tiraillée sur la question de la conversion. Cela faisait beau temps qu'ils étaient sortis du ghetto et qu'ils étaient culturellement assimilés aux chrétiens, à travers la langue, les habitudes, la musique, la littérature. Ils ne se sentaient en rien solidaires de la communauté juive attachée à ses traditions et à sa langue; ils en étaient au contraire, comme Rahel, plutôt honteux, ce que confirme une lettre de Lea écrite à son ami G. Merkel, le 26 août 1799 [20].

« Itzig a fini ses études à Wittenberg et habite ici depuis quelques semaines. Qu'allez-vous dire quand je vous aurai fait part de sa conversion au christianisme? La ville natale de Luther et le lieu saint de son enseignement ont agi sur lui, il n'a pas pu résister à la tentation de se faire baptiser sous l'image de ce grand homme et par là de se mettre sous sa protection; il a, grâce à cette démarche, gagné le salut de son âme en même temps qu'un bienfait plus temporel : obtenir prochainement une place dans sa discipline. Malheureusement ce sera vraisemblablement en Pologne et je doute un peu que ses lourdes responsabilités là-bas lui laisseront suffisamment de persévérance et de patience pour rester fidèle à son choix. A quel point je le souhaite est impossible à vous décrire : la plupart des apostats ont jusqu'ici, par leur comportement méprisable ou pour le moins inconséquent, jeté sur cette démarche une sorte de discrédit qui marque même les meilleurs au fer rouge. Que se convertisse un être au caractère sans tache, fidèle à ses desseins et adroit dans son comportement (c'est malheureusement là-dessus que se forgent la plupart des opinions), un être qui présenterait un exemple digne de respect, il ferait alors disparaître une bonne partie de cette assertion trop bien fondée. Ce serait un bonheur de pouvoir se dispenser de toute cette hypocrisie. Mais l'attirance vers une activité plus élevée que celle de marchand ou la perspective de ces mille relations tendres qui attirent de jeunes esprits à la fréquentation d'autres membres d'une communauté religieuse ne laissent en fait pas d'autre issue. »

Lea constatait la première conversion dans sa famille : il s'agissait de son cousin germain Isaak Elias (1780-1849), fils d'Elias Daniel Itzig (1772-1818) et de Marianne Leffmann. Isaak Elias se convertit tout de suite après la mort de son grand-père Daniel Itzig, en 1799, et prit les prénoms plus chrétiens de Julius Eduard [21]. Il devint directeur de la Police judiciaire, fut l'ami des poètes Zacharia Werner, E.T.A. Hoffmann et Adalbert Chamisso, qui lui emprunta quelques traits caractéristiques pour le personnage de Peter Schlemihl. Il fut aussi très proche des idées et des hommes de la Tablée germano-chrétienne. Il se fit prosélyte de sa nouvelle religion et mit en 1818 un H devant son nom, probablement, suggéra avec ironie le poète Heinrich Heine, parce que Hitzig sonne *heiliger*, plus saint. Les sœurs de Julius Eduard se convertirent également au début du XIXᵉ siècle. L'une d'elles, Henriette (1781-1845), épousa Nathan Mendelssohn, le plus jeune frère d'Abraham, ce qui laisse à penser que les possibilités matrimoniales, dans ce milieu de Juifs assimilés, étaient relativement réduites.

Julius Eduard se donnera un mal fou pour convaincre son entourage de la sincérité de sa conversion, mais manquera apparemment son effet sur sa cousine Lea. Celle-ci n'épousa pas un Juif converti, c'eût été trop simple. Comment, vis-à-vis d'elle-même, aurait-elle pu justifier un tel pas ? Elle épousa un homme qui partageait son sentiment. Abraham et Lea ne pouvaient pas se convertir tant que l' « opinion publique » pouvait croire qu'ils y étaient poussés par l'intérêt. Mais qu'en était-il de leurs enfants ? Quelle religion devaient-ils leur donner ?

Nouveau personnage dans cette histoire : le frère de Lea, Jacob Salomon, qui se fit baptiser en 1805 et prit le nom d'une de ses terres, Bartholdy, près du fleuve Spree. Jacob Bartholdy (1779-1825) était, comme Lea, le fils de Levin Jacob Salomon et de Bella, fille du banquier Daniel Itzig, qui avait acheté en 1779 la métairie Bartholdy, près de Berlin, dans ce qui devint la Luisenstadt. Jacob fit ses études à Halle et à Berlin, vécut plusieurs années à Paris, et voyagea en Italie et en Grèce. Il combattit Napoléon dans les rangs de l'armée autrichienne en 1809, et en 1813 entra dans la chancellerie de Hardenberg. Il accompagna celui-ci à Paris, à Londres et au Congrès de Vienne. Il fut nommé consul général à Rome en 1815 et en 1818 attaché commercial de Prusse à la cour de Toscane. Grand mécène, il soutenait les peintres autant que les savants. Il fit entre autres peindre à fresque un salon de sa villa romaine, la Casa Bartholdy, par les peintres Peter Cornelius, Wilhelm Schadow, Friedrich Overbeck et Philipp Veit [22] (neveu d'Abraham). En 1822, à l'occasion de la visite du roi de Prusse Frédéric Guillaume III, il organisa une exposition à la Casa Bartholdy [23].

Comme Abraham, Jacob avait passé une partie de sa jeunesse à Paris. Il en avait rapporté un certain nombre d'idées libérales, comme celle de ne pas rattacher la religion à une forme mais à une morale. Son opinion sur l'éducation de ses neveux et nièces et leur religion ne souffre pas d'équivoque, comme le montre cette lettre à Abraham [24] :

« Tu dis que tu le dois à la mémoire de ton père – crois-tu donc avoir fait quelque chose de mal en donnant à tes enfants la religion que tu estimes la meilleure pour eux? C'est justement un hommage que toi-même et nous tous rendons aux efforts de ton père vers les vraies lumières, et il aurait agi comme toi envers tes enfants, peut-être comme moi envers moi-même. On peut rester fidèle à une religion opprimée, persécutée; on peut y soumettre ses enfants, comme à un long martyre de toute une vie – aussi longtemps qu'on la tient pour la seule voie de salut. Mais sitôt qu'on ne le croit plus, c'est de la barbarie. Je te conseillerais de prendre le nom de Mendelssohn Bartholdy pour te différencier des autres Mendelssohn, ce qui me serait d'autant plus agréable que ce serait une façon de conserver mon souvenir auprès d'eux, ce dont je me réjouirais de tout mon cœur. Ainsi tu atteindrais ton but sans avoir fait quelque chose d'inhabituel – car c'est l'usage en France comme partout d'ajouter le nom de famille de sa femme au sien propre. »

Le cosmopolite Jacob Bartholdy ne se gêne pas pour prêter à Moses Mendelssohn des idées que celui-ci s'était, sa vie durant, acharné à repousser. Jacob sait pourtant fort bien que sa conversion l'avait mis au ban d'une partie de sa famille; sa mère alla jusqu'à le renier et ne lui pardonna que grâce à l'intercession de sa petite-fille préférée, Fanny Mendelssohn. En 1812, Bella adopta cependant elle aussi le nom de Bartholdy; lors du décret d'émancipation, il avait été exigé des Juifs qu'ils prissent un nom patronymique. Ils devaient par exemple s'appeler non plus Moses, fils de Mendel, mais Moses Mendelssohn. C'est alors que Bella décida de prendre officiellement le nom de son fils, Bartholdy, mais sans se convertir.

Abraham et Lea ne firent pas baptiser leurs enfants dès leur naissance. Peut-être n'étaient-ils pas entièrement convaincus? Qui sait si la société n'allait pas changer? Peut-être que, vaincus par le patriotisme des Juifs pendant la guerre de libération, tous les préjugés à leur égard tomberaient et toutes les professions s'ouvriraient sans restriction? Peut-être que *Jude* cesserait d'être une injure?

Hélas, la réalité les rappelle à l'ordre sous la forme de ce « votum » du ministère prussien des Finances, en 1816 [25] :

« Il serait souhaitable que nous n'ayons pas de Juif du tout dans le pays. Nous devons supporter ceux que nous avons déjà,

41

en nous efforçant sans cesse de les rendre aussi inoffensifs que possible. La conversion des Juifs à la religion chrétienne doit leur être facilitée et tous les droits civils doivent être liés à cette conversion. Mais aussi longtemps que le Juif restera juif, il ne pourra pas obtenir de place dans l'État. »

La question se réglait d'elle-même. En 1816, les Mendelssohn habitaient chez le pasteur Staegemann, qui baptisera les quatre enfants en grand secret, le 21 mars, dans la Jerusalemkirche où il officiait. Il va sans dire que personne n'osa rien dire à la grand-mère, qui l'apprit certainement d'une façon ou d'une autre, comme le montrera son testament. Quant à Abraham et Lea, ils profitèrent d'un voyage à Francfort, en octobre 1822, pour se convertir loin des regards indiscrets. Comme le souhaitait leur frère Jacob, ils ajoutèrent Bartholdy à leur nom de famille, mais sans les lier d'un trait d'union : Abraham souhaitait que le nom de « Mendelssohn », nom juif s'il en est, disparût totalement chez la génération suivante, et que sa famille se christianisât sans garder trace de ses origines. Ses enfants ne le suivirent pas. Abraham avait renoncé à ses activités à la banque Mendelssohn depuis 1821 ; il prévoyait peut-être déjà ce retrait en prenant refuge à la Neue Promenade. Il eut des rapports difficiles avec son frère Joseph, soit que son retrait posât problème, soit que la conversion et le changement de nom missent une barrière entre eux, ou encore, et c'est vraisemblable, parce qu'Abraham avait un « sale » caractère, terriblement pointilleux et bien souvent maladroit en affaires. Quoi qu'il en fût, le but avoué de son retrait était d'élever ses enfants.

La réussite de la conversion reposait en effet sur eux, surtout sur les deux aînés, Fanny et Felix. Lorsque Fanny fit sa confirmation en 1819, Abraham, qui était alors à Paris, lui adressa cette lettre [26] :

« Tu as fait un pas important dans la vie, ma chère fille, et alors que mon cœur de père te félicite pour aujourd'hui et pour toute ta vie future, je me sens obligé de te parler sérieusement de certaines choses dont il n'a pas été question entre nous jusqu'à présent : Dieu existe-t-il ? Que serait Dieu ? Une partie de notre être serait-elle éternelle, et continuerait-elle à vivre après que l'autre eut disparu ? Et où ? Et comment ? Tout ceci je ne le sais pas et c'est pourquoi je ne t'ai rien enseigné à ce sujet. Je sais seulement qu'il y a en moi et en toi et en tous les humains un attachement éternel à tout ce qui est bon, vrai et juste et une conscience qui nous avertit et nous ramène dans le droit chemin quand nous nous en éloignons. Je le sais, j'y crois, je vis dans cette foi ; elle est ma religion. Je ne pouvais pas te

42

l'enseigner et personne ne peut l'apprendre, chacun la porte en soi, sauf à l'abjurer intentionnellement et sciemment; et que cela ne soit pas ton cas m'est garanti par l'exemple de ta mère, dont toute la vie est accomplissement du devoir, amour, bienfaisance, cette religion personnifiée. Tu y as grandi sous sa protection, dans la contemplation constante, l'imitation inconsciente, dans l'habitude de ce qui donne sa valeur à un être. Ta mère était, est, et restera encore longtemps, mon cœur me le dit, ta providence, celle de tes frères et sœur et de nous tous, et l'étoile qui nous conduira sur le chemin de la vie. Quand tu la contempleras, quand tu mesureras l'immense bonté qu'elle t'a manifestée, depuis que tu vis, avec un esprit de sacrifice et un dévouement constants, alors, de gratitude, d'amour et de respect ton cœur s'élèvera et tes yeux se rempliront de larmes : ainsi tu sentiras Dieu et tu seras pieuse.

« C'est tout ce que je peux te dire sur la religion, tout ce que j'en sais; mais cela restera vrai aussi longtemps qu'un être humain existera, comme cela a été vrai depuis la création du premier homme.

« La forme sous laquelle ton professeur de religion te l'a présentée est historique et, comme toutes les doctrines humaines, susceptible de transformation. Il y a quelques milliers d'années dominait la forme juive, puis la forme païenne et c'est aujourd'hui la forme chrétienne qui domine. Ta mère et moi, nous sommes par nos parents nés dans le judaïsme, nous y avons été élevés et, sans devoir changer cette forme, nous avons su suivre Dieu en nous et en notre conscience. Nous vous avons élevés dans le christianisme, toi, tes frères et ta sœur, parce que c'est la forme de croyance de la plupart des gens civilisés et qu'il ne contient rien qui puisse nous détourner du bien; il peut, au contraire, vous montrer le chemin de l'amour, de l'obéissance, de l'acceptation et de la résignation, ne serait-ce que par l'exemple de son fondateur, reconnu par si peu et suivi moins encore.

« Tu as accompli par ta profession de foi ce que la société exigeait de toi : tu peux te dire chrétienne. Maintenant sois ce que ton devoir humain exige de toi, sois vraie, fidèle, bonne; à l'égard de ta mère et – j'ai le droit aussi de l'exiger – à l'égard de ton père, sois fidèle et dévouée jusqu'à la mort. Sois attentive sans défaillance à la voix de ta conscience, qui peut se laisser assourdir mais pas étouffer, ainsi atteindras-tu le bonheur le plus élevé qui puisse t'être donné sur terre, l'harmonie et la paix avec toi-même.

« Là-dessus je te serre sur mon cœur avec toute ma tendresse paternelle et j'espère trouver toujours en toi la digne fille de ta mère, de notre mère. Adieu, pense à mes paroles. »

Fanny dut être bouleversée par cette lettre. Quelle empreinte ne dut-elle pas garder sur son esprit! Dieu, la religion, la foi sont « à l'intérieur » de l'être humain et la mère les porte comme un enfant. Abraham donne donc la mère comme modèle de l'humain et lui voue un culte quasi divin, peut-être un peu inhabituel chez un chrétien. Fanny se devra de suivre ce modèle à la lettre et de devenir la version féminine du « caractère sans tache » et « fidèle à ses desseins » dont parlait sa mère en 1799, et Felix d'en être la version masculine : deux convertis irréprochables. Les parents Mendelssohn firent ce qu'ils crurent juste.

L'année même de cette lettre, 1819, il y eut en Allemagne une vague de pogromes connue sous le nom de *Judensturm*. A Berlin, cet « orage » se manifesta par des pillages et des insultes dont les Juifs étaient victimes. Varnhagen von Ense raconte qu'une altesse royale, rencontrant le jeune Felix au château, n'eut rien de plus délicat à lui crier que : *Hep hep, Judenjung!*, « Sus au fils de Juifs! », le traditionnel appel au pogrome [27]. Les enfants Mendelssohn avaient tous le type sémite. Dans une société saine, peut-être auraient-ils pu oublier leurs origines, mais elles leur furent rappelées suffisamment souvent pour qu'ils ne les désavouent jamais.

4

L'éducation

Fanny, née le 14 novembre 1805 à Hambourg, se trouve donc l'aînée des enfants Mendelssohn Bartholdy. Elle put profiter toute seule pendant quatre ans de l'amour de ses parents. Lea en particulier était toute dévouée à l'éducation de ses enfants. Elle les mettait au piano dès que possible, cinq minutes à la fois, en augmentant la durée dès que l'enfant l'acceptait. Quand elle entreprit l'éducation musicale de son deuxième enfant, Felix, Fanny possédait déjà une solide avance qu'elle garda pendant des années. Deux enfants prodiges l'un après l'autre! Lea pouvait se vanter de l'efficacité de sa méthode d'instruction. Les deux derniers enfants, Rebecka et Paul, sans montrer de dispositions aussi exceptionnelles que celles de leurs aînés, avaient eux aussi de réels talents musicaux mais ils n'atteignirent jamais le niveau des deux autres, peut-être par découragement. Quoi qu'il en soit, Fanny se sentait responsable de la petite bande et elle participa grandement à la formation musicale de son jeune frère Felix.

En dehors de l'enseignement donné par leur mère, Fanny et Felix prirent leurs premières leçons de piano à Paris avec Marie Bigot, en 1816. Le chancelier Hardenberg avait chargé les banquiers Mendelssohn de récupérer les dommages de guerre que la France devait à la Prusse. Les Mendelssohn n'engageaient que les meilleurs maîtres pour leurs enfants : Marie Bigot (1786-1820) était une célèbre pianiste qui avait longtemps vécu à Vienne. Joseph Haydn lui aurait dit qu'elle jouait sa musique comme si elle l'avait composée elle-même, et Beethoven aurait été tellement impressionné par son déchiffrage de l'*Appassionata* qu'il lui en aurait plus tard offert le manuscrit [1]. Rentrée définitivement à Paris, elle se consacra à l'enseignement. Mme Bigot devait subvenir à son entretien et à celui de son époux, chassé par l'invasion napoléonienne du poste de bibliothécaire qu'il occupait chez le comte Rasoumovsky, à Vienne, où les sujets français n'étaient plus tolérés. Les Mendelssohn restèrent longtemps étonnés du peu d'attention que cette femme fragile prêtait à sa santé physique et morale[2]. Henriette Mendelssohn écrivit de Viry le 15 octobre 1820, à la mort de la pianiste[3] : « C'était une femme de grande culture qui possédait des capacités rares, mais malheureusement aussi une trop grande force de volonté. C'est ainsi que le mode de vie épuisant et pénible qu'elle menait avec une telle obstination a sûrement écourté sa vie. » Fanny, petite fille, ne pouvait pas voir en elle un exemple très encourageant de femme vivant de son art. Si jamais Fanny s'est intéressée à la liberté financière de Marie Bigot et à sa carrière de pianiste ou de pédagogue, elle dut se poser des questions : la dépression et la maladie, apparemment, guettent la femme qui travaille. Fanny et Felix n'eurent d'ailleurs pas d'autre femme comme professeur.

La situation d'Henriette chez le général Sébastiani pouvait paraître beaucoup plus enviable, mais elle-même la décrivait comme une prison dorée. Henriette avait à sa disposition voitures et serviteurs, mais elle restait le plus souvent confinée dans la compagnie d'une petite fille peu douée, une parfaite étrangère, et elle ne pouvait qu'envier la situation de Lea ; ce devait être bien clair aux yeux d'une enfant aussi intelligente que Fanny.

Abraham tenait avant tout à sa famille, il détestait s'en séparer et ne trouvait rien de trop beau pour elle. Voyager avec des enfants était pourtant loin d'être simple ; au retour, le plus jeune fils, Paul, alors âgé de quatre ans, fut oublié à un relais de poste et retrouvé sur la chaussée. Quelle émotion pour toute la famille! Felix écrivit à sa tante : « Sans la pluie, nous n'aurions plus notre Paul[4]. » D'après la correspondance de la famille, on sait que Lea n'aimait pas bouger de chez elle, ce qui peut se comprendre, mais ses filles y perdirent des occasions de voir le monde et de s'enrichir intellectuellement. Le voyage à Paris était donc une grande chance pour Fanny et Rebecka.

Pour rentrer à Berlin, les Mendelssohn passèrent par Francfort et les enfants eurent ainsi l'occasion de faire la connaissance de leur tante Dorothea Schlegel. Jusqu'à la mort de leur mère, Fromet, en 1812, les frères et sœurs de Dorothea, agacés par sa vie scandaleuse, ses opinions outrancières et ses incessantes demandes d'argent, avaient entretenu avec elle des relations plutôt tendues, mais les guerres de libération avaient probablement contribué à aplanir les différences d'opinion. Excellente musicienne, Dorothea eut le plaisir d'entendre ses neveux Fanny et Felix lui interpréter au piano ses compositeurs favoris, Bach et Haendel. Dorothea était restée berlinoise dans ses goûts musicaux. Elle parla avec admiration de leur jeu qui montrait « force, vélocité, précision et expression » à un degré incroyable, « Felix avec un génie, Fanny avec une virtuosité qui confondaient tout entendement [5] ». Les enfants rencontrèrent Dorothea alors qu'elle était au bout de ses pérégrinations et rentrée assagie et pieuse au sein de sa famille « naturelle » : la famille est le seul lieu possible pour une femme. Dorothea comme Henriette en fournissaient la preuve.

A leur retour à Berlin, Fanny et Felix prirent des leçons avec le pianiste Ludwig Berger (1777-1839). Cet excellent musicien berlinois, élève de Clementi et de Cramer, donna de nombreux concerts en Europe (Saint-Pétersbourg, Stockholm, Londres) avant de se réinstaller à Berlin. Il avait, bien sûr, la virtuosité de ses maîtres mais, sous l'influence de John Field, il donnait aussi à son jeu une touche plus sentimentale qui annonçait le style « Chopin » du piano romantique. Ses œuvres dépassaient largement le cadre imposé par l'école de Clementi ; il composa des *Lieder* (dont *La Belle Meunière*, sur des textes de Wilhelm Müller), des études qui durent influencer Fanny comme Felix dans leurs compositions pour le piano, des sonates et un concerto pour cet instrument. Rentré à Berlin en 1815, il y vécut jusqu'à sa mort en 1839. Il renonça à jouer en public en 1817 à cause d'une affection nerveuse du bras [6].

L'éducation pianistique des deux enfants était fondée sur l'étude des grands maîtres bien plus que sur une approche purement technique de l'instrument. Bach, Haydn, Mozart, Beethoven : des valeurs sûres. Clementi et Cramer faisaient partie de leur pain quotidien. A Fanny qui, en 1820, se plaignait du manque d'exercice pour les quatrième et cinquième doigts, son père, alors à Paris, répondait de la part de Marie Bigot qu'elle trouverait tout ce dont elle avait besoin dans Cramer. « Bigot dit que ce n'est pas dû au manque d'exercices mais au manque d'application si tes deux doigts, ou ceux de n'importe qui, ne veulent pas suivre les autres. Tu dois consacrer tous les jours une partie de ton étude à observer tes doigts et à les enfoncer solidement, tout à fait mécaniquement, sans prêter attention à la musique, à l'interprétation ou à toute autre chose ; il y a suffisamment de morceaux dans Cramer écrits pour ces deux doigts faibles, il faut simplement les jouer lentement et en faisant attention à les enfoncer solidement. De cette façon, avec une patience infinie, elle a obtenu ce qu'il est possible d'obtenir : l'égalité des doigts. Je t'en fais part pour t'encourager [7]. »

Ludwig Berger, l'ami de Clementi et de Cramer, ne lui disait sûrement pas le contraire. Felix, plein de bonne volonté, lui écrivit des exercices. C'est dire à quel point le piano et les études de Fanny étaient alors pris au sérieux. La jeune fille jouait déjà très bien, mais le niveau accepté dans la maison Mendelssohn devait aller au-delà de la virtuosité. Fanny faisait preuve d'une fabuleuse mémoire musicale et à treize ans, elle fit à son père la surprise de lui jouer par cœur les 24 préludes du premier cahier du *Clavier bien tempéré* [8]. Henriette, qui restait toujours présente, même en habitant Paris, se récria d'admiration en nuançant cependant son jugement :

« L'exploit de Fanny d'apprendre 24 préludes par cœur et, chère Lea, votre persévérance à les lui faire étudier m'ont stupéfiée et rendue muette d'étonnement, et je n'ai retrouvé la parole que pour faire part de ce grand succès à tout le monde. Après vous avoir décerné, à vous et à Fanny, mon admiration sans partage, je dois pourtant avouer que je trouve cette entreprise blâmable ; l'effort est trop grand, il aurait pu devenir dangereux, on doit conduire le talent extraordinaire de vos enfants, non pas le forcer. Mais Papa Abraham est insatiable, le meilleur est pour lui tout juste assez bon. Je crois le voir écoutant Fanny jouer, intérieurement content et satisfait, et l'exprimant parcimonieusement. Les enfants remarqueront pourtant très vite qu'ils sont sa fierté et sa joie et ne prendront pas très au sérieux son air stoïque [9]. »

Henriette ne se rend peut-être pas alors compte qu'un talent comme celui des enfants Mendelssohn influence de lui-même le professeur qui n'a nul besoin de le pousser, bien au contraire. La pauvre femme ne peut pas imaginer d'imposer à Fanny Sébastiani la moitié du quart de la concentration requise pour un tel effort. Mais Lea, malgré tout son talent pédagogique, n'aurait pas pu obtenir de Fanny une telle prouesse si la petite fille n'en avait pas eu elle-même le désir et la force.

Avec ses doigts « faits pour jouer les fugues de Bach » (*Bach'sche Fugenfinger*), Fanny reçoit dès l'enfance le baptême culturel musical luthérien. A travers Lea et sa famille, Fanny et Felix Mendelssohn descendent de ce père spirituel de la musique allemande que représente Jean-Sébastien Bach. Le fait d'être juive ou chrétienne prend un aspect dérisoire par rapport à une telle ascendance : Fanny comme Felix Mendelssohn ont dans leurs mains, au sens propre et au sens figuré, le fil de la tradition occidentale. La claveciniste Sara Levy, leur grand-tante, méprisera l'idée de se convertir : à quoi bon ? Les enfants Mendelssohn ne s'appelleront Bartholdy qu'à leur corps défendant.

Fanny était alors l'enfant prodige, plus encore que Felix. Sa mère lui enseignait le piano, son père l'écoutait jouer et tous deux étaient d'autant plus exigeants qu'elle répondait à leur attente. Entourée d'un tel amour, Fanny a pu grandir dans l'illusion d'un accomplissement, elle a pu penser qu'il était réellement important pour sa famille qu'elle aille jusqu'au bout de ses limites et de son talent. A partir des années 1816-1817, elle entretint avec sa tante Henriette Mendelssohn, toujours à Paris, et avec son oncle Jacob Bartholdy à Rome des correspondances très sérieuses [10]. Ces adultes intelligents et cultivés lui envoyèrent des lettres qui prouvaient à quel point ils l'estimaient. Jacob Bartholdy lui devait davantage qu'à une simple et gentille petite nièce, puisque Fanny lui avait obtenu le pardon de sa mère. Fanny, même petite fille, ne supportait pas les disputes ; un jour, alors que l'enfant lui avait particulièrement bien joué du piano, Bella Salomon lui demanda quelle récompense elle en souhaitait. Fanny lui répondit alors : « Pardonne à l'oncle Bartholdy. » Qu'on s'imagine cette enfant, qui ne devait pas avoir plus de douze ans, réfléchissant sur les questions de religion et de tolérance et prête à affronter la colère de sa grand-mère. On ne sait pas si Fanny, au moment où elle réclamait le pardon de Jacob, était elle-même baptisée luthérienne ou non. Si l'épisode de la grand-mère a pris place après 1816, Fanny avait, en fait, sollicité son pardon à elle en réclamant celui de son oncle. Quoi qu'il en soit, la petite se montre bien sérieuse. Ce n'est pas du goût de tout le monde. Sa cousine Rebecka Meyer écrivait à son amie et parente Rosa Herz *, le 2 mars 1818 :

> « Abraham est ici. Il a des enfants merveilleux, surtout les trois plus jeunes. Il me semble que Fanny est la seule que tu connaisses : c'est la moins jolie et elle est pour l'instant un peu trop précoce (*etwas stark altklug*), mais si elle se développe dans son être, elle peut devenir vraiment attrayante car elle est très intelligente ; Felix est beau comme un ange et c'est un véritable génie de la musique ; Beckchen ressemble à Marianne Saaling et parle adorablement, et Paul, le plus jeune, est ce que je peux imaginer de plus beau, de plus coquin et de plus entreprenant [11]. »

Apparemment, la charmante et futile Betty Meyer et la sérieuse et réfléchie Fanny Mendelssohn n'ont pas trop bien sympathisé.

---

* Betty Meyer était la fille de Recha, sœur aînée d'Abraham, et Rosa Herz était la petite-fille d'Abraham Gugenheim, père de Fromet, l'épouse de Moses Mendelssohn.

Le caractère Mendelssohn n'est pas particulièrement facile. Abraham Mendelssohn peut se montrer extraordinairement grognon. Henriette écrivait à sa nièce le 30 décembre 1821 [12], en s'excusant des reproches immérités qu'elle lui avait adressés dans sa lettre précédente : « Je ne sais plus ce que je t'ai dit, mais je sais de quoi sont capables les Mendelssohn quand ils sont de mauvaise humeur, ou plutôt à quel point ils sont incapables de lui résister. Souffres-tu aussi de ce mal héréditaire? J'espère que non! » Fanny, comme le lui souhaitait Betty Meyer, possédera certainement l'attrait de l'intelligence mais elle ne sera jamais gracieuse ni jolie. Cela n'empêchera pas ses proches de l'aimer telle qu'elle était : *schroff*, comme le dira plus tard Clara Schumann à son propos, c'est-à-dire directe et même abrupte. Fanny, quoique fille de son père, ne fera pourtant jamais porter à ses proches le poids d'une quelconque mauvaise humeur; bien que très sérieuse, elle était aussi très active, pleine d'allant, d'énergie et d'idées, ce qui faisait sa joie de vivre; bien loin de peser sur les autres, elle les entraînait au contraire à l'action.

La vie des enfants Mendelssohn ne les portait de toute façon pas à l'insouciance. Le culte de la raison qui était le fondement de leur religion était devenu le culte du savoir. Leurs parents ne laissaient rien au hasard quand il s'agissait de leur instruction et du développement de leurs talents. En 1819, le jeune philologue Karl Heyse (1797-1855) fut engagé comme précepteur pour les matières générales, y compris les sciences, et le musicien Karl Friedrich Zelter pour enseigner la composition aux deux aînés. Avec Berger, cela faisait un superbe trio. De nos jours, cela signifierait que des parents engagent par exemple Michel Serres, Pierre Boulez et Radu Lupu pour s'occuper de leurs enfants! Le violoniste Henning vint donner des leçons à Felix et le professeur Rösel leur apprit à dessiner des paysages, discipline où Felix passa maître. Rebecka apprit le grec par amitié pour Felix, que cette langue rebutait et que sa compagnie réconfortait; Rebecka, surnommée Beckchen, se révéla la linguiste du groupe, en même temps que la cantatrice, car elle avait une très jolie voix. L'acteur Eduard Devrient écrivit dans ses souvenirs sur Felix [13] :

> « La mère, femme d'une vive intelligence et d'une grande culture tout autant que maîtresse de maison avertie, s'occupait sans relâche à lire ou à coudre tout en surveillant les études de ses enfants avec une fermeté implacable. C'est à partir de là que l'activité deviendra pour Felix une nécessité. Sa mère le gardait à ses pieds dans sa propre chambre, où elle l'obligeait à des exercices peu attrayants sur la table

d'enfant de Rebecka. Un matin où j'étais en visite chez sa mère, il me rejoignit dans l'antichambre avec une tartine, ce qui lui donnait le droit de s'éloigner de son travail ; alors que nous bavardions plus longtemps qu'il ne le fallait pour manger une tartine, un bref appel de sa mère " Felix, est-ce que tu ne fais rien ? " *(Felix, tust du nichts ?)* le ramena à l'ordre et il s'enfuit dans la pièce de derrière. »

Redoutable mère, qui voulait des enfants irréprochables contre lesquels l'accusation d'apostasie ne pouvait être proférée. Felix en restera marqué toute sa vie. Son agitation et sa nervosité insurmontables frappaient tous ses proches. Les jeunes Mendelssohn vivaient intellectuellement à un rythme insupportable pour des enfants moins doués.

A onze ans, Felix écrivit une parodie de poème épique en trois chants, entièrement en vers, sur le modèle de l'*Achillëis* de Goethe, paru en 1808. Felix appela son poème *Paphlëis* et raconta les exploits des rues de son petit frère Paul, surnommé Paphlos, héros de la Neue Promenade. Paphlos en profite pour décrire sa vie quotidienne à ses compagnons d'armes [14] :

« Je me réveille à cinq heures et me dresse sur mon lit
Pour voir si Felix est réveillé de son sommeil.
S'il ne l'est, je m'empresse de l'arroser d'eau
Et de tirer les couvertures qui lui tiennent chaud.
Ne veut-il pas se lever, je lui crie des paroles encourageantes,
Alors il se réveille et s'habille le plus vite possible.
Mais je reste au lit jusqu'à ce que Monsieur Heyse me réveille.
Pourquoi devrais-je me lever si tôt ? Le sommeil m'est doux.
Ceci vous devez savoir : je possède une voix magnifique.
C'est pourquoi, aussitôt réveillé par les appels de Monsieur Heyse
Je chante une chanson du matin, par moi composée, ornée de quinze
Si bémol, et de beaucoup de la.
Mais il est dur de faire silence, et Monsieur Heyse bat souvent la mesure.
Alors je me lève et j'ai une leçon de latin.
Peuh ! Bagatelle, bagatelle ! A huit heures vient César
Qui me donne une leçon de calokagathiatugraphie.
(César ? murmura Pinne, je ne savais pas qu'il enseignait la calligraphie ?)
A neuf heures je prends le petit déjeuner avec l'onction due
Trime un peu sur le latin, y apprends beaucoup de grec.
Puis à dix heures je cuis au four une couronne de pommes rôties,
Calcule alors avec mon père, cela me fait mal à la tête,
Mais à onze heures je joue du violoncelle, d'un archet puissant.
Alors on entend parfois des miaulements terrifiants.

Mamsell Benicke joue du piano, Felix gratte du violon,
Et je joue du violoncelle; mais souvent arrive un quatrième
Qui s'installe dans la cour et joue de la guitare et du sifflet.
Tous les voisins écoutent, mais nous ne cessons pas *;
Nous n'abandonnerions pas un jota de nos droits. [...] »

La journée continue avec l'histoire, la géographie, l'allemand, la mythologie grecque, le français... les fils ont aussi droit à une éducation physique, mais avec un tel emploi du temps, le joyeux petit garçon de sept ans qu'était « Paphlos » deviendra un adolescent difficile et un homme renfermé.

Par chance les enfants étaient quatre à subir l' « entraînement ». Fanny donnait le ton, elle qui la première avait fait face à l'exigence des parents et à leur angoisse vis-à-vis de leur changement de religion. Rien d'étonnant alors à ce que les enfants se soient sentis liés par un sentiment très fort. Quelle joie ce dut être pour la petite fille de voir Felix grandir à ses côtés, ce petit garçon qui la comprenait en tout, avec qui elle pouvait partager sa musique, jouer à la petite maman et au professeur de piano. Au début, son rôle à elle ne dut pas en être diminué : elle continuait à jouer du piano en petite fille surdouée et cela se révélait d'autant plus important qu'elle servait de modèle à Felix. Qu'un garçon soit appelé à un plus grand rôle social ne devait pas encore se faire sentir dans une famille où la mère avait un tel pouvoir. Au contraire, cela devait alléger quelque peu le poids d'un amour très lourd.

D'après les textes de *Lieder* que Fanny composa dans son enfance, on peut supposer qu'elle avait appris le français, l'italien et l'anglais. Toutes ses œuvres liturgiques sont en allemand, ce qui laisse penser qu'elle n'avait pas appris le latin [15]. Elle ne se reconnaissait d'ailleurs pas de talent particulier pour les langues [16], domaine réservé à sa plus jeune sœur Rebecka dont c'était le talent particulier. Son programme d'études paraît donc relativement moins chargé que celui de Felix, mais on peut faire confiance à Lea pour ne pas laisser un seul de ses enfants ne « rien faire ». Fanny, comme Rebecka, dut apprendre à tenir une maison, à coudre, à broder. Et tout cela, dans la maison Mendelssohn, était synonyme du plus haut niveau possible. Henriette continuait à commenter de loin cette éducation, non sans envie : elle n'arrivait absolument pas à obtenir de Fanny Sébastiani des résultats qui la satisfassent réellement. La question du talent se

---

* Jeu de mots sur *aufhören* : écouter ou cesser.

pose, naturellement, mais cela vexe cette éducatrice professionnelle [17] :

> « J'ai reçu ta magnifique bourse il y a quelques jours, et tout de
> suite après ta lettre et celle de ta chère mère. Je te remercie de tout
> cœur pour tes deux envois. Le travail en est extraordinairement beau,
> tout comme le choix des couleurs. Je ne comprends pas, ma chère
> enfant, comment, au milieu d'études et d'occupations si sérieuses et
> diverses, tu peux encore trouver le temps d'entreprendre un ouvrage
> aussi difficile et de le réaliser de façon si soignée. Tu le dois à ta mère!
> Elle est ainsi depuis toujours, et tu l'es aussi devenue grâce à elle! Si
> seulement Fanny Sébastiani possédait la plus petite partie de ton
> application et de tes talents! Il me manque sûrement tout autant
> d'être un aussi bon modèle que ta mère, qu'il lui manque de te res-
> sembler. Tu t'es étonnée avec raison, chère Fanny, de ce que son
> choix fût tombé sur une poésie tellement moralisante et si froidement
> raisonnable. Elle se faisait une telle fête de t'envoyer ce poème que je
> l'ai laissée faire. Tout ce qui concerne la musique est un livre fermé
> de sept sceaux pour elle! »

Les enfants Mendelssohn furent élevés au sein de leur famille,
sans aller à l'école. Les garçons recevaient une autre éducation
que les filles, mais le même degré d'excellence était requis de
tous, ce qui pouvait donner une apparence d'égalité de traitement. Le rôle joué par leur mère avait tant d'importance que sa
situation devait sembler enviable. Fanny et Rebecka ne réalisaient
pas vraiment qu'elles resteraient enfermées chez elles, dévouées à
leur intérieur, et que leur développement personnel serait arrêté
à l'adolescence.

Zelter. La Singakademie

A partir de 1818, Fanny et Felix prirent des leçons de composition avec le célèbre musicien berlinois Carl Friedrich Zelter (1758-1832), ce qui les situait encore plus nettement dans la lignée de Jean-Sébastien Bach. En les faisant entrer à la Singakademie, fameuse institution berlinoise, Zelter les introduisait au cœur de la tradition. La Singakademie joua un tel rôle dans la vie de Felix et de Fanny qu'on ne peut raconter leur histoire sans la présenter avec tout son poids culturel.

Zelter, fils d'un maçon des environs de Dresde, apprit lui aussi ce métier, y passa maître et reprit les affaires à la mort de son père en 1787. Ce n'est qu'en 1815 qu'il sortit de la corporation des maçons berlinois : on lui connaît encore une maison, au n° 13 de la Brüderstrasse. Mais cette activité ne nuisait pas à sa musique. Il reçut d'abord une formation de violoniste auprès de Märker, L. George et J. Chr. Schultze [1], fit partie de l'orchestre du Théâtre de Döbbelin (1779) où il joua entre autres des opéras de Benda et, en 1786, participa en tant que premier violon à une représentation du *Messie* de Haendel sous la direction de J. A. Hiller.

Malgré un premier essai de composition accueilli de façon inégale, loué par Marpurg mais critiqué par Kirnberger, Zelter ne se découragea pas et insista auprès du musicien d'église K. Fr. Fasch, jusqu'à ce que celui-ci consentît à lui donner des leçons de composition. C'est ainsi qu'il suivit quelque cent soixante-huit leçons entre 1784 et 1786. Dès sa fondation en 1791, Zelter fut un membre actif de la Singakademie, créée pour défendre les maîtres du passé.

Il est de tradition chez les musicologues de prétendre que Jean-Sébastien Bach effectua une traversée du désert de près d'un siècle, entre sa mort et sa prétendue redécouverte vers le milieu du XIXe siècle. En ce qui concerne Berlin, cette assertion est sans fondement. Certes, la musique « à la mode » que l'on composait au XVIIIe siècle ne correspondait pas du tout aux critères du passé, mais il y eut une série de musiciens qui préservèrent la tradition

Bach très vivante dans leurs cœurs et dans leurs musiques, à commencer par les propres fils de Bach. Ce fut le cas pour Carl Philipp Emanuel (1714-1788), qui séjourna longtemps à Berlin ainsi que pour Wilhelm Friedemann (1710-1784), l'aîné des fils et le plus influencé par son père, qui vécut également à Berlin de 1774 à la fin de ses jours. Ce dernier était considéré comme le plus grand organiste d'Allemagne, le seul à perpétuer la tradition familiale ; il eut parmi ses élèves la claveciniste Sara Levy, grand-tante de Fanny et de Felix Mendelssohn. Carl Philipp Emanuel [2], cinquième fils de Bach et le plus célèbre, après de bonnes études de droit, devint, en 1738, claveciniste du prince héritier de Prusse, le futur Frédéric II. Il resta au service du roi jusqu'en 1768, date à laquelle il prit la succession de son parrain Telemann à Hambourg, où il occupa, jusqu'à sa mort en 1788, le poste de directeur de la musique. C'est par les fils de Bach que nous sont parvenus la plupart des manuscrits de Jean-Sébastien, mais aussi par les nombreux élèves à qui le Cantor de Leipzig transmit son savoir. Le plus célèbre, Johann Philipp Kimberger (1721-1783), étudia avec Jean-Sébastien de 1739 à 1741 [3]. Il occupa ensuite divers postes d'enseignant et de directeur de la musique jusqu'en 1750. Il entra en 1752 comme violoniste à la Chapelle royale de Berlin et à partir de 1754 fut professeur de composition et maître de chapelle de la princesse Amalie de Prusse [4], elle-même compositrice et remarquable musicienne. Ses nombreux travaux théoriques nous donnent une excellente idée de ce que pouvait être l'enseignement de Jean-Sébastien Bach, entre autres le *Kunst des reinen Stazes* (« l'art de la composition pure ») (1774-1779). Par chance pour nous, il avait pris copie de la *Passion selon saint Matthieu*, sinon elle serait perdue. Il n'y avait pas d'admirateur plus enthousiaste du Maître de Leipzig que ce musicien critique et appliqué.

Son collègue Johann Friedrich Agricola (1720-1774), organiste puis Maître de la Chapelle royale et compositeur à Berlin, avait également étudié le clavecin, l'orgue et la composition avec Jean-Sébastien Bach. Il s'orienta cependant vers l'opéra plutôt que vers la musique d'église. En arrêtant à Fasch et à Zelter cette liste d'élèves de Bach, il faut reconnaître qu'il y avait à Berlin dans le dernier tiers du XVIIIe siècle une extraordinaire colonie d'admirateurs du vieux maître.

Christian Friedrich Fasch (1736-1800) joua un rôle essentiel dans la pérennité de la tradition. Ce fils de maître de chapelle de Zerbst apprit auprès de son père le violon, l'orgue, l'harmonie et le contrepoint. Franz Benda le recommanda en 1756 au roi Frédéric II, dont l'accompagnateur ordinaire, Carl Philipp Emanuel Bach, souhaitait avoir un assistant [5]. Frédéric II jouait en effet lui-même tous les jours des concertos et autres solos de flûte, du moins jusqu'à ce que les difficultés de la guerre de Sept Ans (1756-1763) ne lui donnent d'autres soucis. Fasch n'eut pas à forcer ses goûts centrés sur la musique d'église, car il obtint une augmentation et, n'ayant plus grand-chose à faire, il put se consacrer à l'étude des anciens maîtres. Il copia notamment une messe à seize voix d'Orazio Benevoli (1605-1672) [6] que Reichard avait rapportée d'Italie. Cela lui donna l'idée d'en composer une lui-même, également à seize voix. Mais où trouver les chanteurs pour réaliser un tel projet?

Même s'il était formé dans la tradition Bach et soutenu par les collègues déjà mentionnés, un musicien d'église comme Fasch défendait une conception de la musique qui n'était plus à la mode. La musique d'église n'existe pas pour elle-même, mais elle a une fonction obligée qui est de s'inscrire dans un contexte moral et éthique. Kirnberger s'élève contre l' « expression sensible de la nature nue dans l'art [7] », tandis que le *Singspiel* ou le *Lied* berlinois, tout comme l'opéra-comique, tendent au contraire à rendre l'émotion humaine de façon aussi « naturelle » ou « évidente » que possible. Deux conceptions diamétralement opposées s'affrontent ici et, sans songer à les départager, il faut admettre qu'un chanteur formé à n'interpréter que des ariettes à la mélodie « évidente » se trouve perdu devant la deuxième ou la troisième voix d'un chœur de Jean-Sébastien Bach ou d'un autre baroque. Fasch ne trouva ce qui lui convenait ni à Berlin ni à Potsdam, ni parmi les chanteurs royaux ni dans les chorales des écoles. Il décida donc de faire travailler lui-même ses élèves. Il commença avec douze chanteurs dans la maison du conseiller privé Milow, Leipziger Strasse, puis en avril 1791 chez la femme du conseiller privé Pappritz et, à partir du 24 mai 1791, chez Madame Voitus, Unter den Linden 42, où pour la première fois fut établie une liste de présence comprenant vingt-sept noms. Cette date fut dès lors considérée comme anniversaire de la fondation de la Singakademie. Au bout de deux ans, le lieu devint trop petit et la Singakademie reçut l'autorisation de s'installer à l'Académie des beaux-arts *(Akademie der Kunste)* où les répétitions reprirent à partir du 5 novembre 1793.

En septembre 1791, le chœur chanta pour la première fois en public à la Marienkirche et, pour la première fois aussi, on entendait un chœur de voix d'hommes et de femmes, sans voix d'enfants. La Singakademie fut en effet fondée par Fasch pour répondre à des besoins musicaux, mais son existence dépendait de structures sociales essentielles pour son développement. Selon Nägeli, l'éducation chorale d'un peuple serait un premier pas vers la prise de conscience de lui-même, en lui prouvant l'efficacité d'une action individuelle et collective à la fois. Quoi de plus beau que l'amour du prochain exprimé par tous ces souffles confondus? « Avec une centaine de chanteurs bien formés, aux voix moyennes telles que la nature les leur a données, on obtient un chœur bien constitué, et on a symbolisé la majesté du peuple [8]. » Remplacer les voix d'enfants par des voix d'hommes et de femmes donnait au chœur une fonction sociale bien plus importante. Cela avait l'avantage évident d'éviter de former des garçons pendant des années pour qu'en une nuit la mue les rende inaptes au chant, mais cela n'est qu'un aspect rationalisé de la question. Plus fondamentale est la poussée souterraine d'une force sociale qui cherche à s'exprimer, au cœur même de la culture, dans le religieux. La présence des femmes, dans le chœur et parmi les membres fondateurs, Madame Voitus, Madame Sebald et Madame Dietrich, témoigne de leur rôle prépondérant dans la vie culturelle à la fin du xviiie siècle. Qu'un chœur se veuille un représentant plus juste de la société en introduisant la mixité, cela signifie l'introduction d'une notion de « naturel » dans l'art, ce que réprouvait précisément l'esthétique de Fasch et de Kirberger. La vie musicale est ainsi faite, qu'on ne peut pas rompre sur tous les points avec les tendances d'une époque.

Les répétitions étaient en principe fermées, mais la curiosité força les portes, le 8 avril 1794, pour un premier « Auditorium » et le prince Louis-Ferdinand lui-même vint écouter avec plusieurs personnes de la cour. On retrouve à cette occasion ce brassage entre catégories sociales, typique de cette période caractérisée par un respect réel du monde artistique. Beethoven leur rendit également visite, le 21 juin 1796.

Fasch se dévoua à la Singakademie avec toute la frénésie de travail qui le possédait : il rassemblait les partitions, écrivait les voix séparées et dirigeait toutes les répétitions [9]. Dès 1794, la Singakademie aborda non seulement les motets de Bach, mais étudia également les *Mendelssohniana*, c'est-à-dire le 30e psaume traduit par Moses Mendelssohn et mis en musique par Fasch, et les *Davidiana*, d'après la traduction de Luther. Haendel faisait aussi partie du programme.

Le chœur se distinguait par une autre particularité, étonnante à l'époque, celle de chanter et de répéter *a cappella*, sans le soutien d'aucun instrument pour assurer la justesse des notes. Un observateur nota : « Dans les mouvements déjà étudiés, le chef laissait le chœur à lui-même et celui-ci, comme un seul homme, faisait sentir sans aucune direction des hésitations artistiques, des accélérations de tempo, des changements d'expression du fort au doux avec une liberté qui attire sur cette institution l'admiration des plus grands connaisseurs comme celle des profanes les plus incompétents [10]. »

En 1799, un an avant la mort de Fasch, la Singakademie comprenait quatre-vingt-quatorze membres [11]. Carl Friedrich Zelter, qui en était membre fondateur et qui y participait de tout son cœur depuis le début, avait souvent remplacé son vieux professeur malade dans les dernières années. A la mort de Fasch, il prit tout naturellement la direction du chœur ; à la mémoire du vieux maître, il dirigea la première berlinoise du *Requiem* de Mozart le 8 octobre 1800. Si la Singakademie avait toujours, depuis sa création, fait partie intégrante de la vie musicale berlinoise, et était restée en phase avec les événements, comme la mort du roi Frédéric Guillaume II en 1797, Zelter sut en faire une véritable institution qui assuma une place toujours grandissante à Berlin et servit de modèle dans toute l'Allemagne. Le chœur atteint rapidement le chiffre de cent vingt chanteurs et Zelter n'accepta plus personne sans une recommandation et un examen sévère. C'était un honneur pour Fanny et Felix d'avoir été acceptés en 1820 malgré leur jeune âge.

La base du répertoire restait les œuvres de Fasch, Lotti, Naumann, Reichardt, Schultz, Durante, Haendel, Palestrina, etc., mais toujours et avant tout les motets de Bach, que Zelter, comme Fasch, ne se fatiguait jamais de rassembler, recopier, et aussi... d'adapter un peu au goût du jour. A partir du 10 avril 1807, Zelter rassembla chez lui le vendredi les instrumentistes, amateurs et élèves, qui souhaitaient s'exercer dans le style de Bach. Nombre de fugues du *Clavier bien tempéré* furent arrangées pour quatuor à cordes. Sara Levy, sœur de la mère de Lea Mendelssohn, y joua souvent. Les archives de la Singakademie mentionnent, le 31 décembre 1807, *le Concerto en ré mineur* et, le 19 février 1808, le cinquième *Concerto brandebourgeois*, arrangé pour piano forte, flûte et violon, avec Sara Levy à l'instrument.

Entre 1813 et 1815, Zelter fit travailler la *Messe en si*, sans se laisser décourager par des débuts difficiles. A partir de 1815, il mit la *Passion selon saint Jean* en chantier [12] et quelques passages de la *Saint Matthieu*.

Zelter n'hésitait pas à transformer les passages de Jean-Sébastien Bach qui lui semblaient trop ardus pour les chanteurs et les instrumentistes de son temps. Zelter promut ainsi la musique du passé, à sa manière, et écrivit aussi des *Lieder*, aussi simples que possible pour ne pas trahir le texte ni décourager la mémoire. Il ne faisait là que suivre l'exemple de tous ses aînés berlinois, les musiciens d'église, ceux-là même qui révéraient la musique savante de Jean-Sébastien Bach, mais qui composèrent aussi des *Lieder* : Philipp Emanuel Bach et Kirnberger, puis Fasch, Reichardt [13]... L'homme actif que fut Zelter fonda en 1808 le *Liedertafel*, le « repas aux chansons », qui réunit une fois par mois vingt-cinq membres de la Singakademie pour chanter entre eux, tout en mangeant, des chansons de leur composition. « Nous ne voyons pas facilement une tablée qui puisse se passer de chanter quand une atmosphère de joyeuse camaraderie se propage. C'est seulement à travers les mots et la mélodie de la chanson que le cœur et l'âme sont amenés à un point de rapprochement qui leur est commun. Que ce soit la plainte ou la joie qui dominent dans le chant, les cœurs se retrouvent toujours ; alors s'épanche un sentiment de solidarité qui va éveiller la camaraderie [14] », écrivit Zelter en 1808. On pourrait voir une contradiction dans cette recherche de l'affect en musique et le culte du contrepoint, mais Zelter ne le ressentait pas ainsi. Il était très fortement attaché au rôle social de la musique et voyait dans Bach avant tout le musicien religieux, celui qui s'adressait à toute la communauté. Ces leçons furent apprises par Fanny et Felix Mendelssohn, pour qui la musique fut avant tout partage et communication.

Zelter voulut former le goût d'une nation, mais celui de son temps l'influença tout autant. Il prétendait n'avoir à répondre des transformations de la partition que devant Bach lui-même, pensant sans doute qu'il lui rendait le service de faire connaître ses œuvres et qu'il aimait et connaissait suffisamment cette musique pour se sentir sûr de lui. Or, certaines phrases musicales que Zelter simplifia à l'extrême ne posent de nos jours aucune espèce de problème musical ; on s'interroge à bon droit sur la transformation du goût. La conviction qu'il est permis de changer la pensée d'un auteur pour le faire connaître au public montre la force attribuée à l'opinion jusque dans le domaine musical. Au XIXe siècle, l'opinion que le temps qui passe entraîne un progrès esthétique, justifiera l' « amélioration » des œuvres artistiques.

La Singakademie a été fondée pour l'éducation musicale d'une certaine classe sociale. Zelter était fortement motivé par cette idée pour les raisons musicales déjà exposées ; il savait cependant qu'il lui fallait donner des raisons plus concrètes s'il voulait obtenir un soutien de l'État. En effet, Zelter avait vu la fin d'une forme de « musique de ville », la disparition des chœurs de petits garçons, les *Kurrende*, et des fanfares municipales, les *Stadtpfeifereien*. Il était lui-même obligé de poursuivre son activité d'entrepreneur : le poste de directeur de la Singakademie était honorifique, et n'offrait que 150 thalers par an (200 thalers à partir de 1811), sommes tout à fait insuffisantes pour le nourrir, lui et sa très nombreuse famille. Il fut, à partir de 1803, en correspondance constante avec le gouvernement pour obtenir une prise en charge par l'État de l'éducation musicale. Il soulignait alors, non pas la nécessité artistique, mais plutôt l'influence bénéfique de cette éducation sur « la religion et les mœurs ». Il n'obtint de résultat qu'à partir de 1809. Après l'occupation française, le chancelier Hardenberg s'entoura d'hommes soucieux de moderniser la Prusse, dont Wilhelm von Humboldt, qui, sur l'intervention de Goethe, fit nommer Zelter professeur de musique à l'Académie des beaux-arts de Berlin, ce qui lui permit plus tard de faire ouvrir des instituts d'éducation musicale – musique d'église et musique profane – à Kœnigsberg (1814), Breslau (1815) et Berlin (1822). Zelter eut ainsi le contrôle sur la formation musicale dans toute la Prusse et composa nombre de *lieder* et de chœurs pour les écoles.

Quant à sa célébrité posthume, elle tient surtout à l'amitié qui le lia avec le poète Wolfgang Goethe, de 1799 jusqu'à la fin de leurs vies, en 1832. Zelter ne survécut à son ami que de quelques mois. Il était le seul à le tutoyer. On l'accuse communément d'avoir éloigné Goethe de Beethoven et de Schubert, mais il est certain que le poète lui-même préférait que la musique ne prenne pas trop d'importance, pour laisser toute la place à la poésie et à son message. Leur correspondance fut publiée après leur mort et la bonne société apprit alors des vérités qui choquèrent beaucoup, surtout ceux et celles qui y étaient cités.

6
L'élan brisé

Felix et Fanny prirent des leçons de composition avec Zelter, qui les fit travailler dans la tradition des maîtres Bach, Kirnberger et Fasch, d'une façon très rigoureuse, à partir de modèles; ce travail fut accompagné de multiples exercices de contrepoint et de réalisation de basse chiffrée. Fanny, l'aînée, allait certainement plus vite que Felix; « aussi douée que lui », selon le mot de Goethe, elle avait l'avantage que lui donnaient ses quatre années de plus. Ils étaient non pas un, mais deux enfants prodiges. Fanny faisait volontiers profiter Felix de son savoir, mais Felix se ressentit toute sa vie de cette compétition de jeunesse, où il n'avait pas le dessus sur sa sœur. Cette sorte de complexe lui fit toujours éviter les concours, comme en témoigne cette lettre du 7 avril 1838 à l'éditeur Alfred Novello :

« Je voudrais pouvoir vous envoyer cette composition sur le texte que vous m'avez fait parvenir, mais il m'est absolument impossible de produire quoi que ce soit en vue d'un concours. Je ne peux pas, même si je m'y efforce; et quand, dans mon enfance, j'étais obligé d'entrer en compétition avec ma sœur et d'autres écoliers, mes travaux étaient toujours stupéfiants de bêtise – pas le dixième de ce que j'étais capable de réaliser autrement [1]. »

Cette modestie sympathique montre d'abord que Felix était très sensible, mais aussi qu'il avait souvent douté de ses capacités, en particulier par comparaison avec Fanny. Il prit cependant l'habitude de lui soumettre tout ce qu'il faisait, jusqu'à ce que ce fût Fanny, bien plus tard, qui le suppliât de lire ce qu'elle faisait et de l'encourager.

Il y eut en effet bientôt un tournant dans les relations entre les deux enfants. Fanny, l'aînée, la « chef », le « Cantor », montre à son petit frère ce qu'elle sait faire : c'est elle la virtuose, à la fois maternelle et doctorale. Rien ne lui manque, elle n'a rien à désirer, on lui donne apparemment tout. Mais son frère grandit et il est facile de s'apercevoir qu'à lui on donne plus encore; Fanny

61

profite alors aussi des leçons de composition de Zelter, mais seulement à partir du moment où Felix est en âge de les comprendre. La suite de son adolescence, c'est l'histoire d'un talent mis sous le boisseau d'un autre talent.

La première composition que nous connaissions d'elle, *Ihr Töne, schwingt euch fröhlich* [2]! (« Mélodies, envolez-vous joyeusement ! »), fut écrite pour l'anniversaire de son père, le 11 décembre 1819 : agréable mélodie d'une jeune fille de quatorze ans, surdouée, qui a parfaitement compris les leçons de ses maîtres. Le chant et son accompagnement, dans le style léger d'une basse d'Alberti, soulignent le texte en lui restant fidèle, avec juste ce qu'il faut de chromatisme et de modulations aux tons voisins pour soutenir l'intérêt musical. On y trouve déjà cependant une vitalité et une spontanéité dans l'inspiration mélodique qui seront toujours les caractéristiques du style de Fanny. Les deux enfants écriront et continueront toute leur vie à écrire dans des cahiers de papier manuscrit. La plupart des cahiers de Fanny sont à Berlin, à la Staatsbibliothek Preussischer Kulturbesitz, mais le tout premier appartient à une collection privée, difficile d'accès. Écrit entre 1820 et 1821, il comprend trente-huit *Lieder* et ariettes en français (dont six inachevés), un arioso avec récitatif, deux arie, un chœur, quatre arrangements de choral à quatre voix, onze morceaux pour le piano, l'air de Colette « J'ai perdu tout mon bonheur » du *Devin de Village* de Jean-Jacques Rousseau, instrumenté d'après une partie de piano. Tous ces travaux prouvent que la jeune fille de quinze ans étudiait très sérieusement sous la houlette de Zelter, dont les corrections émaillent le cahier.

Il était donc plus que temps de lui faire comprendre son devoir et Abraham, qui passe une année à Paris entre 1819 et 1820, s'applique par écrit à lui rogner les ailes. Ce ne sera pas facile de calmer son caractère exalté. Dans les lettres qu'il adresse à sa fille, Abraham a au moins deux choses essentielles et complémentaires à lui communiquer : comme Fanny fait sa confirmation, il lui parle d'abord de religion, et comme la religion est pour lui une morale en action, il lui parle de son futur mode de vie. Au nom de la religion qu'il lui a choisie, Fanny se doit de se dévouer corps et âme à sa maison, à sa famille, à son rôle de mère. Une activité professionnelle ne pourrait en aucune façon être envisagée. Il ne s'agit absolument pas de rabaisser son talent, c'est une simple question de morale.

Voici cette lettre d'un père prussien à sa très chère enfant :

« Paris, le 16 juillet 1820

« Tes derniers *Lieder* sont à Viry, d'où je les rapporterai demain. Je chercherai alors quelqu'un qui puisse me les chanter de façon tolérable. Monsieur Leo m'a joué très imparfaitement la dernière fugue de Felix, il la trouve très bonne et écrite dans un style authentique, mais difficile. Elle m'a bien plu ; c'est beaucoup et je ne l'aurais pas cru capable de s'en trouver là si vite, et de travailler si sérieusement, car il faut certainement de la réflexion et de la persévérance pour une telle fugue. Ce que tu m'écris dans tes lettres antérieures sur ta pratique musicale en comparaison avec celle de Felix était aussi bien pensé qu'exprimé. Peut-être que la musique sera sa profession, tandis que pour toi elle ne peut et ne doit être qu'un ornement, jamais la base fondamentale [3] de ton être et de ton activité ; c'est pourquoi l'ambition, le désir de se faire valoir dans une circonstance qui lui paraît importante lui sont pardonnables, car il en ressent la vocation, tandis que cela ne t'en honore pas moins d'avoir de tout temps montré dans ces cas-là ton bon cœur et ta raison, et d'avoir prouvé par ta joie devant les applaudissements qu'il se gagnait que tu les aurais également mérités à sa place. Persévère en ce sentiment et cette attitude, ils sont féminins et seule la féminité sied aux femmes. [...]

« On a lu tes romances hier à Viry et cela va te réjouir d'apprendre que Fanny Sébastiani m'a chanté *Les Soins de mon troupeau* joliment et bien juste et y a pris beaucoup de plaisir. Je t'avoue que ce *Lied* est mon préféré, pour autant que je puisse juger les autres, qui ont été très mal rendus. Il est gai, fluide, naturel, qualités qui manquent à la plupart des autres *Lieder*, qui par endroits s'éloignent trop du texte. Ce *Lied* me plaît tant que je me le suis chanté très souvent depuis hier, tandis que je n'ai rien retenu des autres, et il me semble que la première exigence d'un *Lied* est de se retenir facilement ; il n'est pas pour cela quelconque et le tour de " Si j'ai trouvé pour eux une fontaine claire " est très réussi, même s'il termine trop abruptement la phrase qui se rattache sans transition aux vers du paragraphe " s'ils sont heureux ". Je te conseille vivement de conserver autant que possible ce naturel et cette facilité dans tes compositions futures. » Le postscriptum ajoute : « Tante Jette te prie de lui envoyer à l'occasion quelques-uns de tes *Lieder* allemands. »

Tante Jette, c'est bien sûr Henriette Mendelssohn, toujours chargée de faire entrer quelque chose dans la cervelle étourdie de Fanny Sébastiani. Ce surnom de Jette la différenciait de l'épouse de Joseph Mendelssohn, Henriette Meyer, surnommée Hinni. Toute la famille se réjouit du talent de Fanny, et le soin qu'Abraham prend à critiquer ses premiers essais montre qu'il ne souhaitait pas minimiser ce talent. Ses quatre enfants sont la prunelle de ses yeux, il en est fier au-delà de toute mesure, et le prouve à maintes reprises. On ne peut pas dire qu'Abraham veuille que Fanny renonce à la profession de musicienne, renoncer serait une notion trop active. En fait, il ne saurait être question de quelque profession que ce soit ; il n'y a pas d'autre destin pour une femme que d'être une femme.

En ce qui concerne la morale qu'il enseignait, Abraham fut victime des ambiguïtés de son époque. Héritier du XVIIIᵉ siècle français mais aussi du système kantien, Abraham s'est convaincu de l'universalité de l'opinion publique. L' « ordre naturel » serait le fondement de l'ordre légal. « La forme de croyance de la plupart des gens civilisés » se rapproche certainement de ce qui pourrait s'appeler religion naturelle, ou religion universelle. La tentation de l'universel fut irrésistible sur l'esprit d'Abraham et l'amena à construire un véritable château de cartes intellectuel, dont ses enfants furent les piliers. La difficulté d'une telle démarche réside dans le fait que le naturel se laisse rarement démontrer autrement que par une tautologie. Pourquoi une femme ne peut-elle exercer une profession ? C'est la nature. Mais encore ? Il est amusant de constater qu'Abraham donne à Fanny des conseils du même ordre en matière de musique : reste « naturelle » – or la musique est un art aussi sophistiqué que la morale, mais une telle pensée aurait détruit toutes les convictions bourgeoises d'Abraham Mendelssohn, qui avait certainement lu le *Calendrier musical universel* paru à Paris en 1788 [4] :

« La Musique est une langue naturelle, dénuée dans son principe de toute convention ; cette langue est universelle, elle est la même dans le monde entier ; le Nègre d'Afrique, le Sauvage de l'Amérique, l'Asiatique, tous chantent comme nous ; c'est-à-dire que ce qui est chant pour ces Peuples l'est aussi pour nous, et leurs chansons, auxquelles ils n'attachent point de basse et de parties harmoniques, sont susceptibles d'harmonie comme nos chants, parce qu'ils dérivent des mêmes rapports entre les sons, rapports donnés par la nature et que l'homme ne peut pas changer. »

Si l'on applique à la religion et à la morale le même qualificatif « dénuée dans son principe de toute convention », on ne s'étonne plus si, au nom d'une prétendue nature, des êtres humains se trouvent coincés dans une situation qui ne va pas forcément dans le sens de leur désir. Abraham convertit ses enfants, convaincu que la religion soutenue par l'opinion publique contient une vérité universelle. Cette religion universelo-naturelle trouve son interprète privilégié dans une femme qui joue le rôle que lui pres-

64

crit la « nature », celui de mère. Si de plus cette mère joue au piano (instrument tellement naturel!) des mélodies naturelles, le monde est vraiment en place, son naturel garanti par les bons sauvages du *Calendrier musical universel*. L'opinion publique, lame de fond qui avait renversé l'Ancien Régime, en postulant à l'universalité et au naturel de son fonctionnement, aboutit à la création de la morale bourgeoise, celle qui enferma les femmes à la maison.

Une autre contradiction consiste à souhaiter vivre une vérité socialement absolue, le visage tourné vers l'intérieur, vers la famille, vers le monde du privé. On peut aussi se demander quelle sorte d'assimilation au monde chrétien représente ce culte judaïque du personnage maternel et du pouvoir paternel. En fait d'universel, Abraham choisit de se retrancher de plus en plus du monde où les tensions antijuives pouvaient faire vaciller son château de rêve. A son retour de Paris, la famille partit s'installer dans la Spandauer Vorstadt; en 1821, Abraham renonça aux affaires, et en 1822 emmena sa famille voyager en Suisse; enfin en 1825, les Mendelssohn trouvèrent leur refuge définitif Leipziger Strasse 3, dans un palais au jardin féerique. Coupé du monde vulgaire et à l'abri des propos antisémites, la famille Mendelssohn pouvait se consacrer à son élitisme, l'universel concentré dans un microcosme.

Le contraste entre l'appel du « naturel » et la complexité réelle des structures est aussi piquant dans l'ordre musical que dans l'ordre social. Dans sa lettre du 16 juin 1820, Abraham vante auprès de Fanny les charmes d'une mélodie fluide et facile à retenir, et c'est pourtant le 1er octobre de la même année que Fanny et Felix entrèrent à la Singakademie pour chanter une musique contrapuntique, intellectuelle, difficile à retenir et dont l'esthétique, comme il a déjà été dit, s'oppose radicalement à « l'expression sensible de la nature nue dans l'art ». Pris entre ces deux mondes, seuls leur oreille et leur caractère pouvaient orienter les jeunes Mendelssohn. Là où Zelter respectait Rossini – le compositeur le plus à la mode dans toute l'Europe, celui dont les mélodies représentaient la musique « naturelle » –, Fanny et Felix, plus clairvoyants (ou mieux entendants), le considéraient comme un charlatan. Certes, il était alors impossible de ne pas être influencé par les *Singspiel*, les *Tafellieder* et par la romantique recherche de l'âme populaire traduite en chansons, par le *Knabenwunderhorn* publié par Clemens Brentano et Achim von Arnim; cela n'empêchait cependant pas les deux jeunes Mendelssohn d'être enthousiasmés par la musique rocailleuse et sans compromis de Ludwig van Beethoven, que Zelter n'appréciait que modérément. Ils étaient fous du *Freischütz*, créé le 18 juin 1821 au Schauspielhaus du Gendarmenmarkt. La même année, Spontini, directeur du Hofoper, obtint un grand succès avec son opéra *Olympia*, mais ni la pompe des opéras français ni la suavité des mélodies italiennes ne pouvaient séduire totalement les jeunes Mendelssohn, résolument allemands dans leurs goûts musicaux. Par Mozart, Haydn, le *Lied* et le *Singspiel*, ils avaient appris tout ce qu'il fallait savoir sur la légèreté et la fluidité en musique, et ils ne pouvaient pas accepter une musique qui méconnaîtrait les règles du jeu contrapuntique. Ils aimaient Bach, Beethoven, dont le *Fidelio* fut créé à Berlin en 1815, et faisaient corps avec toute la tradition musicale luthérienne qui, mêlée au culte du germanisme naissant et au lyrisme populaire romantique, trouve une sorte d'apogée avec Weber.

Fanny et Felix Mendelssohn eurent donc l'honneur d'être admis à la Singakademie avec la mention *brauchbar*, « utilisables ». Felix fut d'abord soprano, puis ténor ; Fanny appartint toujours aux altos, pupitre à qui sont offertes les plus belles occasions de se tromper. La Singakademie disposait alors de solistes de premier ordre. Ils venaient du Königlichem Schauspielhaus dont le directeur, le comte Karl von Brühl (1772-1837), avait attiré à Berlin les meilleurs chanteurs du temps : Anna Milder-Hauptmann, Heinrich Stümer, Heinrich Blume, Johanna Eunicke, Joseph Fischer, Carl Bader [5]... Tous ces spécialistes de l'opéra allemand, de *Fidelio* à *Euryanthe*, chantaient aussi à la Singakademie qui approchait alors de son apogée. Fanny et Felix n'étaient certes pas des chanteurs exceptionnels : même si Felix eut plus tard une belle voix de ténor, il n'était pas un soliste. Quant à Fanny, aucune louange ne nous est parvenue au sujet de sa voix : mauvais signe. Souvent Zelter les fit aussi accompagner ses répétitions au piano et ils participaient à ses *Freitagsmusik*. Il devait les tenir en grande estime pour leur confier une telle responsabilité à un aussi jeune âge. Dans ses *Souvenirs sur Felix Mendelssohn Bartholdy*, le chanteur Eduard Devrient raconte qu'à partir de 1822 Fanny « céda entièrement la place à Felix [6] ». Abraham n'était pas seul responsable ; tout le monde trouvait normal de freiner les élans de Fanny et Zelter n'y voyait pas d'inconvénient, pas plus que Devrient, qui dans l'ouvrage déjà cité écrivait cependant de Felix : « Je trouvais son jeu d'une étonnante dextérité et d'une grande assurance musicale, mais il n'approchait pas encore de celui de sa sœur aînée Fanny. » Cette réflexion date de 1820. Deux ans plus tard les rôles se sont inversés. Fanny a-t-elle cessé de bien jouer, lui a-t-on volé sa place ou a-t-elle enfin accepté de se laisser reléguer dans l'ombre de son frère? Tout le monde l'a aidée à accomplir cette dernière mutation. Tous ceux qui ont écrit leurs souvenirs sur la jeunesse de Felix Mendelssohn Bartholdy : Devrient, Hiller, Moscheles, Marx usent des mêmes formules. A quelques pages de distance, on lit : Fanny, l'aînée, prouvait un talent aussi remarquable que son frère et en tant qu'aînée jouait encore mieux que lui. Puis du même souffle : le talent de Felix fut poussé et vanté. Personne ne fournit d'explication ni d'excuse puisque tout se passe selon les normes.

Il s'agit en effet désormais du destin de Felix. En tout état de cause, même si Fanny avait été la seule enfant prodige, elle n'aurait pas davantage eu le droit de se choisir une profession. C'est à travers Felix qu'elle eut accès à une éducation musicale exceptionnelle et qu'elle reçut les miettes d'un destin musical qui aurait pu être le sien. Mais les parents Mendelssohn faisaient déjà preuve d'une grande ouverture d'esprit en laissant Felix devenir musicien. La voix de leur milieu social parlait par la bouche de l'oncle Jacob Bartholdy :

« Je ne suis pas tout à fait d'accord pour que tu ne donnes pas de profession précise à Felix. Sa vocation musicale, qui fait l'unanimité, ne peut absolument pas passer pour telle. Musicien [7] de profession, je ne peux pas me mettre cela dans la tête. Ce n'est ni une carrière, ni une vie, ni un but ; on n'est pas plus avancé à la fin qu'au début et on le sait ; on est même en général plutôt plus à l'aise au début. Que le gamin étudie comme il se doit, fasse son droit à l'Université et commence une carrière dans l'État. L'art restera pour lui une amie et une distraction. Comme je vois les choses évoluer, nous aurons besoin de gens qui auront étudié, et ce besoin se fera encore plus fortement sentir dans un avenir très proche. S'il doit devenir marchand, mets-le tout de suite derrière un comptoir [8]. »

Si la voix de la morale bourgeoise avait été écoutée jusqu'au bout, la situation de Felix n'aurait pas été beaucoup plus encourageante que celle de Fanny. La phrase « L'art restera pour lui une amie » rappelle qu'un homme « respectable » n'épouse pas sa maîtresse, ce qui nous conduit à considérer un autre aspect de la mentalité d'Abraham et de Lea Mendelssohn, qui complète bien le tableau de leur organisation morale : le rapport à l'argent.

Sitôt converti, Abraham quitta les affaires. Les mauvaises

langues affirmaient qu'il s'y montrait peu doué et lui reprochaient de plus son caractère irascible et prétentieux. Quoi qu'il en fût, il dut faire face à la colère de son frère, dont on ne sait pas très bien s'il était mécontent de la démission ou de la conversion d'Abraham. Mais celui-ci se conduisait en tout comme s'il voulait faire oublier sa conversion, ou tout au moins que l'on ne puisse jamais douter de sa sincérité. Alors, il prit le plus vite possible ses distances avec les affaires. Le talent de Felix ouvrait une perspective sans égale de révéler au monde « un caractère sans tache, fidèle à ses desseins et adroit dans son comportement, qui formerait un exemple digne de respect [9] ».

L'intégration culturelle ne pouvait être plus complète. Donner à l'art priorité sur l'argent sortait un fils de Juif des professions traditionnelles juives et des schémas antijuifs habituels. Felix ne s'occupera pas d'argent : tout en flirtant avec l'idée de composer un opéra, il réalisera ses chefs-d'œuvre dans l'oratorio, s'opposant en tout point à Meyerbeer, Juif non converti, qui baignait dans le monde d'argent et de compromis que fut de tout temps l'opéra.

L'aîné de Joseph et de Hinni Mendelssohn, Benny, aura un destin semblable. Son goût ne le portant pas vers la banque, il devint géographe et obtint une chaire à l'université de Bonn. Il se convertit lui aussi, mais soit à cause de ses origines, soit à cause de sa richesse – ses collègues le jalousaient car il n'avait pas besoin de faire payer ses cours aux étudiants –, il ne fut jamais totalement accepté par ses pairs, qui ne ratifièrent pas sa nomination au titre d'*ordentlicher Professor*. Il n'avait pas, selon eux, suffisamment publié. Son plus jeune frère Alexander reprit les affaires de leur père, comme le plus jeune frère de Felix, Paul, qui entra lui aussi dans la banque Mendelssohn. Convertis ou non, les cousins Mendelssohn restèrent toujours très proches les uns des autres, dans leurs préoccupations comme dans leurs modes de vie. Alexander épousa Marianne Seeligmann, fille d'une sœur de Lea, qui toute sa vie resta une amie très proche de Fanny, et qui fut la dernière Mendelssohn juive. A son enterrement, la plupart des membres de sa famille assistaient pour la première fois de leur vie à un office religieux juif [10].

Joseph comme Abraham acceptèrent que leurs fils aînés devinssent savant et artiste [11]. Ils étaient eux-mêmes trop intelligents et avaient trop le goût des choses de l'esprit pour ne pas s'en glorifier. Il est curieux de constater que le mécène Jacob Bartholdy, quant à lui, faisait déjà partie de l'Allemagne « réaliste », celle qui construisait son unité.

Felix et Fanny seront élevés dans cette éthique qui privilégie l'art et la morale et, bien que riches, leurs parents tiendront à la simplicité. Devrient écrivit à propos du logement de la Neue Promenade :

« Avec la richesse que l'on attribuait au père de Felix, l'ameublement de l'appartement paraissait presque ostensiblement simple. Les tapisseries et les meubles étaient très modestes, mais les murs du salon étaient couverts de gravures des *Chambres* de Raphaël [12]. »

La morale des Mendelssohn les porte au respect de l'intelligence et de la beauté artistique, qui justifient à leurs yeux les plus grandes dépenses; le confort du luxe leur semble en revanche répréhensible. Dans une lettre à son futur gendre, Wilhelm Hensel, Lea Mendelssohn insiste sur ce point : « Je cherche à élever mes enfants dans l'habitude de la simplicité pour ne pas les obliger à un mariage d'argent. » Vision romantique des choses : la répartition des richesses ne laissait pas beaucoup de choix matrimonial. En témoigne cette scène du roman de Jane Austen *Pride and Prejudice* [13]. Dans la conversation évoquée ici, l'héroïne, Élisabeth Bennett, se moque des habitudes de luxe du colonel Fitzwilliam, fils cadet d'un comte. Fitzwilliam se plaint de ce que :

« – Les fils cadets ne peuvent pas épouser qui ils aiment.

– A moins qu'ils n'aiment des femmes riches, ce qui arrive très souvent, je pense.

– Nos habitudes de dépense nous rendent trop dépendants, et il n'y a pas beaucoup de personnes de mon rang qui peuvent se permettre de se marier sans penser à l'argent. »

Chez les Mendelssohn, cette scène n'aurait pu avoir lieu. Fanny savait donc :

1. Que le mariage était son destin et en aucun cas la musique.
2. Qu'elle ne devait pas faire un mariage d'argent.
3. Qu'elle devait épouser un luthérien.
4. Un luthérien qui ait assez d'ouverture d'esprit pour épouser une convertie. Ce n'était pas le cas de tout le monde [14].

Si l'on pense aussi à l'aura de Felix, en tant qu'artiste, ce n'est pas une surprise si le peintre Wilhelm Hensel fit l'objet du choix de Fanny.

7

Wilhelm Hensel

Pour la visite des héritiers au trône impérial russe, le grand-duc Nicolas et sa femme, princesse prussienne, le roi de Prusse avait organisé de nombreuses fêtes, dont des tableaux vivants d'après le poème de Thomas Moore *Lalla Rookh*. L'histoire consiste en quatre poèmes que le jeune Feramors déclame à la princesse Lallah Rookh, promise au prince Aliris : *Le Prophète voilé de Khorasan*, *Le Paradis et la Péri*, *L'Histoire des Ghebern* et *Nurmahal et Dschehangir*. Il s'avère que Feramors n'est autre que le prince Aliris lui-même et tout se termine très bien. L'Orient autorisait tous les fastes et la cour fit en sorte que l'événement restât marqué dans toutes les mémoires. Les décors étaient réalisés par le peintre Schinkel [1], les costumes par Forbes et Elphinstone, Spontini en avait écrit la musique. Quant aux tableaux vivants, ils avaient été mis en place par le jeune peintre Wilhelm Hensel. Les acteurs avaient été choisis pour leur beauté ou leur rang et l'occasion était belle de se lancer dans une débauche de perles, de pierres précieuses, de bijoux et d'armes de prix. Sebastian Hensel rapporte qu'à la fin de ce spectacle de rêve la grande-duchesse, qui en faisait partie, se serait écriée : « Est-ce vraiment fini ? Les temps futurs doivent-ils n'avoir aucun souvenir de cette heureuse soirée ? » Le roi l'entendit, souhaita exaucer ce vœu de la grande-duchesse, et celui qui avait si adroitement su mettre en scène ces personnalités de haute naissance fut désigné pour faire leurs portraits dans tous leurs apparats et dans les costumes et les situations des tableaux. Wilhelm y gagna ainsi la reconnaissance royale, la confirmation d'une bourse d'études en Italie et, plus tard, la commande d'une reproduction de la *Transfiguration* de Raphaël dans sa dimension originale [2].

Les deux sources citées, Sebastian Hensel et Theodor Fontane, divergent sur le lieu de la rencontre de Wilhelm et de Fanny. D'après Fontane, Fanny et sa famille faisaient partie des quelque quatre mille hôtes de la fête royale et aurait rencontré Wilhelm à cette occasion. Selon Sebastian, la rencontre aurait eu lieu à l'occasion de l'exposition que Wilhelm organisa pour montrer ses tableaux avant leur départ pour Saint-Pétersbourg. Même si Fanny, accompagnée de sa famille, avait également assisté au spectacle et déjà entrevu Wilhelm, un atelier semble quand même un lieu de rencontre plus propice qu'un palais royal. Quoi qu'il en fût, Wilhelm, par son talent, gagna ses entrées dans la maison Mendelssohn et demanda quelques mois plus tard la main de Fanny.

Sebastian Hensel souligne, à juste titre, le côté surprenant d'une telle rencontre, menant à l'union de deux individus aussi différents, tant par le caractère que par l'origine et l'éducation. Fanny, d'origine juive, avait vécu une jeunesse protégée et intellectuelle, en contact constant avec le monde, ne serait-ce que par les nombreux courriers échangés avec sa tante Henriette à Paris et son oncle Jacob à Rome. Wilhelm, au contraire, représentait le type même du « germano-chrétien [3] ». Il était le fils d'un pasteur du Mark Brandebourg, pauvre comme le pays et les petites villes où il officia successivement, Trebbin puis Linum. Wilhelm était destiné à l'école des mines, mais ainsi qu'il l'écrivit lui-même, « il dessina avant de savoir parler [4] » et, malgré l'opposition de ses parents, ne pensa jamais à rien d'autre qu'à assembler les couleurs, trouver de quoi peindre et se forma ainsi tout seul. Quelle différence avec les maîtres prestigieux de la maison Mendelssohn! En 1811, alors qu'il devait partir à Berlin pour achever ses études d'ingénieur des mines, son père mourut subitement. Sa mère lui permit alors d'étudier la peinture à l'Académie des beaux-arts, où il garda cependant le comportement et l'indépendance d'un autodidacte. Là-dessus commencèrent les guerres de libération. A dix-huit ans, Wilhelm s'enrôla immédiatement et passa trois ans dans l'armée. Très courageux et entreprenant, il fut blessé à plusieurs reprises et « faillit » obtenir la croix de fer, distinction suprême pour tous ceux qui avaient participé à cette guerre [5]. A la signature de la paix, il resta quelque temps à Paris afin de visiter les musées.

A son retour à Berlin, il eut le désir de devenir poète. La question de l'avenir de la peinture se posait certainement, mais aussi celle de la peinture allemande en général. Tout allait mal économiquement en Prusse, et l'art pictural n'avait pas, en Allemagne, les fondations morales qui avaient justifié qu'un État envisage de le soutenir, comme la musique, pour des raisons sociales. Il était donc très risqué pour un peintre d'envisager de vivre de sa peinture. Cet art est par définition, et malgré les ateliers de maîtres, une pratique plus individualiste que la musique. Tous les arts se dirigeaient alors vers le culte du « génie », ce qui accentuait encore le côté solitaire des peintres : les États, en pleine réaction metternichienne, se méfiaient de ces artistes, marginaux par essence, qui mettaient forcément en question la fonction sociale de l'art considéré comme étant au service du pouvoir.

Jacob Bartholdy, de Rome, se plaignait d'être le seul mécène qu'il connût, le seul à soutenir de jeunes artistes prussiens, à leur donner l'occasion de montrer ce qu'ils savaient faire et de se réunir en école. Entre 1816 et 1817, il leur fit peindre à fresque une pièce de sa villa du Monte Pincio, la Casa Bartholdy. Les artistes prussiens n'avaient pas à Rome, comme les Français, une villa Médicis pour les abriter. Ils vivaient cependant tous dans le quartier des artistes, le Monte Pincio, et unis par un même idéal fondèrent une école de peinture. Ils se nommèrent les nazaréens, appellation due à la raie qu'ils portaient au milieu des cheveux et aux boucles qui tombaient autour de leur visage, qui les faisaient ressembler au Christ et aux habitants de Nazareth [6]. Leurs idées tendaient à régénérer l'art par la religion, mais n'étant pas en mesure d'assumer une place solitaire et individuelle dans la société, comme un Turner ou un Goya, ils résolvaient ainsi la question de la fonction sociale de l'art. Johann Friedrich Overbeck (1789-1869) prit la tête du mouvement que rejoignirent les frères Johannes et Philipp Veit (fils de Dorothea Schlegel, donc neveux d'Abraham Mendelssohn-Bartholdy), Wilhelm Schadow (fils du sculpteur du quadrige de la porte de Brandebourg), Julius Schnorr von Carolsfeld, Peter Cornelius... Leur art pourrait se définir comme un « post-raphaélisme » triomphant et un catholicisme militant, qui rendaient certaines de leurs œuvres difficilement accessibles à qui ne partageait pas leurs opinions.

Ils appartenaient tous en effet au côté catholique du romantisme allemand. Le catholicisme avec son irrationalité cultivée paraissait probablement plus propice que le protestantisme à symboliser le rejet du culte de la raison et des lumières. Les nazaréens sont en principe des convertis au catholicisme, à l'exception de Peter Cornelius qui, étant né dans cette religion, se montrait le plus tolérant de tous. Il faut souligner aussi un certain aspect pittoresque du catholicisme qui peut prendre, comme dans les écrits de Clemens Brentano, un côté vieil-allemand traduisant une nostalgie de la religion universelle du Moyen Age qui avait ellemême calqué ses rites sur le modèle païen. Le sentiment religieux au sein de la nature du *fahrenden Schülers* ou du *Taugenichts* d'Eichendorff n'appartient pas typiquement à toutes les formes de catholicisme, mais c'est une composante du catholicisme romantique allemand dont on peut comprendre qu'elle soit très attrayante pour un peintre[7].

Le protestant Wilhelm Hensel appartenait complètement à cette tendance. Ses amis, Clemens Brentano – qui vécut un grand amour avec Luise, la sœur du peintre –, Adalbert von Chamisso, Achim von Arnim et Ludwig Tieck[8], voulaient non seulement le convaincre de se consacrer à la poésie, mais les trois premiers voulaient aussi le convaincre de se convertir. Luise Hensel franchit le pas et écrivit certains des plus beaux poèmes lyriques religieux de la langue allemande. En attendant de se décider pour une religion et malgré la difficulté de vivre de sa peinture, Wilhelm resta fidèle à son art et gagna sa vie et celle de sa famille, sa mère et ses sœurs par toutes sortes de petits travaux : calendriers, gravures à l'eau-forte... Il étudiait pour lui-même la nuit et tâchait de combler le retard que les guerres de libération avaient mis dans son apprentissage.

La rencontre avec Fanny Mendelssohn introduisit un certain désordre dans ses convictions religieuses. La lettre qu'il écrivit de Rome à sa sœur Luise le 1er décembre 1823 exprime trop bien ses aspirations, ses contradictions et sa situation difficile vis-à-vis des Mendelssohn pour ne pas être intégralement reproduite ici[9].

« L.S.J.C. [10]

« Je m'assieds pour t'écrire, ma chère sœur, avec le sentiment de m'acquitter d'une dette d'importance. En chemin, comme je voyageais avec des hommes dont les plaisanteries sans mesure m'empêchaient d'écrire et que je ne dormais pas seul, je n'arrivais à rien, pas plus ici qu'alors car j'ai dû commencer par partager mon logement. De plus, nos compatriotes voulaient des nouvelles des leurs et je ne pouvais pas me refuser à regarder leurs œuvres ; j'ai été par ailleurs très attiré par Rome, ses fêtes et ses antiquités. Mon temps a été complètement occupé, d'autant plus que j'ai dû tout de suite commencer à travailler. Tous les artistes bavarois et prussiens se sont engagés à produire un dessin à l'occasion du mariage de notre prince héritier avec la princesse bavaroise, et je ne pouvais pas me soustraire à cet hommage sans risquer d'être accusé d'ingratitude. J'ai choisi *Les Noces de Cana*, et je m'oblige à m'en distraire aujourd'hui pour ne pas manquer un autre jour de courrier. J'aurais dû m'y prendre plus tôt, bien sûr, mais crois bien que je me le dis à moi-même, que je ne cherche pas à me disculper à ton égard, pas plus que je ne m'absous à mes propres yeux. J'ai particulièrement peur de cette lettre, car j'ai décidé de m'ouvrir à toi et de te faire connaître tout mon cœur et toute ma situation. J'avais auparavant voulu m'en remettre à une

73

conversation verbale, où cela aurait été tout de même beaucoup plus clair et complet; il aurait été trop osé de toucher les cordes les plus profondes de mon cœur en t'écrivant de Prague une lettre qui aurait porté des traces de précipitation et d'énervement. Je ne veux cependant pas garder jusqu'à mon retour un secret à ton égard, apprends donc que – j'aime.

« Cela paraît bien dans les usages, et tu ne vas pas comprendre pourquoi je ne t'ai pas fait part depuis longtemps d'une chose aussi naturelle et aussi conventionnelle, mais il se trouve que les circonstances sont tellement inhabituelles, et les complications si nombreuses, que je désespère presque de t'en donner une idée claire. Je souhaite cependant que tu ne te méprennes ni sur moi ni sur personne. Tu reconnaîtrais sûrement une sœur dans cette jeune fille, si tu la connaissais, de même qu'elle t'aime depuis longtemps par mes récits de toi. Tu serais moins en accord avec le cercle qui l'entoure et les opinions qui y règnent. Ses parents viennent seulement de se faire baptiser chrétiens, et si elle-même fut baptisée dès son enfance, elle a été élevée d'une façon très protestante, a beaucoup entendu de propos diffamant l'Église et a tout naturellement dû partager les préjugés généraux contre celle-ci. C'est par moi qu'elle a pour la première fois entendu la vérité sur l'enseignement de l'Église et elle était beaucoup plus disposée à admettre l'injustice commise à son égard que je ne l'attendais de ma seule influence. Je me défendais cependant contre mon penchant toujours grandissant, car je ne pouvais pas me cacher qu'il serait très dur de surmonter toutes les difficultés avant qu'elle ne soit mienne, si je ne me soumettais pas aux opinions des siens. Je confessais à la jeune fille toutes mes convictions religieuses et qu'elles devaient me conduire tôt ou tard à une profession de foi publique. Elle pouvait ainsi au moins s'expliquer pourquoi je lui taisais mon penchant. Mais, quelque temps après, un moment d'inattention m'en arracha l'aveu; elle me pria alors d'en parler à ses parents. Tu peux t'imaginer avec quelle hésitation je m'exécutais. Je craignais de devoir sacrifier de mon plein gré le bonheur de ma vie sur terre, car je croyais fermement qu'ils me poseraient la question de la religion et je m'étais armé de toute ma force pour lutter pour le Seigneur. Mais imagine cela, il en alla tout différemment : les parents n'abordèrent pas du tout le chapitre de la croyance, et moi, prenant cela pour de la tolérance, j'étais heureux de ne pas avoir à le faire. Je pouvais désormais espérer que Dieu s'était satisfait de ma seule détermination au sacrifice. Les parents demandaient uniquement que la chose demeurât un secret pour tout le monde, car la grand-mère de la jeune fille ne savait pas encore que celle-ci était chrétienne et on ne voulait pas que la vieille dame de quatre-vingts ans, une Juive orthodoxe, descendît dans la tombe avec ce chagrin, alors qu'elle avait déjà renié son fils à cause de sa conversion au christianisme (elle ignorait que sa fille était également chrétienne). Il était naturel qu'on ne déclarât pas officiellement les fiançailles de sa petite-fille à un chrétien et je me soumis à cette condition.

« Quelque temps se passa dans un bonheur sans nuage, mais un jour où j'étais en visite tard le soir chez Fanny et ses parents, la mère me posa la question inattendue de savoir ce qu'il en était de mes opinions religieuses et si ce que l'on disait était vrai, que je voulais me tourner vers l'Église catholique. Je lui répliquais qu'elle le savait depuis longtemps, puisque j'en avais parlé à sa fille avant même de lui dire un mot de mon amour ; il vint alors à la lumière que celle-ci, s'en remettant à des temps plus calmes, n'avait rien osé dire à ses parents pour ne pas les monter contre moi. La colère de la mère se tourna alors contre sa fille et elle déclara que si elle l'avait su, jamais elle n'aurait donné son consentement, que cela ne correspondait absolument pas à ses opinions d'avoir un gendre catholique, car le catholicisme menait immanquablement au fanatisme et à la cagoterie. Imagine dans quel état j'étais ! Je priai Dieu en silence et posai à la mère cette question directe : ma conversion aurait-elle pour conséquence le retrait de son consentement ? Fanny était partie en pleurant dans l'obscurité de la chambre voisine. Le père entra pour mettre un peu de paix entre nous, bien qu'il partageât l'opinion de sa femme, et il s'ensuivit ceci : elle ne voulait pas se montrer tyrannique, et si sa fille persistait dans son sentiment, elle ne voulait pas nous séparer de force, mais elle me prévenait ouvertement qu'elle ferait tout pour détourner sa fille de cette union si je me convertissais vraiment et qu'elle devait pour le moment interdire tout tête-à-tête prolongé et toute correspondance si je ne m'engageais pas à rester fidèle à l'Église protestante. Je lui déclarais fermement ne pas pouvoir lier ma conscience ; la seule chose que je lui promis, ce fut de réfléchir encore avant de franchir le pas, et si je le franchissais, de l'en avertir scrupuleusement. Nous en étions là quand je les quittai vers le matin. Quelle terreur me prit quand j'appris que la mère avait saigné du nez pendant neuf heures le jour suivant, à la suite de notre violente discussion et de son irritation ; il est pourtant touchant qu'elle ait souhaité me le cacher, je ne l'ai appris que par hasard. Naturellement, les premiers jours, le point sensible ne fut pas évoqué, mais la mère m'ôtait silencieusement toute occasion de parler seul à Fanny.

« A la fin je ne pus plus le supporter et le dis à la jeune fille. Celle-ci me demanda de prier sa mère d'autoriser un entretien, car elle ne voulait pas agir contre son devoir filial en me parlant sans que ses parents le sussent. Je devais voir là comment elle saurait un jour remplir d'autres devoirs. En présence de la jeune fille, j'osai en prier la mère : celle-ci refusa. Alors sa fille dit avec une véhémence sauvage dont j'entends aujourd'hui encore l'accent : " Mère, je veux lui parler. " Ces mots sont le roc sur lequel je bâtis la maison de mon futur ! Je pense que tu respecteras comme moi un être qui sut ainsi unir des devoirs si contradictoires. La mère, comme effrayée de la détermination de l'enfant, sortit silencieusement et j'eus avec sa fille un entretien long et sérieux où je lui demandais en conscience si je pouvais être sûr d'elle dans tous les cas. Elle consentit solennellement et me promit aussi de se procurer des informations sur l'Église, pour autant que ses parents et les circonstances le permissent. Ainsi passèrent les derniers jours de mon séjour au pays, au milieu de quelques privations, mais dans une confiance totale en la bien-aimée, confiance qui ne m'a pas quitté jusqu'à présent. De plus, le père m'aime bien et je compte beaucoup sur lui à l'heure du combat, c'est une nature vaillante à qui rien ne manque sauf une chose. La mère, qui est à part cela une femme remarquable et pleine d'esprit, donne pourtant de l'importance à la considération dans le monde et au nom, et met sa fortune dans la balance. Les deux parents m'ont écrit assidûment et avec amitié, ne l'ont cependant pas permis à leur fille, puisque de mon côté je n'ai pas renoncé à mon intention. Les choses en sont là ; tu en connais maintenant le principal. Dis-moi ouvertement et librement ton opinion et dans tous les cas prie pour moi. Tu es Marie, qui a choisi la meilleure part. Mon âme est semblable à l'active Marthe : elle aussi aime le Seigneur, mais à sa façon, et Marie, qui s'élève puisqu'elle s'abaisse, ne doit pas la gronder. Je pense que tu auras compris de ce qui précède que je ne sacrifie pas le Seigneur au monde, quoi qu'ils proposent, mais je sens de plus en plus que je n'arriverai pas à mener une vie tranquille et contemplative. Je dois agir et produire dans la vie et faire prospérer à ma façon le talent d'or que le Seigneur m'a confié. Tu le fais à ta façon, et je veux bien croire que tu es la plus sage, mais je ne peux pas me conduire autrement, même si je le voulais. Que Dieu nous donne à tous deux sa bénédiction ! Ce m'est une véritable consolation de te savoir satisfaite de ta situation actuelle autant que cela me réjouit que tu influences la jeunesse délaissée [11]. Tout ce que je pourrai faire pour te libérer de tout souci, je le ferai, dis-moi ouvertement chacun de tes besoins, je chercherai à trouver le moyen de t'en sortir. C'est une grande chose que tu aies trouvé un véritable religieux, recommande-moi à lui et à ses prières. [...] Les Veit te saluent, je suis plus souvent avec eux qu'avec tout autre, mais le plus souvent avec personne. Mon chemin passe au milieu. Je peux être plus pieux dans ma chambre qu'avec les personnes les plus pieuses, quand ce n'est pas à l'église. J'ai parlé plusieurs fois avec Christian Brentano, mais j'évite un rapprochement. Tu sais que les Brentano m'ont toujours été désagréables par leur extrémisme et tout ce qui les y pousse. Ainsi Christian est lui aussi entré ici et même Overbeck et les Veit, qui sont certainement pieux et des catholiques pieux, ne veulent pas trop avoir affaire à lui. Il pense par ailleurs à toi avec beaucoup d'intérêt et m'a chargé de bien te saluer de sa part, ce que je fais volontiers, car j'ai beaucoup d'estime pour lui et ses aspirations, de même que pour Clemens. Pendant que je finis cette lettre, me vient le souci qu'elle ne contienne des choses que tu ne puisses pas comprendre ou que tu ne comprennes pas. Il est bien difficile de décrire sur quelques feuilles de papier des années avec leurs sentiments et leurs expériences et de répondre d'avance à des questions possibles. Je préfère ne pas relire cette lettre pour ne pas la garder peut-être. Dis-moi plutôt librement où je suis resté obscur et pardonne-moi quand tu penses que j'ai manqué au bien. Je n'ai certainement jamais manqué d'amour pour toi et je n'en manquerai pas, jamais.

Que Dieu soit avec toi!
Ton frère fidèle
Wilhelm

« Que l'histoire de mon amour reste un secret absolu, je t'en prie instamment. Adieu. »

Wilhelm ne se convertira pas. De multiples hypothèses peuvent être évoquées pour soutenir ses probables raisons. L'une d'elle très vénale et pratique : Wilhelm recevait une bourse de l'État prussien et en tant que *Hofmaler*, peintre de cour, ne pouvait se permettre de professer une autre religion que celle de son employeur. Un prince, une religion, telle était la règle en Allemagne. Wilhelm avait trop vécu dans la pauvreté, trop lutté pour subvenir à ses besoins et à ceux de sa famille pour prendre à la légère la perte de son gagne-pain. Si, de plus, la conversion mettait en jeu son union avec la femme qu'il aimait, c'était trop pour le même homme. Fanny valait bien un culte. La lettre de Wilhelm à Luise est une lettre d'excuse : l'influence de sa sœur avait fait place à celle d'une autre femme.

L'irritation de Lea se conçoit si l'on se souvient que sa conversion à elle ne datait que de quelques mois. Fanny et Wilhelm se rencontrèrent en janvier 1821. Wilhelm ne vivait que depuis peu de temps à Rome quand il écrivit cette lettre à sa sœur, en décembre 1823. Abraham et Lea s'étaient convertis en octobre 1822, à leur retour de Suisse. Wilhelm fit donc sa demande en mariage entre cette période et son départ pour l'Italie. On peut aussi imaginer que les parents Mendelssohn, sur le point de se convertir, aient prétendu l'être déjà. De toute façon, la tentation de Wilhelm de devenir catholique tombait on ne peut plus mal. Après avoir attendu tant d'années pour soigner leur image de convertis à la « moralité impeccable », le projet de Wilhelm les plongeait carrément dans le ridicule. Pour Lea et Abraham, adeptes d'une religion de raison et qui intellectualisaient toute démarche ayant rapport à la foi, l'idée d'avoir des petits-enfants élevés dans une mystique irrationnelle devait être proprement insupportable. Le ton de la lettre de Wilhelm reflète les manières et le vocabulaire des catholiques romantiques. « Loué soit Jésus-Christ », « l'enseignement de l'Église », « lutter pour le Seigneur », « se sacrifier pour lui », etc., tout cela se retrouve sous la plume des nazaréens ou de Dorothea Schlegel, qui, par ailleurs, étaient tout sauf tolérants. Les reproches de Lea n'étaient pas sans fondement : les catholiques romantiques s'affichaient de façon excessive (ce que Lea appelait leur « cagoterie ») et se montraient désagréablement prosélytes et « fanatiques ». Dorothea comme Henriette priaient pour que leurs frères et sœurs se tournassent vers la « seule vraie foi », l'« unique vérité révélée », ce qui irritait au plus haut point ceux qui dans leur famille étaient restés fidèles au judaïsme, et encore davantage peut-être les convertis au protestantisme. Dorothea n'eut de cesse qu'elle n'eût amené ses deux fils Johannes et Philipp Veit à la foi catholique, causant ainsi un chagrin énorme à leur père Simon, qui n'en demeura pas moins très correct à l'égard de son ex-femme et de ses fils, faisant ainsi honneur à l'enseignement de sa religion et à son amitié passée avec Moses Mendelssohn. L'exaltation romantique de cette école du catholicisme, leur refus du rationnel et du respect des liens familiaux au profit de l'extase mystique faisaient d'eux des ennemis de la tolérance.

Le proche départ de Wilhelm pour Rome pouvait à bon droit faire craindre le pire aux parents Mendelssohn. Pour les romantiques, la pompe de l'Église catholique romaine faisait partie de l'attrait pour l'Italie et ils associaient les fastes des cérémonies de Saint-Pierre aux « oranges d'or luisant dans le feuillage sombre [12] ». « Tout ce qui va à Rome en revient catholique », disait-on alors, au point que le diplomate prussien Niebuhr réclama à Rome un prédicateur protestant pour tenter d'endiguer le flot des conversions [13]. Il n'aurait pas été étonnant que Wilhelm se laissât entraîner par la contagion et l'enthousiasme. Mais cela n'était pas complètement son goût. Comme il le dit lui-même, il était trop actif et trop bon vivant pour se sentir complètement à l'aise dans un cercle enclin au mysticisme. Dans tous les actes de sa vie et jusque dans sa mort la bonté, la fidélité et un humour bon enfant pouvant aller jusqu'au genre « tuyau-de-poêle » formaient ses traits de caractère dominants. Si la poésie l'attira, c'est qu'il possédait une facilité sans égale pour la versification. Theodor Fontane raconte à son propos [14] :

« Il était gai et bavard [...] ; l'anecdote, le toast, la lettre en vers, le poème d'occasion – tout lui était soumis. Mais il se montrait totalement lui-même dans le domaine de l'impromptu, art qu'il maîtrisait véritablement. Il vécut là ses plus grands triomphes. Il s'entendait mieux que personne à manier l'inspiration poétique et à formuler un calembourg *(sic)* épigrammatique. Il n'était pas un poète, mais on aurait pu le nommer " Wilhelm le rimeur ". Une collection de ses " dictons ", si une telle chose pouvait se faire *a posteriori*, serait un livre d'astuces et d'anecdotes, en même temps qu'une description typique d'une personne et d'un caractère appartenant au deuxième quart de ce siècle. Il aurait été difficile de faire un choix ! » Un amateur de calembours chez les nazaréens... Au bout de deux jeux de mots, Wilhelm dut se sentir mal à l'aise et, quelles que fussent ses convictions, préférer rester en tête à tête avec elles. L'influence de sa sœur était certainement déterminante dans ses intentions de se convertir, et loin de Luise, même les pompes de l'Église romaine ne purent le convaincre de se risquer à une démarche qui l'aurait éloigné de Fanny et de ses chances de vivre de sa peinture.

La réaction de Fanny ne manque pas de nous surprendre, comme elle a surpris Lea et Wilhelm. Comment cette enfant, élevée dans la rigueur de la morale protestante et dans le culte de la raison et du savoir, pouvait-elle accepter de transgresser son devoir filial et de se noyer dans les brumes d'un monde mystique ? C'était une gifle pour les parents Mendelssohn, à qui leurs enfants feront sentir, à tour de rôle, que la conversion n'était pas leur problème et qu'ils ne s'appelleraient jamais Bartholdy. Si Wilhelm s'était converti, Fanny l'aurait peut-être suivi... Qui nous dit qu'elle ne le souhaitait pas ? Évidemment, « se procurer des informations sur l'Église » au lieu d'attendre une révélation céleste est un très mauvais chemin vers l'irrationnel ; Fanny démarre très mal dans la voie de la foi aveugle, mais son attitude s'inscrit bien dans le mouvement romantique de sa génération, comme le personnage qu'elle incarne aux yeux de Wilhelm : une jeune fille sage, mais déterminée à tout, mourir, ou quelque chose de semblable, pour son amour. Sa jeunesse même lui donne une couleur romantique ; Novalis n'est-il pas tombé amoureux de sa première fiancée, Sophie von Kühn, alors qu'elle n'avait que douze ans ? Sophie mourra à quinze ans ; Fanny ne poussera pas le romantisme jusque-là. Mais elle est une virtuose, avec tout le côté miraculeux qui s'y rattache et l'aura grandissante que le XIXe siècle conférera à cet aspect de la musique. Elle était une enfant prodige, le mot seul a de quoi exalter une tête romantique, elle était aussi incroyablement intelligente et cultivée. Peut-être même que sa laideur pouvait lui donner un tragique intéressant, car elle était embellie par des yeux magnifiques, et les peintres y attachent, paraît-il, beaucoup d'importance.

D'autre part, Fanny devait sentir qu'elle arrivait à un tournant ; à quinze ans, une musicienne de son niveau passe une étape, doit commencer une carrière ou piétiner, si ce n'est régresser. Tout son entourage la destinait au mariage, et les différences de traitement entre elle et son frère se faisaient de plus en plus sensibles. Une seule liberté lui restait, même si elle était approximative : le choix de son époux. Elle choisit alors le personnage le plus à l'opposé de son milieu et de Felix que l'on puisse imaginer. Wilhelm et Fanny diffèrent sur presque tous les points. Leur fils Sebastian, en écrivant les souvenirs de la famille Mendelssohn, était encore tout surpris de se voir le rejeton d'une telle union. C'est que Fanny avait déjà vécu l'identité avec son frère. Elle savait que c'est la femme qui perd, et elle avait peut-être envie de vivre un amour avec un partenaire vraiment différent. Wilhelm ne pouvait absolument pas distinguer une tierce majeure d'une tierce mineure et n'aurait pas chanté juste, sa vie en eût-elle dépendu ; il était certainement sensible, mais sans aucune espèce d'oreille musicale.

Les autoportraits de Wilhelm Hensel [15] nous montrent un bel homme blond aux yeux clairs et, selon l'un d'eux, doté d'une moustache martiale. Au physique, le contraire de Fanny. Theodor Fontane dit [16] qu'il « appartenait complètement à ce type d'hommes de la Marche, dont le vieux Schadow était le représentant le plus éminent. Des natures que l'on peut considérer comme amphibies, comme un amalgame de verdeur et de beauté, de guêtres et de toge, de militarisme prussien et d'idéalisme classique. L'âme était grecque, l'esprit dans la tradition du vieux Fritz [17] et le caractère d'un natif de la Marche ; l'aspect extérieur correspondait dans la plupart des cas au caractère. [...] Chez Hensel tout cela s'équilibrait, aucun de ces éléments hétérogènes n'opprimait ni ne primait sur l'autre, et le renouvellement de l'uniforme d'un régiment de la Garde ou un mot d'esprit du professeur Gans l'intéressaient aussi vivement que l'achat d'un Raphaël ».

La description date de 1872 et est donc postérieure à la mort du peintre, en 1861, et encore plus éloignée du temps de ses fiançailles. Le personnage de Wilhelm n'était cependant pas de ceux qui subissent beaucoup de changements, car la fidélité en était un de ses traits caractéristiques. Fanny épousa donc le modèle de ceux qu'on appela plus tard « aryen » ; un fils de pasteur, un héros des guerres de libération, un homme courageux, un autodidacte, qui ne pouvait entretenir aucun doute sur son appartenance légitime au monde germano-chrétien. Fanny n'avait pas de doute non plus sur sa propre légitimité, conquise par l'intellect : deux pôles qui se rencontraient, car ils étaient faits pour se rencontrer et se compléter. Cela ne ressemblait certes pas à un mariage de raison entre deux êtres d'origine, de fortune, de caractères, d'éducation et de goûts similaires. Fanny et Wilhelm appartiennent au XIXe siècle romantique, où l'esthétique des contraires et des contrastes jouait un plus grand rôle qu'au siècle de la raison.

Les fiançailles de Fanny et de Wilhelm leur laissèrent certainement un souvenir houleux. Le moins que l'on puisse dire est que Lea ne cherchait pas à tout prix à « caser » sa fille et Wilhelm eut beaucoup de mérite à tenir le choc. En témoigne cette lettre de Lea à Wilhelm, datée du 25 décembre 1822 [18].

> « Je ne voulais pas gâcher la joie de la soirée d'hier en vous faisant remarquer que je ne trouve pas convenable qu'un jeune homme offre son portrait à une jeune fille, sous quelque forme que ce soit. Pardonnez-moi le côté matrone de ce souci maternel, vous le tendre et respectueux chevalier des dames. Je vous renvoie les poèmes de votre ami pour que Fanny puisse de nouveau les recevoir de vous, avec plaisir et librement, quand ils seront dépouillés de leur ornement. »

Il s'agissait d'un recueil de poèmes de Wilhelm Müller (1794-1827), dont Wilhelm Hensel avait fait la connaissance chez un collaborateur du prince Hardenberg, le conseiller d'État Friedrich von Stägemann (1763-1840) [19]. Autour de lui, de sa femme et de sa fille, future Hedwig von Olfers, se rassemblaient leurs amis, dont Wilhelm et Luise Hensel, Wilhelm Müller, Clemens Brentano, etc. C'est là que naquit le cycle de poèmes *La Belle Meunière*, sous forme de comédie de salon, où Wilhelm jouait le meunier. La conversation n'autorisant pas de digressions politiques – donc critiques – se tournait vers le bucolique.

Le recueil offert à Fanny contenait les *Waldhornistenlieder* de Wilhelm Müller (« Les Chants du joueur de cor de chasse »). Wilhelm Hensel avait dessiné son propre portrait sous la page de titre, juste sous celui du poète. Sous le titre *Sieben und siebzig Gedichte* (« Soixante-dix-sept Poèmes »), le peintre avait écrit un autre poème, *An Fanny* (« A Fanny ») :

> *« Sei Dir denn zugeeignet*
> *Was es enhält in sich.*
> *Und zum Beweis hab'ich*
> *Mich selber unterzeichneit. »*

« Que te sois dédié
Ce que ceci contient.
Pour en donner la preuve
Je me suis moi-même dessiné dessous. »

Wilhelm, spécialiste du calembour littéraire, n'a pas pu se retenir. Par *hab 'ich mich selber unterzeichnet*, Wilhelm veut faire entendre à Fanny qu'il s'est non seulement « dessiné dessous », mais qu'il a aussi « signé », qui se dit également *unterzeichnet*. Il reprenait ainsi à son nom les poèmes d'amour du volume pour les redire à Fanny. Lea n'était pas idiote et le comprit parfaitement. On ignore si la scène relatée par Wilhelm dans sa lettre à Luise avait déjà eu lieu, mais on peut supposer que le jeune homme avait demandé Fanny en mariage avant de lui offrir ces poèmes. Sinon, quelle inconvenance! Accepter un portrait équivalait à un engagement amoureux. Or n'importe qui pouvait ouvrir ce recueil et donc deviner les fiançailles – ou se poser des questions, scandalisé.

Fanny joue ici un personnage clé. Tout le monde tourne autour, tout le monde projette ses désirs sur elle, lui demande son amour, et Lea comme Wilhelm sont tout étonnés quand elle hurle son besoin de s'exprimer. Heureusement, il lui reste sa musique. Elle composera plusieurs *Lieder* sur des textes de Wilhelm Müller, ce qui n'a rien d'inconvenant. Wilhelm dessine et Fanny compose : la communication verbale ne leur est que parcimonieusement autorisée.

Il était entendu que Fanny ne ferait pas un mariage d'argent. La même logique exigeait que Wilhelm gagnât sa vie pour subvenir aux besoins du ménage éventuel, d'une part parce que c'était la coutume « universellement » établie dans un milieu bourgeois, d'autre part cela évitait de provoquer des idées fausses concernant Wilhelm. Les parents Mendelssohn ne soupçonnèrent jamais Wilhelm de vénalité, mais l'opinion du monde avait de l'importance à leurs yeux, surtout à ceux de Lea, comme le souligne son futur gendre, et Fanny n'ayant pas la réputation d'une jolie fille, ils voulaient pouvoir affirmer que Wilhelm ne l'épousait pas pour le confort matériel qu'elle pouvait lui apporter. Les enfants de Lea Salomon n'étaient pourtant plus suffisamment riches pour ne vivre que des revenus de leur capital; c'est en tout cas ce qu'elle écrivit plus tard à Wilhelm, alors en Italie[20].

Wilhelm finit en effet par partir en Italie. Une bourse pour ce voyage lui avait été accordée en 1820 par le ministre de l'Instruction publique et des Cultes von Altenstein, qui lui confiait la tâche de copier des œuvres d'art devant servir à l'enseignement de l'Académie des beaux-arts. La rencontre avec Fanny retarda son voyage comme elle dérangea ses projets de conversion. Nécessité fit loi. Wilhelm partit à l'automne 1823 et passa par Vienne avant d'arriver à Rome[21]. C'est probablement à l'automne 1824, lors d'une visite de Schinkel à Rome – Schinkel avait déjà fait participer Wilhelm à la reconstruction du Schauspielhaus – que le jeune peintre reçut officiellement la commande d'une copie de la *Transfiguration* de Raphaël. D'après le compte rendu de Schinkel au ministre von Altenstein, « Wilhelm devient ici un autre homme ; ses travaux prennent du style et il perd aussi bien son côté sucré que sa bondieuserie ». L'affectation catholique berlinoise perdait apparemment son sens pour Wilhelm dans le contexte d'un pays catholique.

Lorsque Jacob Bartholdy mourut en 1825, Wilhelm s'occupa de ses affaires, rendant ainsi un grand service aux Mendelssohn, qui lui versèrent des honoraires, à côté de l'aide financière qu'ils lui apportaient. Il leur proposa même de faire transférer les fresques nazaréennes de la Casa Bartholdy dans leur nouvelle habitation Leipziger Strasse 3. Mais les Mendelssohn trouvèrent l'opération trop onéreuse et trop ostentatoire. Leur correspondance était suivie, principalement avec Lea, mais jamais une lettre ne fut échangée entre Fanny et Wilhelm, pour autant que ces choses-là puissent être prouvées. Cela rendait Wilhelm furieux et tellement virulent que Lea se sentit obligée de lui répondre[22] :

« Sérieusement, cher monsieur Hensel, vous ne pouvez pas vraiment vous fâcher de ce que je n'autorise pas de correspondance entre Fanny et vous. Ayez l'équité de vous mettre ne serait-ce qu'un instant à la place d'une mère et d'échanger votre intérêt contre le mien, au lieu de me charger dans votre emportement des noms les plus barbares : mon refus vous paraîtra alors naturel, juste et raisonnable. Pour la raison qui ne permettait pas non plus de promesse, je me déclare décidément et irrévocablement contre toute correspondance. Que je vous estime véritablement et que je vous aime bien, vous le savez ; de même que je n'ai rien contre votre personne. Les raisons qui m'ont jusqu'ici empêchée de me décider en votre faveur sont les suivantes : l'inégalité d'âge et l'incertitude de votre situation. Un homme ne doit pas penser à se marier tant que sa condition n'est pas à peu près assurée ; il doit au moins ne pas faire de reproches aux parents de la jeune fille qui par nature sont aptes à réfléchir pour lui et pour elle, car ils ont l'expérience, la raison et le sang-froid. L'artiste isolé est un être heureux, tous les cercles lui sont ouverts, la faveur de la cour l'encourage, les petits soucis d'une vie difficile s'estompent ; il escalade gaiement et facilement les écueils que les différences de condition ont élevés dans le monde ; il travaille sur ce qu'il veut et tant qu'il veut, fait de l'art sa recherche préférée et sa joie de vivre ; il est l'être le plus heureux et le plus joyeux de la création, transporté poétiquement dans d'autres sphères! Aussitôt que des soucis familiaux et pratiques se saisissent de lui, toute magie s'évanouit; il doit travailler pour entretenir les siens; toute la coloration adorable s'affadit!

« Je tiens à élever mes enfants dans la simplicité et la modestie pour ne pas les obliger à un mariage d'argent, mais aux yeux des parents, une existence assurée, un revenu modeste mais régulier sont des conditions indispensables à une vie sans souci et même si mon mari peut donner une jolie somme à chacun de ses enfants, il n'est pas assez riche pour assurer tout leur avenir. Vous commencez votre chemin de façon prometteuse; tenez ces promesses, utilisez au mieux le temps et les faveurs et soyez assuré que nous ne serons pas contre vous, aussitôt que vous serez conforté dans votre situation, vos études terminées et vos preuves faites. [...] Fanny est très jeune et le ciel en soit loué! jusqu'à présent tout à fait innocente et sans passion. Vous n'avez pas le droit de l'engager dans un sentiment destructeur et de l'envelopper par le biais de lettres d'amour dans une atmosphère qui lui est complètement étrangère et qui la rendrait impatiente, alanguie et absorbée pendant plusieurs années, alors qu'elle mène aujourd'hui sous mes yeux une vie épanouie, saine, gaie et libre. »

Libre? Tout est relatif. Fanny n'est certainement pas libre d'exprimer ses sentiments. Quant à Lea, c'est une « snob ». Sa lettre laisse penser cependant que les parents Mendelssohn se sont convaincus que Wilhelm ne se convertirait pas... Comment? Peut-être par un rapport favorable de Schinkel? Ou bien Wilhelm le leur a-t-il lui-même fait savoir? Lea peut donc lui adresser un « ajustement » de ses promesses : seule la situation financière de Wilhelm fait obstacle. Le désir de ne pas faire de Fanny une jeune dinde énamourée correspond bien à la solidité de l'enseignement prodigué; si Fanny rêvassait, elle s'excluait du cercle familial. Cela honore Lea, et montre combien Fanny était privilégiée en comparaison avec ses contemporaines [23]. Les parents Mendelssohn, encore étrangers au culte romantique du sentiment amoureux irrationnel, se révèlent dans leur fonctionnement intellectuel des héritiers du XVIIIᵉ siècle, même si leur moralité et leur souci de l'opinion dénoncent leur appartenance au XIXᵉ.

Dans toute cette histoire, Fanny s'exprime peu mais efficacement et elle finit par gagner. Wilhelm ne se montre pas moins opiniâtre. S'il ne peut pas écrire, il peut dessiner. Il se garde bien d'adresser à Fanny son autoportrait, mais il envoie à toute la famille des portraits de Fanny idéalisée et des portraits des quatre enfants Mendelssohn qui enchantent Lea. Celle-ci le complimente particulièrement sur son admiration pour Raphaël, le modèle absolu du pictural dans la famille Mendelssohn.

8

Goethe

Fanny rencontra Wilhelm Hensel en janvier 1821, alors qu'elle venait d'avoir quinze ans. Si elle fixa son choix sur lui, immédiatement ou progressivement, c'est aussi qu'elle n'avait pas d'autre perspective de vie que le mariage. A l'inverse de Clara Wieck, dont le père désapprouvait le mariage, tout l'entourage de Fanny l'y destinait. Les lettres d'Abraham montrent qu'il faisait tout pour briser son élan de musicienne ; Lea était plus nuancée : elle ne voulait pas lui voir acquérir une sensiblerie dite féminine et tenait à ce qu'elle gardât son autonomie intellectuelle. Si les lettres d'Abraham cherchaient à décourager Fanny, le traitement réservé à Felix devait lui faire sentir, plus vivement que n'importe quelle parole, qu'elle n'était qu'une fille.

Le destin de Felix se dessinait et les avantages du droit d'aînesse s'estompaient. En 1821, le petit garçon avait douze ans, montrait des capacités exceptionnelles en tout, avait gardé le charme et les boucles de l'enfance et jouait tellement bien que son professeur Zelter décida de le présenter au représentant de Dieu sur terre, son ami, le poète Goethe lui-même.

Ce n'était pas sans beaucoup d'hésitations que les parents Mendelssohn envisageaient la carrière musicale pour leur fils Felix : eût-il été un peu moins génial, ils l'auraient installé derrière un comptoir ou sur les bancs d'une université. Si Jacob Bartholdy était vivement opposé à voir Felix embrasser une carrière artistique, eux-mêmes n'étaient pas très sûrs du futur statut social de leur enfant.

Avant l'arrivée de Napoléon en 1806, quand la société prussienne pouvait encore se dire féodale, la distinction entre amateurs et professionnels ne signifiait rien en ce qui concernait la valeur artistique des musiciens. Le concert n'ayant pas encore pris l'importance que nous lui connaissons, la relation entre concertiste et auditeur restait une relation de professeur à élève. Si l'élève faisait partie d'une classe sociale privilégiée, il pouvait devenir un musicien remarquable et même créatif, comme Sara

85

Levy, Frédéric II, la princesse Amalia ou le prince Louis-Ferdinand de Prusse. Cela ne nuisait en rien à son rang social et être un homme ou une femme n'avait aucune importance. Il ou elle pouvait devenir concertiste mais sans enseigner, car un professeur gagne de l'argent. Or le musicien professionnel, qui venait la plupart du temps d'une famille de musiciens (Bach ou Couperin, par exemple), ne gagnait que peu ou pas d'argent dans un concert; jouer faisait partie de ses fonctions. C'est dans ces conditions que Philippe-Emmanuel Bach accompagnait Frédéric II et que Jean-Sébastien, engagé par la ville de Leipzig, jouait de l'orgue à l'église Saint-Thomas.

L'abolition des privilèges changea le statut du musicien, qui n'était plus employé à faire étudier un prince. Il dut alors dispenser son savoir plus largement et des écoles se créèrent comme, par exemple, le Conservatoire de Paris en 1795. En Prusse, Zelter travailla à renouveler le système d'enseignement [1] et créa plusieurs écoles à Königsberg, Breslau et Berlin. Le professeur de musique prit peu à peu un profil plus bourgeois, les concertistes d'extraction modeste pouvaient aussi enseigner, mais qu'en était-il des Mendelssohn?

Autoriser et même encourager son fils aîné dans la carrière de musicien dénotait chez Abraham une ouverture d'esprit ou des ambitions inhabituelles dans son milieu. Hector Berlioz eut beaucoup moins de chance avec son père. La postérité ne pardonna jamais à Felix Mendelssohn ni son milieu ni son argent et le classa injustement parmi les dilettantes. Il ne faisait alors que marquer le début d'une ère nouvelle. Les musiciens professionnels, à partir du XIXe siècle, appartiendront en priorité aux classes bourgeoises de tous les pays.

Il n'empêche qu'Abraham hésita et alla consulter toutes les sommités du monde culturel pour bien s'assurer que l' « opinion publique » se trouvait de son côté. Puisqu'il était difficile d'aller questionner Jean-Sébastien Bach à propos du talent de Felix, les Mendelssohn se tournèrent vers cette autre figure de père de la culture allemande, Johann Wolfgang Goethe (1749-1832). De son vivant, Goethe se prenait déjà pour un dieu et ne fit certainement rien pour décourager le culte qui s'organisait autour de son nom. Hannah Arendt raconte comment Rahel Varhagen se raccrocha à son rôle de prêtresse de Goethe pour défendre son identité culturelle allemande, elle qui souffrit plus que tout autre de son judaïsme et de sa conversion. Les Mendelssohn étaient beaucoup mieux protégés qu'elle, de par leur fortune et l'aura de leur nom.

Ils ne demandaient à Goethe rien d'autre que son opinion sur le talent de Felix.

La visite au poète constitue le premier événement extraordinaire de la vie du jeune garçon, le premier encouragement marquant. C'est à lui seul que Zelter offrit cette opportunité... La jeune fille faisait face, pour la première fois, à une vraie discrimination, à une injustice criante. Zelter emmenait aussi sa fille Doris, mais il ne fut pas une seconde question de Fanny, qui d'ailleurs ne réclama rien et ne manifesta aucune jalousie. Elle n'a que seize ans, mais Abraham a déjà pratiquement réussi à briser son élan.

C'est pendant ce voyage que s'établit entre Fanny et Felix une correspondance qui durera toute leur vie. Marcia Citron recense deux cent soixante-dix-neuf lettres de Fanny à Felix tandis que Rudolf Elvers dénombre plus de neuf cents lettres de Felix à sa famille [2]. Les jeunes gens prirent très tôt cette habitude de communiquer qui convenait très bien à leur formation littéraire. Les lettres de ce temps se devaient d'être soignées ; elles passaient de main en main et celui ou celle qui les écrivait savait que mieux elles seraient tournées, plus elles circuleraient, dans la famille et, plus largement encore, dans toute la ville. Cela est valable surtout pour Felix, dont les proches supervisent le moindre détail le concernant. Les lettres de Fanny peuvent se permettre plus de familiarité, elles risquent moins d'être critiquées. De plus, Fanny détient, comme en musique, une longueur d'avance dans le domaine de l'épistolaire : elle a déjà subi l'épreuve du feu avec son père, lorsque celui-ci était à Paris l'année précédente, et ses correspondances régulières avec ses oncles et tantes [3].

Dès le départ de Felix, elle tombe malade – comme par hasard – et prend la plume [4] :

« Berlin, le 29 octobre 1821

« [...] Tu me manques du matin au soir, mon cher fils ! et la musique surtout ne veut pas couler sans toi. Je remercie deux et trois fois le pinceau de l'ami Begas [5] d'avoir couché ta chère frimousse sur la toile, si naturelle qu'elle semble vivre parmi nous.

« Il est dans l'ordre des choses que je n'aie pas un seul jour d'Académie d'avance sur toi, car je suis si malade depuis hier que je ne peux pas penser à chanter, je tousse comme une vieillarde cacochyme. Mère ne va pas très bien non plus aujourd'hui, elle est un peu enrhumée, mais elle n'a rien de grave.

« Ta Minerve actuelle, ton Professeur Mentor est-il satisfait de toi ? J'espère (pour me conduire en majordome) que tu te conduis bien rai-

87

sonnablement et que tu fais honneur à l'éducation de ta maîtresse de maison [6]. Quand tu rencontreras Goethe, ouvre bien les yeux et les oreilles, je te le conseille et si à ton retour tu ne peux pas me rendre chaque mot tombé de sa bouche, alors notre amitié appartiendra au passé. S'il te plaît, n'oublie pas de dessiner sa maison, cela me fera plaisir. Si le dessin est joli et ressemblant, tu devras le copier dans mon livre de musique. Monsieur Berger est venu hier soir mais je ne l'ai pas vu, j'ai dû m'aliter dès 7 h. [...]

« Tu n'as rien écrit sur l'instrument de Goethe. Regarde bien sa chambre, tu dois m'en faire une description exacte. [...] Le soir, quand les portes de l'escalier s'ouvrent à l'heure du thé, nous nous disons souvent d'une même voix : on dirait Felix qui rentre. Mais reste encore au loin quelque temps, il vaut mieux que nous nous passions de toi et que tu amasses de magnifiques souvenirs qui te resteront toute la vie. Mardi nous recevrons une autre lettre, le temps jusque-là va me sembler aussi incroyablement long que s'il se passait un mois. [...]

« Je n'irai pas à l'Académie durant toute ton absence car malgré mes prières le docteur me fait garder la maison. Mes amis là-bas vont croire que je suis partie avec vous incognito et Fanny [7] est venue récemment s'assurer de ses propres yeux de ma présence ici. Adieu, mon petit Hamlet ! Pense à moi quand j'aurai mes seize ans. Tu dois boire à cette occasion une gorgée de vin en silence à ma santé, je m'en remets à ta conscience. Je prends sur moi la couperose qui en résultera sans aucun doute. Adieu, n'oublie pas que tu es ma main droite et la prunelle de mes yeux et que sans toi la musique ne peut en aucune façon couler.

Ta Fanny fidèle et toussante. »

Les lettres ne partant que les jours de poste, on pouvait mettre plusieurs jours à les écrire et même les envoyer sous forme de petit journal, ce qui deviendra une spécialité Mendelssohn. Fanny se montre dans cette lettre une sœur on ne peut plus tendre : elle ne veut que du bien à son petit frère. Elle lui a déjà délégué tous ses pouvoirs de regarder et d'apprendre : « Tu es ma main droite et la prunelle de mes yeux. » L'influence du *Freischütz* pour cette génération s'exprime bien clairement ; même si Weber ne prendra jamais pour les Mendelssohn la place de Bach ou de Beethoven, il sera une étape importante dans leur développement. Felix n'attend même pas d'avoir reçu cette lettre pour écrire et décrire, dès le 30 octobre, depuis Leipzig :

« Nous sommes partis lundi à 3 h vers Kemberg, après que j'ai travaillé le matin de 7 h à 12 h sur mon opéra. J'en suis déjà au finale, chère Fanni *(sic)*. [...] Nous nous rendîmes immédiatement chez le

Dr Chladni, un appartement d'une seule pièce qui contient ses instrument, trois claviers cylindriques et un euphón. (Demande donc à Beckchen ce que signifie un euphón.) Cette pièce est sa chambre à coucher, son atelier, son salon. Tous ses outils sont là et dans une petite commode il y a un euphón en construction. Il nous a joué de tous ses instruments. Le clavi-cylindre ressemble à un hautbois très doux. L'euphón se compose de bâtons de verre que l'on mouille et que l'on frotte avec les doigts mouillés, cela sonne comme lorsqu'on frotte une cloche de verre avec des doigts mouillés. Tu peux très bien te représenter la sonorité de cet instrument, chère Fanny. Nous arrivâmes alors à nos " lits de plume " et dormîmes... très mal. Professeur Zelter se plaignit de la petite taille du lit, Doris de sa population et moi de la médiocrité des plumes. Alors que le jour n'était pas encore levé, j'ai senti qu'une main me saisissait doucement et tirait ma couverture. C'était Monsieur le Professeur. Je lui demandais s'il avait besoin de quelque chose, si je pouvais aller lui chercher un verre d'eau ou autre chose? Il dit : " Ah, non, j'ai rêvé que tu m'avais été volé et je voulais voir si tu étais encore là!!! [8]...? " »

Fanny n'était pas seule à considérer Felix comme la prunelle de ses yeux... Mais c'est seulement avec Fanny que Felix souhaitait partager tout ce qu'il voyait et tout ce qu'il entendait. Quelle chance il avait de sortir de chez lui pour apprendre à connaître le monde. Il fit à Leipzig la connaissance du vieux professeur Schicht (1753-1823), un des successeurs de Jean-Sébastien Bach au poste de Cantor de l'église Saint-Thomas. Il lui joua ses compositions et visita tous les lieux où le dieu Bach avait dormi, composé, vécu. Felix montra à Schicht les motets qu'il venait de composer, que le vieux musicien copia de sa main. Il les fit jouer à l'église Saint-Thomas, événement qui fut relaté dans le *Leipziger Zeitung* et par Lea dans une lettre à sa cousine Henrietta Pereira. Felix entendit également un concert de Gewandhaus, et pour la première fois *la Symphonie Jupiter* de Mozart jouée par un orchestre [9]. Ce qu'il apprit du vieux Schicht, il pouvait peut-être le raconter à sa grande sœur mais comment remplacer ce que l'expérience du vécu apporte à un jeune voyageur? A partir de cette date, Fanny commence à perdre l'avance que ses trois années et demie de plus lui donnait sur son frère.

Elle continue cependant à jouer son rôle de professeur [10].

« Berlin, le 6 novembre 1821

« C'était mon intention, mon cher fils, de t'écrire aujourd'hui longuement et en détail, mais comme Père le disait hier, l'homme pense et la toux dirige [11]. Cet hôte malvenu m'a tellement importunée pendant plusieurs jours que je me sens tout à fait agressée et ne peux plus beaucoup m'occuper. Pense donc que je n'ai pas joué de piano depuis trois jours! Je ne peux pourtant pas m'empêcher de te féliciter grandement pour tes deux dernières lettres. Elles étaient aussi joliment pensées que bien tournées [12] (ce qui n'était pas habituellement ton point fort), c'est pourquoi elles étaient particulièrement bienvenues et agréables.

« Comme c'est bien que vous soyez tout de suite partis à Weimar au lieu d'attendre les fêtes à Wittenberg, vous y gagnez du temps et tu sauras bien comment l'employer. Cela me réjouit beaucoup que tu aies si bien avancé ton opéra; écris-moi cependant si les numéros que je ne connais pas sont bien réussis? N'oublie pas non plus de me faire savoir ce que tu as joué et ce qui a rencontré le plus de succès, tu sais que de pareilles choses ne peuvent pas se raconter avec trop de détails quand elles s'adressent à une sœur. Quelque chose de l'enseignement de Hummel doit aussi me revenir par toi, mais verbalement, à ton retour. [...]

« Puisqu'on lit dans Goethe que la louange et la critique doivent mêler leurs présences, je ne peux donc pas faire autrement que de te reprocher deux choses dans ta lettre, mais de très peu d'importance. D'abord, mon cher fils, tu aurais dû consulter le calendrier que tu as bien mis à jour avant ton départ, tu aurais alors découvert qu'il n'y eut encore jamais un 32 octobre, date indiquée à la fin de ta lettre. Deuxièmement, il faut noter le lieu à droite de l'en-tête d'une lettre, alors que tu l'as jusqu'à présent écrit à gauche. Ce sont en soi des remarques fort peu importantes, tu ne les prendras pas en mauvaise part, tu sais bien qu'elles partent d'une bonne intention.

« Alors que je venais de fermer ma lettre, le *Freischütz* est arrivé, ce qui ne m'a pas fait hurler de joie, car je ne le pouvais pas, mais ce qui m'a fait bramer. Si tu avais été là, nous aurions passé une heure bien agréable, mais j'étais toute seule et incapable de chanter une note, je n'ai goûté que la moitié du plaisir. J'ai bien appris l'air de la Seidler, il est très beau. On a redonné le *Freischütz* hier, il paraît que la représentation s'est très bien passée. Une nouvelle éclatante de nouveauté : [...] il paraît que Spontini va être de nouveau dépouillé de son pouvoir et que tout reprendra son cours ancien. On attribue ce haut fait au Prince héritier. [...]

« Je suis très curieuse de connaître le texte de Vienne, dont Mère t'annonce l'envoi; un opéra "naïvement sentimental" ne serait pas mal, s'il est joliment fait. Il y aurait certainement d'aimables cavatines, des chœurs avec beuglements obligés et autres raretés du même ordre. Plaisanterie mise à part, c'est un art que j'aime beaucoup quand il est joliment tourné. Les queues de cheval suisses, les seaux de lait, les clochettes du troupeau, les glaciers dans le soleil couchant, le mal du pays, tout cela est musical, très aimable et trouvera logement et nourriture dans ton nouveau texte. Et comme Madame Robert chantera bien la bergère languissante! Je te le dis, je m'en réjouis sans réserve. Compte bien aussi sur Casper qui, talonné par l'émulation, se sentira poussé à te livrer un nouveau et très beau texte. Alors tu seras sans souci pour longtemps.

« Adieu, cher garçon, réjouis-toi d'être à Weimar et respire l'atmosphère goethéenne qui bruit autour de toi. On doit dater ton finale de sa ville natale. Reconnais à quel point tu es heureux de vivre quelque temps dans la maison de Goethe et de le voir dans son intimité avec son ami, salue bien celui-ci, la bonne Doris et le bonissimo Hummel [13] et continue à aimer ta Fanny. »

Felix ne trouvera jamais de livret d'opéra qui lui convienne. Ses essais d'enfant ne l'encourageront que médiocrement. La censure qui régnait sur les théâtres appauvrissait encore les textes, déjà affaiblis par la mode, et cela n'était pas fait pour attirer un musicien élitiste vers le théâtre. L'opéra dont Fanny parle est en fait un *Singspiel* : *Die beiden Pädagogen* – « Les deux Pédagogues ». C'est la fille de Fanny von Arnstein, Henrietta Pereira-Arnstein, en correspondance constante avec sa cousine Lea, qui essaie de procurer à son petit cousin un texte agréable, qui ne rencontre pourtant pas l'approbation de Fanny. Toutes ces femmes cultivées et exceptionnelles entourent le petit garçon, le chouchoutent et le poussent, dès l'enfance, à dépasser ses propres limites. C'est le sens de leurs vies... Écrire un opéra paraît faire partie du parcours obligé d'un compositeur. Le monde de l'opéra ne fut pourtant jamais attrayant : c'est un monde d'intrigues et de déceptions. Gaspare Luigi Spontini (1774-1851) [14] était alors directeur général de la musique au Schauspielhaus. Ce musicien italien vivait à Paris depuis 1803 lorsque le roi Frédéric Guillaume III, en « visite » dans cette ville en 1814, entendit le seul de ses opéras à avoir connu un triomphe en 1807, *La Vestale*. Enthousiasmé, le prince fit venir à Berlin le musicien ravi, qui échappait ainsi à de multiples ennuis financiers. Spontini y rencontra cependant un opposant de taille : le comte Karl Friedrich von Brühl (1772-1837), qui fut intendant général des théâtres royaux berlinois de 1815 à 1828 [15]. Il avait travaillé à Weimar avec Goethe sur quelques productions théâtrales des scènes ducales, et était à ce titre devenu le défenseur du classicisme germanique de Weimar. Brühl introduisit à Berlin une réforme importante des costumes et des décors, importante et coûteuse – semblable à celle de Talma à Paris, pour rendre le théâtre digne de l'*Aufklärung*. Il visait le réalisme dans la représentation de l'histoire comme dans celle du folklore. Brühl aurait souhaité que Carl Maria von Weber (1786-1826) fût nommé à la place de Spontini et le triomphe du *Freischütz* lors de sa première au Schauspielhaus le

91

18 juin 1821 semblait lui donner raison. Le *Freischütz* est le modèle de l'opéra national allemand, celui où le pangermanisme naissant et l'idéalisme de la jeunesse allemande se faisaient le mieux sentir. Il est clair que les jeunes Mendelssohn s'associaient à ce mouvement mais Zelter était beaucoup moins enthousiaste. Spontini resta en fait à son poste jusqu'en 1841. Le prince héritier, futur Frédéric Guillaume IV, portait avec lui l'espoir de la jeunesse allemande, jusqu'à ce qu'il la déçoive complètement. Les *Freischütz* dont parle Fanny étaient des partitions piano-chant, éditées quelques mois après la première, et « la Seidler » était la cantatrice Caroline Seidler (1790-après 1860), qui entra en 1816 à l'Opéra royal de Berlin où elle chanta 91 fois le rôle d'Agathe jusqu'à son départ en 1836.

Alors même que Fanny cite inconsciemment Abraham dans sa lettre du 6 novembre, Felix, dans une lettre, plaisante le même jour sur ce même proverbe *Der Mensch denkt und Gott lenkt* [16] :

« Weimar, le 6 novembre 1821

« L'homme propose, la plume dispose. Alors que je voulais vous écrire et vous gronder pour la paresse de vos plumes, voyez donc, arrive une belle, belle lettre qui réjouit beaucoup le vieux " poulet ". Paul, ton visage est très beau et je pourrais aussi te dessiner un de mes " joyeux " visages, mais je te les montrerai plutôt in natura à Berlin. Maintenant écoutez tous et toutes. Nous sommes aujourd'hui mardi. Dimanche arriva le soleil de Weimar, Göthe [*sic*]. Le matin nous sommes allés à l'église où l'on a donné la moitié du 100ᵉ psaume de Händel. L'orgue est grand et pourtant faible, l'orgue de Sainte-Marie est plus puissant bien que plus petit. Celui d'ici a 50 registres, 44 voix et une fois 32 pieds. Je vous écrivis ensuite la courte lettre du 4 et partis vers l' " Éléphant ", où je dessinais la maison de Lucas Cranach. Deux heures après arriva le professeur Zelter – Göthe est là, le vieux Monsieur est là! Nous étions immédiatement en bas des escaliers pour aller chez Göthe. Il était dans son jardin, et il apparut justement au tournant d'un buisson ; n'est-ce pas curieux, mon cher père, il en fut de même pour toi. Il est très amical, mais je trouve qu'aucun portrait de lui n'est ressemblant. Il regardait alors son intéressante collection de pierres, que son fils avait mise en ordre et disait toujours : " Hm, hm, je suis très satisfait " ; ensuite je me promenai une demi-heure encore au jardin avec lui et le Professeur Zelter. Puis à table. On ne lui donnerait pas 72 ans, plutôt 50. Après le repas, Mademoiselle Ulrike, la sœur de Madame von Göthe, lui demanda un baiser et je fis de même. Tous les matins je reçois un baiser de l'auteur de *Faust* et de *Werther* et deux baisers tous les après-midi, du père et ami Göthe. Pensez donc! [...] L'après-midi j'ai joué pour Göthe pendant deux heures, soit des fugues de Bach, soit des improvisations. Le soir on joue au whist, et le Professeur Zelter, qui tout d'abord jouait aussi, a déclaré : whist signifie que tu dois la fermer. Puissamment exprimé! Le soir, nous mangeâmes tous ensemble, même Göthe, qui sinon ne mange jamais le soir. Maintenant ma chère Fanni toussante! Hier matin j'ai apporté tes *Lieder* à Madame von Göthe, qui a une jolie voix. Elle les chantera au vieux Monsieur. J'ai déjà dit à celui-ci que c'est toi qui les avais faits, et lui ai demandé s'il voulait les entendre. Il a dit oui oui très volontiers. Ils plaisent tout particulièrement à Madame von Göthe. C'est de bon augure. Il doit les entendre aujourd'hui ou demain. »

Felix se montre un bien gentil frère en faisant connaître à Goethe les *lieder* de Fanny. Madame von Goethe, la bru du poète, lui chanta entre autres *Erster Verlust* [17], « Premier Chagrin », de façon si convaincante que Goethe, enchanté, écrivit un poème pour Fanny qu'il donna à Zelter en disant : *Gib das dem lieben Kinde*, « Donne cela à la chère enfant [18] » :

« *An die Entfernte*

« *Wenn ich mir in stiller Seele*
Singe leise Lieder vor:
Wie ich fühle, dass sie fehle,
Die ich einzig auserkor.

« *Möcht'ich hoffen, dass sie sänge*
Was ich ihr so gern vertraut;
Ach! aus dieser Brust und Enge
Drängen frohe Lieder laut. »

« A celle qui est loin
Quand dans mon âme tranquille
Je me chante à voix basse des chansons :
Comme je sens qu'elle me manque,
La seule que j'ai choisie.

« Si je pouvais espérer qu'elle chantât
Ce que je lui confie si volontiers;
Ah! de ce cœur à l'étroit
Se bousculeraient de joyeuses et turbulentes chansons. »

Le poème apparaît chez Sebastian Hensel dans une note de bas de page, alors qu'il raconte la visite de Felix à Goethe. C'est ainsi que, jusqu'à une période très récente, Fanny fut mentionnée : entre parenthèses. Personne ne sentit le besoin de noter sa réaction, sa joie ni ses possibles frustrations. Il devait être évident qu'elle ne pouvait rien espérer de mieux au monde. Pourquoi alors ne mit-elle pas immédiatement le poème en musique, mais composa au contraire une autre version d'*Erster Verlust* [19]? Était-ce en manière de protestation?

Pendant ce temps le jeune garçon continuait à vivre des journées inoubliables [20] :

« Weimar, le 10 novembre 1821

« J'ai été lundi chez Madame von Henkel et aussi chez Son Altesse royale le Grand-Duc héritier, à qui ma *Sonate en sol mineur* a beaucoup plu. Mercredi après-midi on a donné *Oberon* de Wranitsky, un très joli opéra. Jeudi matin sont venus chez nous la Grande-Duchesse, la Princesse et le Grand-Duc héritier, devant qui j'ai dû jouer. J'ai joué depuis 11 h jusqu'à 10 h du soir, avec deux heures d'interruption; *la Fantaisie* de Hummel fut la conclusion. Comme j'étais chez lui dernièrement, je lui ai joué ma *Sonate en sol mineur* qui lui a beaucoup plu, comme la pièce pour Begasse et pour toi, ma chère Fanny. Je joue beaucoup plus ici qu'à la maison, rarement au-dessous de quatre heures, souvent six et même jusqu'à huit heures. Tous les après-midi, Goethe ouvre son Streicher en disant : "Je ne t'ai encore pas du tout entendu aujourd'hui, fais-moi un peu de bruit", il s'assied à côté de moi et quand j'ai fini (j'improvise la plupart du temps), je lui demande un baiser ou j'en prends un. Vous ne pouvez pas avoir idée de sa bonté et de son affabilité, pas plus que des richesses que l'étoile polaire des poètes possède en minéraux, bustes, gravures, statuettes, grands dessins, etc. Je ne trouve pas que sa taille soit imposante, il n'est pas plus grand que Père. Mais son maintien, son langage, son nom, eux sont imposants. Sa voix est incroyablement sonore, il peut crier comme 10 000 combattants. Ses cheveux ne sont pas encore blancs, sa démarche est solide, sa parole douce. Mardi le professeur Zelter voulait nous emmener à Iena et de là immédiatement à Leipzig. [...], (Il y a ici au théâtre une chanteuse de quatorze ans, Fanny, qui a chanté dernièrement dans *Oberon* un ré libre, fort et pur et qui a un fa.) Dimanche soir Adèle Schoppenhauer (la fille) était chez nous et de nouveau, contrairement à son habitude, Goethe est resté toute la soirée. La conversation roula sur notre départ et Adèle décida que nous devions tous aller nous jeter aux pieds du Professeur Zelter pour le prier de nous laisser quelques jours de plus. Il fut traîné dans la pièce et alors Goethe commença à gronder le Professeur Zelter de sa voix de tonnerre parce qu'il voulait nous emmener dans un vieux trou, lui ordonna de se taire, d'obéir sans réplique, de nous laisser ici, d'aller seul à Iena et de revenir et l'entortilla si bien qu'il exécuta toutes les volontés de Goethe; alors Goethe fut assailli de tous les côtés, on lui embrassait la bouche et la main et celui qui n'y accédait pas le caressait et lui embrassait les épaules. S'il n'avait été chez lui, nous l'aurions raccompagné comme le peuple romain ramena Cicéron après la première Catilinaire. Du reste Mademoiselle Ulrike lui avait aussi sauté au cou et comme il lui fait la cour (elle est très jolie), le tout réuni obtint un bon résultat.

« Lundi à 11 h il y avait concert chez Madame von Henkel. N'est-ce pas, lorsque Goethe me dit, mon petit, demain vient de la compagnie à 11 h, tu dois aussi jouer quelque chose, je ne peux pas dire non! »

Cette lettre fit le tour des amis et connaissances. Henriette Mendelssohn la renvoya avec l'expression de son admiration sans bornes. Quelle fierté d'avoir un tel artiste en herbe dans une famille, quelle générosité, quel talent le garçon fait passer dans sa façon d'écrire. Felix, consacré par le poète, prend toute la place, Fanny recule définitivement dans l'ombre de son frère.

A Weimar, Felix reçoit les leçons du maître de chapelle de la cour Johann Nepomuk Hummel (1778-1837), dont sa famille avait fait la connaissance à Berlin. Celui-ci le trouva en progrès depuis le printemps et lui donna de bons conseils, ceux-là même dont Fanny voulait connaître le détail [21].

Fanny rencontrera Goethe l'année suivante, avec toute sa famille, en rentrant d'un grand voyage en Suisse. Il ne sera question que de Felix, puisqu'il était devenu le centre du groupe et que la grande question de son destin se décidait. Sebastian Hensel écrivit [22] : « Goethe n'était jamais fatigué d'entendre Felix quand il s'asseyait au piano et il ne s'entretenait presque que de Felix avec son père. Un jour, alors qu'il s'était mis en colère contre quelque chose, il dit à Felix lui-même : " Je suis Saul et tu es mon David, quand je suis triste et sombre, tu viens vers moi et me réjouis de ton jeu! " Un soir, il pria Felix de lui jouer une fugue de Bach que la jeune Madame von Goethe lui désigna. Felix ne la savait pas par cœur, seul le thème lui était connu et il le développa en un long mouvement fugué. Goethe fut enchanté, alla vers la mère, lui serra chaleureusement les mains et s'écria : " C'est un enfant sublime, un joyau! Renvoyez-le-moi bien vite, que je me ressource à lui. " » Sebastian ne dit rien au sujet de sa mère.

Heureusement pour nous, Lea écrivit à sa cousine Henrietta Pereira qu'« il fut très gentil et familier avec Fanny aussi; elle a dû lui jouer beaucoup de Bach et les *Lieder* qu'elle avait composés sur ses poèmes lui ont extraordinairement plu : cela le réjouit toujours de se voir mis en musique [23] ». Lorsque Goethe écrivit à Felix pour le remercier de la dédicace de son *Quatuor avec piano en si mineur*, il finit sa lettre par ces mots : *Empfiehl mir den würdigen Eltern, der gleichbegabten Schwester und dem vortrefflichen Meister*, « Rappelle-moi au bon souvenir de tes respectables parents, de ta sœur aussi talentueuse que toi et de ton remarquable professeur. » Que Goethe se joigne au consensus général à ce sujet témoigne qu'aucune idée de révolte et de sentiment d'injustice ne pouvait s'exprimer en Fanny : c'était comme si elle n'avait pas de mot pour cela.

L'approbation de Goethe n'était pourtant pas gagnée d'avance. C'est ainsi que Wilhelm Hensel, en 1823, échoua ou peu s'en faut devant le grand homme. Zelter l'avait recommandé en ces termes : « Le jeune homme part en Italie et ne veut pas quitter sa patrie sans avoir vu ton visage. » Wilhelm tenta de faire le portrait de Goethe, sans grand succès. Comme le dit Felix, aucun des portraits de Goethe n'est ressemblant. Le poète l'écrivit lui-même dans une lettre à Schultz [24] : « Le désir de me voir portraiturer de la main de ce jeune peintre de talent était aussi exprimé par Monsieur Wolff et j'étais prêt à l'exaucer. Cela n'aboutit hélas pas, ce que je m'explique ainsi. Hensel est trop habitué à saisir les ressemblances dans des cercles de bonne compagnie et à les rendre en de gracieuses esquisses; c'est pourquoi dans le cas présent il ne prêta pas assez d'attention aux contours, ce qui me fit tout de suite peur. Quand il commença à réaliser les parties séparément, un être tout différent parut, qui avait peu de ressemblance avec moi. Malheureusement la Princesse Hohenzollern arriva là-dessus, elle le distraya avec de multiples conseils et des suggestions, jusqu'à ce que lui-même observe son travail avec déplaisir. » Le portrait, daté du 1er août 1823, montre Goethe avec les grands yeux de bébé que Wilhelm affectionnait particulièrement [25]. Le poète s'exprima encore plus sévèrement dans sa correspondance avec Zelter [26] : « Lui aussi, comme beaucoup d'autres, a de naissance un talent, mais ce qui peut en sortir, seul le sait – non pas Dieu, qui se préoccupe peu de ce genre de choses, mais moi, qui constate cet égarement depuis plus de vingt ans. Il est lui aussi enfoncé dans l'amateurisme plat de ce temps qui se cherche une fausse raison d'être en minaudant sur l'antiquité et la patrie et qui s'affaiblit dans la bondieuserie... »

Heureusement que le travail à Rome remit la tête de Wilhelm sur ses épaules et que le jugement de Schinkel vint compenser celui de Goethe. Wilhelm ne semble pas posséder une qualité essentielle aux yeux du poète : la capacité de restituer une vision globale des choses. Felix, lui, possède cette qualité au plus haut degré et Fanny aussi, d'où la bienveillance de Goethe à leur égard. Mais comme les grandes entreprises n'étaient permises à

96

Fanny qu'avec toutes sortes de restrictions, ce fut probablement Wilhelm qui profita de cette qualité. En dehors du chagrin qu'il éprouva à la mort de sa femme, ce fut peut-être une des raisons pour lesquelles il ne fut plus en mesure d'achever de grands tableaux après 1847.

Le voyage en Suisse

Le 3 février 1822, Felix a déjà treize ans, l'ultime limite de l'enfance. Il s'agit maintenant pour ses parents, non plus de le former, mais de lui montrer le monde. Abraham a renoncé à la banque pour se consacrer à ses enfants. Quant à Lea, elle vient de subir une épreuve difficile : l'année précédente, en juillet 1821, elle perdit à sa naissance un cinquième enfant. Elle avait quarante-quatre ans. L'histoire de sa dépression se devine à travers les lettres de son frère Jacob et dans les allusions inquiètes de toute sa famille. Le rationnel Jacob Bartholdy remarque que « perdre un enfant ne représente qu'un accident, puisqu'on n'a pas encore eu le temps de s'y attacher [1] ». Lea se remet, mais Abraham décide que toute sa famille a besoin de changer d'air et il emmène tout le monde en Suisse le 6 juillet 1822.

La divergence d'opinion la plus marquante entre les époux Mendelssohn concernait les voyages ; Lea détestait sortir de chez elle et, pour l'en convaincre, Abraham dut certainement user d'un argument majeur : l'éducation des enfants, car elle attachait peu d'importance à son propre bien-être. Depuis Interlaken, elle écrivit à sa belle-sœur Hinni [2] Mendelssohn [3] : « Je veux cependant faire savoir à votre amicale sympathie que le pays des merveilles me plaît au-delà de toute description et même qu'il m'a réconciliée avec mon ennemi héréditaire, le voyage, qui est aussi le péché héréditaire de mon époux. » C'est dire l'événement que ce déplacement représente pour toute la famille, l'effort de Lea et la nécessité de la sortir de son quotidien. L'entreprise se situait en dehors des habitudes de l'époque, car voyager était coûteux et compliqué. Mais les parents Mendelssohn-Bartholdy ne négligeaient rien de ce qui pouvait former l'esprit de leurs enfants, les pousser vers le beau et les obliger à réfléchir. Fanny avait seize ans, Felix treize, Rebecka onze et Paul neuf ans.

Ce fut un voyage de grand standing ; en dehors de la famille, on emmena le précepteur, Karl Heyse, un certain Dr Neuburg, et des domestiques. A Francfort-sur-le-Main deux jeunes femmes particulièrement charmantes, Julie et Marianne Saaling, rejoignirent le groupe. Sebastian Hensel ne précise pas le nombre de voitures, mais les Mendelssohn Bartholdy ne pouvaient certainement pas éviter de passer pour des gens riches, même si Lea essayait d'élever ses enfants modestement. Henriette Mendelssohn [4] leur écrivait de Paris, fascinée [5] : « Vous ne voyagez pas comme des Bohémiens, mais comme des princes qui seraient en même temps poètes et artistes ! »

Premier incident de parcours : Felix fut oublié à Potsdam, car chacun le croyait dans une autre voiture. A Grosskreuz, la première station après Potsdam, située trois miles plus loin, son absence fut enfin remarquée et Heyse se précipita à sa recherche. Chacun s'apprêtait à une longue attente, peut-être de quatre ou cinq heures, et devait se remémorer qu'un accident similaire était arrivé au petit Paul âgé de quatre ans, au départ de Paris. Voyager avec des enfants n'était vraiment pas simple. Mais il faisait beau ce jour-là, ce qui permit au jeune Felix de se diriger vers Brandenbourg pour une longue marche dans la poussière. Il s'était trouvé une petite paysanne pour l'accompagner ; les deux enfants s'étaient taillé des cannes et marchaient gaillardement quand Heyse les retrouva, à un mille de Grosskreuz. Felix n'avait pas faibli, apparemment excité par l'aventure et le rêve romantique du *fahrenden Gesellen*, le « compagnon errant ». Son attitude aurait été répréhensible chez une fille, à moins que ce ne fût une petite paysanne : *Geselle* ne peut se dire à propos d'une femme, et n'a d'ailleurs pas de féminin. Sa famille vit revenir le jeune garçon égaré au bout d'une heure d'attente seulement. Le soulagement général lui évita les réprimandes.

Le voyage se poursuivit vers Magdebourg, le Harz, Göttingen et Kassel où, grâce à une lettre d'introduction de Zelter, Felix fit la connaissance du compositeur Ludwig Spohr (1784-1859), chez qui il joua son nouveau quatuor avec piano.

A Francfort, le musicien Aloys Schmitt, qui lors de ses visites à Berlin avait donné des leçons aux jeunes Mendelssohn, les fit participer à une de ses matinées musicales [6], ce qui procura à Fanny un plaisir très mélangé dont elle parla ainsi [7] :

« Je pensais et avec quelle nostalgie à Henning, Rietz, Kelch, Eysold, etc. Tu n'imagines pas comme toutes ces gentilles personnes nous ont écorché les oreilles. On entendit d'abord un violoniste de Paris, Fémy, un élève de Baillot, qui a une grande réputation. Pour dire vrai, il ne me plut pas le moins du monde. Tout était mou, dilué et confus, sans archet, sans sonorité, sans force. Felix était d'accord avec moi. Ils ont ensuite accompagné le quatuor du pauvre Felix. Mon seul plaisir consistait à étudier les physionomies. Puis j'ai dû jouer quelque chose et maintenant ne me demande pas de parler, demande-moi de me taire [8]. La pièce entière était remplie d'élèves et d'amis de Schmitt, gens qui m'étaient totalement étrangers, j'ai très mal accompagné, je tremblais de tous mes membres! Je me suis tellement démontée que de colère j'aurais pu rosser et moi et les autres. Me ridiculiser ainsi à la face de vingt autres pianistes! Je laisse le sujet, sinon je m'échaufferais de nouveau. Fémy joua alors un autre quatuor et enfin le plus jeune frère de Schmitt joua des variations de sa composition. Schmitt a rassemblé une belle école autour de lui : le jeune Eliot de Strelitz était là lui aussi de même que Ferdinand Hiller, son élève préféré, un beau garçon de neuf ans à la contenance libre et ouverte. »

Ferdinand Hiller, autre enfant prodige, restera toute sa vie ami et collègue de Felix Mendelssohn Bartholdy. Il participa à Leipzig en mars 1840 à un concert historique où Franz Liszt, Felix et lui-même jouèrent le *Concerto* de Bach pour trois pianos [9]. Il mentionna cette matinée chez Aloys Schmitt dans ses souvenirs sur Felix Mendelssohn Bartholdy [10] :

« Ce qui m'impressionna plus encore que l'exécution par Felix de l'un de ses quatuors (je crois que c'était celui en do mineur), c'est la performance de sa sœur Fanny, qui joua le célèbre *Rondeau brillant en la majeur* de Hummel avec une véritable virtuosité. »

Ce qui prouve que le jugement des artistes sur eux-mêmes est sujet à caution. En revanche, le jugement esthétique de Fanny comme de Felix paraît définitivement formé et ils savent ce qu'ils aiment et n'aiment pas : ils appartiennent à une école à contre-courant de la mode et de ses illusions. Le compositeur Felix Mendelssohn ira volontairement dans le sens de l'histoire, étudiera de façon approfondie les maîtres du passé et se situera en toute conscience dans la tradition occidentale en ce qu'elle a de plus élevé et de plus raffiné [11]. Il vivra à fond ses responsabilités de musicien vis-à-vis des compositeurs morts comme des vivants, ce qui signifie qu'il eut à lutter durement; il souffrit beaucoup de la médiocrité et de ce que Goethe appelait l' « amateurisme », qui l'entoura souvent. Cette souffrance, il refusa que sa sœur la vive aussi. Mais à Francfort, en 1822, la famille Mendelssohn n'a qu'une seule opinion et méprise la mièvrerie et l'archet flottant du violoniste parisien!

Le voyage se continua par Darmstadt et Stuttgart jusqu'à Schaffhausen. A partir de Zürich, les Mendelssohn suivirent un itinéraire des plus fantaisistes : il s'agissait d'un voyage d'agrément où ne manquaient ni le temps ni l'argent. Allant de Vevey au lac Majeur, ils firent un détour par Chamonix avant de rentrer en Allemagne. « ... ils affirment qu'on n'a jamais organisé un voyage de cette façon », écrivait avec quelque fierté Fanny depuis Francfort. La famille Mendelssohn et sa suite visitèrent le Rigi, la vallée de la Reuss, Interlaken, Berne, Vevey et passèrent par Chamonix avant de rejoindre le lac Majeur et les îles Borromées par le col du Simplon. Le mois d'octobre les vit de retour à Berlin.

Fanny déborda d'enthousiasme d'un bout à l'autre du voyage. Elle ne manqua pas une excursion et Felix écrivait [12] : « Fanny grimpe aussi et, là où elle n'y arrive pas avec ses propres pieds, elle s'accommode des chevaux et des porteurs. » Fanny comme Felix adressent des lettres dithyrambiques à leurs amis et à leurs parents : Zelter, Marianne Mendelssohn [13] et sa mère Hinni à Berlin, Henriette Mendelssohn à Paris. On sent dans ces lettres que les paysages de montagne ne sont en rien banalisés, que leur description précise avec vallées, gorges, sommets, glaciers, levers de soleil, cornes du berger, cloches des Alpes, est un dû envers le destinataire de la lettre, qui n'a probablement jamais vu et ne verra jamais de paysages semblables. Ces paysages impressionnent Fanny de façon très romantique, comme si elle y voyait une confirmation de son caractère exalté. Elle rejoint aussi les romantiques dans son amour pour l'Italie, *die Sehnsucht nach Italien*. Du Gothard, elle écrivit à sa cousine Marianne [14] :

« J'ai vécu une journée, Marianne, une journée qui restera pour toujours ineffaçable dans mon cœur et dont le souvenir fera longtemps son effet sur moi. Je suis entrée dans la grande Nature de Dieu, mon cœur a tremblé de terreur et de respect et quand je me suis calmée, comme je regardais, à la frontière de l'Italie, ce que l'homme peut concevoir de plus beau, de plus gracieux et de plus aimable, mon destin me cria : jusque-là et pas plus loin! Jamais, jamais je n'ai eu une telle sensation de reconnaissance profonde envers Dieu qui m'a permis de vivre ce jour, de nostalgie pour ce que les montagnes me cachent et de forte résolution prise dans mon cœur; ces sentiments réunis m'ont fait pleurer des larmes chaudes et bienfaisantes. Je ne voulais pas t'écrire hier soir, tu n'aimes pas me voir trop violemment émue; j'étais exaltée, mais j'ai gardé mon exaltation pour moi, je voulais attendre d'être plus calme, mais encore maintenant mon cœur s'élargit et s'agrandit au souvenir d'hier et de ce matin, et ne me laisse pas de repos. Je vais essayer de te raconter de façon aussi ordonnée que possible ce que j'ai vu et vécu.

« Hier matin à 7 heures nous partîmes d'Altdorf sous un ciel un peu nuageux pour aller vers le ciel clair, vers le Sud. Laissant Bürglen et la vallée de la Schächen à gauche, nous arrivâmes dans la vallée de la Reuss, qui est ici entourée de hautes falaises, très larges et tout à fait fertiles. Des noyers, d'autres arbres fruitiers et des sapins d'une beauté extraordinaire. On passe près d'une tour de Gessler et de vieilles fortifications de Zwing Uri. A gauche les glaciers de Surenen, Windgalle, Bristenstock, d'autres montagnes enneigées et d'autres glaciers. On aperçoit de magnifiques pâturages sur les montagnes les plus proches. Ainsi, dans un décor mille fois changeant, on arrive à Amstäg, à trois heures de Altdorf, au pied du Gothard. C'est là que commence la nouvelle route du Gothard, qui est de ce côté-ci carrossable pendant deux heures, jusqu'à Wasen, et achevée du côté tessinois. La route passe dans le rocher dynamité, tantôt à droite, tantôt à gauche de la Reuss ; elle est remarquablement construite et soutenue par des murs. Des arches de ponts audacieuses s'élancent au-dessus des précipices. Un travail de titan et un monument éternel pour les cantons d'Uri et du Tessin. C'est exaltant de voir comme l'obstination humaine peut faire ployer la volonté de la nature. Après Wasen, la végétation disparaît au fur et à mesure, la vallée se rétrécit de plus en plus, les rochers se dressent toujours plus abrupts et la Reuss mugit toujours plus sauvage. A Göschenen, le seul village sur tout le chemin, le terrifiant glacier de Göschenen apparaît à gauche de la Reuss ; c'était le premier que nous voyions de si près. Aussitôt les Schöllenen atteintes, la dernière trace de vie et de proximité humaine disparaît. Tu ne vois rien d'autre autour de toi que des rochers s'élevant jusqu'aux cieux, entre lesquels la Reuss a frayé son cours terrifiant. Ici elle perd tout de l'aspect d'un torrent, elle forme une chute d'eau continuelle et hurlante. L'horreur s'accroît à tous les pas jusqu'à atteindre son comble au Pont du Diable. Tu te trouves dans un cirque de pierre complètement fermé, devant toi tombe en plusieurs paliers la masse d'eau effrayante et tu chemines bien plus haut sur un pont étroit mais sûr. Le vent coupant qui souffle ici le soir et qu'on appelle le vent du glacier, les cimes neigeuses surgissant çà et là, le crépuscule qui commençait à se répandre dans cette vallée infernale, tout se liguait pour accroître la terreur. Un peu au-delà de ce Pont du Diable se trouve le Trou d'Uri, un passage rocheux de quelque 80 pieds : à la sortie de cette arche, je restais comme pétrifiée par la merveille que je découvrais. Une délicieuse et tranquille vallée aux luxuriants tapis de fleurs s'étendait à mes yeux, encadrée des deux côtés par de vertes collines et parsemée de quelques cabanes ; à l'arrière-plan le gracieux village d'Andermatt, l'Urseren, sur une hauteur une chapelle dont la cloche du soir sonnait vers moi, à droite le Gothard dont le sommet se détachait clairement dans l'air, à gauche le glacier de Saint-Annen qui brillait d'une lumière verte parmi les montagnes enneigées. Sur le côté la Furka avec son glacier, le glacier du Gothard et le Crispalt dont surgit le Rhin. Disparu le mugissement sauvage du torrent qui coule ici rapide mais silencieux sur le sol pierreux, disparue toute trace de l'horreur qui m'enserrait un moment auparavant. Tout autour de moi le repos, la paix profonde qui semblent ne jamais quitter cette vallée tranquille. C'était une impression inoubliable !

« Nous fîmes quelques centaines de pas dans les prairies pour mieux voir le glacier d'Annen, mais le froid nous obligea à revenir. Les seuls signes de l'altitude sont justement cet air froid que l'on respire et la rareté de la végétation. Il n'y a que peu de conifères aux alentours d'Andermatt, mais le sol est couvert de prairies luxuriantes. Ce que l'on ne voit pas n'a pas moins d'influence sur l'âme que les alentours visibles – l'idée du pays qui commence derrière ces montagnes, oui, même la proximité sensible de l'Italie, le simple fait que les gens du pays ont tous été en Italie, parlent italien et saluent le voyageur avec les doux accents de cette aimable langue, tout cela me touchait infiniment. Si j'avais été ce jour-là un jeune gars de seize ans, mon Dieu ! j'aurais eu à batailler pour ne pas commettre de bêtise. Et si d'un côté me poussait un désir très fort d'aller en Italie, j'avais aussi d'un autre côté le plus grand souhait d'aller vers la vallée de l'Hasli par-dessus Furka et Grimsel, un voyage qui nous aurait été facile si nous nous y étions préparés auparavant. J'avais espéré toute la journée pouvoir encore monter sur le Gothard le soir, même si j'étais seule avec Dominique *, ce n'est qu'à trois heures de la vallée de l'Ursern, mais ce ne fut pas possible, j'ai dû me modérer. Le soir, seule dans ma chambre, j'ai vécu une heure que je n'oublierai jamais. Hier matin j'ai trouvé le départ très dur. Je ne pouvais pas me mettre dans la tête d'abandonner cette aimable et belle vallée pour retourner vers le Nord dans cette horreur sauvage et de supporter le bruit assourdissant du torrent. La vallée était infiniment charmante dans la lumière du matin, la petite chapelle Mariahilf était joliment éclairée, les prés luisaient dans la rosée, les glaciers étaient transpercés d'une lumière verte, le Gothard levait la tête dans l'air pur, rien n'égalait la tranquillité de cette solennité matinale ; je ne peux pas te dire combien j'étais émue : et il fallait maintenant tourner le dos à toute cette aimable grâce, retraverser ce trou épouvantable vers les gorges sauvages. Mais elles aussi avaient perdu de leur horreur dans la clarté du matin, en tout cas elles nous firent, à nous, beaucoup moins d'impression que la veille.

« Je fis une grande partie du chemin toute seule, en réfléchissant silencieusement à ce que j'avais vu, qui m'avait émue jusqu'au fond de l'âme. J'entendais de loin la cloche matinale du village de Göschenen, sa sonorité était solennelle et belle et le glacier derrière le village inondé du plus clair soleil. Je dois mentionner quelques très belles jeunes filles, avec lesquelles nous bavardâmes dans Wasen. La voiture nous ramena à la maison par Bürglen, où nous revisitâmes la cha-

* Le guide.

pelle de Tell et la vieille tour couverte de lierre, et où l'ombre fraîche des noyers nous délassa de la chaleur. Cette vallée est elle aussi singulièrement belle et romantique. Avec Marianne, H. Heyse et Rebecka, je rentrai alors à Altdorf par un beau chemin. »

Le voyage à pied : un synonyme de liberté. Dans *Fussreise* (« Voyage à pied »), du poète souabe Eduard Moerike (1804-1875), l'auteur décrit l'exaltation et l'enthousiasme ressentis par son « vieil et cher Adam », *mein alter, lieber Adam*. Adam, ici, ne représente rien d'autre que l' « essence masculine », et il est encore inimaginable aujourd'hui que le *Lied* magnifique composé par Hugo Wolf soit chanté par une femme. La joie de la marche à pied solitaire était un plaisir exclusivement réservé aux hommes. Élisabeth Bennett, dans *Pride and Prejudice* [15], choque les très snobs dames Bingley et le suffisant Darcy en traversant à pied la campagne boueuse pour rejoindre sa sœur malade. Miss Bingley s'exclama alors :
« Marcher trois miles, ou quatre miles, ou cinq miles, peu importe la distance, dans la boue jusqu'au-dessus des chevilles, et seule, toute seule! Que veut-elle laisser entendre par là? Cela montre, selon moi, une abominable sorte d'indépendance prétentieuse, une indifférence paysanne au décorum. »
La marche à pied est en effet permise aux paysannes. Les bourgeois enferment leurs femmes ou ne les laissent pas sortir seules. Même George Sand, grande et glorieuse exception, était surtout à cheval quand elle parcourait sa campagne et ce n'est que par Simone de Beauvoir que la marche à pied féminine gagna ses lettres de noblesse littéraire. Pour Fanny, le désir de traverser le Gothard à pied ne peut être qu'un rêve : « Si j'étais un garçon, je ferais des bêtises. » Lea le confirme à sa belle-sœur Hinni [16] :
« C'est à pied qu'un jeune homme robuste la parcourait le mieux et c'est pourquoi j'envie Benny. Felix en est ravi et dans sa tête il refait le chemin en fantassin. Parmi tous ces délices, Fanny déplore que les plats délicieux lui interdisent l'aspect pittoresque qu'elle n'atteindra pas ici : la minceur. » Fanny, qui ne saurait songer à parcourir la Suisse à pied, se jette sur les gâteaux. S'agirait-il de boulimie? Serait-elle mal dans sa peau? Paierait-elle ainsi le prix de l'enfant prodige lentement mise dans l'ombre? Elle avait pour compagnes de chambre deux jeunes femmes très divertissantes, Julie et Marianne Saaling, filles d'un oncle de Lea, Jacob Salomon. Elles prirent le nom moins juif de Saling (ou Saaling) en 1812. Après ce voyage, Julie (1787-1864), qui avait perdu un œil dans son enfance à la suite d'une opération maladroite, se

fiança avec le précepteur Karl Heyse. Ils se marièrent en 1827, et le fils qui naquit en 1830, Paul Heyse, devint en 1910 le premier prix Nobel allemand de littérature. Marianne, l'aînée (1786-1868), était célèbre pour sa beauté. Après la mort de son père, elle vécut à Vienne chez sa tante Fanny von Arnstein (1758-1818), née Itzig, qui était aussi la tante de Lea. En 1815, lors de ses fiançailles avec l'attaché espagnol à Vienne, le comte Marialva, « la belle Marianne » se convertit au catholicisme. Le comte mourut peu avant la date du mariage et Marianne revint à Berlin dans les années 1820 [17].

Les deux sœurs étaient très drôles et faisaient la joie de toute la société. Julie était célèbre pour son humour et ne reculait devant aucun jeu de mots : lui disait-on qu'une chose était *an und für sich angenehm* (« agréable en soi »), elle répondait : *Ja, aber nicht an und für mich!* (« Oui, mais pas en moi! »). Fanny ne possédait pas cette sorte d'humour, elle avait été élevée beaucoup trop sérieusement et il ne correspondait ni à son caractère de « Cantor » ni à son rôle de grande sœur. Son humour à elle apparaîtra clairement quand elle aura renoncé à son exaltation d'adolescente et pris du recul avec elle-même. La relation avec les sœurs Saaling apporta à Fanny un souffle nouveau. Elle joua ici le rôle, non plus de l'aînée, mais de la petite sœur. Elle écrivait alors [18] :

> « Nous rions sans arrêt et le soir en particulier, avant de dormir (je dors toujours avec elles), elles sont absolument uniques. Marianne connaît des gens partout et, où qu'elle aille, est accueillie avec ravissement [...]. Nous nous amusons sans mesure et si je t'écris si distraitement et sans cohérence, ne m'accuse pas. C'est une vision d'horreur ici dans la chambre. »

Fanny, qui n'a pas été élevée à « chahuter », prend conscience de la séduction de deux jeunes femmes brillantes et drôles. Le salon viennois de Fanny von Arnstein, dont Marianne vient de sortir, était issu de la tradition des salons berlinois où l'on parlait de tout, et surtout de politique, même si, chez Fanny von Arnstein, les fêtes somptueuses avaient remplacé l'intimité de la mansarde berlinoise de Rahel. Fanny von Arnstein prônait l'émancipation des Juifs, la défense de la Prusse et du pangermanisme, interdisait l'entrée de son salon aux Français et manifestait en tout sa haine pour Napoléon. La génération de salons suivante sera intimiste et Biedermeier [19], plus orientée vers les petits jeux que vers la politique. Fanny Mendelssohn, même en portant le prénom de sa grand-tante, ne sera pas à proprement parler une *Saloniere*. Elle aura un cercle, on fera chez elle beaucoup de musique et on en écoutera, mais la conversation ne représentera plus un art en soi. Devant l'aisance de ses camarades de chambre, Fanny se pose bien des questions et se sent bien peu sûre d'elle. Elle confie sa peine à sa tante Jette, qui lui répond, au milieu d'une lettre à toute la famille [20] :

> « Ma très chère Fanny, j'aurais dû t'adresser une lettre pour toi toute seule, la tienne l'aurait mérité. Mais tu as mieux à faire que de me lire. Comme tu dois être reconnaissante envers ta chère mère de s'être décidée à ce voyage et comme tu dois montrer d'amour à ton père pour l'avoir organisé. Sois donc pleinement joyeuse et heureuse et si tu n'arrives pas à être vraiment drôle console-toi avec la phrase de Goethe : " La vie a aussi besoin de feuilles sombres dans sa couronne. " Jouis-en totalement, heureuse et sans problèmes, sans trop te tourmenter de savoir si tu la conduis comme il se doit. Dans un esprit aussi remarquablement préparé que le tien, l'effet réel d'un tel voyage se fait sentir plus lentement que le résultat d'une cure thermale. Que Dieu te garde en bonne santé et heureuse. Je t'aurais volontiers envoyé pour ce voyage une robe ridicule, telle qu'on les porte à Paris cet été. Ce sont des chemises de cocher très larges et plissées, appelées blouses, qui sont justement ornées comme celles-ci de broderies colorées au cou et sur les épaules ; elles n'ont pas de forme mais sont maintenues sous la poitrine par une ceinture de cuir. Tu t'es cependant décrite si corpulente que je n'en ai pas eu le courage. Fanny Sébastiani ne porte pas non plus de chose pareille pour les mêmes raisons, car seules les silhouettes d'enfant ou de nymphe sont tolérables là-dedans. »

Fanny oscille entre malaise et exaltation. La contradiction entre les sollicitations intellectuelles et artistiques qu'elle a toujours reçues et la sobriété du destin où elle se sent confinée ne peut que peser sur un esprit d'adolescente qui compense par les plaisirs de la table. La fin du voyage lui propose une autre grande occasion d'exploser d'enthousiasme : après le lac Léman, le lac Majeur !

> « Je t'écris aujourd'hui encore (de Vevey) dans une sorte d'ivresse ! Il me semble que je n'ai jamais vu rien de plus beau que ce pays et ce lac. Il fait en plus aujourd'hui un temps divin et, s'il se maintient, nous irons après-demain aux îles Borromées ! Pense donc ! Les îles Borromées ! Je remercie le ciel que la frontière soit là, si nous allions plus loin, je crois que je ne le supporterais pas. Trop en une seule fois pour mon pauvre cœur humain. Si le ciel continue à nous donner ce beau temps, nous allons faire un voyage ! [...] [21] »

L'Italie ! Le vieux rêve allemand du pays où fleurissent les citronniers ne se réalisera pour Fanny que dix-sept ans plus tard, tandis que Felix sera envoyé en voyage d'études, bien avant sa majorité, à Paris, Londres, Rome. Mais la révolte ne fait pas partie du vocabulaire de Fanny, elle appartient aux heureux de la terre et aux plus privilégiées d'entre toutes les jeunes filles. Aucun autre choix ne lui est offert, comme le dit sa tante Jette, que de remercier, d'aimer et de composer un *lied* sur le poème de Goethe, *Kennst du das Land : Sehnsucht nach Italien* (« Nostalgie de l'Italie [22] »).

Fanny va donc projeter sur son petit frère tout son désir d'un destin qui lui est refusé. Comment supporter autrement ces compliments, se faire dire par Goethe qu'elle est « aussi douée que son frère », ces portes ouvertes et aussitôt refermées ? Felix vivra désormais ce qu'elle n'a pas le droit de vivre et deviendra le centre de son intérêt comme celui de toute la famille. Et Wilhelm ? Leur affection date de cette époque et il dut beaucoup aider la jeune fille à surmonter ses difficultés d'adolescente. Il représentait une formidable porte de sortie, lui qui était aussi différent de la famille Mendelssohn qu'on pouvait le rêver. Il lui faisait comprendre qu'elle avait son charme et son destin à elle. Pendant toutes les années de séparation, où l'injuste différence de traitement des deux enfants s'ancrait comme un jugement de la nature, Fanny sut que quelqu'un lui appartenait et qu'elle pourrait s'évader.

10

Felix et Fanny

« Ils sont vraiment vaniteux et fiers l'un de l'autre », dit Lea au sujet de Fanny et de Felix. Sebastian Hensel, rapportant ce propos, y ajouta : « L'amitié profonde et sans jalousie des deux frère et sœur se poursuivra sans ombre jusqu'à la fin de leurs vies [1]. » Certes, Felix adorait et admirait cette grande sœur qui, avec tout son talent et toute son intelligence, était prête à tous les sacrifices pour lui. Il n'avait peut-être pas là un mérite inouï. Quant à Fanny, on peut se demander si une alternative à l'amour fou et à l'identification s'offrait à elle, à moins d'aller étouffer ou noyer son frère dans un coin d'ombre, ce qui était peu dans les mœurs, et n'aurait rien changé au fait qu'elle était une femme. Constituer l'alter ego féminin d'un jeune homme aussi doué que Felix Mendelssohn Bartholdy était une situation enviable, comparée à l'ennui dans lequel vivaient bien d'autres jeunes filles.

Fanny décida donc, en 1822, de devenir biographe de son frère. Elle écrivit alors :

> « Je possède jusqu'à présent sa confiance entière. J'ai vu son talent se développer pas à pas et j'ai moi-même en quelque sorte participé à sa formation. Il n'a pas d'autre conseiller musical que moi, aussi ne couche-t-il pas une seule pensée sur le papier sans l'avoir auparavant soumise à mon examen. Ainsi j'ai su par exemple ses opéras par cœur, avant qu'une note n'en fût écrite.

Elle dresse ensuite le « catalogue » des œuvres de Felix, pour l'année 1822 :

> « 1) Psaume 66 pour 3 voix de femmes, 2) Concerto en la min pour forte piano, 3) 2 lieder pour voix d'hommes, 4) 3 lieder, 5) 3 fugues pour le piano, 6) Quatuor pour piano, violon, alto et basse, 7) 2 symphonies pour 2 violons, alto et basse, 8) un acte de l'opéra *Les Deux Neveux*, 9) Jube Domine (do majeur) pour l'association Ste Cécile de Schelbe à Franckfort sur le Main, 10) 1 concerto pour violon (pour Rietz), 11) Magnificat pour instruments, 12) Gloria pour instruments [2]. »

Mais ni Felix ni personne ne songe à mentionner dans une bio-graphie de Fanny qu'elle écrivit en 1821 une sonate en fa majeur[3], en janvier 1822 un mouvement de sonate pour le piano en mi majeur, une dizaine de *Lieder* au moins et entre le 1er et le 22 novembre de cette même année sa première œuvre de musique de chambre, un quatuor en la bémol majeur pour piano, violon, alto et violoncelle. Le quatuor de Felix en do mineur sera sa première œuvre publiée (op. 1), mais le quatuor de Fanny et le mouvement de sonate attendirent les années 1990 pour être publiés par les éditions Furore. Il est certain qu'avant de les publier il aurait fallu demander son avis à la compositrice, qui n'aurait vraisemblablement pas souhaité les offrir au public sans les avoir retravaillés. Mais personne alors ne sollicitait Fanny ou ne la poussait à écrire comme elle le faisait pour Felix. On apprend au hasard d'une lettre de Zelter à Goethe, en 1824, que Fanny « vient de terminer sa 32e fugue[4] ». En 1826, Zelter ayant composé un *Lied* sur un poème de Voss, il écrivit encore à Goethe : « Fanny l'a aussi mis en musique, et comme elle a vrai-ment trouvé plus juste que moi, je l'ai envoyé à sa veuve » (Zelter parle de la veuve du poète Voss). Où sont ces fugues ?

Felix, sur qui pesait le désir de toute sa famille, n'avait pas le temps de faire autre chose que travailler. Pour se détendre, il des-sinait. Voyant la quantité de papier réglé couvert de notes ainsi qu'un opéra pratiquement achevé, Abraham décida d'instaurer chez lui le dimanche des matinées musicales où se réuniraient chanteurs et instrumentistes, sur le modèle des vendredis de Zel-ter. Le coût de l'opération n'est pas précisé dans les documents, mais Abraham ne lésinait jamais, pas plus que pour le voyage en Suisse, quand il s'agissait de culture et d'éducation. Abraham fit donc venir des musiciens de la « Chapelle royale » pour que Felix puisse entendre ses compositions, se familiariser avec les instru-ments et apprendre la direction d'orchestre. Felix et Fanny jouaient avec eux des concertos, des trios et tout un répertoire pour piano et instruments. Les chanteurs venaient du théâtre et considéraient que c'était un honneur de se produire chez les Men-delssohn. Le chanteur Eduard Devrient (1801-1877) en parti-culier, élève de Zelter, participa à de nombreuses matinées chez eux. Lui et sa femme Therese – soprano amateur, qui chantait elle aussi aux concerts du dimanche, vécurent quelque temps chez les Mendelssohn et on leur doit de nombreuses informations sur la jeunesse de Felix et de Fanny. Therese était l'amie de Fanny, et Eduard celui de Wilhelm. Ils reçurent donc les confidences des

amoureux et, bien que Devrient s'en défende tout en le suggé-
rant (!) [5], il n'est pas impossible que le couple ait servi de relais
d'informations ou même de relais postal entre Fanny et Wilhelm
pendant leurs années de séparation.

Quels que fussent l'admiration et l'étonnement éprouvés par
Devrient en regardant l'aplomb avec lequel le minuscule Felix en
vêtements d'enfant dirigeait les musiciens, cela ne l'empêchait
pas d'écrire : « Je trouvais son jeu d'une étonnante dextérité et
d'une grande assurance musicale, mais il n'approchait pas encore
de celui de sa sœur aînée Fanny [6]. » Il n'en tire pas de conclusion,
ne constate pas la moindre injustice, pas plus que Goethe ou
Hiller.

Les *Sonntagsmusik* ou « dimanches musicaux » attirent beaucoup de monde, bien que dans la maison de la Neue Promenade,
chez Bella Salomon, la place soit réduite pour les auditeurs. Le
célèbre pianiste Kalkbrenner (1788-1849) fit partie des visiteurs.
Fanny écrivit à son sujet : « Il a écouté beaucoup de pièces de
Felix, les a louées avec goût et critiquées avec franchise et amabilité. Nous l'entendons souvent et cherchons à apprendre de lui [7]. »
Felix comme Fanny s'aguerrissent à jouer devant un public et
Felix, qui voyage avec son père (Abraham emmena ses fils en
Silésie en 1823), prend aussi l'habitude de jouer en dehors de
chez lui. Le jour de ses quinze ans, le 3 février 1824, on
commença à répéter son opéra *Les Deux Neveux* (sur un livret du
médecin Casper). Après cette première séance, alors qu'un chanteur amateur proposait un toast à la santé de Felix, Zelter le prit
par la main et lui dit : « Mon cher fils, à partir d'aujourd'hui tu
n'es plus apprenti, mais compagnon. Je te fais compagnon au
nom de Mozart, au nom de Haydn et au nom du vieux Bach [8]. »
Cet « adoubement » fut fêté par moult *Lieder* et autres *Tafellieder*
bien dans le goût de Zelter. Le grand succès familial de son opéra
encouragea Felix à en commencer un autre, *Les Noces de Camacho*, fondé sur un épisode de Don Quichotte et comme d'habitude,
toute la famille le stimula.

En 1824, Fanny et Felix prirent des leçons avec Ignaz
Moscheles (1794-1870), surnommé le « Prince des pianistes »,
alors de passage à Berlin. Lea lui écrivit par deux fois en
novembre 1824 pour le prier de s'intéresser à ses deux aînés [9].
Moscheles eut donc cet hiver-là les deux jeunes gens pour élèves
et il en parlera avec stupéfaction et admiration, complètement
saisi par l'ambiance familiale :

« C'est une famille comme je n'en connais pas d'autre : [...] Ce

110

Felix Mendelssohn est déjà un artiste dans sa maturité et il n'a que quinze ans! Sa sœur aînée, Fanny, elle aussi infiniment douée, joue par cœur des fugues et des passacailles de Bach avec une précision admirable; je crois qu'on peut à bon droit l'appeler " un bon musicien ". »

Moscheles assista au *Sonntagsmusik* du 28 novembre 1824, dont il nous a laissé le programme : « Quatuor en do mineur de Felix, symphonie en ré majeur, Concerto de Bach, Fanny, Duo en ré mineur pour deux pianos d'Arnold [10]. » Il entendit également le *Freitagsmusik* de Zelter le 3 décembre suivant, où Fanny joua le Concerto en ré mineur de Jean-Sébastien Bach, œuvre dont le maître de maison lui montra le manuscrit.

L'automne 1826 ramena Moscheles à Berlin lors d'une autre tournée de concerts : il entendit Felix et Fanny jouer à quatre mains la toute récente ouverture du *Songe d'une nuit d'été*, et parmi d'autres œuvres de Felix une sonate en mi majeur et une ouverture en do [11]. Leurs vies professionnelles itinérantes tissèrent de solides liens d'amitié entre le professeur et l'élève. Moscheles était à Londres lors du premier voyage de Felix en Angleterre en 1829 et il fut en mesure de l'aider de ses conseils. Plus tard, en novembre 1847, c'est lui qui assistera aux derniers moments de Felix à Leipzig. Fanny, confinée à Berlin, n'avait pas de raison de garder un contact aussi étroit avec l'interprète.

Lea invitait beaucoup de monde dans son salon, ce qui l'empêchait peut-être de contrôler la qualité humaine de certains de ses invités. Malla Montgomery-Silfverstolpe (1782-1861), Suédoise vivant en Finlande, passa l'hiver 1825-1826 à Berlin. Elle dîna le 21 novembre 1825 chez les Mendelssohn Bartholdy en compagnie d'Henriette Mendelssohn, de Wilhelm von Humboldt et de sa femme, des deux demoiselles Saaling, du chevalier de Brême, envoyé de Turin et, dit-elle, de beaucoup d'autres. Elle trouva la nourriture fort bonne, les hôtes riches et généreux, et s'empiffra consciencieusement. Elle eut la chance d'être invitée au *Sonntagsmusik* du 11 décembre suivant et y vint avec Marianne Mendelssohn. Pleine de curiosité, elle entendit une ouverture de Felix qu'elle trouva trop bruyante. Elle était aussi dérangée par la laideur de Spontini, assis à côté d'elle; elle changea donc de place pour entendre Fanny jouer brillamment un concerto de Beethoven, puis une pièce de Jean-Sébastien Bach. L'ouverture de Felix fut rejouée, elle pensait qu'il s'agissait du *Songe d'une nuit d'été*, et elle l'aima bien cette fois-là, beaucoup plus que l'ouverture des *Noces de Camacho* qui fut donnée ensuite. Mais les gens ne lui

111

plurent pas. « Quand on ne regarde que la tête de Felix Mendelssohn, quand il se lève et dirige la musique de façon si vivante et attentive, il est alors vraiment beau et semble appartenir à une espèce beaucoup plus distinguée que le reste de sa famille, mais sa silhouette est juive et un peu ordinaire, sa tête repose trop profondément entre les épaules [12]. » Quelle femme épouvantable ce devait être, heureusement qu'elle ne revint jamais!

Felix continuait à voyager et son exemple montre à quel point les voyages font partie du parcours obligé d'un musicien : c'est le moyen d'apprendre, de rencontrer des collègues, des maîtres, de nouer des amitiés, d'échanger des idées, de se produire et de se mesurer. Chaque fois qu'il passait dans une ville, il se précipitait sur de nouvelles partitions et écumait les bibliothèques. Susanna Grossmann-Vendrey, dans son ouvrage *Felix Mendelssohn Bartholdy et la musique du passé*, raconte que le jeune compositeur approfondit les connaissances acquises auprès de Zelter, d'abord à Leipzig avec Schicht, à Heidelberg avec Thibaut et enfin à Londres grâce à ses propres recherches [13]. Fanny, encore une fois, restait à Berlin avec ce qu'elle avait appris et prenait part aux voyages à travers les récits de Felix.

Mais ce n'était certainement pas suffisant et elle piaffait de désir lorsque Felix partit de nouveau pour Paris en 1825. En effet, Abraham dut aller chercher sa sœur Henriette, qui, ayant terminé sa tâche auprès de Fanny Sébastiani, devenue duchesse de Choiseul-Praslin, souhaitait rentrer à Berlin. Il en profita pour emmener Felix se confronter à d'autres opinions et à un autre monde musical. Zelter venait de le sacrer chevalier ou compagnon, il était donc temps de rechercher d'autres avis; qu'allait dire par exemple Cherubini (1760-1842), le terrifiant directeur du fameux Conservatoire de Paris, à propos des possibilités du jeune homme? L'entrevue se passa fort bien, et on entendit même Cherubini affirmer : « *Ce garçon est riche, il fera bien, il fait même déjà bien, mais il dépense trop de son argent, il met trop d'étoffe dans son habit* [14]. » Compliment inouï de la part d'un homme aussi grognon. De son côté le compositeur Reicha (1770-1836), élève de Haydn et d'Albrechtberger, fut également impressionné par les capacités en contrepoint du tout jeune homme. Abraham pouvait se rassurer, s'il en était encore besoin, car, de l'avis général, Felix avait vraiment un très grand talent.

Mais l'adolescent se montra plus que déçu par la vie musicale parisienne. Il aura beaucoup de mal à s'habituer à ne pas toujours trouver hors de sa maison les mêmes qualités artistiques que celles des membres de sa famille : il dialoguait quotidiennement avec une sœur au « talent égal au sien », avec sa mère, sa grand-mère, sa grand-tante, musiciennes de haut niveau, sa sœur Rebecka, qui chantait très bien, et son frère, qui était un excellent violoncelliste. Toute sa famille savait et aimait travailler. Pour l'enfant et même l'adolescent, cette attitude et ces capacités devaient faire partie intégrante d'une vie saine et équilibrée. Mais Paris n'était musicalement qu'une vitrine brillante et peu créative. Les grands noms de l'année 1825 y étaient pourtant assemblés : Sebastian cite Hummel, Moscheles, Kalkbrenner, Pixis, Rode, Baillot, Kreuzer, Cherubini, Rossini, Paer, Meyerbeer, Plantade, Lafont... Ni Beethoven ni Schubert n'y mirent les pieds. Or que de coteries, que de jalousie, que de mesquinerie parmi ces gens qui faisaient passer leur gloire personnelle et leurs intérêts financiers bien avant la musique. Felix se montre écœuré par ce milieu et stupéfait du faible niveau des connaissances et des ambitions artistiques. Ses lettres critiquent sans pitié les spectacles et les musiciens, avec toute l'ardeur et l'assurance d'un jeune garçon.

A leur réception, Fanny se met en fureur. Comment, son frère a la chance d'être à Paris, de sortir tous les soirs, de rencontrer les musiciens les plus célèbres de l'époque, de tout voir, de tout entendre, et il ose se plaindre ? Et se plaindre à elle, restée enfermée à Berlin et qui mourait d'envie de venir vérifier par elle-même ce qu'il en était vraiment de la vie musicale parisienne. Sans atteindre la dispute, les propos échangés par le frère et la sœur restent cependant véhéments.

Dans ses premières lettres, Fanny bombarde littéralement Felix de questions : elle veut tout savoir, tout comprendre, tout revivre..., comme si elle y était. Les Tuileries, les musées, les promenades, les visites, les gens, les concerts, Felix se doit de tout lui décrire. Étant donné l'emploi du temps du jeune homme, ce n'était pas une mince affaire. Fanny pense aussi que son frère devrait profiter de l'occasion pour informer ses interlocuteurs. « Onslow [...] et Schuhu Reicha ne connaissent-ils pas les 33 variations de Beethoven sur une valse ? » lui demanda-t-elle le 4 avril [15] : « Puisque tu rencontres ces messieurs seuls dans leurs salles d'étude, ce devrait être un honneur pour toi de leur faire découvrir notre grand compatriote en tant que savant et théoricien. » Felix lui répond, le 20 avril [16] :

> « Tu m'écris aussi que je dois me transformer en missionnaire et former Onslow et Reicha à aimer Beethoven et Sebastian Bach. C'est

ce que je fais de toute façon, pour autant que cela serve. Mais pense, chère enfant, que les gens d'ici ne connaissent pas une note de *Fidelio* et qu'ils tiennent Sebastian Bach pour une perruque farcie d'érudition. J'ai joué l'ouverture de *Fidelio* à Onslow sur un très mauvais piano : il en était absolument hors de lui. Il se grattait le crâne, l'instrumentait dans sa tête, finit dans son enthousiasme par la chanter avec moi, bref, il en devenait complètement fou. J'ai joué récemment à la demande de Kalkbrenner les préludes en mi mineur et en la mineur pour orgue [17] que les gens ont trouvés "très mignons"; quelqu'un a même remarqué que le début du prélude en la mineur portait une ressemblance frappante avec un duo très populaire d'un opéra de Montigny [18] : j'ai vu vert et bleu. »

Fanny proteste encore le 25 avril [19] :

« Quoi ! Tu vas à Paris, et tu n'y entends pas une seule note valable, ou du moins pas beaucoup et nous qui restons tranquillement à la maison devons ouvrir toutes nos oreilles ? En une semaine *Jessonda*, *Alceste*, *Samson* et la *Symphonie pastorale*, car Sapupi donne ces deux derniers morceaux après-demain pour son concert des Cendres [20]. Qu'en dis-tu ? Ce qui me paraît certain, c'est que ta tendance au schuhuisme s'est brillamment développée à Paris. Mon fils, tes lettres sont un tissu de critiques. Marx [21] va être fier de toi. J'espère que ton souvenir mettra une robe rose à tout ce que la prévention et les préjugés couvrent de poussière grise : si vraiment tout ce que vous voyez était si mauvais que cela, ce serait dommage d'avoir fait un tel voyage. [...] Misérable Tantale ! Voir Rode [22] tous les jours et ne pas entendre d'harmonie dans ces régions ! [...] Ah, comme vous avez dû voir de beaux tableaux ! Pourquoi n'en écris-tu pas un mot ? Ni sur les jardins publics, ni sur la ville, ni sur les monuments ! Il me semble presque que les soirées musicales médiocres tuent toute jouissance en toi. Tu n'en goûteras que mieux la qualité des nôtres, quand nous jouerons tes symphonies dans notre grande salle voûtée du jardin; comme je m'en réjouis d'avance ! »

Elle continue le fleuve épistolaire le 30 avril [23] :

« Je suis heureuse que tu aies enfin joué avec un accompagnement raisonnable, je t'ai su jusqu'à présent dans le manque au pays où coulent le lait et le miel. Avant que je ne l'oublie à nouveau, je veux juste te poser une question qui me reste depuis longtemps sur le cœur et que j'oublie régulièrement chaque fois que je prends la plume : pourquoi n'as-tu pas encore joué ton sextuor dans une des *matinées*, *dîners*, *soupers*, ou dans tout autre lieu se terminant pas ers ? N'y a-t-il dans toute cette société parisienne qu'une seule personne qui lise en clé d'alto ? Cher F., je souhaiterais que vous ayez près de vous vos chères mère, épouse, filles et toi ta sœur très aimée. Quand je lis le récit de vos plaisirs "raisonnables", l'eau me vient à la bouche. »

Le jeune Felix n'entend pas le désir qui se cache derrière ces lignes et derrière l'exclamation « Misérable Tantale! » Il lui répond le 9 mai, presque en colère cette fois-ci [24] :

> « J'étais un peu furieux de ta dernière lettre et j'ai décidé de t'adresser des réprimandes que tu n'a pas volées. Le temps, ce dieu bienfaisant, les adoucira et versera du baume sur les plaies que ma fureur enflammée va ouvrir en toi. Tu me parles de préjugé et de prévention, de grogne et de schuhuisme, de pays où coulent le lait et le miel, comme tu appelles ce Paris? Réfléchis un peu, s'il te plaît? C'est toi qui es à Paris, ou c'est moi? Alors je dois mieux le savoir que toi! Est-ce mon genre de juger la musique à partir de préjugés et même si cela était : Rode a-t-il des préjugés, quand il me dit : *C'est ici une dégringolade musicale*! Neukomm a-t-il des préjugés quand il affirme : *Ce n'est pas ici le pays des orchestres*. Hertz a-t-il des préjugés quand il dit : ici, le public ne peut comprendre et apprécier que des variations. Et 10 000 autres ont-ils des préjugés quand ils protestent contre Paris! Toi, tu as tant de préjugés que tu crois moins mes comptes rendus hautement impartiaux qu'une idée aimable que tu t'es mise dans la tête, où tu te représentes Paris comme un Eldorado. Prends le Constitutionnel : que donne-t-on d'autre que du Rossini à l'Opéra italien? Prends le catalogue musical : que se publie-t-il, que sort-il d'autre que des romances et des pots-pourris? Viens donc un peu et entends *Alceste*, entends Robin des Bois, entends les soirées (que tu confonds d'ailleurs avec les salons : les soirées sont des concerts payants et les salons des assemblées), entends la musique de la Chapelle royale, et alors seulement juge et gronde-moi, mais pas maintenant où tu es bourrée de préjugés et totalement aveuglée! »

Fanny ne demandait certes pas mieux que de venir...
Felix disait sans aucun doute la vérité sur le dilettantisme musical parisien et Fanny n'aurait probablement pas été moins critique que lui, mais n'aurait-il pas dû s'apercevoir qu'il avait une chance énorme, que tous ses voyages l'affinaient et l'enrichissaient et que Fanny, dont il reconnaissait le talent « égal au sien », avait visiblement aussi un désir « égal au sien » qui demeurait insatisfait. En rentrant à Berlin, où ils ramenaient aussi Henriette, les Mendelssohn s'arrêtèrent de nouveau à Weimar chez leur ami Goethe. Encore une expérience que Fanny ne vivra pas...

Leipziger Strasse 3

Bella Salomon mourut le 9 mars 1824. Elle avait partagé son héritage en trois : un tiers, sous forme de rente, à son fils Jacob;

un tiers à partager entre les enfants de ses petites-filles, les enfants de sa fille Rebecka, Josephine Benedicks et Marianne Mendelssohn; quant au dernier tiers, il était à partager entre les petits-enfants de sa fille Lea, qui, en 1824, étaient encore à naître! Lea avait quelques raisons d'écrire à sa cousine Henriette von Pereira, le 24 avril 1824, qu'elle se considérait comme « entièrement déshéritée [25] ». Les Mendelssohn-Bartholdy contemplaient donc sans plaisir l'idée d'acheter ou de louer une maison qui aurait pu être à eux.

Le précepteur Karl Heyse rapporte que cet été-là, à Dobberan, station balnéaire sur la Baltique, Felix et Fanny se firent agresser et insulter par des gamins des rues et s'entendirent traiter de *Judenjungen*, « enfants de Juifs ». Ils étaient de type sémite et Fanny, avec son épaule voûtée héritée de son grand-père Moses, portait encore les marques du ghetto. Felix, qui avait quinze ans, sut se défendre et défendre sa sœur, mais son sens de la justice fut durement mis à l'épreuve. Heyse écrivit dans son journal :

> « Felix se conduisit comme un homme, mais une fois rentré il fut incapable de réprimer sa rage et son indignation devant l'outrage qui lui était fait. Elles éclatèrent le soir en un torrent de larmes et d'accusations sauvages de toutes sortes [26]... »

Le climat antilibéral et antijuif de la Prusse conduisit les Mendelssohn à acheter en 1825 un lieu qui pouvait leur servir de refuge et de microcosme, à l'extrémité ouest de la Friedrichstadt, à deux pas de la Leipzigerplatz, l'ancien « Oktogon ». « Leipziger Strasse 3 », nous dit Sebastian Hensel, devint une expression représentant à elle seule la famille Mendelssohn Bartholdy tout entière [27]. La maison, ancien Palais von der Reck, était dans un état de délabrement piteux, mais la féerie du jardin séduisit immédiatement ses futurs occupants. Des plans fantastiques furent conçus pour l'amélioration du bâtiment; Abraham voulait y ajouter un troisième étage, mais la prudente Lea obtint de s'en tenir à une réhabilitation des lieux. Une partie du palais devait être louée : il n'était pas question de ne pas rentabiliser quelque peu le capital mobilisé pour l'achat d'une aussi grande habitation. L'envoyé hanovrais von Reden se proposa immédiatement de louer le *Beletage*, l'étage noble, avant même que les travaux ne fussent achevés : il était rare en effet de trouver des lieux aussi propices à la représentation. Lea décida d'occuper la plus grande partie du premier étage et de louer la plus petite. Il n'y avait ainsi que deux locataires, ce qui rendait une éventuelle revente plus attrayante. C'est ainsi que le diplomate hanovrais Karl Klingemann (1798-1862) vint loger au numéro 3 de la Leipziger Strasse et devint le plus proche ami des Mendelssohn Bartholdy. Son départ pour Londres en 1827 les désola, mais leur donna l'occasion d'échanger un flot de lettres très utile pour connaître leurs vies. Son amitié fut un grand soutien pour Felix à chacun de ses voyages en Angleterre.

L'imposante façade qui donnait sur la rue protégeait un monde de rêve et de verdure. Derrière la maison se trouvait une cour, avec une fontaine, des dépendances et des écuries, que fermait ce qu'il est convenu d'appeler la partie jardin de la maison, ou *Gartenhaus*, la maison du jardin. Lea y passa l'été 1825, alors qu'elle surveillait les travaux, pendant qu'Abraham faisait un voyage à Dobberan. Lea donna à sa cousine Henriette Pereira une description du jardin qui n'est qu'un premier reflet de l'attachement que la famille lui voua, comme à un être vivant [28] :

« Quand j'ouvre ma porte, je suis complètement séparée du chantier et je jouis d'un tel calme que je pourrais m'imaginer à la campagne... Toute une rangée de chambres s'ouvre sur le jardin qui est lui-même entouré d'autres jardins, c'est pourquoi on n'entend pas de voitures, on ne voit personne et il n'y a pas de poussière : on est cependant à quelques pas des rues les plus élégantes et les plus vivantes de Berlin, en mesure de profiter de tout le confort de la vie citadine. Au milieu de la maison du jardin se trouve une salle exceptionnellement grande, même pour Berlin, avec une coupole ovale imposante reposant sur des piliers. Quatre marches en descendent vers le jardin, dont on aperçoit les allées et les bouquets d'arbres qui s'étendent à l'infini. Au printemps, quand le feuillage n'est pas trop épais, on entrevoit en dehors de la ville un moulin sur lequel nous voulons garder une vue pendant l'été en coupant quelques arbres. Nous devons créer tout ce qui fait la parure d'un jardin, jusqu'à présent nous n'avons rien d'autre que des tilleuls, des ormes, des hêtres, des marronniers, des acacias magnifiques, des buissons et des clairières, un grand pré et une métairie où un fermier gagne sa vie avec douze vaches et nous livre du lait frais et du beurre. Pour l'automne nous voulons préparer des plantations, mais principalement améliorer les massifs de fleurs et le gazon, sans pour cela endommager l'ancienneté et la noblesse de ce parc. »

Cela permit à Lea de mieux supporter la longueur et le coût du chantier, bien entendu plus long et plus cher que prévu! C'est avec regret que Lea quitta la maison du jardin pour habiter du côté de la rue, même avec une vue sur la cour. Posséder un tel parc devenait à Berlin une rareté. Le roi avait racheté toutes les maisons avec jardin, il n'en restait plus que deux autres. La planification de Berlin ne suivait plus la rigueur ni l'esthétique des xviie et xviiie siècles, la politique s'orientait vers le profit sans contrôle étatique du prix des logements et des loyers. Les arbres tombaient, la ville enlaidissait, la population s'appauvrissait. Le monde des Mendelssohn Bartholdy resta jusqu'au milieu du xixe siècle une enclave du xviiie.

La grande salle de la maison du jardin fut certainement pour Abraham une raison supplémentaire pour se lancer dans cet achat malgré le souci que cela représentait. Quel lieu idéal pour les matinées du dimanche! Sebastian affirma que la salle, ouverte sur les jardins par des panneaux de verre et couverte de fresques, pouvait contenir plusieurs centaines de personnes. Le chercheur mendelssohnien Michael Cullen, plus sobre, pense que le fils de Fanny idéalisa ses souvenirs et que la pièce n'avait pas plus de 14 mètres de longueur sur 7,5 de largeur et 8 de hauteur, et n'aurait contenu qu'un public plus restreint[29]. Il est cependant certain que jouer et écouter de la musique dans un tel espace devait être merveilleux. Quel luxe, pour Felix comme pour Fanny, d'avoir chez soi non seulement un orchestre, mais une salle de concert. Ce qui pour Felix était un instrument d'études deviendra pour Fanny un mode de vie et son destin musical.

Les quatre enfants Mendelssohn s'épanouiront complètement dans le jardin féerique. Il faudra désormais compter avec eux tous et non plus seulement avec les aînés : en 1825, Rebecka a quatorze ans et Paul presque treize ans. Ils ont eu une certaine difficulté à grandir dans l'ombre de tels aînés. Paul ne s'en remettra jamais complètement. La voix de la légende familiale, Sebastian, écrira en 1879[30] :

« C'était peut-être la période la plus heureuse de la vie de mon grand-père : son existence était assurée et sa vie installée dans un des plus beaux terrains du vieux Berlin; il avait à ses côtés une épouse profondément aimée, intelligente et fine, qui lui était liée par la fidélité d'une longue union; tous ses enfants grandissaient en montrant d'immenses possibilités; Felix avait dépassé le temps des hésitations, et se dirigeait d'un pas sûr vers ce que l'homme peut atteindre de plus élevé : une réputation méritée dans l'art; Fanny, née avec autant de talent et de don, ne souhaitait pourtant rien d'autre que de rester modestement dans les limites que la Nature a assignées aux femmes; Rebecka devenait une belle jeune fille intelligente, très talentueuse elle aussi, que seul le don exceptionnel de ses frère et sœur avait laissée en retrait; Paul était capable et appliqué, et lui aussi très musicien; tous quatre étaient sains de corps et d'esprit et unis par un amour extraordinaire. Un cercle d'amis comprenant tout ce qui vivait à Berlin d'hommes de valeur, de renommée et de jeunesse prometteuse et enthousiaste s'assemblait chez lui ; sa maison était recherchée, connue et aimée de la plus grande partie du monde cultivé : ainsi vivait Abraham Mendelssohn en cette année 1826. »

Chacun remplissait son rôle et tout allait très bien pour les dames Mendelssohn si elles se contentaient de celui de faire-valoir. Il est certain que les enfants étaient attachés les uns aux autres car l'éducation qu'ils avaient reçue les mettait à part et avait tissé entre eux des habitudes de solidarité qui dureraient toute leur vie. Ils s'étaient levés toute leur enfance à cinq heures du matin pour étudier ensemble, ils avaient subi les mêmes pressions intellectuelles et partagé les mêmes lectures : Lessing, Schiller, les « lumières éblouissantes » (comme disait Fanny) du *Faust* et du *Werther* de Goethe et, comme toute leur génération, ils avaient lu Jean-Paul. Les quatre étaient dans l'âge, écrira plus tard Rebecka, où les jeunes gens « ne se voient pas volontiers grandir » et « préféreraient mourir assez jeunes, à condition que cela ne dure pas trop longtemps [31] ». Toute la culture que leur avait donnée leur éducation s'épanouissait dans le jardin magnifique et devenait poésie. Pendant les mois d'été, l'esprit créatif des jeunes gens et de leurs amis inventait charades, bons mots, jeux, poèmes, musique et déguisements de toutes sortes. Il y avait dans le jardin un pavillon où on laissait constamment des rames de papier et de quoi écrire, ce qui permettait à toute la société de s'exprimer, de s'amuser et de rassembler les idées les plus folles et les plus drôles. Ce *Gartenzeitung* ou « Gazette du Jardin » devenait l'hiver la *Thee und Schneezeitung* « Gazette du thé et de la neige ». Les noms de plume que les enfants se donnaient montrent à quel point ils prenaient peu au sérieux leur changement d'identité : Fanny Cäcilia Mendbart, Rehbocka Bart, Paul per procura Bart et Felix Ludwig Jocko Toldy [32]. Rebecka alla jusqu'à signer pour un temps : Rebecka Mendelssohn meden Bartholdy, « meden » signifiant « jamais » en grec [33]. Abraham note fièrement dans le journal : « J'étais jusqu'ici connu comme le fils de mon père, je le suis désormais comme le père de mon fils. » Les adultes en visite prennent aussi part à la rédaction du journal : Zelter, Alexander von Humboldt, etc.

Inspiré par le jardin, Felix écrivit un de ses chefs-d'œuvre, l'*Octuor* pour cordes en mi bémol majeur, op. 20, destiné à l'anniversaire de son ami le violoniste Eduard Rietz (1802-1832). Un passage du *Faust* avait suggéré le scherzo, qui traduisait le « souffle dans les feuilles et celui du vent dans les roseaux » et

119

Fanny, toute à son travail de biographe, note [34] : « Et c'était vraiment réussi. Il n'a confié qu'à moi ses intentions. Le morceau tout entier sera joué staccato et pianissimo ; les frissons des tremulando, les éclairs légers des trilles rebondissant, tout est nouveau, étrange et pourtant si avenant et si aimable, on se sent si proche du monde des esprits, si légèrement enlevé dans les airs, qu'on voudrait soi-même prendre un manche à balai pour mieux suivre la troupe aérienne. A la fin, le premier violon voltige, léger comme une plume, *et tout s'évanouit* [35]. »

Un auteur convenait particulièrement au jardin et déchaînait l'enthousiasme des enfants et leur folie de répétitions théâtrales : Shakespeare, qui venait de reparaître dans une nouvelle traduction de Tieck et d'August Wilhelm Schlegel (le beau-frère de Dorothea).

« Voici pour notre répétition un endroit merveilleux. Ce carré de gazon fera la scène, ce fourré d'aubépine la coulisse, et nous allons mener le jeu comme nous le ferons devant le Duc », dit le charpentier Quince au tisserand Bottom. Les enfants ne se lasseront jamais du *Songe d'une nuit d'été* entre toutes les comédies de leur auteur favori. Le texte se prêtait si bien au décor et le décor se prêtait si bien au texte !

Après l'*Octuor*, le jardin inspira à Felix la fameuse *Ouverture du Songe d'une nuit d'été*, si réussie, malgré son jeune âge, qu'il n'y changea rien lorsqu'il conçut la musique de scène du *Songe*, vingt ans plus tard. C'est un membre du cercle, Adolph Bernhard Marx (1795-1866), compositeur et théoricien, fameux critique de l'*Allgemeine Musikalische Zeitung* de Berlin, qui serait à l'origine de l'œuvre. Grand admirateur de Beethoven, il défendait ardemment des idées originales sur un nouvel art musical descriptif. Il poussa Felix dans ses retranchements musicaux et intellectuels et il s'ensuivit un chef-d'œuvre. Abraham détestait Marx, sans doute à cause de sa personnalité ambiguë et de ses pantalons trop courts, mais surtout à cause de son influence sur Felix. Il aidait cependant Felix et Fanny à affiner leur analyse musicale, avec Beethoven pour modèle.

Les jeux musicaux du frère et de la sœur n'avaient pas de fin et devenaient de plus en plus sophistiqués : l'un commençait la composition d'un morceau que l'autre finissait. Pour accompagner le cadeau qu'il lui faisait de la *Sonate op. 106* de Beethoven, Felix écrivit à Fanny pour son anniversaire, le 14 novembre 1825, une lettre où il imitait le style et l'écriture du vieux compositeur, montrant ainsi combien il connaissait la personnalité, le caractère du maître et ses formules en ailes de pigeon. Par la même occasion, la lettre révèle le pitre que pouvait être Felix [36] :

« Très honorée demoiselle! votre façon de me servir a retenti jusqu'à Vienne – un homme gros avec une moustache et un maigre avec un accent parisien, dont je n'ai pas retenu les noms, m'ont rapporté que vous avez obtenu qu'un public de connaisseurs écoutât avec décence mes concertos en mi bémol et en sol et mon trio en si bémol : quelques-uns seulement ont fui; un tel succès pourrait presque m'offenser et m'irriter contre mes œuvres mais la part de l'attrait de votre jeu, etc., à ce succès remet tout en proportion. Ce n'est pas extraordinaire si les gens apprécient mes premiers trios, mes deux premières symphonies et certaines de mes sonates de jeunesse : aussi longtemps que l'on fait de la musique comme tout le monde et que l'on est jeune, donc quelconque et trivial, les gens vous comprennent et vous achètent – mais j'en suis fatigué et j'ai fait de la musique comme Monsieur van Beethoven et pour cela, à mon âge et dans la solitude de ma chambre déserte, des choses me traversent la tête qui ne sont pas forcément agréables à tout un chacun. Quand je trouve des personnes qui viennent vers cette mienne musique et donc vers mon état d'âme le plus secret; quand ces personnes traitent amicalement le vieil homme solitaire que je suis, alors elles me rendent un service dont je leur suis très reconnaissant, de tels gens sont mes amis véritables et je n'en ai pas aucun autre [sic]. A cause de cette amitié je prends la liberté de vous envoyer ma sonate en si bémol majeur op. 106 pour votre anniversaire, avec mes félicitations sincères; je ne l'ai pas conçue pour jeter de la poudre aux yeux : ne la jouez que lorsque vous en aurez le temps, car elle en a besoin, elle n'est pas des plus courtes! mais j'avais beaucoup à dire. Si votre amitié pour moi ne va pas si loin, demandez à mon connaisseur Marx, il vous la commentera, l'adagio surtout lui en donnera l'occasion. Du reste cela m'est particulièrement agréable d'offrir une sonate non pour le pianoforte mais pour le Hammerklavier à une dame aussi allemande que vous m'avez été décrite.

« Enfin, je joins à cette lettre un mauvais portrait, je suis bien l'égal des autres grands de ce monde qui offrent le leur : je ne me considère pas du tout comme un mauvais garçon. Ainsi gardez un bon souvenir de votre très dévoué Beethoven. »

Felix savait faire rire Fanny!
Il ne prenait plus de leçons avec Zelter, elle n'y avait donc plus droit. Il s'émancipait et commençait à publier : trois quatuors avec piano op. 1, 2 et 3, une sonate pour piano et violon en fa mineur op. 4, des pièces pour le piano op. 5 à 7 et des *Lieder* op. 8 et 9. Chacun de ces deux derniers recueils comprenaient 12 *lieder*, dont trois avaient été composés par Fanny : *Das Heim-*

weh, (« Le Mal du pays »), op. 8 n° 2, sur un poème de Friederike Robert, *Italien*, op. 8 n° 3, sur un poème de Grillparzer, *Suleika et Hatem*, duo op. 8 n° 12, sur un texte de Goethe, puis *Sehnsucht*, (« Nostalgie »), sur un texte de Droysen, *Verlust* (« Perte »), sur un texte de Goethe et *Die Nonne*, (« La Nonne »), sur un texte de Uhland, op. 9, nᵒˢ 7, 10 et 12. Bien des années plus tard, en 1842, après avoir été reçu par la reine Victoria à Buckingham, Felix racontait ainsi sa visite dans une lettre du 19 juillet[37] : « ... pendant qu'ils parlaient, je farfouillais un peu sur le piano et je trouvai mon tout premier recueil de *Lieder*. Je priais naturellement la Reine de m'en chanter un plutôt qu'un air de Gluck, elle s'exécuta très aimablement, et que choisit-elle? *Schöner und schöner* (« De plus en plus beau »), qu'elle chanta joliment et juste, bien en rythme et très agréablement; c'est seulement après *der Prosa Last und Mühe* (« La peine et la fatigue de la prose »), lorsque la phrase descend vers le ré et monte harmoniquement, qu'elle chanta par deux fois un ré dièse; comme je le lui fis remarquer les deux fois, elle chanta enfin un ré bien juste, là où elle aurait naturellement dû chanter un ré dièse. Mais cette erreur mise à part c'était vraiment très joli et je n'ai pas entendu d'amateur mieux tenir le dernier long sol, plus juste ni plus naturellement. Alors je dus reconnaître que Fanny avait composé le *Lied* (cela m'a paru dur! Mais l'orgueil doit souffrir quelque contrainte) et je la priai de chanter un *Lied* qui soit véritablement de moi ».

Rien n'était plus normal. Sebastian Hensel, en mentionnant l'épisode ci-dessus dans ses souvenirs, écrit une petite note en bas de page, à propos d'*Italien* : « Un des *Lieder* de ma mère qui parurent sous le nom de Felix. » Ni explication ni excuse ne sont fournies. Dorothea Schlegel n'avait-elle pas aussi publié sous le nom de son mari? N'était-il pas admis et reconnu au XIXᵉ siècle qu'une femme devait rester chez elle et ne paraître en public qu'escortée, si possible par un homme? Felix, soucieux de faire entendre quelques œuvres de sa grande sœur chérie, se fit un plaisir de les joindre aux siennes. Il avait le choix car Fanny, à cette époque, avait déjà composé au moins une centaine de *Lieder*[38]. Ce fut toujours son terrain de prédilection et là où Felix avait tendance à devenir banal, se réservant pour ses oratorios et ses grandes œuvres orchestrales, Fanny trouvera son style dans le genre auquel elle avait droit : les pièces dites « de salon », pour piano avec ou sans chant. Les *Romances sans paroles* seraient une idée à elle : elles furent pour Felix et Fanny un moyen de dialoguer. Il arriva à Felix par manière de jeu d'envoyer le début d'un morceau à sa sœur pour qu'elle le terminât. Le contraire pouvait tout aussi bien se produire. Gounod, que Fanny rencontra à Rome en 1840, prétendit dans ses Mémoires que Felix avait publié sous son nom beaucoup de *Romances sans paroles* composées par Fanny. Rien ne le prouve et Felix Mendelssohn n'avait certes pas besoin de sa sœur pour composer, mais rien ne vient non plus l'infirmer.

L'ouverture du *Songe d'une nuit d'été* avait été un grand moment pour Felix et lui avait apporté reconnaissance et succès. Il fit un voyage à Stettin où elle fut créée en concert. Mais il n'en fut pas de même des *Noces de Camacho* [39], qui fut son premier et unique essai de représentation théâtrale publique. Les premières répétitions l'amusèrent certes, mais il fut bientôt dégoûté par les mesquineries, les intrigues et le manque de conscience professionnelle qui l'entouraient au théâtre. La première représentation, le 27 avril 1827 au Königlichen Schauspielhaus, fut ce qu'on appelle un « succès d'estime », ce qui ne satisfit pas l'orgueil du jeune homme [40]. Il n'y eut pas d'autres représentations et pas d'autre opéra achevé de Felix Mendelssohn Bartholdy, qui avait essuyé là un revers dont il ne se remit jamais. Fanny écrivit à Klingemann, le 25 décembre 1827 : « Ces temps derniers, il s'est de toute façon tourné vers la musique d'église [41]. Il est évident que la formation de Felix comme celle de Fanny les place dans la tradition luthérienne de la musique religieuse, où ils sont moralement et musicalement plus à l'aise que dans l'opéra. »

Cela n'adoucit pas le choc pour Felix. Il s'ensuivit ce que les mots couverts de Sebastian Hensel nous obligent cependant à nommer une dépression. « Pression » s'applique tellement bien à l'éducation reçue par Felix que le mot « dépression » vient de lui-même. Felix se remet cependant grâce à un autre voyage. Il s'agit cette fois d'un voyage d'agrément avec des amis, de grandes randonnées à pied entre hommes dans le Harz. Ils visitèrent l'Allemagne entre la Bavière et le Rhin et s'arrêtèrent à Baden, Heidelberg et Cologne. Le voyage se termina chez son oncle Joseph Mendelssohn, à Horchheim, près de Coblence.

Les femmes n'avaient malheureusement pas accès aux mêmes remèdes contre la dépression.

11

La coterie Mendelssohn

Felix entra à l'université Friedrich Wilhelm en octobre 1827. C'est alors que prit fin l'enseignement de la maison Mendelssohn ; le Dr Heyse venait de se voir attribuer la chaire de philologie dans cette même université. Bien que très jeune, Felix n'eut aucune difficulté à s'adapter car l'éducation qu'il avait reçue lui permettait de saisir toute subtilité intellectuelle. Il suivit les cours d'esthétique de Hegel, les cours d'histoire de Gans et les cours de géographie de Ridder. Mais il avait une telle habitude de tout apprendre et de tout partager avec Fanny qu'il supportait mal de la laisser à la maison. Il l'emmena donc au cours supplémentaire de géographie physique qu'Alexander von Humboldt donnait dans la salle de la Singakademie[1].

Le nom d'Alexander von Humboldt revient si souvent dans les recherches mendelssohniennes que l'on peut affirmer qu'il fait virtuellement partie de la famille. Les deux frères Wilhelm et Alexander connurent et admirèrent dans leur jeunesse le philosophe Moses Mendelssohn. Selon Sebastian Hensel, ils auraient participé aux *Morgenstunden*, les « leçons du matin » que Moses dispensait à ses fils[2].

Wilhelm von Humboldt (1767-1835) et son frère Alexander (1769-1859) appartenaient à une grande famille de la noblesse prussienne. Ils firent leurs études à Francfort-sur-Oder et à Göttingen. S'il n'est pas certain que leur amitié pour les enfants de Moses Mendelssohn date des *Morgenstunden*, il est probable qu'elle fut entretenue d'abord dans le salon d'Henriette Herz à la fin des années 1780, car ils faisaient partie du *Tugendbund* (« Confédération de la vertu ») : association sans but bien défini fondée par Henriette Herz, Dorothea Veit et Rahel Levin[3]. C'est là que Wilhelm rencontra un autre membre de la confédération, Caroline von Dacheroden, qu'il épousa en 1791[4]. Les deux frères étaient des scientifiques, mais Wilhelm s'engagea plus nettement au service de l'État. Il fut l'un des hommes que le gouvernement Hardenberg s'attacha pour réformer et moderniser la Prusse dans les années 1810. Il influença de façon marquante la politique culturelle de cette décennie, d'une part en créant l'université Friedrich Wilhelm, d'autre part grâce à sa conception de l'éducation humaniste et son intérêt pour les sciences humaines et la littérature comparée. Partisan d'une constitution prussienne libérale, ses idées échouèrent face à la réaction metternichienne conservatrice en 1819 et il dut se retirer dans son château de Tegel.

Quant à Alexander, géographe autant que biologiste, il ne resta pas en Prusse. Ses récits de voyage comptent parmi les plus importants du genre. Dès 1799, il organisa une expédition en Amérique du Sud, réussit l'ascension du Chimborazo, visita Cuba et les États-Unis et revint en Europe en 1804. Il vécut alors principalement à Paris. Entre 1827 et 1828, il donna des conférences à l'université de Berlin, et si en 1829 il partit de nouveau en expédition à travers la Russie jusqu'à la frontière chinoise, on le retrouve en 1830 participant à la vie politique parisienne.

Alexander von Humboldt était riche, mais ne disposait pas de beaucoup d'argent : sa fortune immobilière ne produisait pas de gros revenus. C'est la banque Mendelssohn qui finança ses expéditions et ses recherches, depuis l'Amérique en 1799 jusqu'aux travaux des années 1840, où le roi de Prusse Frédéric Guillaume IV s'offusqua de ce qu'un grand scientifique prussien ait sans cesse recours à un banquier juif pour le soutenir dans ses projets. Mais les liens entre Alexandre von Humboldt et la banque Mendelssohn étaient profonds et solides, fondés sur une morale humaniste commune et un amour pour les sciences qui tenaient à l'idéal inculqué par Moses Mendelssohn et par les lumières du XVIIIᵉ siècle. Joseph Mendelssohn et Alexandre von Humboldt étaient amis, avec tout ce que cela suppose de confiance et de fidélité, et le roi de Prusse ne mérita jamais la confiance de quiconque. Humboldt arriva un matin de 1844 très soucieux chez Joseph Mendelssohn : la maison qu'il louait allait être vendue par son propriétaire; ses expériences botaniques étaient en danger. L'après-midi même, Humboldt reçut une lettre de Joseph Mendelssohn lui annonçant qu'il était son nouveau propriétaire et qu'il l'autorisait à rester indéfiniment dans les lieux [5].

Les conférences qu'il donna à Berlin dans la salle de la Singakademie suscitèrent un immense intérêt : les idées de ce scientifique de rêve, intéressé autant par les choses que par les gens, dont le savoir et les recherches se fondaient sur l'humanisme et la générosité, ne pouvait qu'être écoutées avec passion par les jeunes et en particulier par les jeunes Mendelssohn. Fanny raconta à son ami Klingemann [6] :

« Vous savez peut-être qu'Alexander von Humboldt donne un cours à l'Université (géographie physique), mais savez-vous aussi qu'après une demande formulée par les plus hautes instances il a commencé un deuxième cours dans la salle de la Singakademie, auquel prennent part tous ceux qui se prétendent éduqués et à la mode, tous, du roi à toute la cour en passant par les ministres, les généraux, les officiers, les artistes, les savants, les écrivains, les beaux esprits et même les laids, les arrivistes, les étudiants et les dames, jusques et y compris votre indigne correspondante? Il s'y presse une foule effrayante, le public est imposant et le cours infiniment intéressant. Les messieurs peuvent se moquer de nous autant qu'ils le veulent, il est merveilleux que de nos jours le moyen nous soit offert d'entendre pour une fois une parole sensée, nous jouissons de ce bonheur et nous tâchons de nous consoler des moqueurs. Pour donner toute sa valeur à votre moquerie, je dois encore vous faire savoir que nous assistons à une deuxième conférence, celle d'un étranger sur la physique expérimentale. Ce cours aussi est principalement suivi par des femmes. Les conférences de Holtey sont également particulièrement écoutées cette année. »

La vie se déroule fort agréablement au n° 3 de la Leipziger Strasse pour les quatre jeunes gens et le cercle d'amis que Felix leur a ramené de l'Université. Tous drôles, intelligents, cultivés, gâtés par la « nature » et la vie... Felix est au centre des préoccupations de chacun, la prunelle des yeux de ses parents et de ses sœurs.

Dans ce cercle érudit apparut l'historien Johann Gustav Droysen (1808-1894), qui assistait aux cours de Boeckh et de Hegel. Il arriva chez les Mendelssohn en tant que répétiteur de Felix et s'intégra facilement au cercle familial. Fanny écrivit à son sujet [7] :

« Un philologue de dix-neuf ans, avec toute la fraîcheur et la vivacité entreprenante et active de son âge jointe à un savoir au-dessus de son âge, un sens poétique pur et un esprit sain et aimable, attrayant... »

Il s'imposa comme un grand historien en publiant en 1833 une *Histoire d'Alexandre le Grand* qui fit date dans l'étude de l'Antiquité grecque [8]. Fanny comme Felix composèrent nombre de *Lieder* sur ses poèmes.

On trouvait aussi chez les Mendelssohn le juriste Ludwig Heydemann (1805-1874) et surtout son frère l'historien Albert Heydemann (1808-1877) qui se joignaient aux « jeux » de ces jeunes gens surdoués. Albert avait participé à la grande randonnée à travers l'Allemagne du Sud entreprise par Felix pendant l'été 1827.

Le poète Ludwig Robert (1778-1832) et sa femme Friedrike, également poétesse (1795-1832), qui vécurent à Berlin de 1822 à 1831, fréquentèrent les Mendelssohn et fournirent leurs textes aux deux compositeurs de la maison [9]. Ludwig Robert, né Levin et converti par conviction en 1819, était le frère de Rahel Varnhagen (1771-1833) à laquelle il était très attaché. Rahel Levin devint célèbre, on s'en souvient, grâce au premier salon qu'elle tint dans sa mansarde dans les années 1790. Après deux fiançailles malheureuses, elle trouva dans l'homme de lettres et diplomate Karl August Varnhagen von Ense (1785-1858) un homme qui l'adorait et l'admirait au-delà de toute mesure. Elle l'épousa en 1814, ce qui lui permit de tenir ce qu'on appela son « second salon ». Elle y instaura un culte de Goethe dont elle était la prêtresse et son mari était le premier à boire littéralement toutes ses paroles. En réalité, Felix détestait ce jeu, comme il détestait toutes les femmes célèbres, que ce soit Bettina von Arnim ou Henriette Herz. Cette dernière trouvait cependant grâce à ses yeux à cause de ses œuvres de charité : une occupation bien conforme au rôle d'une femme respectable. Rahel jugeait Felix avec davantage de sympathie : il dansait, disait-elle, comme un « ouragan civilisé ». En visite chez les Mendelssohn, Varnhagen se conduisait comme un idolâtre dont les jeunes se moquaient d'ailleurs. Il allait jusqu'à tirer un carnet de sa poche pour noter chaque parole tombée de la bouche de Rahel ! L'insolente Rebecka dit même un jour : « Si nous parlions autant, en nous retenant aussi peu de dire tout ce qui nous passe par la tête, on pourrait aussi rapporter des paroles intelligentes de notre part [10]. »

Dans ce cercle on retrouve rien moins que le poète Heinrich Heine (1797-1856), qui appartenait de fait lui aussi à ce milieu de Juifs convertis et d'érudits. Né à Düsseldorf d'une famille de marchands juifs, il avait étudié à Berlin de 1821 à 1823 et suivi les cours de Boeckh, Zaune, Raumer, Hegel et Savigny. Il se convertit en 1825, sans aucune espèce de conviction : « Le certificat de baptême, c'est le billet d'entrée pour la culture européenne », écrivit-il alors, mais il regretta vite son acte. En 1826, Heine écrivait déjà à son ami Moses Moser : « Je suis maintenant haï des chrétiens comme des Juifs. Je regrette beaucoup de m'être fait baptiser [11]. » Après l'autodafé en 1817 du livre *Germanomanie* dont l'auteur, Saul Ascher, protestait contre les propos racistes de la « Tablée germano-chrétienne », Heine avait écrit en 1820 ces vers terriblement prophétiques [12] :

> « *Dies war ein Vorspiel nur : dort wo man Bücher verbrennt, verbrennt man auch am Ende Menschen.* »

> « Ce n'était qu'un prélude : là où les livres sont brulés, on finit aussi par brûler les hommes. »

Jouer les Cassandre est un rôle d'une grande ingratitude. Heine était donc reçu chez les Mendelssohn avec des sentiments très mélangés. Tout en admirant son talent, ils appréciaient peu ses manières blasées. A l'enthousiasme général devant Jean-Paul, n'osa-t-il pas répliquer : « Qu'est-ce que Jean-Paul! Il n'a même pas vu la mer. » A quoi Fanny répliqua : « Bien sûr, il n'avait pas d'Oncle Salomo pour lui donner l'argent du voyage. » Heinrich Heine vivait de l'argent que lui donnait son oncle, le banquier Salomon Heine, qui le soutint dans ses « années de vagabondage », de 1826 à 1830. Cependant, tout comme Rahel, Heinrich Heine voyait toute la question de l'assimilation des Juifs avec une amertume que les Mendelssohn ignoraient, ou ne voulaient pas reconnaître. Heine garda pourtant un bon souvenir de ses visites et écrivit en 1829 à leur ami commun Droysen [13] :

> « Mon souvenir le plus respectueux à la Conseillère municipale [14], je salue un peu moins respectueusement les beaux yeux de Mademoiselle Fanny, qui sont parmi les plus beaux que je connaisse. Quant à la grosse Rebecka, oui, saluez aussi pour moi cette grosse personne, la chère enfant, si charmante, si jolie, si bonne, dont chaque parcelle est un ange. »

Quand on pense qu'il comptait parmi les admirateurs de Rebecka! Les dames Mendelssohn n'étaient de toute façon pas très minces. Heine agaçait Fanny. Elle écrivit à Klingemann, toujours en 1829 [15].

> « Heine est ici et ne me plaît pas du tout. Il en rajoute. S'il se laissait aller, il serait le plus aimable malappris qui ait jamais tiré sur la ficelle; s'il faisait l'effort d'être sérieux, le sérieux lui conviendrait très bien aussi, car il l'a en lui; mais il en rajoute dans la sentimentalité, ajoute encore à ce qu'il a rajouté, parle éternellement de lui-même en regardant les gens pour s'assurer qu'ils le regardent. Mais les *Voyages en Italie* de Heine vous sont-ils jamais parvenus? Ils contiennent vraiment des choses magnifiques. Même si on voulait le mépriser dix fois, il vous oblige la onzième à reconnaître qu'il est un poète, un poète! Les mots chantent pour lui et la nature lui parle comme elle ne parle qu'au poète. »

Heine prévoyait trop clairement les résultats à longue échéance de la politique prussienne pour ne pas inquiéter les Mendelssohn sur leur identité allemande. Il prétendait ne venir que pour Rebecka, qui de toute la famille était celle qui professait les opinions les plus radicales et dont il devait se sentir proche.

Rebecka avait du mal à s'affirmer à côté de ses frère et sœur aînés et pourtant, écrivit Sebastian, « l'acuité de son intelligence, son discernement et son esprit pétillant la faisaient remarquer de tous [16]. Johanna Kinkel [17] affirma dans ses Mémoires que Rebecka était une remarquable musicienne, mais Rebecka dira elle-même : « Mes frère et sœur aînés m'ont volé ma réputation artistique. Dans n'importe quelle autre famille j'aurais été hautement estimée comme musicienne et peut-être que j'aurais dirigé un cercle. A côté de Felix et de Fanny je ne pouvais prétendre à aucune reconnaissance. » Alors que Felix se préparait à partir pour l'Italie, en 1830, Droysen, qui compta parmi les nombreux soupirants de Rebecka, écrivit à Albert Heydemann : « Rebecka est la plus à plaindre ; elle sera deux fois malheureuse quand Felix partira pour l'Italie. Hensel ne la comprend pas du tout, Fanny ne lui appartient pas, ses parents ne l'aiment pas beaucoup [18]. » Cela n'empêcha pas Rebecka et Fanny de rester toute leur vie très proches l'une de l'autre ; Fanny écrivit des Lieder d'abord pour sa petite sœur qui avait une très jolie voix et chantait très bien jusqu'à ce qu'elle décide d'arrêter de travailler. Les différences de talent sont là, et Fanny, même mariée, ne sut pas s'arrêter. Mais Rebecka n'en demeura pas moins son amie la plus intime. Toutes deux se disputaient l'amour de Felix. Si Rebecka reçut moins d'attention que ses aînés de la part de ses parents, elle trouva une compensation dans l'affection de ces mêmes aînés. En revanche, il ne resta plus grand-chose pour Paul, qui n'est mentionné qu'avec précaution par Sebastian Hensel, toujours anxieux de ne peindre sa famille qu'en rose. Paul, intelligent et musicien, jouait son rôle dans la bande des quatre, mais jamais au premier plan, ce qui n'arrangeait pas son caractère d'adolescent capricieux et irritable. Il ne devint que... banquier.

En ajoutant les visites régulières de la grande cantatrice Anna Milder-Hauptmann, du philosophe Hegel et du juriste Eduard Gans, le passage du violoniste virtuose Paganini sans oublier le naturaliste Alexander von Humboldt, on a une idée de l'atmosphère culturelle dans laquelle baignaient les Mendelssohn. Fanny n'avait pas le temps de se demander si son talent recevait un traitement injuste puisqu'elle vivait dans un monde dont l'approbation valait la plus haute récompense artistique.

C'est à cette époque que Wilhelm Hensel revint d'Italie, en octobre 1828, après cinq années d'absence. Il a trente-quatre ans, Fanny presque vingt-trois, et il est difficile d'estimer lequel des deux a le plus changé. Fanny est comme sa mère la souhaitait, « libre », heureuse et épanouie parmi des amis exceptionnels. Wilhelm arrive dans un milieu intellectuel et libéral qui lui est étranger. Il n'a pas oublié les promesses de Lea, d'Abraham et de Fanny. Il a travaillé très durement dans ce but. La relation ne reprend pas là où les deux jeunes gens l'avaient laissée ; Fanny appartient avant tout à sa famille, à sa musique, à son cercle qui ne voit pas d'un très bon œil cet étranger s'approprier Fanny, Felix moins que tout autre. Wilhelm ne tarde pas à réagir. Il se montre jaloux de tout ce qui approche Fanny, frères et sœur, amis et connaissance et même la musique. Il ne comprend pas l'esprit qui règne dans la maison, qui lui rend bien son exaspération. Il se raidit, se révolte. Fanny ne reconnaît pas l'homme qu'elle croyait aimer, devient capricieuse et n'accepte pas que l'on vienne l'arracher à sa vie insouciante et épanouie.

Abraham va lui rappeler qu'elle n'a pas d'autre destin que le mariage et qu'à vingt-trois ans il serait temps pour elle d'y songer sérieusement. Pour son anniversaire, le 14 novembre 1828, il lui écrivit [19] :

« Nous vieillissons tous deux de 365 jours par an ; qui sait combien de temps encore je pourrai te féliciter pour ton anniversaire et te parler sérieusement, qui sait combien de temps encore tu pourras et voudras m'entendre.

« C'est pourquoi je veux te dire aujourd'hui, ma chère Fanny, que je suis si satisfait de toi sur tous les points essentiels, sur ce qui est le plus important, qu'il ne me reste rien à souhaiter. Tu es bonne dans ta tête et dans ton âme. Le mot est diablement court, mais il a quelque chose dans le ventre ; et je ne le dis pas à propos de n'importe qui.

« Mais tu peux encore t'améliorer ! Tu dois te prendre en main et te concentrer davantage ; tu dois plus sérieusement et plus ardemment te former à ta vraie profession, à la seule profession d'une jeune fille, celle de maîtresse de maison. La véritable économie, c'est la véritable libéralité ; celui qui jette l'argent par les fenêtres doit devenir un avare ou un imposteur. La profession des femmes est la plus difficile : s'occuper sans cesse du plus petit détail ; recueillir chaque goutte de pluie pour qu'elle ne s'assèche pas dans le sable mais que, conduite à la rivière, elle répande le bien-être et la bénédiction ; observer sans relâche chaque circonstance ; faire le bien de chaque instant et utiliser chaque instant pour faire le bien, cela, et tout ce que tu penseras là-dessus, ce sont les devoirs, les difficiles devoirs des femmes.

« Tu ne manques certainement pas d'âme et encore moins d'intel-

130

ligence pour les remplir fidèlement; mais tu vas encore trouver matière à exercer tes forces, à durcir ta volonté, à te concentrer, à choisir judicieusement et à honorer tes obligations. Fais-le de ton plein gré tant que tu le peux! avant d'y être obligée. Exerce-toi, tant qu'il t'est encore donné de vivre avec tes parents, à faire beaucoup de choses mieux qu'eux. Donne à l'édifice une fondation solide, il ne manquera pas d'ornements.

« Je ne veux pourtant pas te sermonner et je ne suis pas encore assez vieux pour radoter. Reçois encore dans ton cœur mes vœux paternels pour ton bien-être et mes conseils bien intentionnés.

Ton père »

Abraham ne change pas avec les années. En écrivant une telle lettre à un tel moment, il sait qu'il pousse Fanny vers Wilhelm. Ne serait-il pourtant pas plus raisonnable que Fanny épouse quelqu'un du cercle ou du moins de son milieu? Mais cela signifierait aussi courir le risque qu'elle ne se marie avec un Juif ou un Juif converti, avec quelqu'un qui aurait gardé un nom qu'Abraham voudrait oublier.

Un peintre fils de pasteur et resté protestant correspond bien à son schéma d'intégration sociale. Wilhelm savait, en écrivant à Luise en 1823, qu'il trouverait Abraham à ses côtés « à l'heure des combats ».

Fanny doit se marier. Wilhelm ne ressemble plus au jeune homme qu'elle a connu, pas plus qu'elle-même ne ressemble à ce qu'elle était, mais elle sait pouvoir compter sur sa constance, sa bonté et son admiration sans bornes. Si la jalousie de Wilhelm ne facilite pas les choses, son caractère à elle n'est pas non plus particulièrement souple; son abord avec les années deviendra toujours plus abrupt et moins agréable. Elle est loin de ressembler aux gracieuses et douces jeunes filles telles que le XIXe siècle aimait se les représenter, mais Wilhelm l'aime et la veut telle qu'elle est. Elle aura ce qu'on lui a promis en lui refusant la profession de musicienne : le pouvoir chez elle et le pouvoir de rendre un homme très heureux. Le seul homme qu'elle connaisse dont la force pourrait se comparer à la sienne, c'est Felix. L'idée de s'embarquer dans la vie avec une copie affadie de ce dernier possède peu d'attraits et on comprend Fanny d'être entrée dans le jeu d'Abraham et d'avoir recherché le contraire de son frère et d'elle-même.

Personne ne raconte le courage qu'il lui fallut cependant. Sebastian Hensel, par discrétion, se refusa à publier les lettres que Fanny envoya alors à Wilhelm : les lettres d'une fiancée appartiennent au monde privé. Tous les matins, le valet de Wilhelm venait ramasser la missive où Fanny se défendait, défendait son monde et son cercle, et tentait des compromis. Wilhelm avait des raisons d'être jaloux : le monde de Fanny lui était hostile, ses calembours ne passaient pas et le langage de la coterie se fermait volontairement à l'étranger qu'il était. Wilhelm commença donc par tout refuser en bloc ; Fanny se montra alors prête à tout lui abandonner, ses amis, sa musique même, mais pas son frère. Puis elle arriva tout doucement à le convaincre et à tout reconquérir.

On imagine l'espace qu'il fallait combler entre l'image qu'ils avaient gardée l'un de l'autre et la réalité. Sebastian, qui a sous les yeux les lettres de sa mère, nous confie qu'elle fut « souvent mal à l'aise en sa présence, mais sitôt qu'elle s'isolait dans le silence de la nuit, seule, face à l'image idéale du bien-aimé telle qu'elle s'était habituée à la contempler pendant toutes les années de séparation, elle retrouvait sa détermination et elle réussit petit à petit à réunir image et réalité en un seul visage. Elle garda intensément à l'esprit la lettre de son père, qui lui avait dicté le rôle de maîtresse de maison comme la véritable profession d'une jeune fille, et elle essayait avec ardeur de s'y conformer pour l'homme de son choix [20] ».

Le travail contient toujours quelque chose d'intéressant et de profitable. Puisque le mariage est une obligation, autant qu'il apporte à l'un et à l'autre une nécessaire connaissance de soi pour arriver à un compromis. En 1828 comme en 1821 et en 1823, le parcours entre deux pôles opposés a toujours fait partie du désir et de l'amour entre Fanny et Wilhelm. Peut-être aussi était-il plus facile et moins douloureux de rester fidèle à une image vieille de cinq ans et de faire en sorte que les contours s'accordent, plutôt que de casser une habitude devenue une partie de soi.

Les réponses de Wilhelm aux lettres de Fanny n'ont pas été conservées, mais il avait d'autres moyens d'approche : son talent pour les portraits. Comme il a su gagner Lea pendant son absence à Rome, il saura gagner le cercle de Fanny. Il débute par le plus urgent, c'est-à-dire Felix. Fanny écrivit le 10 janvier, dans le journal qu'elle venait de commencer : « Hensel a mangé avec nous mercredi, il avait amené avec lui les esquisses du portrait de Felix, dont la conception est magnifique, brillante et belle ; Felix lui-même en est enchanté et je le trouve tout changé vis-à-vis de Hensel depuis ce portrait. » Plus loin, elle écrivit encore : « J'étais infiniment heureuse d'entendre que tous les deux se sont beaucoup plu. » Cela n'était pas du tout évident au départ : Felix, comme Rebecka, se voulait libéral jusqu'au républicanisme, comme leur père, le « citoyen », dans sa jeunesse, tandis que Wilhelm, très conservateur, poussait le loyalisme jusqu'à une admiration inconditionnelle pour la royauté, restant bien ainsi dans la tradition du premier romantisme. C'était par ailleurs grâce au roi de Prusse qu'il gagnait sa vie et Wilhelm, très honnête, aurait considéré comme de l'ingratitude de sa part tout manquement à l'égard de la cour. Il arriva que Felix s'écria « avec une véhémence inaccoutumée », selon Devrient : « Mais, Hensel, un peu plus de considération pour le radicalisme de ton beau-frère [21]. » Les différences de positions politiques ne s'harmonisèrent que bien des années plus tard, l'âge et les événements rendant Felix plus attaché à la tradition. En attendant, la vie trouvait son piment dans la controverse. Celle-ci semble avoir laissé Fanny assez froide : le libéralisme, les opinions politiques et le conservatisme ne semblaient pas concerner le monde privé ni la situation de la femme. Son mari conservateur lui laissa plus de liberté artistique que ses père et frère qui se prétendaient libéraux. Fanny, même très intéressée par la situation du monde, n'entretint jamais de fanatisme à l'égard d'un dogme religieux ou politique. Que son frère et son mari s'entendent bien humainement, c'était tout ce qu'elle voulait et c'était aussi la condition sans laquelle son mariage était impossible.

La résistance de Lea restait encore à vaincre, et elle se montrait avec Hensel aussi désagréable que son éducation le lui permettait. Le jeudi 22 janvier 1829, Humboldt arriva cependant avec la bonne nouvelle de la nomination de Wilhelm à l'Académie des beaux-arts. Le lendemain à midi, Wilhelm demandait à ses parents la main de Fanny, qui raconta l'événement dans son journal : « Après un peu plus d'une demi-heure, H. revint et nous tombâmes d'accord en quelques minutes. Nous entrâmes et trouvâmes mère surprise, effrayée par la rapidité de la décision et incapable de répéter son consentement. Père fut immédiatement heureux et satisfait, nous aidâmes mère *tant bien que mal* [22] à retrouver son sang-froid, mes frères et sœur étaient heureux ; Felix rentra après deux heures, lui aussi était étonné au début, mais après le départ de Hensel après le repas, j'eus une conversation avec lui, qui me rendit extrêmement heureuse. Quel ange! je ne peux même pas décrire son attitude à l'égard de Hensel. »

Qu'Abraham ne soit pas étonné et qu'il soit heureux ne peut surprendre ceux qui ont lu sa lettre du 27 novembre 1828. Lea, elle, en était probablement encore à souhaiter un tout autre sort pour sa fille. Mais celle-ci avait fait son choix, parfaitement consciente, et Lea comprendra plus tard que ce choix n'était pas si sot.

Fanny avait commencé cette année-là un journal qu'elle tiendra jusqu'à la fin de sa vie, c'est-à-dire pendant dix-huit ans. La pression s'exerce fortement autour d'elle; non seulement elle doit se marier, mais il est décidé que Felix partira en voyage pour se former, d'abord en Angleterre, puis à Paris et à Rome. Ainsi en a décidé son père. Son fils doit se préparer à la vie errante qui sera la sienne, et qui du reste correspond à son caractère agité. Il lui faudra également choisir la ville où il résidera. Paul, qui n'a pas encore dix-sept ans, doit commencer à travailler derrière un comptoir : il n'a pas, semble-t-il, été jugé digne de l'université. Pour les quatre enfants, c'est la fin du monde de leur jeunesse. Rebecka seule ne change pas de vie, mais dès l'annonce des fiançailles de Fanny les soupirants de Rebecka accourent : elle est aussi riche que sa sœur, et beaucoup plus jolie et plus drôle. Heine prétendait ne venir que lorsqu'il la savait là. Pour Fanny, même sûre d'être aimée, même très intelligente, même avec de très beaux yeux, il devait être dur de se sentir laide auprès d'une sœur si attrayante. Son exaspération se fait jour dans cette lettre à Klingemann, où la condition féminine lui semble plus difficile que prévue [23] :

> « J'aurais presque oublié de vous remercier d'avoir attendu mon faire-part de fiançailles pour vous apercevoir que je n'étais qu'une femme comme les autres, j'avais pour ma part depuis longtemps la certitude qu'un fiancé n'est qu'un homme comme les autres. Que du reste votre misérable nature de femme vous soit rappelée, tous les jours, à chaque pas de votre vie par les seigneurs de la création serait un point qui pourrait vous mettre en fureur et vous faire perdre toute féminité, si le mal ne s'en trouvait pas ainsi empiré.
>
> « Hensel a commencé un portrait de Gans grandeur nature, de presque toute sa hauteur. Gans, en fait moitié homme et moitié enfant ou animal sauvage, est tout joyeux de se voir sur la toile. Il vient beaucoup chez nous et prend beaucoup de plaisir avec Rebecka, à qui il a imposé des leçons de grec pendant lesquelles ces deux personnes fort instruites lisent Platon. Je ne connais rien de plus grotesque! Il va de soi que de cette relation platonique on en a déduit une plus réelle et qu'on ne parle que de cela dans toute la ville, alors qu'il n'y a pourtant rien à en penser. »

Que Fanny s'exprime directement et même brutalement, tout le monde le savait et y était habitué. Mais le discours ici fait plus que friser l'amertume ; dans les familles bourgeoises, on attendait que l'aînée fût « casée » pour « sortir » les suivantes. Une raison supplémentaire qui poussait Fanny au mariage, mais ce ne fut pas le moment de sa plus grande indulgence à l'égard de sa jeune sœur !

12

La « Passion selon saint Matthieu »

Le départ de Felix, l'apprentissage de Paul et le mariage de
Fanny allaient bouleverser la bande des quatre et toute la vie de
la famille. Le départ de Felix à lui seul aurait suffi à accabler
Fanny : que va devenir sa musique? Elle avait accepté de laisser
totalement la place à Felix, de vivre par procuration une existence qui correspondait à son talent à elle, heureuse, tant que son
frère restait sous ses yeux, de voir en lui la réalisation de toutes
leurs années d'études communes. Mais comment va-t-elle supporter l'absence de Felix? Son voyage en Angleterre ne doit durer
que quelques mois, mais il n'est que le prélude à d'autres
voyages, qui l'aideront à se trouver et à choisir le lieu idéal pour
son existence artistique. Berlin, en 1829, a perdu tout l'éclat de
l'*Aufklärung*, ce n'est qu'une ville de province conservatrice où il
ne se passe pas grand-chose. Il faut une capitale pour un musicien de la dimension de Mendelssohn, pense son père, avec des
théâtres et des orchestres professionnels. Fanny doit se résigner à
subir la médiocrité ambiante et, peut-être même, à abandonner sa
musique? Elle en devient jalouse à l'égard de son frère qui la
réprimande quand elle va jusqu'à regarder dans ses papiers : « Tu
vas te faire taper sur les doigts... Tu as été dans ma chambre?
fouiller dans mes affaires? Fais attention à toi, jolie fleur, fais
attention [1]! »

Tous ces soucis tombent mal, à l'heure où une tâche passionnante reste à accomplir avant le départ de Felix. Cette tâche à elle
seule aurait pu justifier que le nom de Mendelssohn restât dans
l'histoire de la musique : la redécouverte de la *Passion selon saint
Matthieu* de Bach, dont on célébrait le centenaire de la première
représentation connue à l'église Saint-Thomas de Leipzig. Toute
la gloire en revint à Felix, à juste titre d'ailleurs, car il y mit tout
son savoir, tout son cœur et tout son talent. Il est cependant surprenant que la part de Fanny dans ce travail ne se trouva jamais
ni soulignée ni même reconnue; or ses lettres prouvent qu'elle
connaissait l'œuvre note par note (et la *Passion selon saint Mat-*

thieu ne s'apprend pas par hasard), et les intentions de Felix comme si elles avaient été les siennes. S'il est possible d'imaginer une personnalité musicale plus imprégnée de Bach que Felix Mendelssohn, c'est à Fanny Mendelssohn qu'il faut penser, celle que son frère appelait le « Cantor aux noirs sourcils ». Alexander von Humboldt, qui visitait quotidiennement avec le professeur Encke une « cabane magnétique [2] », c'est-à-dire sans matériau ferreux, à part un peu de cuivre, qu'Abraham avait fait construire dans son jardin pour lui permettre de prendre des mesures de champs magnétiques [3], entendit Felix et Fanny répéter la *Saint Matthieu*. Ils avaient, bien sûr, une longue pratique du quatre-mains. Déjà en 1823, Lea avait demandé à Amalie Beer d'envoyer à ses enfants des œuvres de son fils, Giacomo Meyerbeer [4] : « Des ouvertures de ses opéras en partition d'orchestre seraient les bienvenues : Felix et Fanny ont l'habitude et sont très adroits à les réduire à quatre mains sans les avoir transcrites. » De la même façon, Felix et Fanny durent partager l'étude de la *Passion*, qu'ils apprirent en même temps, d'une même oreille et d'un même cœur. A Felix le rôle glorieux, entre le chœur et l'orchestre [5], à Fanny le rôle de l'ombre, comme d'habitude, parmi les altos du chœur et derrière les gestes de son frère. L'un et l'autre servaient la même musique et il leur importait peu de déterminer qui faisait quoi, pourvu que les choses se fassent comme elles le devaient. Mais pour Felix, ce n'était que le prélude à une brillante carrière, tandis que pour Fanny c'était la fin d'une collaboration de jeunesse avec son frère, que consacrait une apothéose publique. D'où sa dépression et son angoisse.

Cette représentation constituait en effet le couronnement de leur éducation musicale. Elle fut aussi la prestation la plus importante et la plus célèbre de la Singakademie, symbolisant l'aboutissement du travail commencé par Fasch en 1791 et continué avec ardeur par Zelter. Tout avait concouru à la réussite de ce concert d'adieu au pays et à la jeunesse, que ce soit la partition de la *Passion*, copiée par le professeur de violon et ami de Felix, Eduard Ritz, et offerte à son petit-fils par la grand-mère Salomon pour Noël 1823 ou l'instauration des matinées du dimanche, où Felix avait appris à diriger chœur et orchestre, sans oublier l'enseignement rigoureux du professeur Zelter.

Fanny rendit compte de l'événement à leur ami Klingemann, le 22 mars [6].

« Felix et Devrient avaient longtemps parlé de la possibilité d'une représentation, mais le plan n'avait ni forme ni contour, ce qu'il prit lors d'une soirée chez nous; le lendemain ils se rendirent en gants beurre frais nouvellement achetés (auxquels ils accordaient beaucoup d'importance) à l'administration de l'Akademie. Ils entrèrent discrètement et demandèrent avec modestie si on voulait bien leur laisser la salle pour un concert à but caritatif? Assurés que la musique plairait, ils se proposaient alors de donner une deuxième représentation au profit de l'Akademie.

« Mais ces messieurs remercièrent poliment et préférèrent prendre un honoraire fixe de cinquante thalers et laisser aux organisateurs du concert la disposition de la recette. Soit dit en passant, ils remâchent encore cette réponse. Zelter n'avait rien à opposer et les répétitions commencèrent le vendredi suivant. Felix parcourut toute la partition d'orchestre, fit quelques coupures utiles et n'instrumenta que le récitatif : *Der Vorrang im Tempel zerriss in zwei Stücke* (« Le rideau dans le temple se déchira en deux »). Sinon tout fut laissé tel quel. Les gens restèrent bouche bée d'admiration, et lorsque quelques semaines plus tard les répétitions se déplacèrent à l'Akademie même, alors on vit les visages s'allonger d'étonnement à l'idée qu'une telle œuvre pouvait exister sans qu'eux, membres de l'Akademie de Berlin, n'en sachent rien. Quand ils le comprirent, ils commencèrent à l'étudier avec un intérêt véritable et chaleureux. L'œuvre en elle-même, sa forme nouvelle et surprenante intéressait, le sujet en était abordable et compréhensible par tous. Devrient rendait admirablement les récitatifs; comment tous les chanteurs furent enthousiasmés dès les premières répétitions et se mirent à l'œuvre avec toute leur âme, comment l'amour pour cette musique et le plaisir de la faire grandirent à chaque répétition et comment chaque nouvel élément, d'abord les solos de chant, puis l'orchestre, ravivait l'enchantement et l'étonnement, comment Felix fit merveilleusement travailler tout le monde et accompagna les répétitions au piano par cœur d'un bout à l'autre, tout cela produisit autant de moments inoubliables. Zelter, qui avait participé aux premières répétitions, se retira peu à peu et lors des répétitions suivantes, comme lors des représentations, s'assit derrière les auditeurs avec une résignation exemplaire. Alors se répandait à travers l'Akademie elle-même un jugement si favorable sur la musique, l'intérêt était si vivement excité à tout point de vue et dans tous les milieux, que tous les billets étaient vendus le jour qui suivit l'annonce du concert et que les derniers jours on a dû refuser plus de mille personnes. Le mercredi 10 mars eut lieu la première lecture que l'on puisse dire réussie, mis à part des erreurs sans importance des solistes. Nous étions juste au-dessus de l'orchestre; tout de suite après l'ouverture des portes les gens, qui attendaient depuis longtemps déjà, se précipitèrent et remplirent la salle en moins d'un quart d'heure. J'étais assise dans le coin pour bien voir Felix et j'avais pris près de moi les voix d'alto les plus fortes. Les chœurs étaient enflammés d'une force extraordinaire et pourtant d'une tendresse touchante, comme je ne les avais jamais entendus, en dehors de la deuxième représentation, où ils se surpassèrent. En supposant que vous vous souvenez de la forme dramatique, je vous envoie également un livret et je précise que Stümer a chanté le récit de l'Évangéliste, Devrient les paroles de Jésus, Bader Pierre, Busolt le Grand Prêtre et Pilate, et Weppler Judas. Schätzel, Milder et Türrschmiedt ont remarquablement chanté les solos de soprano et d'alto. La salle pleine à craquer prenait l'aspect d'une église, le silence le plus profond, le recueillement le plus solennel régnaient dans l'assemblée, on n'entendait que les quelques expressions involontaires de sentiments profondément émus, on pouvait à bon droit dire ici ce que l'on affirme si souvent à tort de telles entreprises : un esprit exceptionnel, un intérêt général et plus élevé a animé cette représentation où chacun a accompli son devoir selon ses forces et certains même au-delà de leurs forces. Ainsi Ritz qui, avec l'aide de son frère et de Schwager, s'était chargé de la copie de toutes les parties d'orchestre : aucun des trois n'a accepté la moindre rétribution une fois le travail achevé; la plupart des chanteurs renvoyèrent les billets gratuits qui leur étaient destinés ou les payèrent; c'est ainsi qu'il n'y avait que six billets gratuits pour le premier concert (Spontini en avait deux) et aucun pour le deuxième.

« Déjà avant la représentation retentissaient les hauts cris de tous ceux qui, ne pouvant y assister, réclamaient une reprise. Les écoles de commerce s'étaient mis au rang des suppliants, mais cette fois-ci Spontini veillait et s'employa avec la plus grande amitié à empêcher une deuxième représentation.

« Felix et Devrient se défendirent en choisissant le moyen le plus direct : obtenir que le Prince héritier, qui s'est intéressé à l'œuvre depuis le début, donne l'ordre de la reprendre. Grâce à lui, elle fut rejouée le dimanche 21 mars, jour anniversaire de Bach : la même presse, encore plus de monde, car l'antichambre elle aussi était aménagée et toutes les places vendues; même chose pour la petite salle de répétition derrière l'orchestre. Les chœurs étaient encore plus remarquables que la première fois, les instruments magnifiques; seule une grosse erreur de Milder et d'autres plus petites des solistes gâchèrent l'humeur de Felix, mais dans l'ensemble on peut dire que de bonnes entreprises ne peuvent pas se souhaiter de plus heureux succès. »

La réaction du public comme des participants montre le sens que cette résurrection de la *Saint Matthieu* prenait pour tous. Les Mendelssohn la finançaient à perte, mais qui aurait songé à « profiter » d'une œuvre sacrée autant pour sa signification religieuse première que pour sa signification sociale dans le monde allemand. De façon typique des Mendelssohn, l'argent ne devait pas jouer de rôle, aussi Fanny s'indigna-t-elle de la vénalité de la direction de la Singakademie : ne s'agissait-il pas d'abord de ce qui faisait leur raison d'être. Le premier concert se donna au bénéfice de l'Association pour l'éducation des enfants moralement abandonnés, le second au bénéfice des écoles de commerce[7]. En s'installant dans la grande salle qui prit son nom[8], la Singakademie s'institutionnalisa et oublia son rôle social unificateur et moralisateur au sein du monde bourgeois ; Felix, lui, en resta tout à fait conscient. Devrient raconte[9] qu'allant inviter les chanteurs à participer au concert, avec les fameux gants beurre frais *, Felix s'arrêta brusquement sur la place de l'Opéra et s'écria : « Dire qu'il faut que ce soit un comédien et un fils de Juif qui rendent aux gens la plus grande musique chrétienne[10] ! » Felix avait conscience de la marginalité relative de leurs statuts sociaux et du point final à l'intégration que devait (ou aurait dû ?) inscrire cet événement musical dans l'histoire de l'Allemagne : toutes les classes sociales représentées (la bourgeoisie agissante en tête), participant au geste unificateur qu'est le chant choral, porté ici à son apogée.

Fanny parle de « quelques coupures utiles » : le chœur de la Singakademie jouait le rôle principal dans cette représentation et vingt-deux numéros furent supprimés, dont onze airs avec quatre récitatifs (parmi eux *Buss und Reu* et *Ich will dir mein Herze schenken*) et quatre chorals[11]. Cela donnait une position centrale à *Erbarme dich*, chanté par la soprano Pauline Schätzel et soulignait l'importance des chœurs. Mendelssohn ne se permit pas, comme Zelter, de gros coups de crayon rouge sur une partition qu'il révérait, et toutes ses coupures sont faites très légèrement par des caches ou des remarques faciles à enlever. Mais les récitatifs étaient encore stylistiquement impossibles à chanter en public tels quels, aussi Mendelssohn mit à l'octave grave les « cris » de l'Évangéliste, pourtant chanté par un ténor, en particulier la phrase *Und alsbald krähete der Hahn*, « Et aussitôt le coq chanta ». Les solistes venaient principalement du Théâtre royal ; Anna Milder-Hauptmann (1785-1838) avait créé à Vienne le rôle de Leonore de *Fidelio* et d'Agathe du *Freischütz* à Berlin. Pauline Schätzel (1812-1882) chantait également le rôle d'Agathe. Busolt chanta les rôles de basse à l'Opéra entre 1822 et 1831 et Bader (1789-1870) et Stümer (1789-1857) les rôles de ténor. Auguste

---

* Pour l'anecdote : Devrient prêta un thaler à Felix, à court d'argent de poche, pour acheter les gants en cuir sauvage beurre frais qui devaient compléter la tenue des deux fans de Bach : redingote bleue, gilet blanc, foulard noir, pantalon noir. Mais Lea reprocha à Devrient ce prêt inconsidéré, prétendant que Felix devait apprendre à mieux gérer ses petites affaires : « On ne doit pas encourager la mauvaise économie des jeunes gens », dit cette mère attentive.

Türrschmiedt, contralto, (1800-après 1860) chantait surtout l'oratorio. Les solistes chantaient avec les chœurs, y compris dans le chœur d'introduction. Le chœur comprenait cent cinquante-huit chanteurs [12] et l'orchestre était constitué par des musiciens amateurs de la « Société Philharmonique » fondée par Eduard Ritz [13] en 1826, et renforcé par des instrumentistes venus du « Hofoper », comme les chanteurs. Il y avait même des clarinettes, ce qui pour nos oreilles semblerait bien surprenant.

Fanny souligne cependant que tout dans la partition était « laissé intact ». Le projet de Zelter aurait sans doute été de modifier les lignes de chant, comme il en avait l'habitude, selon le « goût du jour » et de l'école berlinoise de *Lieder*. Felix Mendelssohn, moins timide dans son approche, laissera telle quelle la musique de Bach dans les parties orchestrales, ne transformant les récitatifs que pour ne pas détruire l'effet religieux et solennel de l'œuvre. Fanny, dans sa musique, n'aura jamais peur d'affronter des dissonances et des intervalles peu « vocaux ».

Felix parti, Zelter dirigea une troisième représentation à son bénéfice, le Vendredi saint 17 avril. Les réactions de Fanny montrent qu'elle connaissait la partition de l'intérieur, comme en témoigne sa lettre à Felix du 18 avril [14] :

« Je ne voulais rien t'écrire sur les répétitions de lundi et de mardi, pour ne pas éveiller en toi la douleur qui emplissait mon âme. Zelter jouait lui-même et ce qu'il sortait de ces deux doigts et de son *ignorance totale* de la partition, tu peux te l'imaginer. La mauvaise humeur et l'anxiété se répandaient dans tout le chœur et ton nom fut prononcé à de multiples reprises. La répétition de jeudi n'était pas destinée à diminuer ces soucis. Z. ne battit pas la mesure pendant les récitatifs accompagnés et ne la battit pendant les chœurs que lorsqu'il n'oubliait pas. Stümer fit des merveilles et resta juste alors que Z. jouait un accompagnement continuellement faux. Pour te donner quelques exemples, Devrient était tellement troublé qu'il ne chanta entre autres que la moitié de la Cène et commença tout de suite en fa majeur [15] : *Trinket alle daraus* (" Buvez tous "). Milder fit comme d'habitude chavirer le duo, Schätzel luttait durement dans son air, les petits chœurs : *Der rufet dem Elias* (" Il appelle Elie ") et *Halt lass sehen* (" Arrête, laisse-nous voir ") baissèrent de plus en plus, etc. Z. intervenait avec fureur et se trompait toujours lors du changement de morceaux de la scène du Golgotha, ce qui occasionnait de longues pauses pendant lesquelles Stümer, avec plus de discrétion et de tenue que je l'en aurais cru capable, le remettait sur le droit chemin et Devrient restait assis comme un Ecce homo accompli. A quatre heures quinze se termina la répétition; tendus par la fatigue, la tension et l'anxiété, nous rentrâmes à la maison, après que j'ai tenu un petit conseil avec Devrient, Ritz et David [16] et que nous soyons tombés d'accord pour que Ritz batte sans cesse la mesure et que David tienne les silences comme si sa vie en dépendait, car le deuxième chœur était abandonné à lui-même pour toutes les entrées suivantes. Après ces mises au point cela se passa extraordinairement bien. Ritz avait essayé pendant la répétition ta suggestion avec les quatre clarinettes et j'ai écouté le chœur, mais nous n'avons pas trouvé l'effet concluant, cela sonnait trop pointu et perdait le caractère de l'orgue; nous n'avons donc rien changé pour la représentation [17]. [...] Le premier chœur alla du reste très bien. Ritz battait la mesure et les instruments étaient presque toujours précis sur les paroles de Jesus, ce qui était certes admirable. Milder chanta très bien l'air, avala sa salive pendant toute une croche mais les flûtes l'attendirent. La Cène très bien. *O Schmerz* (" O douleur ") trop vite et le pianissimo du chœur disparaissait. Devrient chanta selon tes instructions *Siehe er ist da, der mich verräth* (" Voyez il est là, celui qui m'a trahi ") [18]. Le duo remarquable, contre toute attente, mais le chœur faible. Tu te doutes bien que Z. finit par satisfaire son désir et battit les points d'orgue. Eux non plus n'étaient pas très précis. Chœur final sans piano, flûtes remarquables. L'air d'alto bien sous les entrées de chœur, les ténors étaient tout le temps les plus faibles. Les petits chœurs bien. Dans *Wahrlich du bis auch Einer* (" En vérité tu en es un aussi "), les flûtes manquèrent le début. Schätzel fit dans *Erbarme dich* (" Prends pitié ") la même faute qu'à la répétition, mais si adroitement que peu l'entendirent. *Was gehet uns das an* (" Qu'est-ce que cela peut nous faire ") était le seul chœur qui hésitait beaucoup au début, *Der du durch Tempelgottes* (" Toi qui vas dans le Temple de Dieu ") beaucoup trop vite, Ritz retint mais le début était raté. Suivit le grand scandale inévitable : *Ach Golgotha* commença non sur la 4e mais sur la 8e croche, et avec sa logique habituelle, Milder garda *pendant tout le récit* sa demi-mesure de retard, bien que Zelter lui jouât sa ligne correcte de toute la puissance du piano. Ritz alla au cor de basset et la remit en place, mais pas avant les dernières mesures. Une pareille calamité fut rarement entendue. Elle a avec une symétrie admirable gâché, la première fois le premier morceau, la deuxième fois le deuxième et la troisième fois le troisième. Quand ce fut fini, beaucoup m'entourèrent et gémirent après toi. Bader et Stümer en tête. Stümer était tout tendre et disait, vous avez dû vous sentir toute drôle aujourd'hui. Je lui fis en réponse les plus grands compliments, il a vraiment été admirable, car Z. accompagnait souvent si faux, jouait des harmonies si complètement différentes, que je ne peux toujours pas comprendre comment il a pu résister. Ritz aussi a fait des merveilles, car Z. battait seulement quand cela lui venait à l'idée, s'il ne pouvait pas attraper son bâton assez vite, il se servait de sa main, et quand il oubliait cela aussi, les chœurs rentraient tout seuls. Dans l'ensemble, c'était pour le public une bonne représentation, mais chacun dans l'orchestre sentait où le bât blessait. Le bateau à vapeur vogua dans ma tête pendant toute la soirée. C'était du reste très plein, le roi resta du début à la fin [...]. Je dois encore remarquer que Devrient a pris la partition après la répétition et en a recollé les morceaux manquants bien proprement avec sa salive [19]. Il l'a reprise et en dehors de cela ta partition n'a pas été souillée du tout. Ritz a divinement joué. Et maintenant je crois que j'en ai fini [...]. »

Cette longue lettre qui ressemble d'un bout à l'autre aux « notes » qu'un assistant fait passer au chef d'orchestre donne une idée du travail d'écoute et de contrôle accompli par Fanny pendant toutes les répétitions de Felix : un chef d'orchestre, de sa place, n'entend pas forcément tout ce qui concerne la balance et les sonorités et il a besoin d'une oreille de toute confiance dans l'audience. Les assertions de Fanny à l'égard de Zelter sont à la limite du crime de lèse-majesté : le musicologue Schünemann tient pour une impossibilité que Zelter se soit retiré « résigné » des répétitions de la *Saint Matthieu* et que sa partition à lui n'ait pas servi pour toutes les représentations [20]; sans mentionner les hauts cris qu'aurait pu lui faire pousser la simple idée que Zelter n'ait pas travaillé l'œuvre! Mais la *Saint Matthieu* est une œuvre difficile et même un grand spécialiste de Bach ne pouvait pas la diriger à vue. Si le vieux monsieur n'avait pas pris le temps de l'apprendre, il ne pouvait pas la savoir. Le franc-parler de Fanny suppose évidemment une totale adhésion de la part de Felix; du point de vue de ses deux anciens élèves, c'est Zelter qui commet un sacrilège avec ses coupures et ses coups de crayon.

Une question ne s'est jusqu'ici jamais posée : si Zelter n'était pas en mesure de bien diriger, qui aurait pu remplacer Felix mieux que lui si ce n'est Fanny, grâce à la connaissance absolue qu'elle avait de la partition? Question anachronique sans fondement historique, mais non sans intérêt du point de vue musical. Fanny n'était pas que pianiste, ce qu'elle prouvera par la suite dans ses matinées du dimanche. Elle sait écouter les masses sonores, elle a le sens des timbres, une oreille parfaite, l'autorité nécessaire à la direction d'orchestre et un talent d'organisatrice dû à son sens pratique.

13
Felix en Angleterre
La première séparation

Le départ de Felix coïncide avec l'événement capital que fut l'exécution de cette œuvre pour laquelle ils avaient tant travaillé. Il n'est pas étonnant que Fanny se sente déprimée, comme on l'est toujours après tout accomplissement. Et si ce que l'on vient d'achever n'engendre pas de nouveaux projets, le mal devient sévère. Il est temps cependant que Felix échappe à la tutelle parentale. Tout le monde le dit; Zelter écrivit à Goethe [1] : « Ce garçon est ma consolation et c'est bien qu'il quitte la maison de ses parents. » A propos des fameux gants beurre frais, Devrient s'était étonné de la pression et du contrôle exercés par ses parents sur ce garçon de vingt ans. En revanche, ce sera le destin de Fanny de supporter cette tutelle, et même lorsqu'elle sera mariée elle devra composer avec les humeurs de ses parents.

Les mois précédant le départ de Felix sont comme un bouquet final pour la maison Mendelssohn. Les soirées musicales et les réceptions se succèdent. Paganini avait fait ses débuts à Berlin au mois de mars et fut reçu à dîner Leipziger Strasse. Fanny écrivit dans son journal à son propos, le 9 mars [2] :

« Mercredi, premier concert de Paganini. Je prendrai le temps d'écrire davantage sur ce talent absolument merveilleux et déroutant, sur cet homme qui a l'apparence d'un assassin fou et les gestes d'un singe. Un génie surnaturel et sauvage. Il est extrêmement excitant et provocant. »

Hensel en profita pour faire son portrait et les Mendelssohn pour se disputer à son sujet jusqu'à minuit, mais sans Felix, qui alla se coucher. Fanny le mentionne dans son journal le 19 mars, sans juger nécessaire de préciser le pourquoi de la dispute. Le cercle Mendelssohn vivait de sa passion pour la discussion et du choc des mots qui en naissait. Les idées étaient reines et chacun, en dépit de toute la bonne éducation possible, gardait son franc-parler. Fanny ne le dit pas, mais il est à peu près certain que les opinions de Wilhelm, hôte presque constant du salon Mendelssohn, se trouvaient sans cesse en porte à faux avec l'atmosphère du cercle. Le caractère hors du commun de Paganini, qui vint souvent les voir pendant tout son séjour à Berlin, ne pouvait que provoquer les réactions les plus diverses, des plus conservatrices aux plus romantiques. Qu'est-ce qu'un génie, jusqu'à quel point une conduite excentrique lui est-elle permise, doit-on tolérer des signes de mauvaise éducation? Par la suite, la discussion continuera longtemps encore; ces questions faisaient partie de celles que se posaient Felix et Fanny dans leurs échanges épistolaires, mais quand le débat d'idées devenait trop personnel, Felix préférait se retirer dans sa chambre.

En guise de cérémonies d'adieu, Felix donna à sa famille entre le 1er et le 8 avril des récitals d'orgue dans diverses églises berlinoises : la Dreifaltigkeit Kirche, la Garnison Kirche et la Parochial Kirche. Felix savait aussi bien que Fanny que son départ marquait la fin d'une époque de sa vie et d'une certaine forme d'insouciance. Où retrouverait-il le cocon d'un monde aussi clos et privilégié? Toute son angoisse passa dans son jeu. «Je n'ai jamais entendu quelque chose de plus terrifiant que le premier chœur de la *Passion*, tel que Felix l'a joué», écrivit Fanny le 1er avril. Le troisième concert, dans la Parochial Kirche, se termina dans les ombres du crépuscule et après quelques morceaux d'orgue et chœurs de la *saint Matthieu*, Felix termina par *Tu es Petrus*. «C'était très poétique», écrivit sa sœur aînée le 8 avril[3].

Le départ fut fixé au vendredi 10 avril. Les amis de Felix vinrent lui rendre une visite d'adieu. Heine déjeuna le mercredi, puis Devrient et une de leurs amies, Ulrike. Ils passèrent tout un après-midi musical ensemble. Gans se joignit à eux le soir. Le lendemain, ce fut Zelter et Gans qui déjeunèrent Leipziger Strasse, et l'après-midi tout le cercle de jeunes se réunit encore une fois. Berger vint entendre jouer ses «études» et sa *Fantaisie en mi mineur* comme un tout dernier salut à sa jeunesse. «C'était très silencieux, inquiétant et désagréable», écrivit Fanny le 13 avril. Ils se levèrent le vendredi à quatre heures et Fanny resta jusqu'à la dernière minute avec son frère, l'aidant à s'habiller et à boucler ses bagages. Les voyageurs partirent à cinq heures et demie[4]. Abraham et Rebecka devaient accompagner Felix jusqu'à Hambourg.

Pour consoler Fanny, son ami Droysen s'empresse de lui procurer du travail. «Droysen m'a apporté un délicieux poème sur Felix qui me mit de très bonne humeur car la mélodie me vint immédiatement à l'idée. Je jouai ma *Sonate de Pâques*[5].»

145

Cette *Sonate de Pâques* pose un problème musicologique; Fanny la mentionne dans son journal, et Klingemann dans une lettre du 19 août 1829 : « Je peux encore vous raconter, entre autres choses piquantes, comment nous nous trouvions à bord d'un bateau américain arrivant de New York, le *Napoléon*, sur lequel se trouvait, en même temps que tout le confort du style " Mahagoni " pensable, un piano Broadwood, pour distraire les gens d'une trop longue contemplation maritime. Felix m'a alors joué un peu du premier mouvement de votre *Sonate de Pâques*, Mademoiselle la fiancée, dont je n'avais jusqu'à présent qu'entendu parler [6]. »

Le manuscrit de cette sonate est actuellement introuvable. En revanche, le pianiste français Eric Heidsieck enregistra en 1973 une *Sonate de Pâques* dite de Felix Mendelssohn Bartholdy [7], mais dont le manuscrit ne porte aucune signature. Le propriétaire de ce manuscrit ne laisse personne accéder à l'original et d'ailleurs, même en reconnaissant la main de Felix ou de Fanny, rien ne prouverait que l'un d'eux n'aurait pas recopié l'œuvre de l'autre. Il faut toutefois noter que la sonate, qui n'est inscrite à aucun catalogue, fut d'office attribuée à Felix. L'avenir donnera sans doute une réponse aux questions posées par ce morceau. Fanny avait certes composé une autre sonate pour le piano, en 1824, pendant une autre absence de Felix qui faisait un voyage à Dobberan avec son père. Mais cette sonate en do mineur, en trois mouvements, dont le manuscrit existe aux Archives Mendelssohn à Berlin, ne porte cependant pas le titre d'*Ostersonate*, et a de plus été composée l'été [8].

Fanny était au moins aussi bouleversée par les pensées que faisait naître en elle le départ de son frère que par le départ lui-même. Il est vrai que l'habitude d'une vaste compagnie d'amis, de frères et de sœur et de cousins, lui fait mentionner le repas pris seule avec sa mère le 13 avril comme une chose exceptionnelle. Dans ce sentiment de solitude, en fait toute relative, la sollicitude de Hensel va prendre toute sa valeur.

Si Wilhelm avait pu se sentir jaloux de Felix, de la musique et de tout ce qui entourait Fanny tant que lui-même n'avait pas trouvé sa place dans le cercle familial, il s'avéra que, dès qu'il se vit accepté, personne mieux que lui ne fut en mesure de comprendre ce que ressentait Fanny. Lui aussi était le frère d'une sœur qui lui exprimait ses sentiments avec une telle passion que Fanny devait lui sembler un peu réservée à l'égard de Felix [9]!

146

« Et quand je chantai les douleurs de l'amour,
Et le bien-aimé lointain,
Mon cœur ne pensait à personne,
Autre que le frère.

« Je pense à toi comme font les jeunes mariées
A qui le bien-aimé fut cruellement enlevé. »

On ne s'étonne plus si Wilhelm prit tant de précautions oratoires pour annoncer à sa sœur son amour pour Fanny et l'influence que celle-ci prenait sur lui. Luise Hensel, plutôt que de se marier elle-même, préféra s'en tenir à un « fiancé céleste », nettement moins susceptible de changer d'opinion. Son amie Hedwig von Olfers, dont elle fréquenta le salon, la décrit cependant comme une très jolie fille, unissant « la douce piété avec la grâce » et, bien que sérieuse, « sensible à l'humour et à l'esprit [10] ». Elle refusa les demandes en mariage de Clemens Brentano, Wilhelm Müller, Ludwig von Gerlach, Ludwig Berger... et mena une vie de nonne sans pourtant en prendre l'habit (on se rappelle sa conversion au catholicisme en 1818).

A cette femme intelligente, ultrasensible et donc portée à une jalousie qu'elle se doit de contrôler, Fanny ne peut qu'écrire avec sincérité et générosité, lui parlant de son frère de manière à lui faire comprendre qu'elle n'a pas perdu le sien [11].

« Berlin le 30 mars 1829

« Permets-moi d'utiliser les dernières minutes de ce jour pour t'adresser mes souhaits les plus cordiaux, ma chère sœur. Wilhelm m'a dit que c'était ton anniversaire aujourd'hui : si je l'avais su plus tôt tu aurais reçu cette lettre en ce jour, alors que je ne l'ai commencée que vers minuit.

« Que dois-je te dire, très chère Luise ? Je sais que Wilhelm va lire ces lignes et j'écris pourtant combien je l'aime, combien je suis totalement animée du désir de le rendre vraiment heureux, combien cela me désole quand les petites mais fréquentes frustrations que la vie sociale nous impose lui paraissent pénibles ; combien j'espère le satisfaire profondément dans notre mariage. Je lui ai dit et peux te répéter que je n'espérais pas, même en me fiançant, être aussi heureuse que je le suis vraiment. Et comme mon contentement n'a fait jusqu'à présent que grandir, je peux espérer le voir grandir toujours et alors que je serai tous les jours plus heureuse, je verrai aussi s'accroître son bonheur. Je dois remercier le ciel deux fois, puisqu'il me l'a justement donné au moment où nous nous séparons pour longtemps de l'aîné de mes frères ; cette séparation m'est plus dure que je ne puis le dire à toi ou à qui que ce soit, parce que cela ne se laisse pas exprimer et parce

147

que rien n'est plus difficile à communiquer et à faire ressentir que la douleur. Je ne crains pourtant pas de jamais l'aimer moins pour la seule raison que j'aime Wilhelm : je ne peux absolument pas concevoir cette étroitesse de cœur où le frère ou l'amie doivent laisser la première place à l'aimé comme si c'était une habitation aux chambres cloisonnées.

« Pardonne-moi si j'arrête ici aujourd'hui, je suis pour dire le vrai trop émue et distraite par l'idée d'être séparée longtemps de mon frère et momentanément de ma sœur pour pouvoir t'écrire en paix ; quand il sera parti, je serai plus prolixe. Pour aujourd'hui Wilhelm reprendra la parole.

Ta sœur Fanny »

Wilhelm ne peut que continuer dans la même veine :

« Chère Luise, que puis-je ajouter aux paroles de Fanny ? Elle a en fait parlé aussi pour moi, car tout ce qu'elle dit de son frère et d'elle-même peut s'appliquer à nous. Je peux comprendre sa douleur d'être séparée de Felix car j'ai à supporter d'être éloigné de toi et elle a bien raison de dire que l'amour fraternel n'a pas besoin de céder la place à un autre ; c'est la preuve qu'un véritable amour contient déjà ici-bas quelque chose de divin, d'illimité, d'infini. C'est pourquoi nous le considérons comme une préparation à l'au-delà. »

L'amour comme avant-goût de l'au-delà : la religion de Wilhelm et de Fanny a certainement des aspects moins austères que celle de Luise. Cette sœur, qu'il n'avait revue que brièvement à Bamberg en 1828, viendra habiter de 1833 à 1838 Leipziger Strasse 3, pour être proche de sa mère.

Malgré toute l'adoration que les enfants Mendelssohn vouaient à leurs parents, il leur fallait bien de temps à autre se battre pour leur survie. Avec leurs mariages et le début de leurs activités professionnelles, ils eurent chacun à leur tour l'occasion de manifester leurs réactions à la volonté parentale d'assimilation totale. Ils resteront tous luthériens, par conviction certes mais aussi par « nécessité » sociale. Un Prussien travaillant en Prusse se devait de garder la même religion que son Prince. Il n'en alla pas de même en ce qui concernait le nom : l'appartenance à la tribu Mendelssohn ne pouvait se désavouer. On pouvait oublier de s'appeler Itzig ou Salomon, mais en aucune façon renier le grand ancêtre Moses Mendelssohn.

Abraham avait donc pris le nom de Mendelssohn Bartholdy, sans mettre de trait d'union entre les deux noms pour que celui de Mendelssohn pût être abandonné. Sur les actes officiels, il apparaît comme « le conseiller municipal Bartholdy » et lors de leur voyage à Paris en 1819, les cartes de visite qu'il avait fait imprimer pour son fils portait le nom de Felix M. Bartholdy. Il était évident pour lui que le nom de Mendelssohn devait disparaître à la génération suivante. La crise et le conflit entre les générations se déclenchèrent lors du voyage de Felix en Angleterre, où le jeune homme, pour la première fois, pouvait se présenter comme il l'entendait. La lettre de Fanny du 7 juillet 1829 fait savoir que, là encore, les enfants faisaient bloc [12].

« Je viens juste de t'écrire une longue lettre familiale, mon cher Felix, et je dois maintenant ajouter cette petite dépêche privée, dont voici le contenu : Père a subitement remarqué que dans plusieurs journaux anglais, tu n'apparais que sous le nom de Felix Mendelssohn, il pense y voir une préméditation, et il veut donc t'écrire à ce sujet. Mère nous l'a dit hier, elle voulait l'en dissuader. Je ne sais pas s'il va le faire ou non, mais hier soir, j'étais d'accord avec Hensel : il me fallait t'écrire cette lettre ; si elle est inutile, elle ne fera pas de mal non plus, peut-être même qu'elle te fera plaisir. Si elle t'est désagréable, tu l'oublieras. Je connais et j'approuve ton intention d'abandonner ce nom qu'aucun de nous n'aime, mais tu ne le peux pas tout de suite car tu es mineur et je n'ai pas besoin de t'en rappeler les conséquences désagréables pour *toi*, il te suffit de savoir que Père en est attristé. Si on te le demande, tu peux très facilement le faire passer pour un oubli et revenir à ton choix en des temps plus opportuns. La véritable intention de cette lettre, c'est, dans une certaine mesure, d'effacer l'impression d'être au loin depuis longtemps que pourrait te donner la lettre de Père. Comme tu l'as écrit il y a peu, les lettres de l'alphabet sont froides et mortes et c'est tellement facile de faire naître un malentendu, d'autant que Père écrit toujours moins agréablement qu'il ne pense ; c'est pourquoi nous voulions te faire parvenir quelques paroles amicales sur cette affaire. Peut-être que cela te contrarie profondément de lire d'une troisième manière ce que Père t'a écrit d'une façon et Mère d'une autre, mais comme je l'ai dit, tu nous pardonneras une intervention mal exprimée ; nous nous connaissons bien, je pense, et tout reste comme par le passé. Cela ne m'amuse pas beaucoup que toi, qui ne nous fais parvenir que de bonnes choses, tu aies si souvent des désagréments à subir venant d'ici, et que ce soit justement de cette façon que ta vie de famille se poursuive à l'étranger ; je voudrais très fort qu'il en aille autrement, mais c'est ainsi, et grâce à Dieu, tu sais que cela finira tout de même bien. »

Wilhelm ajouta :

« Pense que le renoncement public à un nom est une critique de son adoption, et même si cette critique ne se veut pas blessante, venant du fils, elle blessera le père. »

Autrement dit, une punition épouvantable attend le fils de vingt ans s'il ne se soumet pas à la volonté du père, punition d'autant plus effrayante qu'elle est vague. Le déshériter ? Le chasser ? Cela paraît bien excessif. Mais Fanny dit bien : « Il te suffit de savoir que Père en est attristé. » Nous pouvons reporter cette parole à tous les actes de la vie de Fanny, comme à celle de Felix. Malgré son talent pour la musique, Fanny ne transgressa la volonté de son père en ce qui la concernait qu'après la mort de celui-ci, et très timidement, d'autant que Felix avait repris le rôle de son père en ne l'encourageant pas à publier. Le sens de la vie d'Abraham était lié à l'obéissance de ses enfants. Voici un extrait de la lettre qu'il écrivit à Felix [13] :

> « Je dois supposer que tu as, soit supprimé le nom de famille Bartholdy que j'ai adopté, soit négligé de l'inclure ou accepté que d'autres l'omettent. Je ne te vois en tout cas mentionné que comme Mendelssohn tant sur l'affiche de concert que tu nous as envoyée que dans tous les articles de journaux et je ne peux m'expliquer cette unanimité que parce que tu l'as suscitée.
>
> « Je suis très mécontent de cette affaire, et si tu l'as suscitée, tu as eu grand tort.
>
> « Un nom n'est après tout ni plus ni moins qu'un nom, seulement tu as premièrement, jusqu'à ce que tu sois libéré du pouvoir paternel, le devoir simple et incontournable de te nommer comme ton père ; deuxièmement tu as le devoir rationnel et éternel de supposer que ce que ton père fait, il ne le fait pas sans réflexion sérieuse et sans de bonnes raisons. »

Après l'exposé de toutes ces raisons que nous connaissons déjà, Abraham conclut par cette phrase remarquable :

> « Je te le répète, il y a aussi peu de Mendelssohn chrétien que de Confucius juif. Si tu t'appelles Mendelssohn tu es *eo ipso* un Juif et cela ne te convient pas, ne serait-ce que parce que ce n'est pas vrai. »

Felix résoudra le problème en gardant le nom de Mendelssohn Bartholdy sans trait d'union ; il se considérera sans doute soumis au « pouvoir paternel » jusqu'à la mort de celui-ci, c'est-à-dire en 1835, date à laquelle sa carrière était trop engagée pour qu'un changement d'identité fût possible. Et comment se résoudre à accomplir après la mort d'un être qu'on aime quelque chose qui lui déplaisait de son vivant, surtout quand il ne s'agit que de quelques syllabes ?

Paul, le moins aimé et le moins connu, mais orgueilleux et très attaché à son groupe familial, fera comme son frère, mais, d'esprit peut-être plus pratique, il mettra un trait d'union entre

Mendelssohn et Bartholdy. Les branches de la famille peuvent éventuellement se distinguer ainsi!

Les deux sœurs, mariées, n'avaient évidemment pas ce problème. Mais il n'était pas question pour elles de désavouer Felix en quoi que ce fût. Fanny, quand elle offrait un manuscrit d'elle, le signait : Fanny Hensel, née Mendelssohn Bartholdy. Aucun des enfants n'aura le courage de faire à leur père le chagrin d'abandonner complètement le nom qu'il souhaitait leur voir adopter.

La marge de manœuvre laissée au plus jeune frère paraît aussi étroite qu'un petit trait de crayon... Fanny écrivit à Felix le 1er mai 1829 à propos de la confirmation de Paul, qui n'avait alors que seize ans et demi [14] :

> « Je me réjouis de te dire que nous sommes maintenant tous extrêmement contents de Paul ; le travail ardu et l'obligation de s'éloigner de nous lui font beaucoup de bien et le soir, quand il revient à la maison, il est certes très fatigué, mais aussi tellement doux et gentil que nous nous en réjouissons de tout notre cœur. Son patron est très satisfait de lui et le départ subit d'un commis lui a donné l'occasion de le faire avancer rapidement. Alors qu'à l'église nous envoyions notre dernier petit frère dans le monde des adultes, les grands changements de cette dernière année me vinrent à l'esprit de façon tout à fait vivante : comme tout s'est divisé et rassemblé ! »

Le caractère de Paul n'est indiqué qu'à mots couverts, ce qui laisse à penser combien il devait être dur, chez les Mendelssohn, de ne pas se trouver tout à fait de « niveau » ou même d'être différent.

L'impression de bloc que donnent les quatre enfants ne vient pas tant de leurs caractères que de la nécessité pour eux de rester unis face à une puissance parentale qui ne faiblit pas avec l'âge. Lea était restée muette de stupéfaction devant l'annonce du mariage de sa fille aînée, mais elle lui fit payer par la suite l'indépendance de sa décision. Fanny note dans son journal que Wilhelm et elle-même restèrent seuls ensemble pour la première fois le 3 février 1829 [15], et le 9 mars enregistre brièvement [16] : « Dimanche après-midi il y eut avec Mère au sujet de notre mariage une scène très désagréable après laquelle je ne pouvais plus calmer Hensel. » Ce n'est que le 19 mars qu'elle écrit [17] : « Maintenant seulement je suis vraiment fiancée. » Peut-être que Lea avait alors enfin abandonné son opposition ? Felix va manquer à Fanny dans sa relation avec sa mère. Lea souffrait certainement autant qu'elle du départ du jeune homme, qui lui servait à elle aussi de lien vers le monde extérieur et sur qui elle

151

avait projeté toutes ses aspirations. De Paul il ne fut jamais question et il fut renvoyé avant même que Felix ne quittât Berlin. A Fanny et Rebecka incombent, en jouant le rôle d'exutoires, la tâche de soutenir leurs parents, dont les raisons de vivre ont apparemment besoin d'appuis.

L'importance de Felix pour sa mère et sa sœur ressort de cette lettre de Fanny du 27 mai, où la jeune femme parle de ses ennuis avec tout l'humour dont elle est capable [18] :

> « Il en va des détails, comme il en a toujours été. Je suis peu irritable en ce qui me concerne, mais de même qu'auparavant j'en souffrais pour toi, j'en souffre pour Hensel, que cela affecte presque autant que toi. Mère n'a toujours pas appris à dire oui à quoi que ce soit, et cela donne comme toujours des moments très désagréables. J'ai eu récemment au sujet de mon mariage une scène des plus pénibles avec elle. Si l'on voit la chose dans son ensemble, elle est belle et bonne, bien qu'incorrigible, et les brouilles disparaissent. Mais aucun d'entre nous n'est aussi bon et aussi intelligent que toi, c'est pourquoi personne n'obtient quoi que ce soit de Mère. Tu es notre Alpha et notre Omega et tout ce qui se situe entre. Tu es notre âme et notre cœur et en plus notre tête, le reste peut aller se faire pendre. Nous sommes tous bien bons tant que tu n'es pas là, mais en ta présence nous ne valons plus grand-chose. Tu es une espèce de coq de village qui possède une chose que nous avons à un moindre degré. [...] Il y a pour moi en effet deux espèces de personnes, toi, et les autres. Beckchen va lire cela, mais cela me gêne peu, elle sait très bien qu'elle est là, et Hensel, et quelques trois ou quatre autres et qu'elle peut aussi l'écrire. »

Rebecka et Fanny se battaient à qui tiendrait la première place dans le cœur de leur Felix. Elles se volaient la plume et parfois même, au cas où deux plumes se trouvaient disponibles, écrivaient l'une par-dessus l'autre, ce qui rendait la chose particulièrement impossible à déchiffrer, sauf peut-être par Felix ? Beckchen est si drôle que Fanny n'y tient plus et écrit dans la même lettre [19] : « L'enfant est si plein d'humour que le vieux Cantor aux épais sourcils ne peut pas suivre. » Plaisanterie « bachienne » qui donne une idée du rôle que jouait toujours la sœur aînée auprès de ses plus jeunes frères et sœur tant moralement que musicalement.

Fanny et Wilhelm feront toujours le maximum pour franchir les fossés qui les séparent et se rendre mutuellement heureux. Wilhelm utilise avec succès sa vieille recette pour amadouer les Mendelssohn : le dessin. Fanny décrit avec enchantement le portrait qu'il fit de Felix avant son départ [20] :

« Nous allons garder ici un beau souvenir de lui, son portrait par Hensel, grandeur nature, depuis les genoux ; la ressemblance totale, telle qu'on peut la souhaiter, un tableau réjouissant et aimable. Il est assis sur un banc du jardin (au fond un buisson de lilas du jardin), le bras droit posé sur le dossier, le gauche contre son corps avec les doigts levés ; d'après l'expression du visage et le mouvement des mains, il compose. »

S'il restait un dernier relent de méfiance à l'égard de l'intrus, venu d'un milieu si différent pour s'emparer de Fanny, Wilhelm sut le faire taire, par un dernier coup pictural, dénommé *La Roue*. Fanny en parla longuement à Felix, à qui le dessin était destiné *, dans une lettre datée du 15 août, qui l'atteint alors qu'il visitait l'Écosse [21].

« La Roue.

« Que signifie cette roue ? Elle ne peut s'expliquer et se comprendre que comme une personne morale qui rédigea le message ci-joint lors d'une réunion joyeuse à Charlottenburg le jour de la Saint-Jean ; mais son envoi fut retardé car le message suivant, sous forme de représentation visuelle, fut croqué ce jour-là en grandes esquisses libres au crayon et fut achevé par la suite fragment par fragment.

« Cela demande-t-il une explication ? Ne connais-tu pas le jeune homme au milieu, l'axe de la roue en frack anglais et accessoires écossais ? Ne ressemble-t-il pas ici à un hautboïste de régiment ? Mais toute la fine société danse et tourne sur son flûtiau. Les poissons le séparent du continent et un dauphin curieux lui mange dans la poche la musique qu'il vient d'écrire. Celle qui lui marche sur la tête est sans erreur possible la Haute Autorité en manteau bleu, elle le mit ce jour-là, bien qu'il fît très chaud, et les moufles protègent ses mains des moustiques. Le C sur sa tête, la lune avec l'homme dans la lune te révélera ce que tu ne sais pas encore. La silhouette délicate près d'elle danse un galop avec ton ombre, puisque tu n'es pas à portée de la main. Le A représente un petit arbre fruitier sur lequel un petit homme grimpe à l'échelle. Le F est un poteau indicateur avec l'ins-cription Berlin. L'homme amicalement penché, qui tient d'une main le peloton de sa voisine et de l'autre présente un plateau d'argent (de la poésie pure), t'apporte ton plat préféré, une tête de Maure. L'unité de temps et de lieu n'est comme tu vois pas respectée, car d'après l'action la famille devrait se trouver dimanche soir Leipziger Strasse, mais il n'en n'est rien ; le D suggère une histoire de la roue, dans laquelle il est connu que ce n'est pas un Juif, mais un instituteur qui tomba à l'eau. Il tend les bras et on le voit crier pendant qu'une

---

* Voir le cahier d'illustrations.

ondine tente de lui happer les pieds. Le peloton nous mène par le plus court chemin vers le bas en tricot et sa maîtresse. Je pense que tu ne méconnaîtras pas la sœur du nez. Son M s'avance aussi solennellement qu'un respectable menuet. Celui qui roule vers la roue, plein d'un élan audacieux et qui s'est traité injustement de sabot de freinage, car il n'est vraiment pas un frein à cette roue, celui-là n'a pas flatté un seul de mes dires, ne serait-ce que pour y être amené, car en quoi me concerne-t-il? C'est vrai que je tiens dans mes mains la chaîne à laquelle il est relié, mais qu'est-ce que cela signifie? (j'en ai aussi été priée). Je ne dirai pas un mot de plus au sujet des deux stupides loutres entrelacées, car tu ne peux pas ne pas remarquer que le B consiste en deux bouquetons groupés curieusement, et que le F regarde vers Londres à l'aide d'une longue-vue. C'était vrai quand cela était dessiné et cela le sera toujours quand tu ouvriras cette lettre. Le bel homme qui suit découpait justement des silhouettes dans des feuilles de tilleul quand il a été croqué et dans son ardeur il met jusqu'à son nez dans ses affaires. Le côté face du papier n'est devenu qu'une lune d'argent, sinon cela a été copié *tale quale*. Son H te montre deux danseurs de ballet moderne : je tairai l'autre, mais le monde entier le sait. Du reste cette inscription n'est pas sans rapport, car le bel homme portait ce jour-là des bas et des chaussures noires avec de longs lacets, ce qui faisait particulièrement bon effet sur ses inexprimables blancs *. La petite personne qui vient maintenant porte de grosses manches à la mamelouque qu'elle boutonne aux poignets, tu dois bien comprendre pourquoi (je ne sais pourtant pas pourquoi deux personnes se serrent la main sur sa tête en un A amical?). Elle tient une fleur qui pousse jusqu'au nez de Monsieur notre frère qui verse avec reconnaissance une perle de rosée dans la corolle de la fleur. Je prétends toujours que c'est un groschen d'argent; le petit garçon par-dessus souffle dans sa corne et appelle : hou, hou, petite oie, rentre à la maison [22]. »

La roue, c'est le nom de la coterie dont Felix est le centre, c'est pourquoi Wilhelm a voulu lui en envoyer le souvenir amical, en même temps que lui signifier son désir d'en faire partie; Felix est bien sûr l'axe de la roue, ses deux sœurs, qu'il appelait ses loutres, en sont les figures centrales, et Fanny tient dans sa main la chaîne au bout de laquelle se balance Wilhelm, incertain encore de son futur par rapport à ce petit groupe de personnes, mais capable désormais de traiter son problème avec humour. Le langage de Fanny dans cette lettre est parfaitement obscur, susceptible de n'être compris que de quelques initiés, et on

---

* Les « inexprimables blancs » sont des pantalons, mot qu'une jeune femme bien ne doit pas prononcer.

s'explique bien l'agacement de Wilhelm, confronté pendant des mois à des énigmes et à des plaisanteries dont la clé lui échappait; même lorsque Fanny la lui fournissait, en faisant de gros efforts de traduction, l'amusement avait entre-temps perdu tout son sel, si tant est qu'il arrivait à trouver la plaisanterie amusante! La malicieuse Rebecka remarque encore, dans une lettre à Felix du 17 juin [23] : « Hier soir, alors qu'elle conversait délicieusement dans la lumière enchanteresse de la lune aux côtés du plus ardent des fiancés, Fanny s'est endormie... Pourquoi? Parce que tu n'es pas là. » D'où le sentiment de Wilhelm de ne pas faire partie de la roue. Rebecka, très radicale, ne sera évidemment pas la première à l'accepter. Après tout, Fanny ne s'est pas nécessairement endormie parce qu'elle s'ennuyait mais parce qu'elle se sentait bien... Mais les Mendelssohn ne se laissaient rien passer, et Wilhelm en était encore à faire auprès d'eux la preuve de ses aptitudes sociales. A l'époque où les souvenirs photographiques n'existaient pas, le talent de portraitiste de Wilhelm rendait de grands services à une famille dispersée. Felix recevant *La Roue* et un portrait de Fanny remercie comme il se doit, mais – exigence Mendelssohn oblige – non sans envoyer ses vérités à Wilhelm. Felix dessine aussi, même s'il ne fait pas de portrait et se cantonne aux paysages [24].

« Ton dessin est absolument sublime et me donne un vrai bonheur quand il me regarde, car c'est ce qu'il fait; il est si génial et si beau en même temps que ressemblant et drôle et plus encore; où diable as-tu déniché de telles idées? Le grand portrait de Fanny est beau, mais il ne me plaît pas. Je vois bien qu'il est magnifiquement dessiné, que la ressemblance est frappante, mais dans l'attitude, le vêtement, le regard, dans tout le côté sibylle prophétisant ou dans l'enthousiasme extatique, tu n'as pas saisi son Cantor! Là l'enthousiasme ne va pas vers le haut, vers le ciel, dans de grands mouvements de bras, ou dans des couronnes de fleurs sauvages, car tout cela se verrait du premier coup d'œil! et cela ne doit pas se faire ainsi, mais au contraire se découvrir petit à petit. Ne le prends pas mal, peintre de cour, mais je connais ma sœur depuis plus longtemps que toi, je l'ai portée enfant dans mes bras (Exagération!) et je suis vraiment un ours mal élevé et ingrat qui ne peut pas te remercier assez des rayons de soleil que tu m'envoies de temps en temps; si tu pouvais voir comme je suis souvent assis sans un mot en face de tes dessins, complètement dans leur compagnie et nulle part aussi peu qu'à Londres, alors tu recevrais les remerciements qui te reviennent; mais le dire!? A bas les mots. Prends ma joie comme remerciement. »

Fanny avait dit de ce portrait ou d'un autre similaire :

« Il m'a encore peinte avec une couronne de fleurs. Les gens vont croire que je suis née avec ce meuble sur la tête. »

Alors que *La Roue* était encore en chantier, Fanny composait une *Ronde nocturne (Nachtreigen)*. Il ne s'agit pas là d'un langage de coterie : le texte a été écrit par Wilhelm. Daté de juin 1829, il pourrait correspondre à la Saint-Jean qui vit la naissance de *La Roue*. C'était peut-être la première fois que Wilhelm et Fanny travaillaient ensemble, ce qui devint par la suite une composante essentielle de leur vie conjugale. Wilhelm lui donna alors un poème à la gloire de l'Être suprême et de l'amour. Fanny en fit un chœur mixte à huit voix *a cappella*. Les femmes (deux pupitres de soprano, deux d'altos) commencent par chanter doucement l'enchantement de la nature et le mystère divin, puis les hommes (deux pupitres de ténors, deux pupitres de basses) chantent la joie de vivre de l' « homme délivré de ses limites ». Les femmes leur demandent de ne pas déranger l'ordre divin par leurs appels et de se joindre silencieusement à leur cercle. Les hommes cèdent, « gagnés par la force sainte de leur appel. Ainsi restez en paix et liés comme Dieu vous a amenés ». Tous finissent ensemble dans une fugue à huit voix, sur les paroles : « Recevons et pensons ensemble à l'Unique. » Le poème, dans son esprit, rappelle beaucoup *L'Ode à la Joie* de Schiller : la joie et le plaisir unissent par-delà les frontières sociales et humaines, et l'amour, comme l'amitié, fait pressentir la divinité. L'allusion à Beethoven est encore plus directe lors de la deuxième intervention des femmes, puis des hommes, car la ligne musicale n'est pas sans rappeler le thème de Beethoven, mais pris à l'envers. Cette façon de traiter une mélodie, de même que la fugue qui suit, est d'inspiration directement baroque et n'a rien de classique ni de romantique. En revanche, le culte de l'Être suprême et la référence à Schiller et à Beethoven rendent Fanny et Wilhelm à leur époque : le droit à l'amour conjugal est la grande conquête du temps, et Fidelio le modèle des épouses. Chez Wagner, Senta se donnant la mort par fidélité apportera la rédemption au Hollandais ; Hofmannsthal, dans *La Femme sans ombre*, fait du couple le gardien de la divinité, mais Fanny et Wilhelm n'en sont pas encore là. Ils ont seulement réussi à « unir ce que la mode avait arbitrairement séparé [25] ». Fanny ne se prend certes pas pour Fidelio, mais son attitude à l'égard de Wilhelm se veut protectrice, comme celle de Leonore vis-à-vis de Florestan.

La collaboration de la musicienne et du peintre s'amorce avec un cycle de six *Lieder* sur des poèmes de Droysen, commencé le jour du départ de Felix, et que Fanny lui envoya orné d'une vignette peinte par Wilhelm. Le cycle se compose de cinq *Lieder* émouvants pour voix et piano et se termine par un trio vocal *a cappella*, *Wiedersehen* (« Les Retrouvailles »), à l'effet inattendu. Fanny intitula ce cycle « *Liederkreis*. A Felix pendant son absence en Angleterre en 1829 » et le lui envoya avec ces paroles [26] :

> « Je te prie de ne pas considérer ces *Lieder* comme s'ils te venaient de loin, ce qui ne leur donne qu'une valeur toute relative, mais comme si je les avais écrits avec telle ou telle faute et te priais de les critiquer. Il y en a un que je tiens pour un de mes meilleurs *Lieder*, je veux voir un peu si tu es aussi de mon avis, tu le chanteras très bien. Et tu verras aussi que Hensel, bien que le plus paresseux des écrivains, s'occupe pourtant de toi et pour toi. »

Le cycle envoyé à Felix est conservé à la Bodleian Library [27]. L'idée de faire cohabiter musique et dessin transforme un manuscrit, objet utilitaire, en œuvre d'art, orné ainsi d'une gracieuse vignette et écrit avec l'élégance de la main de Fanny. L'idée n'est certes pas neuve et les Mendelssohn font une fois de plus preuve d'archaïsme! La mode gothique envahissait l'architecture mais le travail commun de Fanny et de Wilhelm possède un charme exceptionnel, au-delà de la mode. Felix s'en montra ravi et garda une si forte impression de cette musique qu'il écrivait encore le 30 janvier 1836 [28] : « Je ne connais pas de meilleur *Lied* de toi que l'anglais en sol mineur, ou la fin du *Liederkreis*. » Il est clair que les rôles se sont définitivement inversés; le voyage en Angleterre de Felix se révéla être une réussite. *L'Ouverture du Songe d'une nuit d'été*, aussi bien que la *Symphonie en do mineur* op. 11, furent joués avec succès dans les concerts philharmoniques et Felix fut en même temps très apprécié comme pianiste. L'Angleterre lui convenait : la tradition des oratorios de Haendel ne s'était jamais perdue là non plus. Il étudia toutes les partitions de musique ancienne qu'il put trouver dans les bibliothèques – là comme partout ailleurs – et reconnut combien le solide enseignement de Zelter lui avait été profitable [29]. Il montra aussi qu'il pouvait gagner beaucoup d'argent : le concert qu'il donna au bénéfice des pauvres de Silésie rapporta 300 guinées [30], et plusieurs éditeurs anglais lui proposèrent de publier ses œuvres. Il n'est donc plus un amateur, mais il ne veut surtout pas devenir un virtuose voyageur car il désire être pris au sérieux en tant que compositeur et chef d'orchestre [31].

Il a désormais pour sa famille l'aura d'un maître; Fanny en tout cas reconnaît en lui ce qu'elle ne pourra jamais être, parce

157

qu'il a ce qu'elle n'a jamais eu : l'accès au monde extérieur. Ses compliments la touchent d'autant plus. Il les mêle avec humour au récit de son voyage au pays de Galles. Il s'entendait fort bien avec un compagnon de rencontre, qui s'attira une semonce à laquelle il ne s'attendait certainement pas[32] :

> « Si seulement il ne m'avait pas tiré par la manche alors que je chantais sur la diligence le premier *Lied* de Fanny *Stören möcht ich* (« Je voudrais déranger ») pour me montrer un piège destiné à attraper les plus gros saumons, je ne l'aurais jamais rudoyé ni querellé. Mais ces *Lieder* sont plus beaux qu'on ne peut le dire. Pardieu, je parle en froid critique et je les trouve très jolis. Ils prouvent qu'il existe de la vraie musique qui est comme si la quintessence de la musique était saisie, comme si l'âme était faite de musique. Ces *Lieder* en sont. O Jésus! Je n'en connais pas de meilleurs. »

On ne peut pas se montrer plus laudateur. Il envoya à sa famille un ami musicien anglais du nom de John Thomson, en la priant de bien le traiter[33] :

> « Montrez-lui ce qui peut l'intéresser et lui plaire; que Fanny lui joue beaucoup de piano; il doit entendre ses *Lieder performed* par Beckchen, donnez-lui une bonne idée de la musique *abroad*; Père me reprocha une fois à Paris de ne pas être suffisamment aimable avec les étrangers et je crois qu'il avait raison. Mais j'ai renoncé à ce défaut depuis que je suis éloigné de vous; [...] c'est à vous de continuer! »

Un article parut par la suite dans l'*Harmonicon*, le 30 mars 1830, signé J.T., intitulé « Les notes d'un touriste musical[34] » :

> « Je possède douze mélodies publiées sous le nom de Mr. Mendelssohn, qu'il écrivit quand il avait quinze ans... Mais toutes les douze ne sont pas de lui : trois des meilleures sont de sa sœur, une jeune dame très accomplie et de grand talent. Je ne peux me retenir de mentionner le nom de Mademoiselle Mendelssohn à propos de ces mélodies, en particulier quand je vois tant de dames sans le moindre atome de génie se présenter au public avec leurs crudités musicales et, sous prétexte que celles-ci sont imprimées, dressent leurs têtes comme si elles étaient des musiciennes achevées. Mademoiselle Mendelssohn est une pianiste de première force, ce dont vous pouvez vous faire une idée quand j'aurai mentionné qu'elle peut exprimer les beautés variées de l'extraordinaire *Trio en si bémol* de Beethoven[35]. Elle n'a pas la sauvage énergie de son frère; mais elle possède suffisamment de pouvoir et de nerf pour exécuter la musique de Beethoven avec exactitude. Elle n'est pas une musicienne superficielle; elle en a étudié profondément la science et écrit avec la liberté d'un maître. Ses

mélodies se distinguent par leur tendresse, leur chaleur et leur originalité : j'en ai entendu de délicieuses. Mademoiselle Mendelssohn écrit également pour grand orchestre simplement pour s'entraîner. Alors que j'étais à Berlin, elle avait dans ce but commencé à instrumenter pour un orchestre moderne l'un des oratorios de Haendel et me montra où elle en était déjà arrivée! »

Heureusement que les John Thomson passent chez les gens modestes pour laisser des renseignements sur eux! Il était donc connu de tous leurs proches que Fanny avait publié sous le nom de son frère et John Thomson n'était pas plus choqué que les autres. Au contraire, il ressort de son article qu'une femme ne « se présente pas au public » sans s'attirer des commentaires désagréables. Louée pour son talent, Fanny l'est aussi pour sa discrétion, et John Thomson n'en est pas à souhaiter qu'elle sorte de son anonymat. On se demande ce qu'il adviendra de l'orchestration de l'oratorio de Haendel. Fanny se montre visiblement aussi intéressée que Zelter par les recherches de Felix, mais comme toujours reste dans l'ombre.

Les lettres échangées par les Mendelssohn pendant cette première absence prolongée de Felix (environ huit mois) suffiraient à elles seules à remplir un volume : ils s'écrivaient à peu près tous les jours, et la plupart du temps longuement. Les heures passées devant son secrétaire justifiaient pleinement l'existence de ce meuble. Ses sœurs manquaient beaucoup à Felix ; il avait fait la connaissance d'une famille anglaise, les Taylor, dont les deux filles, très charmantes, lui rappelaient ses deux « loutres ». Il pouvait bavarder et rire avec elles comme avec Fanny et Beckchen, et aussi leur parler de ses sœurs. Felix fait beaucoup de projets avec ces dernières : tout d'abord, le mariage de Fanny approche, pour lequel elle lui a réclamé un « Choral et Prélude », sans pourtant lui spécifier la date de la cérémonie. Felix le lui reproche le 11 août, mais la date du 3 octobre ne sera pas fixée avant le 2 septembre [36] ; ensuite, il s'agira de fêter dignement les noces d'argent de leurs parents, le 26 décembre ; enfin, Felix envisage d'emmener toute sa famille à sa suite en Italie, dès l'année suivante, projet qui, bien qu'enthousiasmant toute la jeune génération, rencontra le veto absolu de Lea, qui ne quittait son jardin sous aucun prétexte.

14

Le mariage

Il était évident que Fanny devait attendre le retour de Felix pour se marier. Sans lui, aucune fête ne pouvait être envisagée. Fanny l'avait prié de lui composer de la musique, non sans avoir elle-même quelques idées [1] : « J'ai ma sortie d'orgue déjà pas mal en tête. Sol majeur, le début sur pédale, lui écrit-elle le 25 août. Je suis de toute façon très heureuse d'être arrivée à me persuader qu'être fiancée n'avait pas nui à ma musique. Quand une fois mariée j'aurai produit une bonne pièce, je serai alors soulagée et je croirai en mes progrès à venir. Mais, n'est-ce pas ? Je n'ai jamais rien fait de mieux que mes *Lieder* pour toi et le morceau écrit par et pour Hensel n'est pas mal non plus. » Felix devait retrouver son père à Hambourg et faire avec lui un voyage en Hollande avant de retourner à Berlin. Mais le 16 septembre, Felix tomba de voiture et se blessa au genou ; sa blessure était suffisamment profonde et douloureuse pour l'obliger à rester deux mois de plus en Angleterre, soigné par leur bon ami Klingemann.

Au lieu d'assister à son mariage, Felix ne peut qu'écrire ses vœux à sa sœur [2].

> « Londres, le 25 septembre 1829

> « Ceci est donc la dernière lettre qui puisse vous arriver avant les noces, je m'adresse pour la dernière fois à Mademoiselle Fanny Mendelssohn Bartholdy et j'aurais bien des choses à dire. [...] Que je les exprime bien, que je les exprime mal ou que je les taise, vous savez bien que je reste toujours le même ; mais j'ai l'impression d'avoir complètement perdu les rênes de quelque chose dont je me sentais maître ; et les pensées sur tout ce qui va maintenant changer et s'installer, qui auraient dû se fondre en une seule dès le début de ma lettre, m'arrivent une par une, indéfinies, à moitié sauvages et impossibles à ordonner. [...] Tout est vie et mouvement, mariez-vous et soyez heureux, construisez-vous une vie que je trouverai belle et que je puisse partager quand je viendrai vous voir (et ce sera bientôt), restez les mêmes et laissez le monde cahoter comme il lui plaît ; du reste

160

je vous connais tous les deux, donc tout va bien. Que j'appelle ma sœur Mademoiselle ou Madame ne signifie pas grand-chose. Le nom n'y change pas grand-chose. »

Felix, extrêmement émotif, a en fait peur de rentrer et de trouver tous ces changements. Il est curieux qu'il dise avoir perdu la maîtrise de sa vie au moment où il vient de perdre celle de son cheval et de tomber de voiture. Malgré les demandes réitérées de sa sœur, il se montre incapable de lui composer le morceau d'orgue qu'il lui avait cependant promis. Dans son angoisse, il s'adresse d'autant plus tendrement à Beckchen qui, elle, n'a pas encore « changé » [3] :

« Tu n'as pas idée comme je t'aime et comme il faut que je te sache près de moi pour me sentir heureux, combien d'heures de bonheur tu m'as procurées, et comme de ma vie je ne penserai et ne sentirai jamais autrement. Jamais! »

Probablement pour masquer son chagrin, Fanny note l'absence de Felix dans son journal de façon aussi sèche que possible [4] :

« Cette semaine deux lettres de Père, une venait de Rotterdam accompagnée d'une lettre magnifique de Felix d'où il ressortait malheureusement qu'ils ne se rencontreraient pas et où Felix affirmait sans appel qu'il ne viendrait pas au mariage ; hier une autre lettre d'Amsterdam, qui annonçait le départ de Père pour hier. Il m'a envoyé une merveilleuse robe de mariée. »

Les préparatifs sont en effet trop avancés pour penser à reculer la date, et les deux fiancés n'en ont aucune envie. Fanny a déjà reçu d'autres présents de son père, dont elle l'a remercié dans une lettre du 19 septembre [5] :

« La fameuse caisse est arrivée et son contenu a naturellement surpassé toute imagination, tu as encore une fois brillamment prouvé ton goût et ta magnificence ; chaque chose est dans son genre la plus belle que j'ai vue, broderies, étoffes, modèles, tout est parfait, Nathan le Sage n'a certainement rien rapporté de plus beau de ses voyages! Le merveilleux voile a beaucoup mis en émoi les esprits féminins de ce lieu ; en fait ce n'est pas la mode ici que les mariées portent un voile, mais je le trouve si beau, il convient si bien à la situation et il me mettrait tellement à mon avantage, surtout à cause de mon cou rouge, que j'ai la plus grande envie d'être la première à en porter un, et je ne serai certainement pas la dernière ; les autres dans la maison me le conseillent tous, Hensel et beaucoup d'autres, et pourtant nous craignons que cela ne fasse trop sensation, bref, l'issue du procès est encore incertaine. Rubans, châles, tout est ce qu'il y a de plus beau ; encore une fois mille mercis.

« Nous sommes très occupées ces jours-ci et passons la plupart de nos matinées dans les boutiques, où je ne peux suffisamment admirer Mère, qui se montre infatigable. C'est comme si elle ne se sentait jamais si bien, jamais davantage dans son élément que lorsqu'elle ne peut plus reprendre haleine entre deux occupations. C'est presque impossible de ne pas faire de façons pour remercier, d'autant moins [6] qu'il faudrait en fait remercier toute la journée, aussi je veux le faire ici puisqu'elle va me lire et que je te dois la même reconnaissance qu'à elle; cette gratitude, bien que toujours ressentie, ne s'est jamais trouvée si justifiée qu'en cette heure où je vous suis redevable, non seulement de vos attentions immédiates, mais aussi, grâce au ciel et à vous, de ce que je n'ai pas à quitter la maison paternelle. »

L'aspect financier semble avoir posé quelques problèmes et les parents Mendelssohn firent peser sur le couple leurs différences de situations financières. Que Wilhelm fût reçu à l'Académie des beaux-arts le 21 février 1829 était perçu comme une condition *sine qua non*. Mais qu'il ne puisse pas assurer à son épouse son niveau de vie habituel faisait non seulement de Fanny mais aussi de Wilhelm les obligés des parents. Il fut décidé que les Hensel habiteraient dans la « maison du jardin », c'est-à-dire dans la partie côté jardin de leur logement princier.

L'acte de fiançailles [7] fait état pour Fanny d'une fortune de 18 613 reichthalers et 10 groschen d'argent et « M. le conseiller municipal Mendelssohn Bartholdy », qui restait gardien de cette fortune, s'engageait à lui payer 5 % d'intérêts par quarts trimestriels et à y ajouter 1 500 reichthalers par an, aussi longtemps que cette fortune demeurait entre ses mains, promesse qui deviendrait caduque au cas où Fanny voudrait récupérer son argent. Les fiancés seront mariés sous le régime de la séparation de biens. La fortune de Fanny et ses acquisitions possibles, présentes et futures, restaient sous son contrôle, avec la contrainte de s'occuper de la maison si cela se révélait nécessaire.

Il paraît un peu contradictoire d'être autant sous la coupe paternelle et aussi peu dépendante du mari. Abraham avait reçu le contrôle de la fortune de Lea, même si celle-ci fit toujours sentir d'où venait l'argent. Mais Wilhelm n'était pas banquier. Avec une telle fortune, les projets de Fanny pour tenir son ménage sont la démonstration du succès de l'éducation de Lea. Elle n'a pas fait un mariage d'argent et se conduit comme la femme d'un peintre, satisfaite des moyens qu'il a. Le couple Hensel ne vécut pas avec l'argent de Fanny qui fut préservé et constitua une fortune utilisée par la génération suivante.

Wilhelm non plus ne pensa pas à une bonne affaire. Il se maria dans un milieu supérieur au sien mais il n'était pas dans son caractère de jouer à l'homme entretenu. A la recherche bien sûr d'un atelier, il espérait en trouver un dans le palais du prince Albrecht, de l'autre côté du jardin des Mendelssohn [8].

En attendant, les deux morceaux d'orgue nécessaires à la cérémonie ne sont toujours pas composés, et comme on n'est jamais si bien servi que par soi-même, Fanny composa elle-même un prélude d'orgue, le 28 septembre [9]. L'énervement montait en puissance, et Fanny souffrit de rages de dents répétées. Le 23 septembre, elle note qu'elle s'est fait arracher une troisième dent, qu'elle s'est disputée avec Hensel et que Rebecka fait un abcès au nez [10].

Le mariage arriva enfin mais le matin même du 3 octobre, Fanny prit quand même le temps d'envoyer une longue lettre à son frère chéri pour lui dire qu'elle pensait à lui à tel point que sa première joie en ce jour-là était de trouver un moment pour lui écrire tranquillement et pour pleurer devant son portrait. Elle lui redit tout son amour, dont elle savait qu'il ne pourrait jamais porter ombrage à Hensel et se réjouissait de penser que dans six semaines Felix pourrait voir sa maison et en être satisfait. Ce n'est qu'à ce moment-là qu'elle saurait vraiment si les choses étaient bien [11].

« Ainsi que ma chambre s'est animée hier quand les tableaux y sont entrés (les esquisses de ton portrait sont suspendues au-dessus de ma table), ainsi les tableaux prendront vie quand tu entreras et te rouleras sur le sopha bleu [12] et te sentiras sauvagement bien.

« Tu t'imagines la scène, moi à mon secrétaire qui a pris un aspect extrêmement agité et où l'encre et l'eau de Cologne vivent une douce union, Beckchen à la fenêtre, finissant les bouquets pour mes demoiselles d'honneur, car tu sais bien que je dois distribuer des fleurs, que dans trois des bouquets se trouve du myrte et que celles qui en auront dans leur bouquet seront les prochaines mariées ; le temps est beau et tous les petits incidents se sont jusqu'à présent bien réglés. »

Elle lui raconta ensuite sa journée de la veille, où, après avoir écouté son morceau d'orgue qui « sonnait bien » sous les doigts de Grell [13], elle fut très occupée avec les courses, les visites, les cadeaux, la toilette de la sœur de Hensel [14], les rangements, etc. A huit heures toute la famille se rassembla pour célébrer « dans la paix » la veille du mariage [15] et comme on ne retrouvait pas la *Pastorella* qui devait être jouée à la sortie de l'église, Hensel suggéra que Fanny compose elle-même une autre pièce.

« J'eus l'impudence de commencer en présence de plusieurs témoins, dit-elle, j'avais fini à minuit et demi et je crois que ce n'est

163

pas mal. [...] Elle est en sol majeur, j'en connaissais déjà le thème car j'y avais pensé avant que tu ne nous promettes d'en envoyer un, mais la réalisation date entièrement d'hier.

« Cela commence à s'agiter autour de moi, il est bientôt onze heures, la cérémonie de la couronne commence à une heure, et la bénédiction nuptiale est à trois heures. Je pense à toi sans cesse, aussi tranquille que d'habitude ; Hensel, qui vient de passer, te fait dire bien des choses, et je suis surtout tranquille car je sais qu'il t'aime. [...] Que tu sois aujourd'hui frais, joyeux et content ne souffre pas de doute pour moi, sinon comment pourrais-je l'être aussi ? Adieu pour maintenant, reste toi-même, tu trouveras ici tout comme par le passé, même la nouveauté. Pour la dernière fois.

Fanny Mendelssohn Bartholdy.

« Beckchen te salue mille fois, elle a quelque chose au nez et en souffre grotesquement. Ma couronne vient d'arriver, elle est magnifique, très épaisse, très fraîche et verte avec beaucoup, beaucoup de boutons. C'est Beckchen qui me l'a offerte. »

Le 14 octobre suivant, Fanny confirme dans son journal le récit de sa journée et raconte encore [16] :

« Vers une heure, je reçus encore de magnifiques cadeaux, j'étais jolie. [...] La cérémonie eut lieu à quatre heures. Le sermon de Wilmsen [17] sans intérêt, l'église pleine. J'ai parlé à toute la famille et à beaucoup d'amis. Nous avons ensuite passé quelques instants chez tante Meyer [18], puis nous avons pris notre déjeuner à la maison à six heures ; quelques heures pleines d'angoisse suivirent et nous nous séparâmes des autres à neuf heures ; nos sœurs nous amenèrent de ce côté et je tais le reste.

« Dimanche matin quelques visites, puis à midi et le soir de l'autre côté, seuls. Lundi et mardi nous mangeâmes encore de l'autre côté, mercredi chez Marianne, après avoir reçu une lettre de Felix qui me met encore les larmes aux yeux lorsque j'y pense. Jeudi nous sommes entrés en ménage, mais le soir nous allons toujours de l'autre côté. Il y avait beaucoup de monde là-bas dimanche. Aujourd'hui nous avons espéré en vain une lettre. »

« De l'autre côté », c'est bien sûr du côté des parents. L'affaire ne semble pas avoir été de bout en bout une partie de plaisir. L'agitation et le travail occasionnés ne sont pas exceptionnels, en revanche, toutes les mariées ne s'écrivent pas elles-mêmes leurs morceaux d'orgue. Il est intéressant de constater les manifestations dans lesquelles une femme a le droit de se faire entendre : le mariage, bien que public, est de toute évidence essentiellement un événement d'ordre privé, par conséquent Abraham ne vit aucun inconvénient à ce que l'on y jouât un morceau de Fanny, et même deux. On est peiné de trouver les mots « heures pleines d'angoisse » sous la plume de Fanny. Comme il est triste qu'une jeune femme de vingt-trois ans doive subir cette attente, d'une façon étrangement publique, avant d'aller vers l'inconnu, avec l'embarras et la peur comme sentiments dominants. De nouveau, cela ne présente rien que de « normal », mais aux angoisses prévues d'une jeune mariée s'ajoute chez Fanny l'anxiété de perdre sa musique, son inspiration, son identité. D'une façon un peu archaïque, elle semble prêter à la virginité un pouvoir que la « femme » (si tant est qu'elle n'en était pas déjà une quand elle était vierge) perdrait en connaissant l'homme. Les paroles « j'étais jolie », *ich sah gut aus*, sont émouvantes quand on sait combien sa laideur la peinait.

Le jeune couple emménagea donc dans la maison du jardin, un logement plein de charme, surtout en été. Les Hensel en occupaient l'appartement de droite et celui de gauche fut loué en 1829 et 1830 aux Devrient. C'était très chic d'habiter chez les Mendelssohn, très commode pour les répétitions des matinées du dimanche, mais l'hiver la température de la *Gartenhaus*, même chauffée, ne dépassait pas 14°... Therese Devrient écrivit dans ses souvenirs [19] : « L'appartement était trop malsain et inconfortable pour une famille de quatre enfants. Il était de plain-pied, sans cave, les fenêtres, entourées d'une vigne épaisse, ne laissaient pas passer les rayons du soleil et il nous semblait souvent respirer un air moisi. Les Mendelssohn furent suffisamment compréhensifs pour accepter nos raisons. Là-dessus, Hensel avoua que rien ne pouvait lui être plus agréable, car il avait cherché en vain un atelier ; cette confession nous facilita encore l'idée d'un déménagement. »

Abraham commanda alors d'importants travaux dans la maison, faisant abattre deux murs du côté gauche, pour que l'atelier de Hensel reçoive, comme il se doit, la lumière du nord [20]. Loin de bouder des conditions de travail aussi idéales, Wilhelm se mit à peindre du matin au soir, et ouvrit en 1831 un atelier d'élèves [21]. Cela contribua à la régularité de ses revenus, qui autrement dépendaient de la vente de ses tableaux et des commandes princières. Mais dans la maison du jardin comme dans le bâtiment principal, il y eut toujours des locataires, qui de ce côté de la cour logeaient dans les mansardes.

L'idée d'une fille de banquier vivant tous les hivers de sa vie dans un coin de palais mal chauffé paraît extraordinaire, mais elle correspond bien à l'image que les Mendelssohn voulaient donner d'eux-mêmes : le confort matériel n'avait pas de sens, l'ostentation du luxe encore moins, seuls l'art et les valeurs morales méritaient qu'on leur consacre sa vie. Le caractère de Fanny est désormais formé et elle resta toujours telle que son fils la décrivit [22] :

« Elle était petite et avait hérité de Moses Mendelssohn une épaule de travers, ce qui se voyait peu. Ce qu'elle avait de plus beau, c'était les yeux, grands, sombres et très expressifs, dont on ne remarquait pas la myopie. Le nez et la bouche étaient assez forts et elle avait de belles dents blanches. Le travail du piano se lisait dans sa main. Elle était vive et décidée dans ses mouvements, son visage était très vivant, toutes les impressions s'y reflétaient avec vérité; dissimuler lui était impossible. Chacun remarquait donc très vite ce qu'elle pensait de lui; car aussi sûrement que sa joie paraissait à la vue d'un être qu'elle aimait bien et fréquentait volontiers, il lui venait sur le front et autour de la bouche des plis lourds de menaces quand une apparition antipathique venait la mettre de mauvaise humeur. Je n'ai jamais vu quelqu'un se réjouir avec autant d'intensité de tout ce qui était beau : un beau temps, des gens beaux, un beau talent, un beau paysage. Elle respirait l'air frais profondément et à pleins poumons et prétendait que c'était un des plus grands plaisirs de la vie. Son irritation se montrait avec tout autant d'intensité contre tout ce qui était laid, de même que sa colère contre ce qui était mauvais. Elle était très intolérante à l'égard des gens ennuyeux, fades, prétentieux et creux et avait ses *bêtes noires* [23] pour qui elle ne pouvait pas maîtriser son antipathie. Son visage prenait alors l'expression d'un malheur si profond qu'elle nous jeta souvent dans la plus grande hilarité, quand la cause se montrait totalement disproportionnée à sa mauvaise humeur. Une fois celle-ci dissipée, elle en riait elle-même et se trouvait l'occasion suivante tout aussi peu capable de se dominer. Les biens matériels lui étaient assez indifférents : bien manger et boire, le confort, la toilette, le luxe de toute sorte n'étaient pas nécessaires à sa vie; en revanche elle ne pouvait vivre sans la fréquentation d'un petit cercle de gens cultivés et intelligents et sans les plaisirs de l'art. Le goût de la liberté était profondément enraciné dans sa nature : elle marquait beaucoup de réserve envers la noblesse et les prétentions de la naissance et de l'argent. Les visites et ce qu'on appelle les " devoirs mondains " lui étaient très pénibles et elle s'y soustrayait autant que possible. Mais elle était l'amie fidèle et inébranlable de tous ceux qu'elle avait jugé dignes de faire partie de ses proches, et pour eux elle était capable de tous les sacrifices. »

Caractère sympathique mais loin d'être facile à vivre. On reconnaît bien là le « Cantor » rigoureux dont parlait son frère.

Felix, bien que très agité, savait rester charmeur et de bonne compagnie, et plus proche de la drôlerie de Beckchen. Paul, lui aussi, était sérieux, mais s'intéressait davantage que ses frères et sœurs à l'argent et à la naissance. Que Sebastian parle du « goût de la liberté » de Fanny montre à quel point il ne pouvait être alors question de liberté individuelle, et pas beaucoup plus pour les hommes que pour les femmes.

15

Les noces d'argent

Cela faisait plusieurs mois que Felix bouillonnait d'idées sur la
fête en l'honneur des vingt-cinq années de mariage de ses
parents. Son accident au genou l'avait empêché d'assister aux
noces de sa sœur mais sa famille était toujours présente dans ses
pensées. Rentrant de son voyage au pays de Galles et en Écosse
en compagnie de son ami Klingemann il écrivait de Londres à
Wilhelm Hensel, le 10 septembre 1829 [1] :

> « Les choses en sont là : une jeune femme que nous estimons tous
> deux beaucoup, mon cher frère, commence volontiers ses lettres
> ainsi, mais rien ne suit ; je me différencie de vous en ce que je suis son
> frère et que quelque chose d'importance suit ; la chose en est donc là :
> un comité doit être créé pour l'ordonnancement des festivités argen-
> tées. J'avais pensé à Fanny comme présidente, mais elle a dans ses
> premières propositions réservé tant de considération à une certaine
> famille (par exemple, ce soir nous sommes seuls chez les Hensel,
> nous mangeons à midi chez les Hensel, etc.) que je la déclare cou-
> pable de partialité, *perhorrescire*, je la rejette et c'est Beckchen qui
> doit être *chairman*. Toi, Fanny et moi, serons des membres ordi-
> naires, Droysen membre d'honneur et Klingemann membre exté-
> rieur. La séance est ouverte. Je demande la parole et j'ai une proposi-
> tion à faire : que penseriez-vous de fêter ainsi l'événement : trois
> vaudevilles [2] en un acte, représentés avec costume, chant, etc.,
> accompagnés par un orchestre complet (j'en prends les frais à ma
> charge, tout comme ceux de l'ensemble des festivités ; j'engage ici à
> cette fin un petit trafic musical), dans l'ordre suivant : N° 1, *Soldaten-
> liebschaft* (" Les Amours du Soldat [3] "), c'est-à-dire la célèbre œuvre
> de moi qui porte ce nom et que les parents aiment toujours bien, sans
> en changer une note et avec la distribution d'origine. Qu'en pensez-
> vous ? N'est-ce pas lumineux ? Puis un nouveau vaudeville de Fanny,
> dont Hensel devra écrire le texte, agréable, léger, plein de détours
> mignons, très tendre et beau. Puis une idylle de moi, pour laquelle j'ai
> plein d'idées dans la tête, cela sera très joli, il y aura un rôle pour un
> couple d'époux rassis que les deux Hensel joueront, puis viendra la
> fille des voisins, un garde champêtre fou, un marin déguisé en soldat
> ou que sais-je ? Une marche villageoise et du la majeur de tous les

168

côtés. Entre-temps peuvent très convenablement prendre place des glaces, des gâteaux, des allégories, des prologues et épilogues, je pense que cela amusera beaucoup plus les parents qu'un simple concert instrumental. [...] Tu feras des débuts magnifiques, Hensel ; n'aie pas peur de chanter, on s'occupe de toi. »

Felix ne rentra que le 8 décembre à Berlin. Il avait dans sa poche son nouveau vaudeville, dont Klingemann avait écrit le livret : *Die Heimkehr aus der Fremde* (« Le Retour au pays[4] »). Dès le 9, il le lit à ses sœurs ravies et à Devrient qui doit jouer le garde champêtre[5]. Pour Hensel, musicalement sourd, Felix a écrit un rôle sur une seule note. Mais Fanny n'a encore rien fait d'autre que d'attendre le retour de Felix ; elle avoue à Klingemann[6] que le plan de son *Festspiel* attendait depuis l'été et qu'elle ne pensait pas le réaliser avec un autre accompagnement que celui du piano. L'arrivée de Felix fit bouger les choses ; Hensel écrivit le texte en une journée et Fanny en composa la musique et l'orchestra en huit jours. L'argument était de circonstance : trois sœurs, représentant les noces récentes, les noces d'argent et les noces d'or, chantent les mérites de l'amour conjugal ; elles sont annoncées par trois hérauts.

Therese Devrient raconte une version légèrement différente[7] : Fanny aurait écrit son *Festspiel* avant l'arrivée de Felix et lui aurait tout « naturellement » confié la partie de soprano, comme à son amie et à une habituée des concerts privés des Mendelssohn. Mais la jeune femme, surprise d'abord par la « complication » de l'œuvre, puis effrayée par un si aigu tenu, se refusa à chanter cette note sur une scène. Elle ajouta dans ses souvenirs que son mari préférait la savoir assise parmi le public. Elle se tint à sa décision malgré le désespoir de Fanny et la colère de Rebecka et de Wilhelm jusqu'à ce que Felix use de son charme pour la convaincre, de même que son talent de chef d'orchestre saura la soutenir à travers son épreuve scénique, si difficile à traverser pour une jeune femme comme il faut. La question de savoir si l'amitié de jeunes filles qui l'unissait à Fanny supporta l'épreuve avec le même succès est plus discutable. Les dates que donne Therese pour la composition du *Festspiel* ne concordent pas avec celles des lettres adressées par les Mendelssohn à Klingemann, mais Therese dit certainement la vérité sur son refus de chanter l'œuvre de Fanny. Celle-ci dut se sentir non seulement blessée, mais paniquée de voir l'exécution de ses compositions présentes ou futures dépendre des état d'âmes d'une petite bourgeoise trop bien élevée, refusant de se produire en public. Fanny, toujours

169

confinée dans la sphère du « privé », ne pouvait s'adresser qu'à des « amis » pour représenter ses œuvres. Ce fut sans regret qu'elle dut voir, quelques mois plus tard, les Devrient quitter l'appartement voisin.

Malgré cet incident déprimant pour Fanny, les fêtes se déroulèrent au mieux. Lea raconta à Klingemann [8] que le 24 décembre, au matin, ils distribuèrent des vêtements chauds à vingt-cinq personnes, hommes, femmes et enfants, et se firent le soir les présents habituels. Le 25, la famille de Lea vint la surprendre pour la fêter : son beau-frère Joseph, ses belles-sœurs, « même l'orgueilleuse tante Jette », Betty et Heinrich Beer, ses neveux Alexander et Marianne et leurs enfants, les Heyse, Marianne Saaling, le médecin Dr Becker, Gans, les Heydemann, Droysen, Marx, les Varnhagen, les Robert, et les Reden (le comte Reden, ambassadeur de Hanovre; cette ambassade logea de 1825 à 1831 au premier étage du Leipziger Strasse 3). La fête commença immédiatement par les scènes préparées par Gans : Robert lut un poème, les « enfants » chantèrent un chœur des *Deux Journées* [9] et apportèrent une couronne; tout le monde versa des larmes, et les « enfants » jouèrent un mouvement de la *Symphonie des enfants* composée par Felix l'année précédente. Suivit la pièce de Gans, où Betty joua le rôle d'une danseuse française, Marianne Mendelssohn celui d'un étudiant, Marianne Saaling était une soubrette berlinoise et Fredericke Robert parut enfin en muse, tenant par la main les petites filles de Marianne Mendelssohn, Marie et Margarete, qui apportèrent à Lea une couronne d'argent et une coupe.

Le lendemain au petit déjeuner, les parents reçurent le cadeau de leurs enfants, un sofa et un « vase magnifique, offert à Mendelssohn par un homme qui lui devait des remerciements [10] », raconta Lea à Klingemann [11]. « Il est aussi précieux que ceux que les monarques possèdent ou s'offrent mutuellement, car Hensel en a dessiné les plus petits ornements avec un soin incroyable et en a dirigé lui-même l'exécution à la fabrique de porcelaine. [...] Que cela ne manque pas de serpents, d'étoiles, de coquilles, de dauphins et de symboles de tout ordre est garanti par la fantaisie créatrice de Hensel ».

La soirée tant attendue arriva enfin. Elle eut lieu dans la chambre de Lea, la salle de concert du jardin restant difficilement praticable en hiver. Lea continue sa description enthousiaste :

« Felix a fait construire un vrai théâtre avec une surélévation pour les spectateurs; nous étions plus de 120 personnes, dont la plupart pouvaient s'asseoir. Son orchestre était choisi : premiers violons, Ritz et Ganz, violoncelles, l'autre Ganz et Paul, à qui il avait donné un solo. Le *Festspiel* de Fanny [12] fut chanté par Busolt, Landsberg et Paul! et par mes filles et Therese Devrient. Paul chanta dans le trio, joua bien et fit très bonne figure. Les trois hérauts avaient des costumes magnifiques qui venaient en fait du Tournoi royal de Potsdam. Therese, couronnée de roses, représentait les premières noces, Rebecka, qui portait une robe et un voile richement brodés avec diamants et myrte dans les cheveux, les noces d'argent, et Fanny, parée de la même façon, mais tout en or, représentait les noces d'or ; toutes trois étaient gracieuses à voir et faisaient une impression vraiment touchante.

« Elles avaient un tout autre costume pour votre vaudeville, en particulier des bonnets de velours noir ornés d'or. Fanny et Rebecka étaient spontanées et pleines d'assurance comme je ne les en aurais jamais cru capables ; la première se distingua par son côté matrone tranquille et pomponnée et la seconde par sa gaîté. Le jeune et tendre ténor a une voix et un art du chant des plus agréables et il plut à tous ; c'est très dommage que Devrient gâta sa sérénade par des saillies intempestives. Que cette sérénade avec veilleur de nuit " obligé " est une délicieuse klingemanniade! Ah, si vous étiez le scribe de Felix! Cela donnerait tout autre chose que ce qui vient de la fabrique parisienne. Il ne faut pas oublier Hensel qui joua Schulz de façon un peu caricaturale, mais très divertissante : le professeur Gans affirma que cela était digne de l'école de Schröder [13]. »

Que de soins, que de travail, et quel public pour une soirée privée... De toute évidence, Lea Mendelssohn Bartholdy est fière et heureuse au-delà de toute description. Fanny l'écrit quelques lignes plus loin, dans cette même chronique familiale adressée à Klingemann : « Vous vous souvenez comme la joie lui va bien, et elle a rarement eu l'air si heureuse qu'en ce jour, c'est dire qu'elle n'a jamais été plus belle. » Lea peut bien se dire, devant de tels enfants, qu'elle a réussi sa vie et totalement rempli son rôle de mère éducatrice.

Elle a donné à ses enfants une formation artistique telle qu'ils peuvent se mêler à des professionnels sans que l'on remarque la différence. Pour Felix, c'était depuis longtemps évident. Il était désormais non seulement le chef, l'animateur, le compositeur principal, mais pouvait, grâce à ses gains, subvenir aux dépenses de la fête. Le moins apprécié, Paul, savait cependant tenir sa partie dans l'orchestre en compagnie des meilleurs instrumentistes professionnels de Berlin, les violonistes Eduard Ritz et Leopold Ganz et le violoncelliste Moritz Ganz [14]! Il était en mesure de jouer et de chanter sur scène, ce qui stupéfia sa mère, moins pourtant que de voir l'assurance de ses filles. Elle avait dès le

171

début de sa lettre fait part de son étonnement et de son admiration : « Et que dites-vous de Fanny, qui compose un *Festspiel* avec orchestre et y joue elle-même avec la plus grande aisance ? » L'habitude de se donner en représentation dans le cercle étroit d'une famille suprêmement élitiste et critique les rend capables de monter un spectacle en cinq répétitions, de se conduire en actrices chevronnées et d'oublier totalement qu'une femme ne devait pas s'exhiber. Therese Devrient, prétendument plus « féminine » et de notre point de vue un peu stupide, ne sera pas capable de l'oublier. Felix a naturellement accordé le rôle le plus important à Eduard Devrient, qui malgré les problèmes vocaux qui lui firent abandonner le chant restait un acteur accompli et un homme de théâtre hors pair. Le pauvre Hensel se vit reprocher de pousser trop loin la caricature, mais que peut-on faire quand on n'a qu'une seule note à chanter et qu'on ne sait pas très bien laquelle, bien que tous vos « collègues » sur scène vous la soufflent ?

Le cas du « jeune et tendre ténor » mérite d'être mentionné. Les Mendelssohn cherchaient désespérément quelqu'un pour jouer le rôle d'Hermann, puisqu'il ne pouvait être question de Felix, toujours gêné par son genou blessé [15]. Ils avaient entendu parler d'un « jeune étudiant du nom de Mantius, qui faisait fureur dans les salons berlinois », d'après Rebecka [16], et, bien que méfiants à l'égard de tous ceux qui n'appartenaient pas à leur cercle, nécessité fit loi. Eduard Mantius (1806-1874) était étudiant en droit, et, d'après Therese Devrient [17], demanda l'avis de son mari pour s'assurer qu'il avait assez de talent pour devenir chanteur. Le vaudeville chez les Mendelssohn fut pour lui la première étape de sa carrière, il fut ensuite engagé à l'Opéra de Berlin de 1831 à 1857. Il chantait également l'oratorio.

La distance entre amateur et professionnel paraissait bien courte, Felix Mendelssohn comme Eduard Mantius la franchirent sans se poser d'autres questions que celles touchant à des problèmes pratiques. Elle était pourtant infranchissable pour des femmes, surtout mariées. Le mariage les nommait gardienne du foyer et du monde privé. Ce fut le cas pour la soprano Pauline Schätzel (1811-1822) qui avait participé à la *Passion selon saint Matthieu*, et qui chantait de grands rôles à l'Opéra, telle Agathe du *Freischütz*. Elle se retira de la scène en 1832 quand elle épousa l'éditeur Rudolf Decker (1804-1877), et ne chanta plus que dans quelques concerts : une bonne affaire pour Fanny, qui l'enrôla dans ses *Sonntagsmusik*.

172

L'année 1829 se terminait donc sur un grand succès. Le futur était cependant toujours incertain pour Felix, qui allait continuer son vagabondage distingué à travers toute l'Europe; quant à Fanny, dont l'avenir était socialement tout tracé, on ne devrait plus rien avoir à dire sur elle. Fanny Hensel se trouvait enfermée à triple tour dans sa vie privée : une fois dans la ville provinciale qu'était Berlin, une autre fois dans son mariage et sa maternité et enfin dans sa maison, à la fois microcosme protecteur et prison, dont même le mariage ne l'avait pas sortie.

Fanny n'accepta pourtant pas que le monde privé à l'intérieur duquel elle était confinée l'empêchât de donner à son talent la possibilité de se manifester. Elle allait parvenir à se fabriquer elle-même un destin musical, qui, comme les festivités des noces d'argent, resterait à la frontière des mondes public et privé.

16

Les jeunes mariés

Dès 1823, Lea se plaignait à Amalie Beer de ce que le milieu musical berlinois n'encourageait ni le travail artistique ni la création [1] : « Hélas! Il manque toujours ici des modèles remarquables, et Felix et Fanny doivent à cet égard tout trouver en eux-mêmes. » Lea exagérait peut-être un peu, mais il est certain que, depuis longtemps, Berlin était devenu une ville triste et sans histoire. L'invasion napoléonienne avait certes fait disparaître toute trace de l'*Aufklärung*, mais c'était déjà loin et on aurait pu penser que les réformes libérales de Stein et de Hardenberg, à partir de 1810, donneraient un élan nouveau à la vie culturelle. Il n'en fut rien, et les décrets de Karlsbad entérinèrent tout ce que la réaction metternichienne avait de plus conservateur en Europe centrale. La presse et le mouvement d'idées s'en trouvèrent durablement muselés. De là vient la joie d'un Felix Mendelssohn à voyager en Grande-Bretagne, dans un pays où les libertés individuelles étaient traditionnellement respectées, à condition toutefois de ne pas visiter les taudis de Bethnal Green, où s'entassait un peuple chassé par la crise agricole de 1815; de là vient aussi l'allégresse d'un Heinrich Heine à vivre à Paris, au contact d'un monde littéraire en plein épanouissement; Heine, accueilli à bras ouverts par Gérard de Nerval, Théophile Gautier, Dumas, Balzac, pouvait à bon droit écrire en 1832 à Hiller [2] : « Si l'on vous demande comment je me sens ici, dites " comme un poisson dans l'eau ", ou plutôt, dites aux gens que lorsque dans la mer un poisson s'enquiert d'un autre, celui-ci répond : " Je me sens comme Heine à Paris ". »

Les hommes éclairés avaient plutôt tendance à prendre la fuite. Mais les femmes, éclairées ou non, restaient là où on les mettait. Fanny en est réduite à regarder le monde depuis Berlin. Son journal commence ainsi, le 4 janvier 1829 [3] :

> « Cette année constituera une coupure importante dans notre vie de famille : Felix, notre âme, s'en va; j'ai devant moi la deuxième moitié de ma vie. Paul entre dans la vie : tout bouge et change chez nous,

174

ainsi que dans la plupart de nos cercles de connaissances et comme dans le monde. La Grèce est libre, c'est-à-dire au pouvoir des puissances européennes auxquelles il est attribué de statuer sur sa situation ; la Turquie est en armes, la Russie, après une importante campagne militaire, est de retour dans ses quartiers d'hiver [4]. L'Angleterre d'une part, en porte-à-faux à l'égard de l'Irlande, qui réclame avec l'énergie du désespoir ses droits de l'homme et du citoyen [5] et d'autre part, menant une politique ambiguë vis-à-vis du Portugal comme protecteur de la Donna Maria Gloria [6] ; la France médiatrice de la liberté grecque en Morée (ses savants en Égypte, Champollion), en lutte intérieure constante contre les jésuites et les ultras (Béranger) ; l'Espagne ruinée par les factions, dévastée par la fièvre jaune, le Portugal dans un lamentable état d'anarchie, Don Miguel malade, peut-être mort, sa mère son ennemie, Don Pedro tiède et indécis.

« Je retourne au n° 3 de la Leipziger Strasse. »

Étonnant bulletin d'information. Les sympathies de Fanny pour la liberté des peuples et les droits du citoyen sont clairement exprimées, de même que les prises de position communes à tous les romantiques de sa génération sur la Grèce et l'Irlande. Le plus significatif dans cet « état des lieux » politique, c'est le manque d'intérêt pour l'Allemagne, la Prusse et même Berlin ; on passe du lointain Portugal sans transition aucune au jardin des Mendelssohn. Pourtant la Prusse a repris une importance politique considérable : guidée par la peur d'une révolution, l'Autriche, en échange de son alliance, avait consenti à lui laisser dominer la Confédération germanique. Entre 1828 et 1834, la Prusse réussit d'autre part à négocier une Union douanière allemande dont elle prit la tête. Il y aurait donc eu lieu de penser, pour une Berlinoise, qu'il se passait quelque chose dans son pays.

Mais l'opinion publique semblait avoir disparu, ou du moins perdu la capacité de s'exprimer. L'état de la ville en était peut-être responsable. Le sable avait érodé les monuments de la ville de Frédéric II et la question de savoir qui prenait en charge les frais de gestion de la ville, l'État ou la municipalité, n'arrivait pas à trouver de réponses durables.

Berlin était en 1830 une ville relativement petite de 240 000 habitants, qui avait encore gardé ses fortifications. Les maisons avaient pour la plupart un ou deux étages sans ornements. La campagne commençait aux portes de la ville et même à l'intérieur des murs : au sud du centre historique et à l'est de la Friedrichstadt (la partie XVIIIe siècle de la ville, là où habitait les Mendelssohn), l'ancien Köpnicker Feld, nommé à partir de 1802

Luisenstadt en l'honneur de la reine Luise, restait une vaste zone de jardins et de champs. Les opinions varient quelque peu au sujet de la Luisenstadt d'alors, lieu idyllique pour les uns, promenade, rêve, campagne à deux pas de la civilisation, mais pour les esprits plus pratiques, inabordable l'été à cause de la poussière et l'hiver à cause de la boue. Pourtant la ville grandissait et était appelée à grandir encore. Les réformes agraires de Hardenberg avaient tourné au profit des *Junker*, les nobles terriens allemands, et une paysannerie appauvrie s'était réfugiée à Berlin. Ces paysans ruinés n'avaient rien à voir avec les Français, Tchèques et Juifs qu'on avait attirés aux périodes précédentes pour peupler une ville aux loyers soigneusement contrôlés. Les plans d'urbanisation de Luisenstadt ne manquèrent pas [7]. Les architectes Mandel en 1821, puis Schmidt en 1825 livrèrent des plans, mais sans grands résultats, puisque l'État et la ville ne purent se mettre d'accord sur le partage des frais. Ce n'est qu'en 1842 que le roi Frédéric Guillaume IV décida de mettre en chantier les plans de Lenné; en 1845 il fit construire le Landwehrcanal à la place des fortifications, et en 1848 le Luisencanal. Mais il était bien tard et la spéculation avait commencé de façon sauvage et sans aucun contrôle étatique, bien au contraire, à prendre possession des lieux.

Les canalisations d'eau étaient encore rares, ce qui posait de graves problèmes à la ville grandissante. Les trottoirs existaient à peine, les pavés consistaient en blocs de granit mal équarris. La poussière et les odeurs devenaient insupportables l'été, de même que l'herbe grise et les paquets de boue l'hiver. La saleté porta certainement sa part de responsabilité dans l'épidémie de choléra de l'hiver 1831, où périrent de nombreux Berlinois, dont le philosophe Hegel. En 1841, on construisit des conduites d'eau qui, faute d'égouts, se déversèrent dans la rue, ce qui n'améliora certes pas la situation.

Mais en 1830, les rues étaient encore désertes. Felix paria un jour de longer d'ouest en est la Leipziger Strasse, de chez lui jusqu'à la Dönhoffsplatz (c'est-à-dire tout Friedrichstadt jusqu'à la limite de la vieille ville et de la Luisenstadt) avec une couronne de roses sur la tête; il gagna son pari car il ne rencontra personne. Quelques rares fiacres vivotaient; il y avait des rues où ne passait en moyenne qu'une voiture par jour et fort peu d'étrangers venaient à Berlin où la poste n'arrivait que deux fois par semaine; l'éclairage au gaz entra très lentement dans les maisons. On était économe, la vie était simple, sans éclat, et correspondait

176

à la tristesse du paysage du Mark Brandebourg. C'est ainsi que Sebastian Hensel décrivait la ville de son enfance[8].

La municipalité ne semble pas soucieuse de sa ville ni de son pays, et c'est ce qui transparaît dans le journal de Fanny. Pourquoi la bourgeoisie d'un pays sans constitution devrait-elle se sentir concernée par la chose publique?

Chacun chez soi, chacun pour soi, « où est-on mieux qu'au sein de sa famille ». Le modèle politique est le couple royal, qui se doit de faire montre d'une moralité conjugale impeccable[9]. Il était de bon ton d'être économe, et même les gens riches n'autorisaient pas que des noceurs troublent la nuit : à dix heures du soir, la ville était désertée.

Les grands projets de voyage familial en Italie tombèrent à l'eau. Fanny l'écrivait à Felix dès le 21 septembre 1829[10] :

> « La seule chose qui pourrait nous retenir, nous les Hensel, ce serait les finances, [...] je vis dans une peur que je ne peux vaincre, premièrement que nous ne puissions pas épargner suffisamment pour le voyage, deuxièmement que les parents ne soient peut-être pas en droit de désapprouver[11] que nous nous donnions un plaisir aussi divin que coûteux où dans le meilleur des cas le gain de toute une année se dissiperait, au lieu de limiter nos dépenses au début de notre mariage, de vivre tranquillement et de remplir nos devoirs. Tu sais que Hensel avait dans l'idée de chercher une place là-bas : si nous voulions réorganiser les choses, cela signifierait un très long séjour, ce qui fait aussi beaucoup réfléchir. En bref, cher clown, dis-moi quelque chose d'intelligent à ce sujet [...]. Si nous décidons maintenant de vivre comme des étudiants (et Hensel en a certainement la plus grande envie), de nous amuser et plus tard de repartir depuis le début, je crains bien que les parents ne soient que peu satisfaits d'un tel plan et nous ne voulons l'un et l'autre rien décider sans leur assentiment. (Nous avons certes le tien.). »

Le vieux rêve italien était toujours vivant chez Fanny. Les Hensel auraient souhaité voir se fonder à Rome une villa Médicis prussienne. Jacob Bartholdy avait œuvré en ce sens, mais sans succès durable. Il était bien stipulé dans son contrat de mariage que Fanny ne pouvait disposer de son argent sans renoncer à la gestion paternelle et à sa pension; les Hensel se trouvaient donc soumis au veto parental, ou plutôt à l'approbation de ces parents, « si généreux » que Fanny ne peut pas exprimer sa reconnaissance sans ajouter une négation qui lui fait dire le contraire de ce qu'elle veut dire, avouant ainsi son désir d'aller respirer l'air pur de l'Italie et de jouir de son ciel bleu et du sentiment de liberté que l'on acquiert en sortant de chez soi. Mais la prudence est de mise et, pour tout simplifier, les parents Mendelssohn offrent à Wilhelm un atelier dans sa maison même, attrait auquel un peintre ne saurait résister.

La maison du jardin, la *Gartenhaus*, que leur offrait Abraham et Lea était un modèle d'inconfort où les Devrient eux-mêmes n'avaient pu supporter de vivre longtemps. Une maison sans cave donc humide, sans double fenêtre donc glaciale l'hiver, où la température ne dépassait jamais 14 °C et où il fallait sans cesse essuyer les vitres dégoulinantes d'eau [12]. En revanche, le dessin que fit Sebastian en 1851 de sa façade encadrée de vigne vierge montre combien son aspect était idyllique l'été. Mais quelle vie de Spartiate! Encore une fois, la simplicité régnait à Berlin, même chez les riches et Fanny n'avait même pas de tapis dans sa chambre.

Les Hensel s'installent donc bien sagement Leipziger Strasse. Il faut dire que les plans mirifiques de Felix furent compromis, dès le mois de mars 1830, par une rougeole qui se déclara chez Rebecka, décidément peu en forme, la veille du départ de son frère pour l'Italie. Il devait repartir, toujours seul, pour un voyage de deux ans à travers l'Allemagne du Sud, l'Italie, la France et l'Angleterre. Felix se plaignit à Devrient « avec une tendresse de fiancé [13] » de ne pas pouvoir prendre congé de sa petite sœur contagieuse. Mais la chance le servit : il attrapa également la rougeole et son départ fut différé de plusieurs semaines; il ne quitta Berlin qu'au mois de mai. Paul tomba lui aussi malade.

Il ne pouvait plus être question pour les Hensel de s'en aller avec lui car, depuis le mois de mars, Fanny sentait son bébé bouger. Par chance, elle fut la seule des quatre frères et sœurs à ne pas contracter la rougeole. Elle dut pourtant s'aliter dès le 24 mai, devant la menace d'une fausse couche, ce qui n'empêcha pas l'enfant d'arriver le 16 juin 1832, deux mois avant terme. Fanny le prénomma Sebastian Ludwig Felix, affichant ainsi ses préférences musicales : Bach, Beethoven et son petit frère. Sebastian dira plus tard ses difficultés en classe à porter un nom aussi inhabituel en ce temps-là [14]; comme il était de plus vêtu comme personne et petit de taille, il lui fallut une certaine dose d'autorité personnelle et de confiance en soi pour s'imposer. Ses parrains étaient Zelter et le sculpteur Rauch [15]. Le bébé était très faible et ses chances de survie très minces, il demandait donc beaucoup de soin, ce qui repoussait les projets italiens vers un lointain indéterminé. L'enfant ne porta pas seulement le nom du compositeur préféré de sa mère; après les journées de juillet, Fanny, prise d'enthousiasme pour la révolution parisienne, lui fit aussi porter des cocardes tricolores cousues dans ses langes [16]. Wilhelm n'en voyait pas du tout la nécessité; il était plus conservateur que jamais, détestait les Français et les positions bourgeoises d'Abraham et de Lea.

Fanny, Felix et Rebecka constituaient le côté libéral de la famille. Les femmes alors n'avaient pas coutume d'exposer leurs opinions politiques, ce qui n'avait pas été le cas pendant l'*Aufklärung*; elles ne retrouvèrent une liberté de parole dans les salons qu'avec les années qui précédèrent la révolution de 1848. Leur indépendance d'esprit contribuait à distinguer Fanny et Rebecka des bourgeoises à l'éducation et à la situation familiale plus ordinaires. Elles ne se trouvaient vraiment comprises que chez elles, ce qui les excluait encore davantage d'un certain monde. Elles gardaient leurs rôles de « femmes » en tempérant les violentes disputes d'Abraham, de Felix et de Wilhelm [17]. Sans la gaieté de Rebecka, l'atmosphère avait du mal à se détendre; Fanny ne supportait pas elle non plus les fâcheries et faisait son possible pour préserver l'harmonie dans la famille. C'est ainsi que les enfants d'Abraham Mendelssohn Bartholdy restèrent toujours très proches des deux fils de Joseph Mendelssohn, Benny et Alexander. Fanny et Marianne, l'épouse d'Alexander, furent des amies intimes depuis leur enfance jusqu'à la mort de Fanny. Il existait en revanche toujours des tensions entre Joseph et Abraham, et la femme de Joseph, la tante Hinni, ne se sentait pas particulièrement à l'aise Leipziger Strasse, dont elle craignait et les jeux intellectuels et les courants d'air [18]. Hinni fit d'ailleurs de cet inconvénient une des causes de la mort brutale de Fanny [19].

Mais la tante Hinni était ravie de constater le bonheur conjugal des époux Hensel, qui s'entendaient à merveille. L'atelier que fit construire Abraham fut pour Wilhelm un merveilleux outil de travail. Il peignait énormément, allait dans son atelier tout de suite après le petit déjeuner et y restait jusqu'à la nuit. Après le repas principal que les Hensel prenaient à quatre heures et demie, il retournait à son atelier s'il faisait jour, ou bien il profitait du jardin, ou bien encore il se remettait au dessin, sa vraie passion. Il laissa un millier de portraits au crayon, témoignage très précieux sur ses contemporains. Cette abondance prouvait une bonté très réelle. Il lui fallait un véritable amour du prochain pour fréquenter autant de gens différents et se sentir à l'aise avec tous, quelle que soit leur classe sociale. Ses portraits, bien que ressemblants, étaient très idéalisés. Il n'y a en effet que des beaux yeux dans l'importante collection qu'il a laissée. Fanny, qui ne se leurrait sur rien, fit cette réflexion que « Wilhelm dessinait une grand-mère dans ses langes [20] ». Il n'en était pas moins capable de reproduire les visages des morts : il dessina ainsi non seulement Schinkel, Varnhagen von Ense, Frédéric Guillaume IV, mais aussi plus tard sa propre femme et son beau-frère Felix [21].

Son atelier ouvrait sur la salle de musique, il n'était ainsi pratiquement jamais séparé de sa famille. Que Fanny fasse sa musique lui était indispensable pour peindre. Elle s'installa donc dans une vie heureuse et bien remplie. Felix écrivait à son ami Rosen, le 9 avril 1830 [22] : « Hensel est incroyablement assidu et travaille toute la journée, dans le sens le plus strict du mot. Fanny a gagné un côté confortable et maternel et a gardé pourtant toute sa chaleur et sa force intérieure : je ne me réjouirai jamais assez à son propos. »

Wilhelm assista Fanny pendant tous les moments difficiles et dangereux de la naissance de Sebastian. Placé dans d'aussi bonnes conditions, le bébé grossit, rattrapa son poids normal et le mois d'août le trouva aussi sain et gras que sa mère pouvait le souhaiter. Fanny nourrit quelque temps son enfant puis le confia à une nourrice. Elle était tellement occupée qu'elle n'arrivait pas à ouvrir son journal et il y a un vide entre le 16 août 1830 et le 4 mars 1831, jour où elle confie ses soucis familiaux, mais aussi son bonheur avec Wilhelm [23].

« En ce qui concerne notre propre vie et notre activité, tout cela a récemment souffert quelques changements : tout l'été depuis la naissance de Sebastian, Wilhelm a dormi dans la pièce jaune et je suis restée avec la nourrice et l'enfant dans la chambre à coucher. Même si alors j'allais souvent le rejoindre le soir et ensuite passais avec lui beaucoup de nuits entières, c'était cependant pour nous une grande privation de ne pas être toujours ensemble ; nous fûmes heureux de tout notre cœur quand Wilhelm occupa son nouvel atelier, cédant sa propre chambre à l'enfant, et reprenant sa place. Depuis nous n'utilisons qu'un seul lit. Wilhelm s'est habitué à laisser ma tête reposer au creux de son bras ; et nous préférons maintenant les nuits aux jours. Il nous paraît impossible que notre amour et notre contentement puissent grandir encore, mais c'est pourtant ainsi : nous nous éprenons chaque jour davantage l'un de l'autre et nous nous disons chaque soir notre bonheur. Notre union et notre paix se remarquent d'autant plus que nous sommes toujours contents et satisfaits lorsque nous sommes seuls ou seulement chez nous, mais que, hélas, nous sommes toujours de mauvaise humeur quand nous revenons de l'autre côté, et il nous faut du temps pour redevenir nous-mêmes. Et pourtant, ils pourraient être eux aussi très heureux. Mais quelques fautes suffisent à assombrir l'effet de beaucoup de vertus et certaines personnes peuvent rendre amère la vie des leurs. »

Tout va bien chez les Hensel : Wilhelm lit ce passage du journal de Fanny et s'en amuse [24]. Il est évident que le caractère des parents ne s'arrange pas et c'est surtout Rebecka qui en subit alors les conséquences. Le mariage se révèle chez les enfants Mendelssohn Bartholdy un véritable parcours du combattant et c'est la plus jeune sœur qui va à son tour subir l'épreuve.

Rebecka ne manquait pas d'admirateurs : le poète Heinrich Heine, amoureux par excellence, et d'autres, plus sérieux, même s'ils se conduisaient comme des gamins. C'est ainsi que le professeur Eduard Gans, celui-là même qui lisait Platon avec elle, et le mathématicien Dirichlet en vinrent aux mains à son sujet. Fanny en parla à Klingemann dans une de ses lettres [25] : « Le très joli, très aimable et très savant professeur de mathématiques Dirichlet, aux airs d'étudiant heureux de vivre, avec qui Gans se collette avec plaisir, ou pour dire les choses en bon allemand, ils se rossent comme des écoliers. »

Le mathématicien Gustav Peter Lejeune Dirichlet gagna la bataille engagée pour les beaux yeux de Rebecka. La jeune fille dut se faire abondamment taquiner par ses frères et sœur. Alexander von Humboldt avait amené à sa suite le jeune scientifique qui venait l'aider dans les mesures de champs magnétiques qu'il prenait dans son « observatoire » du jardin des Mendelssohn [26]. Dirichlet était né en 1805 à Düren et avait vécu depuis son plus jeune âge dans la passion pour les mathématiques. A douze ans, il utilisait son argent de poche à l'achat de livres de mathématiques trop difficiles pour lui dont il disait qu'il les lisait jusqu'à ce qu'il les comprenne [27]. Ses parents, bien que sans grands moyens, puisque son père n'avait que son salaire de directeur des postes pour élever ses onze enfants, lui donnèrent la meilleure éducation possible. Pour un don comme le sien, il n'était alors pas d'autre choix que d'aller en 1822 étudier à Paris, où il fut précepteur des enfants du général Foy. Dirichlet se fit remarquer par Fourier lors d'une conférence qu'il tint à l'Académie de Paris sur le théorème de Fermat. Il rencontra alors Alexander von Humboldt, qui fréquentait aussi le salon des Foy où se retrouvait alors l'opposition au régime. Humboldt lui procura en 1828 un poste à Breslau, et l'année suivante le fit venir à Berlin, d'abord comme professeur à l'école de guerre, puis à l'Académie d'architecture et à l'Université [28]. Le jeune homme était devenu un des plus grands mathématiciens de son temps ; ses recherches portaient sur la théorie des nombres. Ce qu'on appelle la coupure de Dirichlet exprime que l'on peut toujours encadrer un nombre irrationnel (c'est-à-dire qui ne peut être représenté par une fraction) par des nombres rationnels (qui sont des fractions), et ce d'aussi près que désiré ; par exemple, les nombres rationnels inférieurs ou supérieurs à racine de deux sont ceux dont le carré est inférieur ou supérieur à deux. Cela paraît relativement évident, mais c'était en fait asseoir la notion de nombres irrationnels et clarifier le mystère qui les entourait depuis l'époque de Pythagore.

A Sebastian Hensel lui faisant remarquer un jour, beaucoup plus tard, que cela devait être une sensation forte de se trouver le premier dans son domaine, Dirichlet répondit qu'il n'en était pas là, mais qu'il comptait parmi les dix ou douze premiers. « Et qui sont les autres ? » répliqua Sebastian. Dirichlet ne sut que répondre : « L'autre est Gauss [29]. »

Rebecka, tout comme Fanny, n'était pas préparée à faire un mariage d'argent. Épouser un mathématicien de génie paraissait un destin évident pour une femme de son intelligence et de sa culture. Pourquoi les parents Mendelssohn s'opposèrent-ils à ce mariage ? Certes, Dirichlet était catholique, mais comme ce n'était pas chez lui une mode ou une conviction, seulement la religion de ses parents, il se convertit sans problème. On ne sait pas jusqu'à quel point il était libre penseur mais il est sûr que les Dirichlet constituèrent l'aile gauche de la famille Mendelssohn. Quand en février 1831 Rebecka lui annonça sa résolution d'épouser Dirichlet [30], au lieu de rester stupéfaite et sans voix comme en janvier 1829, Lea éclata de fureur et peignit l'avenir de Rebecka en couleurs si sombres que la jeune fille « hors d'elle » s'enfuit chez les Hensel. Fanny et Wilhelm s'entremirent pour calmer les choses, mais les fiançailles ne furent pas conclues avant le mois de novembre. Le mariage eut lieu en mai 1832, et les Dirichlet, au début de leur mariage, habitèrent également un appartement au n° 3 Leipziger Strasse [31].

La réaction de Lea aux mariages de ses filles demeure un mystère. Certes, Dirichlet n'était qu'un professeur de mathématiques assez désargenté, mais il avait tout de même une situation stable, plus qu'honorable et l'Académie des sciences de Paris le réclamait. On peut imaginer Lea plus intéressée par l'argent et la situation sociale qu'elle ne voulait l'avouer, mais ce serait aller contre toute la logique de sa vie et de ses exigences morales. Une autre hypothèse peut être avancée : contrairement à son mari, elle ne souhaitait pas que ses filles se marient. Elle-même avait tout donné à ses enfants, mais voulait-elle que Fanny et Rebecka en fassent autant ? Le soutien qu'elle apporta plus tard à Fanny dans ses moments de doute montre qu'elle n'approuvait pas que le talent de sa fille aînée fût refoulé. Beaucoup plus subtile que son mari, elle était capable de prendre du recul même par rapport à son propre mariage et de se poser des questions, quitte à ne pas être capable de leur fournir de réponse. Sa réaction vis-à-vis de ses filles était cependant tout sauf intellectuelle. Son argument majeur reposait sur un doute quant à l'amour réciproque des « promis ». Peut-être que Lea ne croyait pas à l'amour en général et spécialement à l'amour comme destinée. Elle n'avait pas voulu laisser Fanny jeune fille devenir une dinde amoureuse, état pour lequel Fanny ne montrait de toute façon aucune disposition, et elle ne laissait pas volontiers non plus l'amour envahir la vie de ses enfants. Peut-être que cet aspect du caractère de Lea eut une influence sur la détermination de Fanny à continuer sa musique et à ne pas s'investir dans son mariage au point de détruire son identité.

La période qui suivit l'accouchement la remplit pourtant d'anxiété : elle n'avait plus d'idées, ne savait plus composer. Elle en parlait avec son humour et sa distance coutumière pour tout ce qui la concernait personnellement [32] : « Entre-temps je suis redevenue une mangeuse de pommes de terre nouvelles, une promeneuse dans l'air du soir, une personne capable de se réjouir et se réjouissant et mon petit devient tous les jours plus grand. Je n'ai pas encore composé ; j'avais beaucoup d'idées quand je n'en avais pas le droit, mais maintenant va s'installer la fameuse sécheresse que je tiens du temps. » La lettre date probablement de la fin juillet 1830, mais la sécheresse dura jusqu'à l'automne et Fanny commençait à s'inquiéter. Elle trouva peu d'encouragement chez Felix. Il avait voué sa sœur au métier de mère de famille, et l'avait vue avec ravissement s'épanouir dans sa grossesse. De Rome, il lui signifia très clairement qu'elle avait accompli le devoir que lui imposait son père (« Tu peux encore t'améliorer ! »), qu'elle était désormais parfaite et enfermée dans sa perfection [33] :

> « Reste joyeuse et claire et heureuse, ne change plus vraiment, tu n'as plus besoin de t'améliorer beaucoup ; que ton bonheur te soit fidèle : voilà en gros mes vœux d'anniversaire. Car tu ne peux pas attendre d'un homme de mon calibre qu'il te souhaite des idées musi-

cales; c'est de l'insatiabilité que de se plaindre de leur absence; *per bacco*, si tu en avais l'envie, tu saurais comment composer (cf. " Vie d'un musicien errant " ou " Felix à Rome ") et si tu n'en as pas envie, pourquoi te plains-tu si terriblement? Si j'avais mon enfant à pouponner, je ne voudrais pas écrire de partitions, mais parce que j'ai composé " Non nobis [34] ", je ne peux hélas pas tenir mon neveu dans mes bras. Sérieusement, l'enfant n'a pas encore six mois, et tu veux déjà avoir d'autres idées que Sebastian? (pas Bach). Réjouis-toi de l'avoir, la musique n'est absente que lorsqu'elle n'a pas sa place et cela ne me surprend pas que tu ne sois pas une mère dénaturée. Je te souhaite pourtant tout ce que ton cœur désire pour ton anniversaire; je veux donc te souhaiter une demi-douzaine de mélodies, mais cela ne t'aidera pas. »

On ne peut pas exprimer son manque de sympathie avec plus d'amitié. Tout ce que Felix écrit est sans doute vrai, mais peu encourageant, et ne pouvait donner à Fanny qu'un sentiment allant de l'agacement à l'étouffement. Felix avait pourtant énormément d'admiration pour sa sœur, ce dont il s'apercevait d'habitude en rencontrant d'autres musiciennes. De passage à Munich, il flirta abondamment avec la pianiste Delphine von Schauroth [35], avec qui il joua une sonate de Hummel à quatre mains avec beaucoup de succès. Il en parlait ainsi à sa sœur [36].

« Je voulais seulement te dire que la jeune fille jouait très bien et qu'elle m'avait beaucoup impressionné la première fois que nous avons joué ensemble (car nous avons déjà joué ce morceau); comme je l'entendais seule hier matin, toujours dans la plus grande admiration, il m'est soudain venu à l'esprit que nous possédions une jeune dame dans la maison de derrière qui a dans la tête une bien autre idée de la musique, autant que beaucoup de dames réunies et je pensais que je voulais lui écrire pour la saluer de tout mon cœur; tu es cette dame bien sûr, mais je te le dis, Fanny, je n'ai besoin que de penser à certaines pièces de toi pour me sentir tendre et sincère, bien qu'il faille beaucoup mentir en Allemagne du Sud. Tu sais vraiment ce que le Bon Dieu s'est représenté en créant la musique; ce n'est pas étonnant quand on s'en réjouit. Tu sais aussi jouer du piano et si tu as besoin d'un plus grand adorateur que moi, tu peux te le peindre et te faire peindre par lui. »

Un peu plus loin revient une allusion à *Italien*, le futur favori de la reine Victoria :

« Hier, une noble comtesse me louait pour mes *Lieder* et me dit sous forme de question, celui de Grillparzer n'est-il pas charmant? Oui, fis-je, et elle me tenait déjà pour immodeste, jusqu'à ce que je lui explique tout, déclare qui en était l'auteur et promette de faire profiter la société des compositions que tu m'enverrais prochainement. Si je le fais, je suis un grain de poivre, un cheval de labour : mais tu ne m'en enverras pas. »

Comme Fanny quelques mois plus tôt, peut-être que Felix, tout éclairé qu'il était, supposait vaguement qu'une jeune fille vierge avait un pouvoir créateur qu'elle perdait en convolant. Fanny en avait eu peur, on peut imaginer que des images rétrogrades traînaient aussi dans la tête de son frère. Heureusement, Wilhelm venait d'ailleurs, et, tout conservateur qu'il était, il ne craignait pas sa femme. L'abondance de ses portraits et de ses miniatures montre que, par goût, il était un peintre ou un dessinateur intimiste. Il était certes par profession peintre de cour, vivant des commandes de peintures de taille plus ou moins monumentales ou des copies de Raphaël, mais Wilhelm n'était pas un voyageur comme Felix, sa vie était dans le monde privé, où il partageait tout avec sa femme sans aucune crainte qu'elle le domine. Il avait besoin qu'elle travaille comme lui et en même temps que lui. Fanny écrivit à Felix, dès le début de leur mariage [37] : « Mon mari me fait un devoir d'aller tous les matins au piano aussitôt après le petit déjeuner, car ensuite je suis sans cesse dérangée; il vint ce matin et sans rien dire posa une feuille de papier sur le piano; cinq minutes après je le rappelais pour lui chanter la musique qui un quart d'heure plus tard était couchée sur le papier. »

Il ne s'agit pas d'œuvres de dimensions considérables, mais d'un échange constant entre peinture et musique. Pour l'anniversaire d'une de leurs amies, Wilhelm imagina de peindre une petite boîte sur laquelle Fanny écrirait une mélodie. Fanny trouva l'idée beaucoup trop jolie pour l'occasion, mais le généreux Wilhelm affirma qu'il ne pouvait être question de garder leurs idées pour eux-mêmes. La boîte est malheureusement perdue, mais il reste en collection privée un carnet en forme de cœur, couvert des commentaires picturaux et musicaux des époux. Wilhelm avait rapporté d'Italie pour chacun des frères et sœurs un carnet semblable qu'il leur offrit pour Noël en 1828. C'était de fort beaux cadeaux, si l'on considère que tout ce qui était papier était coûteux et précieux. Celui de Rebecka était en forme d'étoile, mais il a disparu. On ne trouve aucune mention d'un carnet ayant appartenu à Paul, même s'il est peu vraisemblable qu'il n'en ait pas reçu. Felix utilisa le sien pour noter ses rendez-vous à Londres. Le carnet en forme de cœur qui échut à Fanny était un album de 6 centimètres sur 7, doré sur tranche, comprenant quarante et une pages d'un beau papier [38]. Entre

Noël 1828 et août 1833, Wilhelm et Fanny remplirent le carnet alternativement de musique et de dessins : on peut parler d'une sorte de journal. Fanny note des fragments de phrases musicales, soit de thèmes de *Lieder* qui se retrouvent fort peu altérés dans la version finale, soit de transitions d'une ou deux mesures. Wilhelm y écrivit au début un petit poème :

« *Wohl diesem Büchlein gleicht das Herz*
Du schreibst hinein Lust oder Schmerz. »

« Ce petit livre ressemble au cœur
Tu y écris joie ou douleur. »

Puis ses esquisses alternent avec celles de Fanny. D'abord abstraites, elles deviennent plus personnelles à la naissance de Sebastian. Le 6 mars 1830, une fée agite un papillon au-dessus d'un enfant endormi dans une fleur, signalant les premiers mouvements de Sebastian dans le ventre de sa mère : le papillon symbolisait l'âme de l'enfant. Puis, le 16 juin 1830, un ange éloigne du nouveau-né, toujours dans une fleur, une chauve-souris représentant un mauvais esprit. Les époux ne reprennent leur carnet qu'à Noël 1831 avec un poème pour Sebastian, trois dessins de Wilhelm et six esquisses de Fanny. Suit une histoire très triste : l'esquisse d'une berceuse de Fanny achevée en octobre 1832 ; puis Wilhelm redessine le 1er novembre de la même année la fée du 6 mars 1830, mais cette fois ses ailes pendent tristement et l'enfant reste renversé dans sa fleur. C'est la seule indication existante d'une fausse couche de Fanny à cette époque. Wilhelm savait peindre même quand il était malheureux. Fanny, en revanche, ne confie rien à son journal entre juin 1832 et mai 1833 et n'écrivit plus d'esquisses dans le petit carnet en forme de cœur où Wilhelm dessina encore six croquis mais dont les dernières pages restèrent vides.

Ces années n'étaient faciles pour personne. Les Hensel étaient heureux en ménage, mais la vie berlinoise fut très assombrie dès 1831 par une épidémie de choléra qui fit des coupes sombres dans la population. Fanny l'attrapa mais s'en remit ; quand elle reprit son journal le 26 mai 1833, c'est sous forme de faire-part de décès qu'elle l'écrivit [39] :

« Survol des personnes que nous avons perdues depuis deux ans. » Suivent alors les noms de treize personnes, dont la tante Jette et Hegel en novembre 1831, le violoniste Ritz, l'ami de Felix qui avait participé à la *Passion selon saint Matthieu* en janvier 1832, en février une amie très proche de Fanny, Ulrike Peters, qui mourut d' « un désordre nerveux », en mars Goethe, en mai Zelter, en juin Ludwig et Frederike Robert, en mars 1833 Rahel Varnhagen...

Dans cette ambiance, rien d'étonnant à ce que Fanny fût malade pendant l'été 1832, et même qu'elle perdît un enfant. Felix était de retour cet été-là, et Fanny était d'autant plus malheureuse de ne pas pouvoir profiter de sa présence à cause de sa maladie [40] : « Felix était là tout l'été précédent, et si je n'avais pas été sans cesse souffrante, nous aurions pu passer de très bons moments. » Les derniers pour longtemps sans doute, car Felix savait alors qu'il n'y avait aucun avenir pour lui à Berlin. Malgré sa mauvaise santé, Fanny va trouver l'énergie nécessaire pour surmonter tous ces deuils et ces maternités difficiles. C'est la vie musicale qu'elle organisera autour d'elle qui va lui rappeler qu'elle n'est pas que mère et femme d'intérieur.

Les « Sonntagsmusik »

Pour se sortir de la dépression qui fait normalement suite à un accouchement, Fanny décida de recommencer les *Sonntagsmusik*, institués dès 1823 par Abraham pour ses aînés, et surtout pour Felix.

En décidant de se créer ainsi un cercle musical, Fanny ne partait pas de zéro, et n'inventait pas une chose nouvelle à Berlin. Le salon berlinois « Biedermeier » est en effet à partir de 1820 d'abord un salon de musique, par goût et par nécessité. Ce ne sont plus des salons « où l'on cause », puisque la parole n'est pas libre et que les dames ne parlent pas de politique. La poésie bucolique tient lieu de conversation en tant que divertissement et la musique vient à propos donner un sens à des mots qui sans cela paraîtraient creux. La société berlinoise tout entière avait tendance à donner aux modèles culturels une valeur quasi religieuse et s'enthousiasmait pour la musique, le théâtre, les arts plastiques, capables de rassembler toutes les forces opposées d'un monde plein de tensions. L'abstraction et l'irrationalité de la musique, dont l'État favorisait l'accès à toutes les couches sociales, en fit un art où les Allemands se reconnurent [1].

On faisait donc beaucoup de musique dans les salons berlinois entre 1815 et 1848, que ce soit chez Élisabeth von Staegemann, la princesse Luise Radziwill, Amalie Beer ou Lea Mendelssohn Bartholdy. Ces deux derniers salons étaient les plus brillants [2]. Amalie Beer, mère du compositeur Giacomo Meyerbeer, mais aussi du poète Michael Beer, s'imposa par sa personnalité et la sécheresse de ses remarques. On l'appelait la « Reine mère ». Chez les Staegemann et les Radziwill, les divertissements étaient plus variés, alternant musique, poésie, petits jeux, alors que le salon des Beer était presque exclusivement musical, ce qui ne l'empêcha pas d'être fréquenté par les gens de théâtre et les célébrités du monde scientifique et politique. Lea Mendelssohn Bartholdy en revanche ne trônait pas dans son salon, qui se différenciait de celui des Beer par son caractère plus familial : il était tenu par toute une famille, en particulier par la mère et ses deux filles. Lea, comme l'avait compris Devrient, faisait en sorte que ses hôtes se sentent bien et laissait briller ses enfants Felix et Fanny, tandis que Rebecka répandait la bonne humeur. Fanny n'eut donc qu'à reprendre et continuer le travail commencé, mais dans un Berlin où les conditions d'écoute de la musique changeaient au fil des années.

Au moment où Abraham lançait les *Sonntagsmusik*, la vie du concert instrumental à Berlin était bien pauvre. Il existait deux orchestres, celui de l'Opéra et celui de la Chapelle royale, mais l'organisation des concerts restait dans le flou, laissée à l'initiative privée [3]. Inviter des musiciens dans leur salon n'était pas seulement pour les Beer ou les Mendelssohn une fantaisie de riches, mais une nécessité musicale et sociologique. Les musiciens en avaient besoin pour vivre et les Berlinois pour entendre de la musique instrumentale. Cela contribuait cependant à donner aux citoyens l'impression qu'ils habitaient dans une ville de peu d'importance : comme en ce qui concernait la gestion de la ville, l'État se refusait à intervenir franchement et la municipalité ne se sentait pas habilitée à prendre la responsabilité d'un orchestre ou de l'organisation d'une série de concerts.

Fanny était très consciente de cet état de choses, et du rôle qu'elle aurait pu jouer si elle avait porté des « inexprimables » ou du moins des pantalons. Dès 1825, elle écrivit un projet d'organisation de concerts qui dans son idée devait faire pendant à la Singakademie [4].

« Berlin, le 17 mars 1825

« Proposition pour la constitution d'une association d'amateurs pour la musique instrumentale.

« L'état actuel de la musique instrumentale à Berlin exige les efforts d'hommes habiles et experts [5] ; l'art déclinant doit être relevé d'une main forte, autrement il disparaîtra dans le mauvais goût de l'époque, l'égoïsme de l'organisateur et la frivolité du public.

« La seule institution instrumentale classique de Berlin, les quatuors de Möser [6], bénéficient d'un public fidèle bien que l'organisateur se soucie peu de captiver ses auditeurs en les attirant avec des nouveautés et de l'inhabituel, et bien que la réalisation laisse souvent à désirer ; alors que ce genre, qui ne peut compter que sur sa valeur intrinsèque et se passe de tout apport supplémentaire, réclame la perfection de l'exécution.

« Berlin possède beaucoup d'amateurs doués et amoureux de l'art, le manque d'un point de ralliement pour tant de talents dispersés est sensible, chacun fait de son mieux en invitant chez lui, quand ses

189

moyens le lui permettent, un quatuor ou une formation susceptible de jouer de la musique composée d'un nombre plus ou moins important de parties. On ne compte plus ici de telles assemblées privées, mais, parce qu'elles sont isolées, elles perdent de leur effet et propagent un amateurisme plus dommageable qu'avantageux pour l'art. Si tous ces rayons, faibles en eux-mêmes, pouvaient s'unir en un trait lumineux, ils pourraient alors répandre leur lumière loin dans le monde, comme la Singakademie depuis sa ville natale s'est implantée dans toute l'Allemagne.

« Les symphonies sont la plus grande forme de ce grand tout qu'est la musique instrumentale. C'est dans cette direction que notre association doit diriger ses vues. La Singakademie de Fasch pourrait servir de modèle à notre institut, en ce qui concerne les structures, mais ses buts doivent être et seront essentiellement différents. La Singakademie, qui ne s'intéresse qu'à la musique sacrée et dont les membres se composent pour la plus grande partie de femmes et de jeunes filles, doit pour cette raison se tenir le plus loin possible de toute publicité : la musique sérieuse convient en effet à l'église, pas à la salle de concert, et les femmes de la classe privée craignent de se montrer en public.

« Il en va tout différemment de notre association. Nous ne voyons là que des hommes rassemblés par un même dessein, celui d'interpréter comme il se doit de grandes compositions instrumentales. Tout ici tend à la publicité. La musique vibrante et excitante veut un public excité et un succès fort, un grand orchestre réclame une salle pleine, sinon il s'assourdit lui-même dans son bruit, et un public assemblé pour une fête s'accorde autant avec des symphonies universellement joyeuses, vivantes et bruyantes, qu'un petit cercle silencieusement recueilli avec un choral religieux ou une fugue stricte.

« Cherchons maintenant un moyen pour atteindre notre but.

« Un homme capable, expert et enthousiasmé par le projet prend la fondation et la direction des fondateurs. Il y aura une souscription publique *, chaque membre paiera six reichthalers par an outre un prix d'entrée de trois reichthalers. Les frais à calculer et à considérer seraient les suivants :

1. Location, chauffage et éclairage d'un local.
2. Service.
3. Pupitres et autres nécessités.
4. Appointements des instrumentistes à vent qu'on ne pourra pas

---

* Chaque amateur versé dans quelque instrument que ce soit sera accepté, avec une préférence pour les bons violonistes; on prendra au début tout le monde sans faire le moindre choix, pour que l'institution se mette en marche le plus vite possible. On trouve rarement des instrumentistes à vent chez les amateurs, mais on ne peut douter qu'ils ne s'y appliquent, dès qu'ils verront cette occasion de les pratiquer.

trouver parmi les amateurs et qui se trouveront très facilement dans les régiments[7].

« Pour économiser les frais de partitions lors de la première installation, il faudra s'abonner à une bibliothèque de prêts, jusqu'à ce que la société soit suffisamment riche pour penser à sa propre bibliothèque.

« Au cas où les frais incontournables seraient couverts par la première souscription, la société pourrait s'organiser ainsi : deux assemblées par semaine, de 7 à 9 *. On étudiera là des symphonies et autres mouvements instrumentaux sous la direction du chef; celui-ci se tiendra à côté du premier violon et sera seul juge du choix des morceaux ; pour introduire un changement et si ce directeur le juge bon, on pourrait aussi donner des compositions écrites par des membres de la société, des mouvements de concertos composés et exécutés par eux-mêmes. Quand la société se sera assemblée régulièrement pendant un certain temps et qu'elle aura bien étudié la quantité nécessaire de morceaux, on annoncera alors douze concerts d'abonnement pour l'hiver au prix de souscription de six reichthalers. Il y en aura un tous les quinze jours, entre-temps les trois asssemblées seront utilisées à l'étude et à la préparation du concert. Le produit de ces concerts permettra de verser un salaire annuel au directeur, et s'il se trouve un excédent, on constituera un fonds avec lequel la société pourra par la suite s'acheter des partitions et des instruments. Parmi les abonnés actifs se trouveront des hommes qui voudront se charger de la direction administrative et de la gestion de la recette. On ne devra rien entreprendre tant que les frais ne seront pas couverts.

« Quand le projet arrivera à sa maturité, il sera temps de parler de l'organisation de l'association, du choix d'un directeur, au cas où le fondateur ne voudrait plus l'être, de l'examen du nombre grandissant des membres, etc, etc. **.

« Il est vraisemblable qu'une telle fondation, ou toute autre semblable, serait à l'heure actuelle appropriée à l'époque et au lieu. On peut supposer qu'une ville aussi musicale que Berlin encouragerait et soutiendrait une telle entreprise sous toutes ses formes. Et que de fruits merveilleux ne peut-on pas en attendre, lorsqu'un jour notre institution s'unira à la Singakademie en vue d'une grande représentation musicale, lorsque les deux forces marchant vers un même but rendront dans toute leur ampleur les œuvres de Bach, Händel, Haydn, Mozart, Cherubini, Beethoven! Que cela nous soit donné de

---

* Le nombre d'assemblées comme le chiffre des contributions à payer doivent être organisés selon le souhait et le besoin exprimés par la majorité des membres.
** Les examens ne devront pas avoir lieu avant que l'on n'ait atteint un nombre de membres suffisant pour commencer. Jusque-là on devra accepter sans examen tous ceux qui se présenteront.

nous diriger bientôt vers ce but attrayant, et que le public berlinois nous aide dans cette tâche, tandis que nous travaillerons de toutes nos forces à la soutenir avec ardeur, en parole et en acte!

A quelle occasion Fanny prit-elle la peine d'écrire ce projet? Pour qui? On n'en sait rien. Elle le rédigea avec soin, fit attention à éviter certaines répétitions. Était-ce uniquement en vue d'une lecture chez les Mendelssohn? Lea n'aimait pas l'imprécision et les travaux bâclés et elle lui avait transmis, entre autres qualités ménagères, le sens de la gestion ainsi qu'un esprit extrêmement pratique et actif. Le projet prouve en tout cas la passion que Fanny portait à la musique instrumentale. Berlin n'avait pas la tradition orchestrale d'autres villes d'Europe, elle avait plutôt une tradition de chant choral jointe à un goût particulier pour les *Lieder*. La musique instrumentale jouait un trop grand rôle dans la formation de Felix et de Fanny Mendelssohn Bartholdy pour qu'ils ne souffrent pas de son absence. Il faut noter que Fanny ne fait pas de différence de nature entre la musique de chambre et la musique symphonique, mais seulement une différence quantitative. Quand Abraham invitait un orchestre pour jouer avec ses enfants, c'était, disait Devrient, pour jouer « des concertos et des trios ». Pour le pianiste, la difficulté et le style sont les mêmes.

Fanny insiste sur la nécessité de ne pas faire subir d'examen aux amateurs se présentant pour faire partie du groupe. Cela montre qu'ils étaient en général très capables, ou qu'elle avait une grande confiance dans l'efficacité du travail. Mais ses élans lyriques témoignent qu'il s'agissait aussi d'autre chose : son enthousiasme, comme celui qu'elle suppose aux amateurs berlinois et même qu'elle a déjà constaté chez eux, donne à ce grand projet une dimension religieuse et unificatrice. L'exaltation héroïque d'un Schiller et d'un Beethoven revient en mémoire : « Tous les hommes sont des frères... » La salle de concert prend la place d'un lieu de culte où il ne serait pas question ni de tendances religieuses, ni d'opinions politiques.

Fanny ne songe pas une seconde à entrer dans l'association, mais seulement à « la soutenir avec ardeur ». A l'inverse de Felix, elle n'a pas appris le violon. Était-il considéré comme moins « privé » que le piano? Elle n'a même pas un commentaire : elle constate sèchement que les femmes s'excluent d'elles-mêmes. C'est peut-être à son frère qu'elle pense en écrivant : Felix, pour l'avenir duquel toutes « ses » femmes travaillent. Mais dès 1826, Eduard Ritz, l'ami proche de Felix, le violoniste que les Mendelssohn adoraient, fonda une société philharmonique composée d'amateurs. Est-ce pour lui que Fanny composa son projet? Elle n'y resta certainement pas étrangère.

La Singakademie allait inaugurer en avril 1827 sa nouvelle salle au centre du Berlin monumental avec la *Messe* à seize voix de Fasch [8]. A partir de 1828 se suivent plusieurs représentations de grands oratorios de Haendel et de Graun et la toute récente société philharmonique de Ritz joua *Judas Maccabäus* avec la Singakademie le 17 janvier 1828. C'est ce même orchestre, augmenté des instrumentistes de la Chapelle royale, qui fit revivre la *Passion selon saint Matthieu* sous la baguette de Felix. Quelle que soit la qualité, ou le manque de qualité, d'un ensemble d'amateurs, on ne peut que rester stupéfait de l'élan qui poussait ces gens à s'engager dans des travaux aussi ardus. Nul doute que cet enthousiasme ne fît partie de l'ambiance religieuse qui entourait les représentations de la *Passion*, et que ce sens du groupe n'ait été un avant-goût de l'unité nationale qui allait se réaliser pendant cette génération.

Malheureusement, Ritz mourut en janvier 1832. Felix partit définitivement peu après et Fanny, son bébé dans les bras, pouvait bien se demander comment vivre cette passion et, plus ou moins consciemment, comment participer à ce grand mouvement, sans homme pour lui servir d'intermédiaire vers le monde public? Elle décida donc de faire revivre les *Sonntagsmusik*. Il faut souligner ici que les parents Mendelssohn, aussi difficiles à vivre qu'ils fussent, restaient des personnalités exceptionnelles : quelle autre femme à cette époque aurait eu le droit d'organiser sa propre série de concerts? On comprend pourquoi leurs enfants ne cessèrent jamais de les idolâtrer.

Felix se montra ravi de l'idée de sa sœur, et lui écrivit de Rome [9] : « Je ne peux pas te dire, ma chère Fanny, combien ton projet de nouveaux *Sonntagsmusik* me plaît, c'est une inspiration brillante et je te prie au nom de Dieu de ne pas la laisser s'endormir, commande plutôt à ton voyageur de frère de t'écrire quelque chose de nouveau. L'homme le fera bien volontiers, il ne se réjouit que trop à propos de toi et ton idée. »

Fanny veut constituer son propre chœur, qui ne saurait cependant être trop important. Ces concerts donneront en alternance de la musique vocale et instrumentale, entre lesquelles Fanny jouera aussi seule. « Je pense que cela ne fera pas de mal, ni à toi, ni au public », ajouta Felix. Le simple fait d'entendre parler de ces concerts lui a donné l'inspiration pour composer la première *Walpurgisnacht* de Goethe. « La chose a pris tournure, elle est devenue une grande cantate avec orchestre complet et on peut la rendre très gaie. » Tous ces projets sont remplis de joie de vivre, comme cette symphonie italienne qui « sera le morceau le plus gai que j'ai jamais écrit, surtout le finale ». Mais la *Walpurgis-nacht* restera toujours un des morceaux préférés de Fanny, qu'elle fera rejouer toute sa vie dans ses concerts. C'est probablement celui qu'elle faisait répéter le 14 mai 1847 quand la mort l'emporta.

Felix n'est pas seul à composer des cantates, Fanny en écrivit quatre entre juin 1831 et janvier 1832 : *Lobgesang* (« Hymne ») fut terminé le 14 juin 1831 pour le premier anniversaire de Sebastian. L'œuvre a la forme d'une cantate de Bach : une introduction pastorale, un chœur, un récitatif d'alto, un air de soprano *O dass ich tausend Zungen hätte* (« O si j'avais mille langues ») et un chœur final. Il s'agit d'une sorte d'action de grâces pour la naissance de l'enfant. La citation biblique du récit d'alto ne laisse pas de doute à ce sujet [10] : « Quand la femme enfante, elle est dans la douleur parce que son heure est venue; mais quand elle a donné le jour à l'enfant, elle ne se souvient plus de sa souffrance, dans la joie qu'elle éprouve de ce qu'un homme est venu au monde. » L'enfant Sebastian est placé sous le parrainage du grand musicien, ce qui n'empêcha pas Felix de critiquer vertement l'instrumentation de la pièce, dans une lettre qu'il écrivit à Fanny six mois plus tard, alors qu'il visitait Paris pour la dernière fois et qu'elle était déjà passée au morceau suivant [11].

« J'éprouvais des remords de conscience en lisant ta nouvelle partition, que tu as si habilement dirigée pour l'anniversaire de Père, et je me reprochais de ne t'avoir pas encore dit un mot au sujet de la précédente, car avec moi, collègue, tu ne peux pas t'en tirer si facilement! Comment diable peux-tu t'aviser de faire jouer aussi haut tes cors en sol? As-tu jamais entendu un cor en sol attaquer un sol aigu sans faire un canard? Je te le demande! A la fin de l'introduction, juste à l'entrée des instruments à vent, n'est-ce pas évidemment un mi grave que ces mêmes cors doivent jouer? Enfin, le ronflement des hautbois dans le grave ne détruit-il pas tout ce que la pièce a de pastoral et de fleuri? Ne sais-tu pas qu'il faut se procurer une licence spéciale pour écrire un si grave à la partie de hautbois, et que cela n'est permis que dans des circonstances toutes particulières, dans une scène de sorcières par exemple, ou lorsqu'on veut exprimer une grande douleur? Dans l'air en la majeur, le compositeur n'a-t-il pas couvert le chant avec beaucoup trop d'autres voix, de sorte que l'intention si délicate, la si aimable mélodie de ce morceau fort bien réussi d'ailleurs et où il se rencontre tant de beautés, s'en trouve éclipsée ou du moins appauvrie ? Mais pour parler sérieusement, cet air est magnifique et particulièrement charmant. Mais j'ai des reproches à faire aux deux chœurs, qui s'adressent davantage au texte qu'à toi. »

Felix a beaucoup de problèmes avec les textes, qui sont rapidement trop « matériels » pour son goût. Il se plaint, à propos des chœurs de *Lobgesang*, de ce que « les paroles ne comportent aucune musique d'une façon nécessaire », mais il reste très conscient que ce problème est avant tout son problème, et que l'on peut reprocher à ses *Lieder* de ne pas composer les paroles mais l'émotion du texte, et, par conséquent, de pouvoir se dispenser des mots. De là sa recomposition partielle des récitatifs de la *Saint Matthieu*. Mais il admire sans réserve tout l'aspect purement musical de l'œuvre de sa sœur : « Quant à ta musique et sa composition, elle est très à mon gré : le pédantisme féminin ne s'y cache à aucun endroit et si je connaissais un maître de chapelle qui ait produit une telle musique, j'installerais cet homme à ma cour. » Felix mentionne à la fin de sa lettre sa rencontre avec Kalkbrenner [12], dont il appréciait peu le désir de devenir « romantique » pour se mettre au goût du jour, mais qui lui parla de « son aimable petite sœur, qu'il aimait tant, avec son beau talent pour la composition et l'instrument ».

Le frère et la sœur ont les mêmes problèmes et les mêmes aspirations ; ce sont deux musiciens luthériens qui en tant que romantiques et berlinois entretiennent le même rapport ambigu au texte. Un texte, celui de la Bible par exemple, n'est pas forcément sentimental. Or la musique, selon Felix, est toujours inspirée par le tempérament, par un mouvement de passion. Il s'ensuit, selon lui, que tous les textes ne peuvent pas être mis en musique. Cette affirmation vient pourtant en contradiction totale avec l'éducation musicale contrapuntique héritée de Bach et de Kirnberger, où la musique n'est pas sentimentale, mais abstraite et symbolique, avec la fonction de communiquer la parole divine à la communauté. Entre ces deux pôles, une autre exigence : une mélodie se doit d'être fluide et de se mémoriser aisément. C'était le principe qu'énonçait leur père Abraham, fidèle en cela à la conception que la fin du XVIIIᵉ siècle se faisait de la nature. Les *Tafellieder* (« chansons de table ») et autres *Lieder* berlinois ne se souhaitaient pas d'autres règles. Felix ne trouva pas de livret d'opéra à sa guise, car ses exigences étaient contradictoires. L'idée de créer un opéra n'effleura même pas Fanny : non seulement ce n'était pas un monde qui lui était autorisé puisque l'opéra représentait le comble du monde public, mais ce n'était pas son monde du tout! L'un et l'autre ne se sentaient chez eux que dans une ambiance de concert vécue comme une religion. Felix avait été choqué en Angleterre par l'insouciance du public lors d'une représentation du *Messie* ; le public berlinois s'était conduit bien différemment en écoutant la *Passion selon saint Matthieu*. Felix écrivit des oratorios qui furent ses chefs-d'œuvre : *Paulus*, *Elias*, sans parler de ses psaumes. C'est là qu'il sut faire de ses contradictions une force et unir romantisme et abstraction.

Immédiatement après la première cantate, donc avant de recevoir les critiques de Felix, Fanny composa une autre cantate biblique, achevée le 31 octobre 1831 et fondée sur l'histoire de *Hiob* (Job). Elle emploie cette fois encore un grand orchestre, en ajoutant trompettes et timbales : la salle du jardin devait résonner de toutes ses vitres! Au lieu d'un air central, elle introduisit un trio pour soprano, ténor et basse. Après *Hiob*, Fanny écrivit entre le 9 octobre et le 20 novembre 1831 une autre composition biblique, intitulée *Oratorio*. Il ne s'agit pas ici d'une histoire, mais d'extraits de la Bible, avec le sentiment religieux comme fil conducteur. Comme dans *Nachtreigen*, elle utilise un chœur mixte à huit voix et ajoute trois trombones à son orchestre. On ne sait pas si l'anniversaire d'Abraham mentionné par Felix dans sa lettre du 28 décembre fut fêté avec *Hiob* ou avec *Oratorio*.

Le choix de ces textes montre que Fanny, avec la même formation que Felix, aurait été beaucoup plus à l'aise que lui dans la pensée abstraite. C'est avec raison qu'il l'appelait son Cantor, car elle était plus proche que lui du symbolisme de Jean-Sébastien Bach. Sa confiance en Felix était malheureusement aveugle et on ne peut savoir ce que sa musique serait devenue si elle avait persisté à se choisir des textes sans support sentimental.

La dernière œuvre de cette période n'est plus vraiment une cantate, ou ce serait une cantate très profane ; il s'agit d'une scène dramatique d'après la légende grecque d'Hero et de Leandre, écrite pendant la maladie de son amie Ulrike. Wilhelm en écrivit le texte et l'œuvre fut achevée en trois semaines, entre le 4 et le 21 janvier 1832. Ce fut la dernière tentative de Fanny de composer pour chant et orchestre.

Tout ce travail montre que, si la vie conjugale influençait l'inspiration de Fanny, c'était plutôt en bien. Ces œuvres étaient représentées aux *Sonntagsmusik* avec beaucoup de succès. Il n'est pas certain, mais très probable, que l'orchestre habituel ait été invité. Fanny avait alors constitué son petit chœur. Comme le confirme

Felix dans sa lettre du 28 décembre 1831, Fanny dirigeait avec habileté chœur et orchestre, c'est-à-dire que, comme son frère, elle dirigeait sans « effets », avec précision et efficacité.

Fanny s'est créé, sans Felix, une vie pleine et heureuse, où chaque événement, que ce soit Noël ou un anniversaire, est marqué par une fête où chacun apporte son talent comme cadeau. L'atelier de Wilhelm s'anime de tous ses étudiants. Eva Weissweiler souligne que les Noëls de Fanny ne pouvaient blesser personne dans ses convictions : ce sont des moments particulièrement conviviaux, où tout le monde se soumet à la coutume des présents réciproques [13]. Le cercle Mendelssohn est toujours composé de Juifs ou de Juifs convertis, et les élèves et la famille de Wilhelm peuvent sans inconvénient avoir d'autres « formes de religion » car la tolérance, l'amitié et la paix sont les fondements du credo de Fanny Hensel. Comme le prouvent les choix des textes de ses cantates, la religion et la morale sont importantes pour elle. Après ce Noël 1831, elle écrivit dans son journal à propos des étudiants [14] : « Je me réjouissais beaucoup de voir ces jeunes gens et de les attirer dans notre cercle. Je pense que c'est le moyen le plus sûr pour qu'ils s'attachent les uns aux autres, et pour avoir sur eux une influence morale. » La religion est comprise ici dans son sens le plus strict de « relation ». Les hôtes des Hensel, pour ce Noël, étaient leurs parents, leurs frères et sœurs, les élèves, Ulrike, Gans et Marx. Ce dernier venait de se réconcilier avec Abraham, lors du concert que Fanny avait dirigé pour l'anniversaire de celui-ci; Fanny ne pouvait supporter les brouilles et s'entremettait toujours la première pour rapprocher les gens qu'elle aimait. Le caractère d'Abraham ne lui laissait guère de répit! L'unité, la paix et le bonheur semblaient cependant installés pour longtemps sur toute cette famille quand le retour de Felix engendra des événements fort désagréables.

Felix et la Singakademie
La fin du rêve

Felix revint de son voyage européen à la fin de juin 1832. C'était un homme nouveau, sûr de ce qu'il aimait ou détestait [1]. Il adorait les paysages suisses, aimait l'Italie mais pas le papisme, avait été définitivement déçu par Paris, où il ne remettrait plus jamais les pieds. La vie symphonique était pourtant, grâce aux concerts spirituels de l'Ancien Régime, une tradition parisienne : l'orchestre du Conservatoire, placé sous la direction de Habeneck [2], rassemblait les meilleurs instrumentistes de la ville et constituait une formation hors pair. Felix eut beaucoup de succès en jouant avec cet orchestre le *Concerto en sol* de Beethoven, mais *L'Ouverture du Songe d'une nuit d'été* reçut du public une approbation moyenne; de plus, l'orchestre refusa de jouer sa *Symphonie Réformation*, « trop scholastique [...], trop de fugatos, pas assez de mélodies [3], échec cuisant que le jeune compositeur eut du mal à accepter. Felix à Paris partagea son temps entre les musées, la Chambre des députés, les théâtres et les concerts de musique de chambre et passa à côté de ce qui faisait le bouillonnement artistique de la capitale après la Révolution de 1830. Eric Werner lui reproche son « puritanisme de petit-bourgeois [4] », mais s'étonne également de ce qu'un aussi jeune artiste, soucieux de s'affirmer, refuse à la fois le classicisme des Cherubini, Hummel et Moscheles et le romantisme des Chopin, Liszt et Berlioz. Werner souligne encore que, si Wilhelm refusa de se confronter à la vie musicale parisienne et ne tenta pas vraiment de s'imposer, c'est qu'il détestait la compétition. Kalkbrenner par exemple était prêt à toutes les mesquineries à son égard [5], et Felix ne le supportait pas. La générosité même quand il s'agissait d'aider ses collègues, il se décomposait dès qu'il se sentait comparé. Le séjour à Paris, sur lequel il donna peu d'explications, lui laissa de mauvais souvenirs à plus d'un titre : une attaque de choléra, épidémie qui sévissait aussi à Paris, l'annonce de la mort de Ritz puis celle de Goethe, à laquelle il savait que Zelter ne survivrait pas [6], tout cela suffisait à éloigner un jeune homme un peu gâté d'un lieu qui, de toute façon, ne l'accueillait pas comme le Messie.

Un séjour réconfortant en Angleterre, où il connut toujours ses plus grands succès et où il retrouva son cher ami Klingemann, lui fit reprendre sa confiance en lui et sa bonne humeur. Ce grand voyage de deux années, où il avait parcouru l'Europe pour chercher sa place, l'avait convaincu qu'elle n'était nulle part ailleurs qu'en Allemagne. Il avait même décidé, en toute modestie, qu'il avait une mission et il souhaitait contribuer à donner aux orchestres allemands le même dynamisme et une structure aussi forte que celle de l'orchestre du Conservatoire. Entre Fanny et Felix existait sur ce sujet une véritable communion d'esprit.

La mort de Zelter le 15 mai 1832 avait laissé vacant le poste de directeur de la Singakademie. Toute sa famille pressait Felix de revenir vite et de saisir cette occasion d'avoir à Berlin une position stable. Felix ne voulait pas : tous les éditeurs qu'il avait rencontrés étaient à ses pieds, et souhaitaient acheter ses œuvres aussitôt composées. Il savait donc pouvoir vivre de sa musique et le « citoyen » qu'il était devenu n'acceptait plus de se plier aux contraintes d'une petite ville. La Révolution était passée sur l'Europe et Berlin n'avait pas bougé d'un pouce. Felix revenait plus radical que jamais ; il savait qu'il allait trouver sympathie politique et compréhension auprès de ses sœurs et de quelques amis comme Dirichlet, mais cela faisait bien peu.

Sa famille arriva cependant à le persuader de postuler. Il n'y avait rien d'autre pour lui à Berlin, pas d'orchestre, et l'Opéra, toujours dominé par Spontini [7], ne faisait rien pour l'attirer, bien au contraire. L'administration de la Singakademie aurait vu d'un bon œil la nomination d'un artiste d'un tel talent, d'un musicien aussi studieux que savant, membre de l'Académie depuis son plus jeune âge, élève chéri de Zelter, etc., et surtout du brillant chef d'orchestre qui avait dirigé et fait travailler avec succès la très difficile *Passion selon saint Matthieu*, la plus sacrée des œuvres liturgiques allemandes, le cœur de la religion évangélique, le chef-d'œuvre du maître Jean-Sébastien Bach. Tout concourait à souhaiter sa venue mais la Singakademie n'était pas une oligarchie, et l'on procéda à un vote pour désigner le successeur de Zelter, le 22 janvier 1833 : 148 voix à Rungenhagen, 88 à Mendelssohn Bartholdy, 4 à Grell, l'organiste du mariage de Fanny.

Qui sait aujourd'hui qui était Rungenhagen ? Carl Friedrich Rungenhagen, berlinois né à Berlin en 1778 et mort à Berlin en 1851, enseigna depuis l'âge de dix-huit ans et, membre de la Singakademie, fut l'assistant de Zelter jusqu'à ce qu'il le remplaçât. Il composa des opéras, des oratorios, de la musique d'église et beaucoup de *Lieder*, en bon Berlinois qu'il était [8]. Les membres de la Singakademie se choisirent un homme sécurisant, de trente ans l'aîné de Felix, un musicien qui n'avait pas la bougeotte et qui ne souhaitait pas s'informer sur ce qui se passait en dehors de Berlin. Ils choisirent l'âge mûr plutôt que la jeunesse, la pondération et l'habitude plutôt que le génie. Pourquoi pas, si c'était les seules raisons. Mais les bruits de couloir étaient tout autres : une institution chrétienne ne pouvait mettre un fils de Juif à sa tête [9].

Felix ressentit toute la force de la gifle. La Singakademie lui proposa la place de vice-directeur, ce à quoi il répondit, « en termes polis, qu'ils pouvaient aller se faire pendre [10] ». La famille Mendelssohn Bartholdy quitta la Singakademie avec pertes et fracas. La gloire grandissante du compositeur et la médiocrité de Rungenhagen donnèrent par la suite à la décision de la Singakademie la dimension d'une faute historique qu'elle chercha à réparer en chantant des œuvres du compositeur qui lui resta, bien évidemment, aliéné pour toujours.

Les rencontres ultérieures avec les membres de la Singakademie ne furent pas gaies pour Fanny. Elle écrivit à son frère, quelques années plus tard [11] :

« On a chanté *Don Juan* hier chez Decker et j'ai accompagné. Le directeur musical Grell et l'organiste Schneider se tenaient à mes côtés et contrôlaient ma prestation, mais je n'ai pas fait à Grell le plaisir de me tromper. Juste Dieu que cet homme est laid! Quel mufle! Il n'a ouvert sa bouche sagace qu'après l'air d'Elvire pour dire à son voisin : l'air a un très bel orchestre. » (*Sic*, allusion à un défaut de prononciation de Grell.)

Abraham était le plus à plaindre : après une vie passée dans le culte de la raison, une telle stupidité devait le laisser sans ressource. Il pouvait peut-être traiter comme de simples anecdotes désagréables les divers propos que l'on qualifierait aujourd'hui d' « antisémites » : les insultes à ses enfants venaient de la rue; l'altesse royale criant *Hepp, hepp Jude* derrière son fils était un crétin; les bruits qui couraient pendant l'épidémie de choléra d'après lesquels les Juifs auraient empoisonné les puits étaient les dernières traces d'une superstition d'illettrés [12]. Mais la Singakademie représentait ce qu'il y avait de plus cultivé dans Berlin. L'âge d'or de la raison reculait vers un futur incertain qu'il ne vivrait certainement pas. Devrient écrivit que l'irritabilité d'Abraham grandit avec l'âge. En même temps qu'à cet échec, Abraham devait faire face à une cécité qui s'aggravait avec les années. Triste fin de vie.

Ses enfants étaient en fait beaucoup mieux équipés pour faire face à l'antisémitisme : ils apprenaient à faire une distinction entre antijudaïsme et antisémitisme. Rebecka écrivit beaucoup plus tard en 1855 à son neveu Sebastian au sujet d'un livre qu'elle trouvait « trop juif pour un Juif [13] » : « Je trouve que cela n'a pas de sens de consacrer un gros livre à la vie d'un mauvais mathématicien [...] que le fait de fréquenter Moses Mendelssohn et Lessing n'a pas pour cela rendu plus intelligent. Mais cela m'a personnellement intéressée, car je me suis souvenue des histoires que racontaient Père et Mère, et même la haine profonde de Père à l'égard du judaïsme, qui m'était souvent désagréable, y a trouvé des explications et des motifs. » Rebecka avait parcouru du chemin depuis le jour où elle avait écrit à son frère, à propos de la visite d'un cousin de Moses Mendelssohn, un homme peu cultivé du nom de Dessauer [14] : « Je ne déteste pas les Juifs, mais c'était vraiment trop. » Felix répliqua sèchement de Londres : « Qu'entends-tu par "ne pas détester les Juifs ?" C'est vraiment trop gentil de ta part de ne pas mépriser ta propre famille. Je réclame une explication complète de l'affaire Dessauer dans ta prochaine lettre. » L'antijudaïsme des parents, qui avait son fondement dans le rationalisme de l'*Aufklärung*, l'amour des sciences et le désir d'une assimilation qui leur ouvriraient toutes les portes du monde civilisé, avait alors déteint sur les plus jeunes enfants. Felix, ultrasensible, ne s'était sans doute jamais tout à fait remis de sa mésaventure de Dobberan, et Fanny ne laissa pas de trace écrite de ce qu'elle pensait. Qui travaille sur elle apprend à interpréter ce silence ; Fanny n'écrivait pas sur un événement désagréable, voire odieux. Mais la romancière Fanny Lewald ne laissa aucun doute subsister sur les opinions de Madame Hensel, qu'elle rencontra dans les années 1840 [15] : « J'ai été accueillie très aimablement par les deux sœurs du compositeur, quand nous les rencontrâmes pour la première fois, lors d'une réception chez Mademoiselle Solmar. Elles étaient juives elles aussi, même si elles avaient épousé des chrétiens, et avaient gardé une affection marquée pour leur race, ce qui est toujours chez les Juifs un signe d'éducation et d'indépendance de caractère. [...] C'était un côté très sain de Felix Mendelssohn et de ses sœurs [16] de garder cette affection pour le peuple auquel ils appartenaient et je me rappelle avec plaisir la valeur qu'ils donnaient aux souvenirs liés au passé de leur famille. »

Les enfants Mendelssohn, devenus adultes, n'avaient certes rien à prouver à qui que ce soit dans le domaine de la culture. Qui aurait pu représenter plus dignement le monde allemand? Ils étaient capables de traiter par le mépris toutes les formes d'antisémitisme nées de l'ignorance et de la misère des autres sans pour autant renier leurs origines. N'était-ce pas la moindre des choses quand on descendait directement de Moses Mendelssohn?

Le rôle que joua Doris Zelter, la fille du vieux professeur, dans l'échec de la candidature de Felix à la Singakademie n'est pas clair. Elle qui depuis toujours avait été reçue chez les Mendelssohn comme une enfant de la famille « magouilla » dans les coulisses, monnaya de façon très indélicate son influence et le fonds de partitions dont elle avait hérité [17]. Elle déçut certes les Mendelssohn. Mais quelle ne fut pas leur consternation lors de la parution de la correspondance entre Goethe et Zelter, dès 1833 [18]!

Publier des lettres, par définition privées, était en soi une inconvenance et une incongruité. Dans *Persuasion*, le dernier roman de Jane Austen, l'héroïne, Anne Elliot, rougit d'avoir acquis une information désagréable au sujet de son père dans une lettre qui ne lui était pas destinée [19] : « Anne ne put pas se remettre immédiatement du choc et de la mortification de trouver de telles paroles appliquées à son père. Avant de pouvoir retrouver suffisamment de calme pour rendre la lettre, elle fut obligée de se rappeler que le fait de l'avoir lue était une violation des lois de l'honneur et qu'aucune correspondance privée ne pouvait supporter le regard d'autrui. »

Ne pas écouter aux portes et ne pas lire les lettres d'autrui faisait partie du code de l'honneur, du respect de l'individu et de la protection du monde privé. Un auteur produit une œuvre destinée à être publiée, mais comment justifier la publication posthume de ce qui n'est pas une œuvre, de ce qui représente une conversation entre deux personnes et qui peut en concerner une troisième, peu satisfaite d'un étalage qu'elle n'a ni souhaité ni autorisé. Une correspondance in extenso est-elle par ailleurs si amusante à lire? Elle suppose de la part du lecteur une curiosité malsaine, ou une spécialisation de chercheurs. Il est vrai que la correspondance des Mendelssohn est particulièrement attrayante. Une correspondance « littéraire » admet cependant que les lettres soient écrites pour être lues à la ronde – on pense aux lettres de Madame de Sévigné –, et elles perdent alors leur caractère strictement privé pour se situer, comme les concerts de Fanny, à la frontière entre le public et le privé. La correspondance de Goethe et de Zelter se montra en ce sens bien en dessous du niveau espéré.

Les lectures d'intérêt général se faisaient désormais à voix haute chez les Mendelssohn, car Abraham était devenu pratiquement aveugle. Aux familles Mendelssohn, Dirichlet et Hensel se joignait Luise, la sœur de Wilhelm, qui habita Leipziger Strasse jusqu'en 1836. Toutes convictions et origines confondues, les opinions sur cette correspondance furent unanimes. Goethe et Zelter ne traitaient pas les Mendelssohn en égaux, mais avec une condescendance qui sous-entendait que leurs origines juives en faisaient des chrétiens de deuxième ordre. Ainsi, Zelter dit d'Abraham [20] : « Il m'est très favorable et j'ai caisse ouverte chez lui, car il est devenu riche pendant la misère générale sans pourtant nuire à son âme. » Il annonce ainsi la première visite de Felix à Goethe : « Il est certes un fils de Juif, mais pas un Juif. Le père a fait le gros sacrifice de ne pas faire circoncire ses fils [21] et de les élever comme il faut ; ce serait vraiment une chose rare [22] si un fils de Juif devenait un artiste. » Quant à Lea, Fanny et Rebecka, elles sont décrites en 1823 comme « les plus jeunes grand-mères de l'Ancien Testament ».

Fanny confia sa consternation à son frère [23] :

« Je t'écris aujourd'hui pour soulager mon cœur à propos de la correspondance de Zelter, qui m'a mise dans une fureur silencieuse et constante. Elle nous est bien sûr administrée à petites doses : comme Père ne peut pas lire le soir, on lui fait la lecture de l'autre côté, et le livre est plus que médiocrement apprécié. Père en est d'ailleurs lui aussi très courroucé et pour une fois nous sommes tous unanimes à ce sujet, et nous ne nous sommes pas encore disputés sur un seul mot. Cela me désole vraiment pour Zelter qui de lui-même se fait connaître si défavorablement par la postérité. La réputation de Goethe peut d'une part mieux supporter une calotte, et d'autre part ses lettres sont infiniment meilleures que celles de Zelter ; l'un comme l'autre cependant ne peuvent que perdre à cette publication. Du côté de Zelter domine une funeste et déplaisante attitude que nous avons toujours sentie chez lui, mais à propos de laquelle nous nous sommes aussi toujours raisonnés : elle éclate ici sans aucun déguisement. L'intérêt personnel, l'égoïsme, une idolâtrie dégoûtante et sans intelligence de Goethe, l'étalage indiscret des affaires des autres, qui est excusable dans une correspondance intime, mais qui aurait dû en rendre la divulgation impossible ; tout cela et beaucoup d'autres choses [24] me font vraiment mépriser ce livre. On y trouve ainsi un exemple parmi d'autres d'une ignorance incroyable : Zelter demande à Goethe ce que c'est que Byzance et reçoit l'information souhaitée. Et c'est pour cela que l'on correspond avec Goethe ! Le vide du recueil entier surpasse vraiment toute attente. Des potins de théâtre et des commérages en sont le seul contenu et il devient clair que Goethe ne trouve pas grand-chose d'intelligent à répondre. Pouah! On a de plus ici la joie d'en entendre parler par tous ceux qui sont à bon droit offensés de s'y voir étrillés sans qu'on leur ait demandé leur avis; il y a des gens qui y sont vraiment décrits comme des gibiers de potence. Et maintenant assez sur ce sujet malpropre, ce livre m'a gâté pour toujours le souvenir d'un homme que j'aimais bien et auquel j'aurais volontiers gardé mon estime. »

Il était en effet le parrain de Sebastian. Henriette Mendelssohn, la « Tante Hinni », n'est pas plus satisfaite de sa lecture. Elle écrivit à ce propos à son fils Benny et à sa bru Rosamunde [25] :

« Avez-vous déjà lu la correspondance de Goethe avec Zelter? Vous allez être ébahis de voir à quel point les navets de Teltow sont promis à l'immortalité, vous lirez cependant aussi des paroles magnifiques de Goethe et quelques-unes de Zelter qui sont bien tournées. Ce que je ne peux pas pardonner à Zelter, ce sont les affirmations vulgaires et souvent perfides sur des personnes qui se croyaient estimées de lui. On peut à la rigueur pardonner ceci ou cela quand on réalise qu'il ne pensait pas encore à leur publication en les écrivant, mais certaines choses sont trop grossières.

« Comment l'éditeur de ces lettres, le Dr Riemer, peut-il prendre la responsabilité de publier de telles grossièretés sur August von Schlegel [26], je ne le saisis pas; il y a aussi sur Abraham Mendelssohn un endroit que je trouve très méchant. On peut bien le dire ici : que Dieu nous protège de nos amis. Tous ceux qui connaissent Mendelssohn savent que son épouse était riche avant le début de la guerre, et qu'aucun d'eux n'avait besoin de profiter de la misère générale pour faire de bonnes affaires, mais c'est une insinuation perfide. [...] Je ne sais pas du tout jusqu'où va aller la publication de lettres intimes. A la fin, ma chère Rosa, tu seras en mesure de rassembler toutes mes lettres pleines de pâtés, et la postérité connaîtra quelles héroïnes nous étions. Ne le fais pas. »

Rosa publiera les lettres d'Hinni. Henriette Meyer avait été, comme Brendel Mendelssohn, fiancée dès son plus jeune âge et déjà promise à Joseph Mendelssohn à treize ans. Mais elle fit partie des heureux gagnants à la loterie de la vie et vécut de bout en bout une existence heureuse et sans souci avec un homme bon, intelligent et généreux. C'était elle-même une femme charmante, très tolérante et sensible, qui ressentait les affronts à son égard et à l'égard de ses proches. L'entente avec Abraham n'était pas parfaite, mais elle n'en était pas moins solidaire. Que Zelter prétende avoir flirté avec elle dans sa jeunesse l'indignait autant que de voir Goethe se préoccuper longuement de sa commande de navets [27].

On ne sait pas si les Mendelssohn sont plus indignés par la méchanceté de Zelter ou par le fait d'avoir été mentionnés en public sans leur consentement. Zelter écrivit beaucoup de compliments sur Fanny, que ce soit sur son travail, sur ses compositions ou sur son interprétation de Bach, mais Fanny ne montre aucune sorte de reconnaissance. Elle écrivit encore à Felix à ce propos [28] :

« Tu vas recevoir le sixième volume du Goethe – Zelter, avec lequel la série se termine. L'éditeur s'est donné la peine d'y joindre un index, grâce auquel les gens qui connaissent leur alphabet pourront sans difficulté vérifier qui y est insulté ou loué (ce qui revient au même) et combien de fois (dans ton cas, 58 fois). Figaro! dirais-tu si tu étais là, mais je n'y peux rien [29] ; cela m'irrite au plus haut point que dans un pays sans liberté de la presse, où l'on ne peut donc toucher aux personnes publiques, d'innocentes personnes privées soient attaquées comme par des voleurs au coin d'un bois : ces messieurs en parlent et les calomnient selon l'inspiration de leur plume et répartissent entre eux le droit de distribuer les honneurs. Il est dit de moi que je joue comme un homme, et il faut que je remercie Dieu ou Zelter de ce que cette parole ne soit suivie d'aucune des inconvenances dont le livre est pourtant truffé. Tu verras que l'on reproche beaucoup à Père de ne pas t'avoir laissé voir la Sicile. On ne lirait pas un tel livre en Angleterre, où l'on est habitué aux personnalités, et où cela ne présente pas d'intérêt, mais je trouve que rendre publiques des personnes privées ne peut en aucun cas être une bonne chose et c'est de toute façon indélicat. »

A force de voir se mêler deux problèmes différents, l'antisémitisme d'un côté et la publication de lettres intimes de l'autre, on finit par se demander si la distinction entre public et privé n'est pas un leurre et un attrape-nigaud. L'opinion privée des personnes publiques qu'étaient Goethe et Zelter retentissait sur les personnes privées, traînées bon gré mal gré sur la place publique. Fanny et Hinni ont été élevées avec la certitude qu'une femme ne devait pas faire parler d'elle; à la fois protectrices et protégées par le cercle familial, elles se situaient au sein même du monde privé. Les exposer menaçait le sens de leur vie. Fanny en est très consciente et ne cesse de vitupérer : si elle a renoncé à une vie professionnelle, c'est au moins pour avoir la paix.

On se demande également si la religion est affaire publique ou privée. Dans un État laïc, elle reste strictement une question de conscience. Mais dans la Prusse du xixe siècle, elle joue sur les deux tableaux. Abraham et Lea Mendelssohn se convertirent et firent convertir leurs enfants pour des raisons publiques, pour participer à la religion du plus grand nombre et pour prendre leur place dans la chaîne sociale. Pourtant ces conversions s'accomplirent dans le plus grand secret, comme une affaire entièrement personnelle. Qu'un Zelter ait la possibilité et le droit d'émettre une opinion à ce sujet, et une opinion universellement connue allait à l'encontre de toute idée de liberté de choix. Un être privé doit avoir le droit de se présenter au public comme il le souhaite, sous le nom et l'appellation qu'il s'est choisis. Il n'en est rien : les Mendelssohn peuvent se convertir tant qu'ils voudront, leur point de vue privé a beau être qu'ils sont des chrétiens, il ne sera pas reconnu en public et, qu'ils l'acceptent ou non, ils resteront des Juifs. Il y a de quoi rendre fou un esprit rationnel, et furieux ses enfants.

La religion change : le culte de la famille et le respect inconditionnel envers les décisions toutes-puissantes de son représentant, le père, cèdent devant le pouvoir de l'argent et la perspective d'une bonne affaire. Fanny en est consciente et met son espoir dans un échec financier qui aurait découragé les éditeurs. « J'espère que Duncker subira des pertes sévères qui ouvriront les yeux des libraires, écrit-elle encore à Felix [30], et qu'on nous épargnera les cadeaux du même genre en préparation. Entre autres, réjouis-toi ! la correspondance de Bettina Arnim avec Goethe [31]. Je vois d'ici tes grimaces. Le journal de Hegel, etc. »

La Singakademie a trahi ses origines et trahi l'*Aufklärung* : ce n'est plus un ensemble où toutes les voix s'unissent dans un même souffle et une même morale. Les Mendelssohn la quittent, eux qui sont les descendants des Itzig, de Sara Levy, de Moses Mendelssohn, qui firent partie intégrante de la vie et de la signification de l'Akademie. La rupture implique un échec social de l'union et un échec de l'intégration. Felix part et prend le poste de directeur musical de la ville de Düsseldorf le 20 mai 1833. Fanny reste, bien sûr, personne privée dans toute l'acception du mot, avec une raison de plus pour s'enfermer dans le microcosme de Leipziger Strasse. Berlin aussi se prive, en refusant Felix, de l'homme qui aurait su diversifier les activités musicales de la ville, y créer un grand orchestre et en faire une capitale musicale.

19

La musique de Madame Hensel

Fanny ne dépendait heureusement pas de la Singakademie pour affirmer sa personnalité musicale; c'est plutôt cette noble institution qui aurait eu besoin d'elle! Ses *Sonntagsmusik* continuèrent plus brillamment que jamais. Elle nota dans son journal, le 28 octobre 1833, les programmes des dernières matinées [1].

« La première :
Quatuor de Mozart
Concerto de Beethoven sol majeur
Deuxième duo de Fidelio. Devrient et Decker
Concerto en ré mineur de Bach.

La deuxième :
Triple concerto de Beethoven avec Kins et Ganz
Hero par Decker
Felix joue son concerto et le concerto en ré mineur de Bach.

La troisième :
Variations de Felix avec Ganz
Quatuor de Weber
Final d'Oberon Decker
Quintette de Spohr
Chant de la mer d'Oberon

La quatrième :
Trio de Beethoven mi majeur
Quatuor à cordes de Felix en la mineur
Trio de Beethoven ré majeur

La cinquième :
Trio de Mozart sol majeur
Scène du Freischütz Decker
Trio de Moscheles
Air d'Iphigénie. »

A droite de cette liste, elle note la fréquence à laquelle les compositeurs sont joués dans ses concerts :

« 6 fois Beethoven

2 fois Bach

2 fois Mozart

4 fois Weber

3 fois Felix

1 fois Gluck

1 fois Spohr

1 fois Moscheles

1 fois moi. »

Pauline Decker est devenue une amie proche et une collaboratrice précieuse qui ne lésine pas sur le répertoire et qui ne craint pas les représentations théâtrales. Fanny écrivit cette année pour la fête de sainte Cécile – patronne des musiciens dont Fanny portait aussi le nom – une partition qui appartient malheureusement à une collection privée [2]. Elle se confia à Felix [3] :

> « J'ai composé en deux jours un verset de la *Messe de sainte Cécile*, dont mère t'a vraisemblablement envoyé le livret ; je me suis tant dépêchée que les parties d'accompagnement ne sont pas encore écrites. Le tout a été organisé comme une double surprise, car on a d'abord vu Decker sans qu'elle chante, puis elle a chanté quelques notes sans qu'on la voie, puis elle chanta en véritable tableau vivant, par cœur naturellement, ce qui fut du plus charmant effet. Il est sûr qu'elle paraissait beaucoup plus belle que d'habitude. [...] Elle avait fait faire son costume et sa coiffure d'après la Cécile de Raphaël, ce qui lui allait merveilleusement bien. Les anges étaient en blanc, Röschen Behrend n'avait pour ornement que sa propre chevelure blonde dénouée qui lui tombait jusqu'aux genoux, ses traits réguliers et ses profonds yeux noirs. Des ailes, des brillants sur le front et les épaules avec un éclairage très réussi qui ne gâtait rien, en bref, j'aurais voulu que tu sois là, tu serais tombé amoureux et tu nous aurais fait un beau quatuor de derrière les fagots dont nous aurions très bien su que faire.
>
> « Clärchen Jacques, une jolie enfant de huit ans aux boucles noires, n'était pas non plus un vilain ange et la petite Therese Türrschmidt [4], bien que beaucoup moins belle que les autres, jouait très bien son rôle. Les deux grandes filles tenaient leurs partitions dans les mains, comme les anges des tableaux anciens, et cela faisait particulièrement joli. Du reste tout le décor se fit sans l'aide d'un seul artisan, seuls Wilhelm et ses élèves y participèrent, et le très bel orgue fut fabriqué dans l'atelier. J'ajoute encore qu'il y a un mouvement dans la musique que je trouve bien. »

Decker apprend sa musique par cœur en moins de temps qu'il n'en faut pour le dire et se fait faire elle-même son costume, ce qui était la coutume au théâtre, mais à condition d'être rémunérée. L'équipe de travail que forment Fanny et Wilhelm se révèle toujours aussi efficace : Wilhelm peut tout faire, sauf chanter. Fanny se donne tout le mal nécessaire en vue d'une réalisation conforme à son idéal et ne ménage pas son enthousiasme devant ce qu'elle trouve beau. Elle est en tout cas absolument encouragée à continuer. Elle note dans son journal les hauts et les bas de ses matinées [5] :

> « Une fois, une de mes matinées est pratiquement tombée à plat, personne n'est venu en dehors de Kubelius qui me laissa gentiment seule. Mais une fois, Decker chanta le premier air de la Reine de la Nuit, je ne me souviens plus de ce que je jouais. Une autre fois j'ai joué le quintette de Hummel et le concerto en ré mineur de Mozart et Decker chanta *Fidelio*. La fois d'avant j'avais joué la sonate en la majeur et le trio en ré majeur de Beethoven. [...] De la part de Decker il y eut jusqu'à présent les représentations suivantes : *Oberon, Semele, Zauberflöte, Opferfest* [6], *Don Juan, Schöpfung, Iphigénie*. Cette dernière représentation a eu lieu hier 7 janvier et se passa très bien. Dans l'ensemble, ces représentations et leur accompagnement m'amusent beaucoup. C'est une voix très libre et très aimable, elle chante merveilleusement bien et je suis complètement enthousiasmée. »

Fanny aurait eu tort de ne pas s'enflammer pour une soprano capable de chanter *Fidelio* et la Reine de la Nuit. Même si l'époque n'était pas aussi portée à la spécialisation que la nôtre, cela restait quand même un exploit vocal. Fanny écrit encore son plaisir à Felix [7] : « C'est magnifique de faire de la musique avec Decker, c'est un tel talent ! » en même temps qu'elle lui fait part de son activité débordante, qui lui laisse à peine le temps de prendre la plume, « tant on a de vaches à qui il faut délier la queue ». Organiser des représentations à son niveau comme à celui de Pauline Decker lui demande une énergie considérable. Elle ne se ménage pas.

> « J'ai eu ces temps-ci beaucoup à faire répéter et à jouer ; si seulement je pouvais, au moins une fois, avoir autant de répétitions que je veux ! Je crois vraiment en avoir le talent, comme celui de clarifier les choses aux yeux des gens, mais les amateurs ! Si j'étais Jean-Paul, j'ajouterais une feuille ici rien que pour eux, je ne manquerais certes pas de matière ! »

Elle leur faisait alors travailler rien moins que *Fidelio*... Elle écrivit à Felix au sujet de la représentation :

> « Mon *Fidelio* vient de se terminer, et si l'on considère les circonstances, il s'est bien comporté et le public, qui recommence à venir aussi nombreux qu'auparavant, était ravi. Decker a merveil-

leusement chanté et tous les amateurs passablement. Tu demandes qui chante ténor : Monsieur von Dachröden, qui se donne beaucoup de mal et qui a une jolie voix avec laquelle il chante et un joli visage avec lequel il pose, et ce dans l'atelier. Puis un petit étudiant de quatre pouces, Jörg, une très jolie voix qui ressemble à une parodie de Mantius : il chante Jaquino. Avec eux Antonie Nölinchen, Busolt et Riese. Le pauvre maladroit est d'une incroyable balourdise musicale, mais il est arrivé, grâce à une application touchante, à ne faire que la moitié des fautes auxquelles je m'attendais, il a même quelquefois fort bien chanté. »

Il en faudrait davantage pour décourager Fanny. Quelque mois plus tard, elle envoie à Felix une lettre qui a du mal à rester dans les limites de la modestie [8] :

« Bien que je sois une mère-la-fête très occupée, je dois m'asseoir pour te commenter la lettre que Mère t'écrit à cette minute même : tu ne dois pas penser que je suis devenue complètement idiote ou folle en ton absence. C'était du reste une semaine pleine de musique. Donc, Mère t'a sûrement raconté l'aventure de l'orchestre de Königstad [9] de dimanche, et comment je me suis tenue devant avec la baguette comme un *Jupiter tonans*. C'est ainsi que cela s'est passé : Lecerf [10] fit jouer ses écoliers et s'y brisa les doigts jusqu'à ce que je sorte lui chercher ta petite baguette blanche que je lui mis dans la main. Ensuite je fis jouer mon ouverture et m'assis au piano [11] ; alors le diable, en la personne de Lecerf, me souffla de prendre la baguette dans la main. Si je n'avais pas eu si horriblement honte, sentant ma gêne à chaque temps, j'aurais pu diriger dans les règles. Cela m'amusait beaucoup d'entendre le morceau pour la première fois au bout de deux ans et de le trouver à peu près entièrement comme je me l'étais figuré. Il me parut donner aussi beaucoup de plaisir aux gens, ils étaient très gentils, me complimentèrent, me firent quelques commentaires sur ce qui était impraticable, et reviennent samedi prochain. C'est une joie inattendue qui m'est arrivée d'un coup. Demain Iphigénie quitte le chantier, elle n'est pas mal distribuée non plus [...]. »

Deux jours plus tard, elle ajoute :

« Ma petite lettre en est restée là avant-hier et je veux tout de suite te rendre compte d'Iphigénie, qui s'est très bien conduite. J'aurais voulu que tu sois là : la façon dont les trois voix ont sonné et se sont mutuellement soutenues, cela ne se réentendra pas de sitôt, c'était vraiment merveilleux [12]. Je n'ai jamais entendu de torrent sonore semblable à celui du duo entre Bader et Mantius. Decker était fantastiquement en voix et chanta de mieux en mieux jusqu'à la fin, mais Bader était sublime. Il n'avait jamais chanté le rôle et arriva hier à la répétition d'une humeur plutôt *maussade* [13], disant que le rôle était trop grave pour lui. Mais c'était déjà une autre personne après le premier acte et il me remercia très chaudement hier de lui avoir permis de chanter le rôle. A ma grande joie j'ai tellement bien su le gagner qu'il s'est proposé une fois pour toutes de chanter chez moi ce que je veux, quand je veux, chœur, solo, etc. Et il chanterait, fût-ce aux portes de l'Enfer [...]. Il y avait du reste 100 personnes ici hier, les parents ont pris part à la fête ; ils avaient invité plusieurs connaissances et il se trouva que j'eus l'honneur de voir le Bourgmestre chez moi, Monsieur von Bärensprung, la famille Oelrich de Brême, etc. De notre côté, il y avait plusieurs Anglais, dont Lady Davy, qui avait beaucoup à raconter sur toi. [...]

« A propos, mon chœur était magnifique, huit sopranos, quatre altos dont Türrschmidt et Blano, et comme ténors Bader et Mantius ; c'était superbe et quelques endroits m'ont vraiment surprise. Devrient, qui s'était chargé du rôle de Thoas, annula comme d'habitude à la dernière minute sans raison particulière et Busolt eut l'amabilité de chanter à sa place [14]. Surtout, le jardin était merveilleux, les buissons de roses tout épanouis et la salle décorée n'avait pas d'égale.

« Entre-temps toute trace d'hier s'est évanouie et il n'en reste que quelques notes éparses qui sonnent dans mes oreilles. Addio, Mère veut aussi t'écrire et il faut que je corrige des parties d'instruments, mes Königstadtais reviennent demain. »

Le 8 mars 1835, c'est-à-dire huit mois plus tard, Fanny annonçait à son frère qu'elle était à la tête d'un « très gentil chœur de dix sopranos, deux altos, un ténor et cinq basses [15] ».

Le niveau de ces concerts ne cessa de s'élever dans les mois qui suivirent, attirant participants et public, et allant jusqu'à provoquer la surprise et l'admiration d'Abraham [16] : « La chose est si grandiose et d'un tel niveau qu'elle ne pourra pas durer ainsi. »

Les lettres entre Fanny et Felix parlent beaucoup de musique ces années-là. Les problèmes de programmation musicale les préoccupent, même si l'un est un professionnel et l'autre une amateur. La question de l'accord est évoquée dès que l'orchestre du théâtre de Königstadt arrive chez Fanny. Felix lui fait demander un diapason pour Düsseldorf et sa sœur le prévient qu'à cause de Spontini le diapason de Berlin n'arrête pas de monter et qu'elle avait entendu dire que le diapason de Paris venait de baisser d'un demi-ton [17].

Les échanges ne se bornent pas au diapason, les partitions également courent entre Berlin et Düsseldorf : Felix a sans cesse besoin de morceaux qu'il a laissés « à la maison » et de copies ; il envoie ses nouvelles partitions, reçoit celles de Fanny et les critiques s'échangent. En décembre 1833 Félix a dirigé pour la première fois un opéra, *Don Giovanni*, et il travaille sur son oratorio

211

Paulus. Il a rencontré Chopin à Aix-la-Chapelle pendant la Pentecôte 1834, et Fanny se montre aussi très curieuse de faire la connaissance du musicien [18]. Felix était pourtant malheureux à Düsseldorf, très frustré par la mauvaise qualité de l'orchestre et son manque d'ambition musicale. Il démissionnera de son poste en novembre 1834 et donnera son concert d'adieu en juillet 1835 ; dès le mois de janvier 1835, Leipzig lui proposera de diriger l'orchestre du Gewandhaus. Ce poste était idéal pour lui ; il se trouverait à la tête de la meilleure formation allemande, dans une ville de libraires et d'érudits, et avec beaucoup de temps pour composer. Il y dirigera son premier concert le 1er octobre 1835.

A Düsseldorf, Felix n'habitait pas trop loin de son cousin Benny, professeur à Bonn, ni de ses oncle et tante Joseph et Hinni, qui avaient leur résidence d'été à Horchheim : il retrouvait là l'ambiance familiale qui lui était chère, auprès de parents très proches ; sa relation épistolaire avec sa famille ne lui en restait pas moins nécessaire pour garder son équilibre émotionnel. Ses échanges de lettres avec sa sœur montrent combien ils restaient « jumeaux » dans leur comportement et jusque dans leurs disputes. Ils eurent presque une altercation à propos de Paganini et de la notion de « progrès dans l'art ». Fanny prétendait qu'après Paganini personne ne pouvait plus jouer ni écouter le violon de la même façon, tandis que Felix rageait contre les journaux français qui parlaient de *révolution du goût* [19]. Pour lui, ce qui était bon avant restait bon et ce qui était mauvais restait mauvais. Les gens peuvent faire des progrès, mais pas l'art. Fanny, qu'il appelle toujours son Cantor, même s'il y a beau temps que l'appellation a perdu sa raison d'être, lui répondit [20] :

« " *Je demande la parole* [21] " », ce que tu ne vas certainement pas me disputer depuis Düsseldorf.

« Que les époques changent, et avec elles le goût et nous avec le goût de l'époque, on ne peut le nier. Il y a certes dans l'art aussi un bien absolu et j'espère que tu ne me crois pas abandonnée de Dieu au point d'estimer assujetti à la mode ce que nous avons reconnu et reconnaîtrons toujours comme le sommet de l'art. Hännchen des Saisons vieillira aussi peu qu'Alceste ou que l'Évangéliste Matthieu. Mais il y a même dans le bien une masse incroyable de nuances et comme l'art, ou le beau, ou le goût ne se laisse pas démontrer par 2 fois 2 = 4, il vient un moment (et je crois que cela concerne principalement l'exécution), où le monde extérieur, ou la versatilité de l'époque, ou la mode (tu peux tourner autour du mot autant que tu veux) exercera son influence. Tu te souviens aussi bien que moi qu'il y eut un temps où nous étions infiniment ravis par la musique de Spohr. Nous ne le sommes plus maintenant au même degré ; sa musique est cependant restée la même et nous ne sommes pas devenus d'autres personnes, mais notre relation à lui a changé. Prenons encore l'exemple précédent, celui des violonistes. Spohr a certainement dans son jeu infiniment de Bien absolu qui ne disparaîtra pas, mais il a également un côté sucré, et cette tendance a en son temps beaucoup contribué à sa célébrité. Alors vint Paganini et son jeu sauvage, fantastique, puissant et tous les jeunes violonistes cherchèrent à l'imiter et grattèrent horriblement sur leur corde de sol. Là-dessus je réécoute Spohr après quelques années et je remarque involontairement davantage son côté sucré, car j'ai les oreilles remplies par l'orientation opposée. Le public pris dans son ensemble subit naturellement le premier cette influence ; les individus y sont plus ou moins sujets, mais je crois que personne ne peut s'en déclarer totalement libéré. Cela ne me serait vraiment pas difficile de produire une quantité d'exemples d'un autre genre, où les choses ou les gens qui nous plurent quelque temps auparavant, nous paraissent ensuite fades et ennuyeux, ou encore bizarres et insupportables. De tels changements ne concernent naturellement jamais les sommets de l'art ou les chefs-d'œuvre, mais je suis convaincue que même le Bien pourra paraître plus ou moins bien, selon son rapport à l'époque. Réponds à cela, clown ! Dois-je transcrire toute cette correspondance dans mon livre des disputes ? »

Felix reconnut s'être enlisé dans un débat où il restait sans réponse, mais qui lui plaisait [22]. N'est-il pas curieux de voir combien une éducation religieuse peut déterminer un rapport à l'art ? Pour les Mendelssohn, la musique est religion et, en transposant toutes les paroles de Fanny dans un contexte religieux, on retrouverait la lettre que lui écrivit Abraham pour sa confirmation. L'art est une forme d'art, comme la religion une forme de religion, et même si un Bien absolu existe, il prend en ce monde une forme, en religion comme en art. La sagesse consiste à se soumettre à l'absolu comme à la variété des formes. Pour Fanny Hensel comme pour Felix Mendelssohn Bartholdy, la musique se vit et se ressent dans un sentiment d'enthousiasme général. On retrouve là le côté schillerien de *Nachtreigen* (« Ronde nocturne ») : « Recevons et pensons ensemble à l'Unique. » Rien n'est vrai que ce qui est vécu par tous. Ni Fanny ni Felix ne sont de l'avis que seuls quelques élus ont accès au Bien absolu ou à la Beauté suprême ; selon eux, ces valeurs perdent leur sens quand elles sont laissées à elles-mêmes. Alors que leur éducation privilégiée aurait pu les rendre terriblement élitistes, ils ne vivent au contraire que pour et par les autres, au moins dans leurs conceptions. Cela signifie pour Felix un rude choc avec l'extérieur, qui sera forcément décevant : Berlin, Paris, Düsseldorf... Il ne rencontrera que parcimonieusement l'ambiance de travail exalté et la morale généreuse de la Leipziger Strasse, et il souffrira trop du contraste entre ses idéaux et la réalité pour accepter que sa sœur, elle aussi, se coltine avec la « mode ». Y a-t-il cependant un autre chemin pour un musicien que de montrer au public ce qu'il produit? Fanny, après avoir écrit un quatuor entre le 26 août et le 23 octobre 1834, commença à se déprimer. Elle mit deux mois pour l'achever, ce qui est beaucoup pour elle, si l'on compare avec le temps de gestation de ses cantates, mais le quatuor n'est-il pas la forme suprême aux yeux des compositeurs? Il se trouva peu de gens pour juger de son travail. Quelle qu'en soit la raison, un manque d'inspiration extérieur ou intérieur, elle n'écrira plus d'œuvre de taille importante pendant près de dix ans. Elle s'en expliqua quatre mois plus tard dans une lettre à son frère, où, d'humeur massacrante, elle ne se gêne pas pour le mettre lui aussi en pièces [23].

« L'aria de *Wer nur den lieben Gott* m'amène à te dire que je vois dans plusieurs solos de tes musiques religieuses courtes une sorte d'habitude que je n'appellerais pas vraiment maniérisme, mais que je ne sais pas comment nommer : quelque chose d'exagérément simple et qui ne me semble pas tout à fait naturel venant de toi, une sorte de rythme court, par exemple, qui a un côté enfantin, mais aussi un côté infantile qui ne me paraît s'accorder ni avec le genre en son entier, ni avec ta façon sérieuse de traiter les chœurs [24] [...].

« Sois remercié pour ta critique approfondie de mon quatuor. Le feras-tu jouer? Sais-tu que je trouve que nous nous écrivons maintenant des lettres dans les règles : peut-être pas aussi drôles que lorsque Beckchen et moi, assises ensemble, nous nous arrachions la plume des mains pour t'écrire les choses les plus folles; nos lettres sont maintenant raisonnables et se préoccupent de sujets sérieux. Cela me va très bien de continuer ainsi.

« Je n'ai pas pu t'écrire de toute la semaine dernière, car j'ai étudié très sérieusement ton *Rondo brillant* [25]. Il a quitté le chantier hier, dimanche matin, accompagné par un double quatuor et une contrebasse; le succès fut général et je fus assez folle pour le jouer deux fois, bien que malade, toussante et épuisée comme une mouche. Mais j'en avais une telle envie! J'ai fait un air pour soprano qui te plairait davantage que mon quatuor en ce qui concerne la forme et les modulations; il se tient bien et cependant je l'avais fini avant que tu ne m'écrives à ce sujet [26]. Je me suis demandé pourquoi, moi qui ne suis pas quelqu'un d'excentrique ni d'hypersentimental, j'en étais venue à cette façon d'écrire molassonne? Je crois que cela vient de ce que nous étions jeunes pendant la dernière période de Beethoven et, comme de juste, nous avons assimilé son art et sa manière, qui sont très prenantes et pénétrantes. Tu t'en es sorti dans ta vie et dans tes écrits et j'y suis restée enfoncée, mais sans la force par laquelle seule la sensibilité peut et doit s'affirmer. C'est pourquoi je crois que tu n'as pas touché le point juste en moi et que tu n'as pas trouvé la bonne explication. Ce n'est pas tant dans l'écriture que cela pèche, que dans un certain principe de vie et c'est de ce manque que mes morceaux un peu longs meurent de vieillesse dès leur jeunesse : il me manque la force qu'il faudrait pour donner à mes pensées la consistance nécessaire. C'est pourquoi les *Lieder* me réussissent mieux, car une jolie idée suffit et n'a pas besoin de beaucoup de force pour être menée à bien. »

Que Fanny n'ait pas d'énergie, c'est un peu difficile à croire. Il est en revanche certain qu'elle ne s'est jamais concentrée uniquement sur la composition ; ses lettres témoignent qu'elle est sans cesse dérangée par des visites ou par les soins de sa maison, de son mari, de son enfant. Elle mit deux mois à écrire son quatuor, tout en remplissant mille autres tâches. Elle n'eut jamais six mois ou un an pour se consacrer à elle-même sans interférence. Prend-elle en considération, quand elle se compare à Felix, que cela fait des années que le jeune homme ne s'occupe que de lui ? Personne au monde ne possède de naissance la force pour mener à son terme un projet difficile qui demande de la constance, ou plus exactement, tout le monde l'a en puissance. Mais cette force, pour se développer, exige non seulement de la volonté mais aussi du temps, et comme le dit Virginia Woolf : « Une chambre à soi [27]. » Fanny, pourtant favorisée entre toutes les femmes, sent qu'elle n'a pas développé son énergie créatrice, soit qu'elle n'ait pas eu le temps, soit qu'on ne le lui ait pas donné. Elle pourrait accuser les circonstances, ce qui est difficile à formuler et à faire passer auprès d'un entourage qui se trouve très compréhensif, et ce qui d'autre part pourrait mener à l'amertume. Fanny préfère se culpabiliser et prendre la responsabilité de ses défauts. Il aurait fallu que quelqu'un en qui elle eût toute confiance musicalement, Felix en l'occurrence, la rassure, la soutienne, la pousse. Fanny commence là une dépression qui durera plusieurs années et l'empêchera de composer autre chose que des pièces courtes pour le piano et les *Lieder* : Felix l'y encourageait et considérait qu'elle y excellait. Il avait certainement raison et Fanny montre, en dévalorisant son propre talent, à quel point elle est déprimée : une nouvelle n'est pas un roman et ne demande pas moins d'énergie, mais une autre forme d'énergie. « Une jolie idée » ne suffit pas, il faut savoir l'exprimer avec économie et rapidité. Fanny demeure en quelque sorte frustrée de n'avoir pas eu la possibilité de cultiver son talent en le confrontant au monde, et en s'enrichissant elle-même. Sans avoir vraiment conscience de l'injustice que cela représentait, elle en fut cependant victime.

20

La famille de Mme Hensel

Fanny a certes une vie de famille active et animée. Elle s'occupe beaucoup de son enfant, mais d'une tout autre façon que sa propre mère : Sebastian ne reçut pas une éducation constamment minutée, mais vécut son enfance presque librement entre l'atelier de son père et le salon de musique de sa mère, et, jusqu'à la naissance de son cousin Walter, dans la compagnie constante des adultes [1]. Rebecka avait donné naissance à un petit garçon, Walter, en juillet 1833, et malgré leurs trois années de différence, ce fut un bon compagnon de jeu pour Sebastian et pratiquement un frère.

Fanny a naturellement mis au monde un enfant absolument exceptionnel dont les dents et les cheveux poussent régulièrement, événements qu'elle ne manque pas de noter dans son journal [2] : « Je n'ai jamais vu d'enfant aussi intelligent, aussi beau, aussi gentil. » Elle raconte à Felix ses aventures de mère de famille : la réception d'enfants qu'elle organisa, avec les petits Heyse, autour d'une petite table avec de petits couverts et serviettes, et où Paul Heyse, le futur prix Nobel, s'était goinfré. Sebastian et Paul, âgés de trois ans, avaient porté des toasts comme des grandes personnes légèrement éméchées [3]. Fanny raconte aussi qu'elle le promène tous les jours et s'émerveille des progrès de son langage [4]. Ses belles-sœurs Luise et, plus tard, Minna la secondaient pour les soins de sa maison et l'éducation de Sebastian. Minna ne vint habiter chez son frère qu'en 1835, après la mort de sa mère qu'elle ne quitta jamais, et participa alors sans murmure aux travaux ménagers. Luise en revanche supportait beaucoup plus mal l'autorité de Fanny et tout ce qui l'éloignait de la religion lui était pénible. Les concerts comme le pouponnage étaient par conséquent mal venus. On peut imaginer que Fanny, pour conduire à bien toutes ses initiatives, devait mener son petit monde rondement et que la forte personnalité de Luise se cabrait. La tolérance religieuse régnait dans la maison, mais la peur de l'enfer qui dominait Luise ne pouvait que désoler sa famille [5].

Luise apporta donc au petit garçon une autre tonalité dans son éducation et elle n'hésitait pas à le remettre à sa place quand sa mère l'admirait trop. L'enfant ayant appris le *Lied* de Mozart sur un texte de Goethe *Ein Weilchen auf der Wiese stand* (« Une violette poussait sur le pré »), sa mère l'avait félicité de la sensibilité avec laquelle il ressentait la mort violente de la fleur sous le talon de la bergère. L'enfant alla s'en vanter auprès de sa tante, qui lui répondit sèchement : « Oui, les enfants pleurent parfois pour les choses les plus stupides. – Vieille sorcière », répliqua le petit prodige vexé [6]. L'anecdote n'est pas relatée par sa mère, mais par Sebastian lui-même. Fanny ne raconte que de jolies histoires sur lui [7] : « Tu veux un livre sur Sebastian, et un livre sur Walter ? écrit-elle à Felix en janvier 1834. Beckchen va t'écrire le livre de Walter, il commencera par : la dent, la dent, elle est sortie ! Je pourrais t'écrire sur Sebastian un livre très long, le petit gars est des plus mignons. Il a mangé hier chez les Beckchen et en redescendit alors que nous étions encore à table et mangions du canard aux navets. Après quelques essais infructueux pour recommencer à manger, il commença à nous flatter très tendrement et dit : Très chère Mère, fais-moi un plaisir sans pareil, donne-moi un petit os avec rien du tout dessus, je veux faire comme s'il y avait quelque chose. Et quand il vit que nous ne pouvions pas nous retenir de rire, il continua plus hardiment : et après donne-moi un navet. [...] Il m'a dit ce matin : Je t'aime plus que tout, je n'aime aucun étranger autant que toi. [...] Il a dit hier à son père : Père, tu as toujours les mêmes couleurs, et tu peins pourtant des tableaux si différents : tante Beckchen et le Maure et les Juifs, comment est-ce possible ? (c'est sa façon de parler). Il a récemment renversé un verre d'eau dans mes pantoufles, et comme je lui prédisais la morale qui s'imposait, il me dit : Mais, Mère, tu m'aimes quand même ? C'était seulement maladroit, ce n'était pas méchant. » Sa tante Rebecka lui offrit un agneau pour ses quatre ans, mais si sauvage que Fanny prétendit que l'animal était un « cheval déguisé [8] ». A propos des repas que ses parents prenaient à une heure inhabituelle car ils déjeunaient à cinq heures de l'après-midi, vraisemblablement à cause de Wilhelm qui voulait profiter de toute la lumière du jour, Sebastian racontait que sa mère « limitait sa nourriture, car on pensait alors que c'était bon pour les enfants ». Il allait donc en cachette chez le jardinier Clement, au sous-sol du n° 3 de Leipziger Strasse, se goberger des plats les plus gras et, par la même occasion, apprendre chez ce descendant des huguenots un français et un jeu d'échecs fantaisistes[9]. Il en profitait aussi pour jouer avec des enfants de son âge!

Felix continuait à être le centre des pensées de Fanny et le Phénix des femmes de la maison, ce qui devenait un sujet de plaisanterie familial. En 1833, il entreprit avec son père un nouveau voyage en Angleterre. Abraham devait revenir à Berlin avec son fils à la fin de l'été mais il n'en fut rien, et il annonça à la place de Felix la venue d'un certain Alphonse Lovie, artiste peintre, dont il vantait très chaudement la musicalité. Fanny était déçue de ne pas voir revenir son frère et toute la famille s'interrogeait sur ce mystérieux Alphonse Lovie. Ce fut Felix Mendelssohn en personne qui apparut[10]. Quelle surprise et quelle fête pour toute la maisonnée! Il ne resta que quelques jours, mais c'est à cette occasion qu'il joua à un *Sonntagsmusik* son *Concerto en sol mineur* et le *Concerto en ré mineur* de Bach[11].

De son côté, Wilhelm Hensel, qui avait reçu du roi dès juin 1831 le titre de « professeur de peinture historique[12] », commença en juillet 1833 à travailler sur ce qui devait devenir son œuvre la plus importante, le *Christ devant Pilate*, qui fut exposée l'année suivante à l'Académie de Berlin. Wilhelm avait passé beaucoup de temps sur ce tableau, croqué un nombre considérable de têtes, et, comme le raconte Adolf Bernard Marx dans ses souvenirs[13], dessiné entre autres « des Juifs polonais et des têtes de femmes expressives choisies dans la communauté israélite ». Hensel fit également poser sa femme et son fils : l'étude existe toujours aux archives Mendelssohn. Le tableau représente le moment où Pilate dit : « Que son sang retombe sur vous et vos enfants », d'où la présence de l'enfant Sebastian. Bien que le roi Frédéric Guillaume III voulût rester économe, le tableau fut acheté en 1835 et installé au-dessus de l'autel de la Garnisonkirche. Il brûla avec l'église lors d'un incendie en 1908.

Fanny dut naturellement soutenir son mari dans son travail : la taille de l'œuvre rendait son exécution difficile et fatigante[14]. Wilhelm d'autre part souffrait beaucoup des dents et de l'estomac. A propos du médecin qui le soignait, Fanny conclut dans la lettre où elle parle à Felix de Paganini que, finalement, elle ne croit pas non plus dans les révolutions et qu'elle ne peut pas supporter que « des néophytes de l'homéopathie se conduisent comme si le royaume des cieux venait de s'ouvrir à eux et que personne n'avait jamais été guéri avant eux[15] ».

Soigner les malades prenait une place importante dans la vie d'une femme, surtout chez les Mendelssohn qui, encore une fois, semblent avoir été de santé très fragile. Fanny elle-même souffrait constamment de maux de tête. Lea leur fit une très grande peur, en avril 1834, où elle fut soudain prise d'un malaise qui dégénéra en tachycardie. Elle fit alors écrire à Felix, par l'intermédiaire de Fanny, pour lui recommander de prendre soin de lui à ce sujet, puisqu'il avait aussi des accès, et d'avertir son médecin pour que le mal soit plutôt prévenu que guéri. Le remède du médecin de Lea, Stosch, n'était pas très commode pour un homme actif : il fallait mettre de la glace sur sa poitrine! Fanny donna deux raisons à la maladie de sa mère : d'abord, on venait de découvrir les fiançailles secrètes de Paul avec Albertine Heine, ensuite, Varnhagen von Ense avait demandé Marianne Saaling en mariage. Les raisons pour lesquelles Paul eut lui aussi à se battre pour se marier sont encore plus mystérieuses que pour ses sœurs. Paul était parti à Londres en mai 1831, pour parfaire sa formation de banquier, chez B. A. Goldschmidt, où Abraham avait investi des fonds. A l'étonnement général, Goldschmidt fit banqueroute et Paul alla à Paris rejoindre Leo, l'ancien représentant des frères Mendelssohn, qui avait ouvert sa propre affaire. Son désir était alors de retourner à Berlin travailler dans la banque familiale dirigée par son cousin Alexander, et d'y retrouver la jeune fille avec laquelle il s'était secrètement fiancé avant son départ. Mais le père tout-puissant, Abraham, était contre. Albertine Heine était pourtant irréprochable et du même milieu que les Mendelssohn. Elle était la fille du banquier berlinois Heinrich Carl Heine (1776-1835), qui n'avait aucun lien de parenté ni avec le banquier de Frédéric II, Veitel Ephraim Heine, ni avec le poète Heinrich Heine et sa famille hambourgeoise ; elle faisait partie de la coterie Mendelssohn dès avant 1829 et se trouve sur *La Roue* dessinée par Wilhelm l'année de son mariage. Comme ses amis, elle avait été convertie dans son enfance, en 1825. Mais Abraham s'était disputé avec son père. De Paris, Paul, tout malheureux, écrivit à Fanny pour lui demander son aide [16]. Se soutenir mutuellement était pour les enfants Mendelssohn un devoir et une habitude. Fanny ne pouvait supporter les disputes : Paul revint à Berlin en mai 1833, mais son mariage avec Albertine mit encore quelque temps à se décider. Il entra à cette époque dans la banque Mendelssohn, dont il devint associé quatre ans plus tard. Il dirigeait aussi sa propre maison « Paul Mendelssohn–Bartholdy » à Hambourg. Il s'était, lui, décidé pour le trait d'union entre Mendelssohn et Bartholdy. Il épousa Albertine le 27 mai 1835 et vécut avec elle une union très heureuse. On ne peut imaginer histoire d'amour plus raisonnable, et les parents Mendelssohn ne l'étaient pas du tout en faisant des difficultés à cette bru parfaite!

Les aventures de la belle Marianne et de Varnhagen le sont beaucoup moins aux yeux de leurs amis et connaissances berlinoises. Rahel mourut le 7 mars 1833 et Varnhagen, à peine remis de son deuil, lui choisit un an plus tard une remplaçante [17] : c'était bien la peine de faire un tel cirque autour de la personne de Rahel et de la traiter comme la Pythie réincarnée! La société berlinoise en faisait des gorges chaudes. Ni l'insurrection des canuts à Lyon ni le passage de la cantatrice Wilhelmine Schroeder-Devrient à l'Opéra ne pouvaient les intéresser davantage. Marianne avait quarante-neuf ans, comme Varnhagen [18]. Lea était secouée car Marianne était sa nièce et elle l'aimait beaucoup. Fanny écrivit à Felix [19] : « Marianne Saaling vient de passer pour soupirer pendant tout le repas de midi et nous nous relayons avec Albertine pour qu'elle ne rende pas Mère complètement folle; il n'y eut jamais un tel scandale. Mais tiens ta langue là-dessus. » Fanny ne supportait pas les médisances : « Je veux mettre ma main au feu que tout n'est que calomnie et mensonge, car je le sais. » Marianne finit par renoncer au mariage, ne pouvant se résoudre, disait-elle, à l'intimité conjugale [20]. La rupture fit autant de scandale que les fiançailles. Fanny écrivit encore à son frère [21] : « Marianne et Varnhagen sont maintenant d'ex-fiancés déclarés; elle a Freienwalde, lui très drôle. Tout deux se conduisent *on ne peut pas plus mal* [22]. L'histoire est si rebutante qu'on ne peut pas vraiment en parler, n'est-ce pas? »

La société de 1834 est alors tellement vertueusement bloquée que personne n'arrive à dire ce qui choque dans Marianne, mais ce qui est sûr, c'est qu'elle fait parler d'elle et ne se cache pas, et Varnhagen non plus. Mais, question de génération? Quelqu'un dans la famille prend vigoureusement la défense de Marianne. C'est Dorothea Schlegel, qui de Francfort va prendre sa plume pour reprocher bien fort à sa nièce Rebecka de juger une femme qui cherche son chemin [23] : « Comment se fait-il que tu tombes si impitoyablement sur la pauvre Marianne. [...] Coupable ou non, il n'importe, elle se prive de tout ce qui rend la vie heureuse! [...] Cela m'est désagréable de penser que toi et peut-être tout ton milieu vous soyez si impitoyables à son égard. » Dorothea se souvient du scandale de son divorce et prend Marianne en pitié. Vu de loin, on comprend à peine comment, trente ans après l'*Aufklärung*, la société a pu devenir puritaine au point de crier au scandale pour des fiançailles rompues. Dorothea et beaucoup de ses contemporaines ont pu divorcer et mener une vie beaucoup plus libre qu'il n'était imaginable en 1830. Fanny est aussi choquée que tout le monde, la seule différence est qu'elle déteste dire du mal d'autrui, et elle déteste tout autant l'idée même de scandale.

Lea se remit de sa tachycardie et Marianne se consacra aux œuvres de charité.

Cependant, la carrière de Wilhelm nécessitait des déplacements. Il devait se faire connaître, lui et sa peinture, et rechercher les commandes qui devaient le faire vivre avec sa famille. Son atelier d'étudiants marchait très bien, c'était un bon professeur, très aimé de ses élèves. Les Hensel projetèrent un voyage en Angleterre pour le printemps 1835, et en informèrent Mary Alexander, une amie de Felix et d'Abraham, tout en lui demandant de garder le secret vis-à-vis d'Abraham. La vie et les lettres des enfants Mendelssohn, qui n'étaient plus vraiment des enfants, restent émaillées des témoignages de cette peur du père à la fois idolâtré et redouté. Mary Alexander avait traduit des poèmes de Heine dont trois avaient été mis en musique par Fanny. Dans la lettre qui prévenait son amie de ses intentions, elle lui envoya ces *Lieder* ornés de dessins de Wilhelm [24]. L'annonce de la venue de Fanny suffit à terrifier miss Fanny Horsley, une des charmantes admiratrices anglaises de Felix [25] : « Monsieur et Madame Hensel, la sœur de Mendelssohn, viennent cet automne passer quelques mois en Angleterre. Je suis sûre qu'elle va me terrifier avec son regard perçant et la " sévérité " dont tous ceux qui l'ont vue parlent avec un tel mystère. »

Une femme énergique ne peut espérer avoir la réputation d'être facile. Mais les Hensel n'allèrent pas en Angleterre : leurs projets pour 1835 concernaient d'abord Paris et l'organisation familiale leur permettait difficilement une absence prolongée. La cataracte d'Abraham s'aggravait et Rebecka comme Fanny devaient se relayer pour lui faire la lecture et écrire ses lettres. « La patience, la gentillesse et la douceur avec lesquelles il supporte sa douleur sont indescriptibles, tout comme ses remarquables qualités ressortent cette année et son caractère s'adoucit et s'améliore », écrit Fanny à Felix le 8 mars [26]. L'adoration de ses enfants envers Abraham est elle aussi indescriptible. Mais si Fanny s'en va, c'est Rebecka qui doit rester. Ce n'est pas seulement pour les opprimer que les femmes restent à la maison, c'est aussi une nécessité. Le caractère de la joyeuse Rebecka semble à cette époque se transformer et elle voit les projets des Hensel avec mauvaise humeur. Les siens en sont contrariés et quelqu'un devra se sacrifier au devoir familial de ne pas laisser les parents seuls [27].

Une autre obligation l'emporte, celle de la carrière de Wilhelm. Les Hensel, sur le chemin de la France, décident de s'arrêter à Cologne, où Felix dirige le Festival du Bas-Rhin. De Paris, ils reviendront par Boulogne et la Belgique. Cela fait un long voyage et toute la famille résout le problème de la séparation en les accompagnant à Cologne, pour avoir la joie de voir et d'entendre Felix diriger *Salomon* de Haendel. « Et même aux portes de l'Enfer, inscris-moi dans les altos, lui écrivit Fanny [28] : et je veux te dire une chose : si tu fais un tapage inconvenant à mon sujet et que les gens sont curieux de m'entendre jouer, je ne viens pas du tout. J'ai de toute façon une peur de toi si déraisonnable (et en dehors de cela de personne d'autre, sauf un peu de Père) que je ne peux en fait jamais bien jouer en ta présence, et que par exemple, jamais je ne tenterais d'accompagner quand tu es là, alors que je sais moi-même que je le fais vraiment bien. Je te vois d'ici me torturer à Düsseldorf, je vais avoir peur, m'embrouiller, massacrer la musique et me mettre en colère. Là où en plus ils sont habitués à t'entendre jouer tout ce que je peux connaître. »

Le concert de Cologne fut un succès, mais Lea eut une petite attaque en retournant à Düsseldorf et les Hensel ne repartirent pour Paris qu'après avoir été rassurés sur son compte. Felix accompagna ses parents à Berlin et les Dirichlet partirent pour Ostende [29].

Partout où il passait, Felix faisait une grande réputation au jeu de sa sœur. Il prévint de son arrivée Madame Kiéné, la mère de Marie Bigot, lui vantant Fanny en ces termes [30] :

« Vous allez vous réjouir de refaire la connaissance de ma sœur, car c'est une femme remarquable ; son être entier est si doux et calme et pourtant si plein de vie et de feu que vous l'aimerez sûrement. De plus, son talent musical est si merveilleux que, si vous avez envie d'entendre de la musique, vous tirerez beaucoup de plaisir à la faire souvent jouer pour vous. Cela me désole qu'elle ne compose plus autant depuis son mariage car elle a composé certains morceaux, et en particulier des *Lieder* allemands, qui font partie des meilleurs que nous ayons dans ce genre ; mais d'un autre côté c'est bien qu'elle se plaise dans son foyer, car une femme qui le néglige, que ce soit pour la peinture à l'huile, la poésie ou le double contrepoint, me rappelle toujours le grec des *Femmes savantes*, et j'ai peur d'elles. Ce n'est Dieu soit loué pas le cas de ma sœur, et elle a pourtant, comme je vous l'ai dit, continué à travailler son piano avec beaucoup d'ardeur et y a récemment fait encore beaucoup de progrès. »

Madame Kiéné n'avait pas vu Fanny depuis son séjour de petite fille à Paris, en 1816. On se demande pourquoi Felix trouve que Fanny ne compose plus depuis son mariage, alors qu'elle lui envoya au moins trois cantates, une scène dramatique et un quatuor à cordes. Ce n'est que depuis l'hiver précédent qu'elle se décourage, et il en est en grande partie la cause. « J'ai peur d'elles », dit-il à propos des femmes qui penseraient à composer plutôt qu'à faire le ménage. Aurait-il besoin que, symboliquement, Fanny lui abandonne encore davantage son talent ? Il s'agirait bien seulement de symbole car Felix a certainement un immense talent. Pourquoi alors a-t-il peur des femmes qui revendiquent une compétence ? Et pourquoi ment-il, ou se ment-il à propos de la composition de Fanny ? Lui seul aurait peut-être pu répondre [31].

Le monde parisien découragea Wilhelm de toute intention d'y vivre, comme il avait découragé Felix. La masse d'intrigues et de mesquineries, d'après Fanny, ne pouvait contrebalancer l'avantage qu'avaient les artistes français d'être très largement exposés [32].

Wilhelm fut reçu à la « Société libre des beaux-arts », où il prononça un discours sur la fabrication de la majolique, discours qui fut ensuite publié dans les annales de la Société [33]. Les Hensel rencontrèrent à Paris Delaroche, Horace Vernet et Gérard, dont la galerie de portraits représentant Talma, Mademoiselle Mars, Napoléon jeune, Humboldt, Canova passionna Fanny [34]. Ils ne restèrent qu'un mois à Paris, ce qui était bien peu pour tout voir, d'autant plus que la santé de Hensel l'obligeait à beaucoup se reposer. Ils eurent aussi droit à une visite apparemment déplaisante de Giacomo Meyerbeer, installé à Paris, et que le Berlinois raconte ainsi dans une de ses lettres [35] :

> « J'ai aussi rendu aujourd'hui visite à Madame le Professeur Hensel qui est ici avec son idiot de mari. Il était suffisamment mal élevé pour ne pas me faire de visite, c'est pour cela que j'ai été les voir. Ils en étaient tout contrits mais d'une politesse tellement glacée que j'étais gelé malgré la chaleur de juillet. La laideur de Fanny est indescriptible. Malgré sa laideur permanente, il me sembla qu'en comparaison elle était une Vénus il y a deux ans. »

Les relations entre Meyerbeer et Felix Mendelssohn étaient des plus mauvaises : entre Meyerbeer à Paris, soutenu par Heine, et Mendelssohn à Leipzig, soutenu par le critique musical qu'était Robert Schumann, les tensions et les rivalités s'accumulaient. Les deux fronts représentaient d'un côté l'opéra, l'argent et les intrigues, et de l'autre le concert, l'oratorio et le puritanisme. Felix avait pu raconter à Fanny quelque chose qui lui avait fait prendre Meyerbeer en grippe, et comme elle était incapable de cacher ce qu'elle pensait, Meyerbeer s'en était aperçu!

Les temps étaient agités. En même temps qu'un soulèvement populaire brutalement réprimé à Berlin, le mois de juillet vit à Paris l'attentat de Fieschi contre Louis-Philippe. Les Hensel, sur le point de partir, eurent l'occasion de vivre la peur causée par l'événement : la bombe qui éclata sur le passage du roi tua des gardes nationaux, des spectateurs et plusieurs personnes de la suite royale [36].

Les Hensel, accompagnés de Sebastian et de Minna, continuèrent leur voyage vers Boulogne, lieu de cure maritime. Mais ils eurent beaucoup de mal à trouver un logement car la ville était envahie d'Anglais. Celui qu'ils habitèrent se révéla peu solide. En effet, après une pluie violente, le toit s'effondra et un torrent d'eau envahit la chambre. Fanny souffrit d'une inflammation aux yeux, la vie était très chère, le temps déplorable, la poste catastrophique! Boulogne ne leur laissa pas un bon souvenir. Ils y rencontrèrent cependant Heinrich Heine, Sarah Austin, écrivain anglaise amie de Felix, et enfin leur très cher ami Klingemann, qui ne connaissait pas encore Wilhelm. Ils eurent l'occasion de rire du mot de Heine, qu'une Anglaise dérangeait par son bavardage intempestif dans un salon de lecture : « Madame, si ma lecture dérange votre conversation, je peux aller ailleurs [37]. » Les Hensel revinrent par la Belgique, où ils visitèrent Bruges, Gand et Anvers : Fanny les appelait les villes des xve, xvie et xviie siècles. A Gand, elle regretta que le xixe commençât un peu trop à laisser sa marque, mais même ainsi, il restait à Gand suffisamment de belles choses pour remplir dix villes comme Berlin [38]... Ils admirèrent tous les primitifs qu'ils purent voir : Memling et les Van Eyck mais aussi Rubens à Anvers, les vieilles églises, etc. Les Hensel prirent pour la première fois le chemin de fer entre Bruxelles et Malines, grâce à la ligne qui venait de s'ouvrir [39]. Ils allèrent ensuite visiter Louvain et son hôtel de ville et rejoignirent les Dirichlet à Bonn. Ils ne purent malheureusement pas faire à loisir le voyage du retour, comme ils l'auraient souhaité : la mère de Wilhelm tomba malade et ils arrivèrent à Berlin, le 27 septembre, juste à temps pour assister à ses derniers jours. Elle mourut le 4 octobre. « Nous avons aujourd'hui enterré ma belle-mère, écrivit Fanny [40]; pour la première fois de ma vie j'ai vu de près quelqu'un mourir, et aussi toutes les démarches qui suivent le décès. Il y a quelque chose d'extraordinairement solennel dans une vie qui s'éteint et dans l'instant où l'on perd le fil pour l'au-delà ; il n'y avait là rien de repoussant ni de terrifiant, elle mourut en pleine conscience, très tranquillement, en souhaitant la rédemption. Comme je me réjouis de ce que nous soyons revenus à temps. »

Minna vint habiter chez les Hensel [41]. Les Dirichlet revinrent à Berlin le 14 octobre ; passant par Leipzig, ils en ramenèrent Felix et Moscheles. Suivirent quelques journées de festivités qui, selon Sebastian, comptèrent parmi les plus heureuses de la vie de sa mère [42]. Le piano à queue fut placé dans la maison du devant, la nouvelle se répandit dans Berlin, et les amis et connaissances s'attroupèrent pour entendre les deux vedettes. Ce fut la dernière fois qu'Abraham et Lea eurent leurs quatre enfants autour d'eux et que la famille se trouva réunie au complet. Felix promit de revenir à Noël et retourna à Leipzig, où il venait de prendre la direction de l'orchestre du Gewandhaus, avec lequel il avait donné son premier concert le 1er octobre 1835.

La musique ne s'arrêta pas avec le départ de Felix. Une nouvelle recrue avait rejoint les matinées de Fanny : le baryton Franz Hauser, venu passer une saison à Berlin et que Felix avait introduit dans sa famille. La passion de Hauser pour Jean-Sébastien Bach, dont il collectionnait les partitions, l'avait tout naturellement rapproché de Fanny [43]. Celle-ci donna encore ces très brillants *Sonntagsmusik* après lesquels Abraham dit qu'il ne voyait pas comment ils pouvaient encore progresser. Elle y fit jouer deux cantates de Bach en l'honneur de Hauser et pour profiter de sa présence [44].

Il y eut une nouvelle fête familiale pour l'anniversaire de Fanny. Le 18, Abraham toussa un peu. Il passa une mauvaise nuit, mais les médecins appelés rassurèrent ses proches ; à dix heures du matin il voulut se reposer, et mourut dans son sommeil une demi-heure plus tard. Selon Fanny [45] : « Son visage était si beau, tranquille et sans changement que nous pouvions rester près du cadavre bien-aimé, non seulement sans crainte, mais avec un véritable sentiment d'élévation. Son expression était si tranquille, son front si pur et si beau, ses mains si douces ; c'était la fin du juste, une belle fin enviable, je prie Dieu de m'en donner une semblable et je veux toute ma vie tâcher de la mériter comme il l'a méritée. C'était l'image de la mort la plus rassurante et la plus belle. »

Wilhelm partit sur-le-champ chercher Felix à Leipzig. Des quatre enfants, Felix était le plus attaché à son père, « presque fanatiquement », dira plus tard Sebastian [46]. Abraham l'avait beaucoup poussé à écrire son oratorio, *Paulus*, et Felix en ressentit désormais l'achèvement comme un devoir de piété filiale. La famille tout entière était écrasée par cette perte et désorientée comme si son moteur, sa raison d'être, le sens de la vie et son explication venaient de disparaître. Lea alla habiter avec les Dirichlet, tandis que Paul prit en charge les intérêts de la famille. Les Mendelssohn Bartholdy avaient perdu leur centre de gravité. Le tout-puissant chef de famille disparu, il fallut que les Mendelssohn Bartholdy choisissent une nouvelle répartition des rôles, et Felix prit celui d'Abraham à l'égard de Fanny.

21

Les rebuffades

Hensel continuait à travailler sur son nouveau tableau représentant Miriam et la sortie d'Égypte du peuple juif, pour lequel Fanny, Rebecka et Albertine posèrent. Fanny quant à elle devenait de plus en plus dépressive et son manque de confiance en elle s'aggravait. Les commentaires de Felix la décourageaient, elle pensait qu'il n'appréciait pas sa musique et ne s'y intéressait pas. Elle lui demanda presque timidement, le 5 janvier 1836 [1] : « Cela me désole, et ce n'est vraiment pas par vanité, de ne pas avoir su te remercier par quelque chose de musicalement valable. Ce que je faisais était-il auparavant meilleur, ou étais-tu seulement plus facile à satisfaire ? »

Felix proteste quand même, le 30 janvier [2] :

« Je nie tout et je t'assure que j'ai toute raison d'être reconnaissant pour tout ce que tu crées. Si une succesion de deux ou trois pièces ne me plaît pas au même degré que d'autres de tes morceaux, cela ne tient pas à une raison plus grave qu'au fait que tu écris maintenant moins qu'auparavant ; alors, si un ou deux *Lieder*, puis un suivant, conçus trop rapidement et écrits à la hâte, ont pu ne pas me plaire, nous pensions peu au pourquoi de notre désapprobation mais nous en riions bien [...]. Puis revenaient ceux qui étaient beaux, tout comme maintenant ; ils ne peuvent cependant plus se suivre aussi rapidement, car tu dois désormais penser bien souvent à toute autre chose qu'à créer de beaux *Lieder*. Et c'est sûrement tant mieux. Mais si tu crois que tes pièces récentes sont inférieures en quoi que ce soit à tes pièces plus anciennes, tu te trompes complètement ; je ne connais pas de meilleur *Lied* de toi que l'anglais en sol mineur, ou la fin du *Liederkreis*, et tant des plus récents ; tu sais bien qu'il y eut des cahiers entiers de toi que j'aimais moins que d'autres, parce que, fidèle à mon signe, je suis un Schuhu et j'appartiens au peuple sauvage des Frères. Mais tu sais que j'aime toutes tes pièces et surtout celles qui sont devenues proches de mon cœur. Tu dois m'écrire vite pour me dire que tu commets une injustice quand tu me considères comme une personne sans goût et que tu ne le feras plus. »

Felix exigea ensuite des critiques de sa part et de celle de Rebecka, non seulement sur *Paulus* mais aussi sur son ouverture op. 32, *Le Conte de la belle Mélusine*. La participation de Fanny à la vie professionnelle devait se borner à cette contribution à sa carrière à lui, gardant ainsi un caractère modeste et « féminin ».

La question qui se pose est de savoir si Fanny a besoin qu'on lui dore la pilule en prétendant que ce qu'elle écrit est joli et qu'elle est parfaite, surtout quand elle écrit moins, ou si elle a besoin d'un encouragement plus pertinent. Au moment où Felix allait au bout de ses idées en composant l'oratorio *Paulus*, elle devait sentir que son talent et son désir à elle réclamaient un engagement plus total. Felix avait commencé à travailler sur *Paulus* dès le mois de juillet 1834 et termina au printemps 1836 [3], une continuité obstinée dans le travail que Fanny ne pouvait qu'envier. Son mari et son frère concevaient des œuvres monumentales et elle ne se sentait pas autorisée à faire de même. Wilhelm ne souhaitait cependant rien d'autre que de la voir composer mais seule l'approbation de Felix aurait pu lui apporter la confiance en elle nécessaire pour commencer une œuvre d'importance et, peut-être, envisager de sacrifier quelques-unes de ces obligations matérielles qui faisaient d'elle une épouse et une mère modèles. Fanny pensait qu'il était de toute façon déjà trop tard ; l'encouragement de Felix serait arrivé comme un bonheur et une chance de dernière minute, à saisir aux cheveux mais sans véritable espoir : on n'écrit pas une œuvre comme *Paulus* de but en blanc, Felix avait auparavant énormément composé, voyagé, mûri ; il n'avait rien d'autre à faire que penser à lui et à sa musique.

Felix donnait beaucoup de travail aux copistes, et, dans une lettre du 1er janvier 1836, il demanda à sa sœur de faire copier la partie de piano de *Paulus* en sa possession et de la lui envoyer [4]. Sa petite famille se trouvant par hasard en bonne santé, Fanny put décider d'une escapade à la fin de janvier à Leipzig, soit pour porter elle-même la partition à son frère, soit peut-être pour chercher auprès de lui la parole qu'il ne lui écrivait pas. Sans succès. L'encouragement ne vint pas. De retour à Berlin elle lui envoie une autre supplique [5] :

> « Je vais parler de moi encore une fois ; même s'il est très désagréable de se faire son propre avocat, nous sommes habitués à nous parler sans ambages. Tu m'as dit à Leipzig que je ferais mieux de ne pas écrire de musique religieuse, car mon talent ne s'y prêtait pas. Depuis mon retour, et surtout depuis huit jours, j'ai rejoué tout ce que j'avais écrit dans ce genre au cours des années passées ; je tiens à te dire d'abord que je pense qu'une personne honnête est la critique la

plus sévère de ses compositions passées. Beaucoup, et même la plupart d'entre elles m'ont tellement ennuyée que j'avais du mal à trouver la patience de les jouer jusqu'au bout, mais quelques-unes, par exemple l'air : *O dass ich tausend Zungen hätte*, quelques chœurs et quelques récitatifs de ce que nous avons nommé la " musique du choléra [6] " m'ont tellement plu que j'en étais toute joyeuse, aussi fou que cela puisse paraître ; je tiens cela pour une preuve quand longtemps après ses propres œuvres plaisent de nouveau au compositeur, alors qu'il les a complètement oubliées. Cependant ce que tu m'as dit m'a assommée * et je suis devenue méfiante à mon égard, bien qu'en général je crois pouvoir faire mieux qu'alors ; je me serais déjà préparée à retravailler quelques passages si ton interdit ne m'en empêchait pas. »

Les réactions du frère comme de la sœur appartiennent totalement au domaine de l'irrationnel. Un interdit ! Comment pouvaient-ils accepter un tel mot entre eux et à quel jeu jouaient-ils ? Il semblerait qu'au moment où il s'investissait dans une œuvre religieuse, Felix refusait de voir sa sœur faire de même. Le choix même de son sujet, l'apôtre Paul, est significatif : n'est-ce pas lui qui défendit aux femmes de parler dans les assemblées [7] ? Dans les mois qui suivirent la mort de son père et qui virent la naissance de son oratorio, Felix fut certainement plus nerveux et irritable que jamais. Le sachant, il écrivit à Fanny ces quelques mots de consolation pour la remercier de sa visite [8] : « Si seulement je ne t'avais pas tant querellée le dernier soir et le lendemain ! C'est curieux, j'y pensais à peine tant que nous étions ensemble, mais quand je me suis retrouvé seul dans la voiture, cela m'est retombé sur le cœur et j'aurais pu me rosser. Je sais bien que tu m'en excuses, mais moi-même, je ne suis toujours pas arrivé à me pardonner. »

Si attaché qu'il soit à sa famille et à sa sœur, Felix voudrait bien à cette époque que l'une et l'autre pèsent moins lourdement sur sa vie, d'où son humeur et son côté négatif à l'égard de sa sœur, cette Fanny que son éducation avait obligée à renoncer à une partie d'elle-même pour ne pas faire d'ombre à son frère. Peut-être Felix lui reprochait-il un sacrifice incomplet ? Selon l'opinion générale, qui le trouvait bien difficile à vivre, il était temps qu'il fonde sa propre famille et se stabilise.

---

* Fanny emploie une expression ambiguë : « *Was du sagst fällt ein bei mir auf einen steinigen Boden* », ce qui pourrait signifier : « Ce que tu dis tombe pour moi sur un sol de pierre », c'est-à-dire stérile ; exactement le contraire de ce qu'elle veut dire en 1836, où elle est tombée de son haut. L'expression ne reprendra que dix ans plus tard son sens premier d'indifférence à l'égard de l'interdit de Felix.

En juin, Fanny se joignit à Paul et Albertine pour aller entendre Felix diriger *Paulus* au Festival du Bas-Rhin. En chemin, elle s'arrêta à Francfort afin de rendre visite à sa tante Dorothea, qui était alors une vieille dame de soixante-douze ans [9]. Arrivée à Cologne, elle se lamenta sur une solitude qui lui était très inhabituelle, comme elle l'était à toute femme « bien ». Toute seule signifiait alors : sans son mari ni son fils. Elle se rendit pourtant à Düsseldorf chez ses amis Woringen, où elle apprit qu'on pouvait se sentir chez soi hors de chez soi. Elle participa aux répétitions de *Paulus* en chantant parmi les altos, et ne ménagea pas son admiration pour l'œuvre [10] : « Je ne me souviens pas d'avoir éprouvé un sentiment aussi fort, fait à la fois de joie et de tristesse [11]. » Fanny la connaissait bien : pendant le concert, alors qu'un des « faux témoins » se perdait dans sa partition, Fanny, pâle comme la mort, lui chanta ses notes de façon si sûre que la soliste du chœur retrouva son chemin. Felix lui dit après la représentation qu'il était heureux qu'il s'agisse de l'un des « faux » témoins ! Fanny entendit également une des ouvertures de *Leonore*, qui ne se jouait jamais car elle déplaisait à Beethoven. « Cet homme n'a pas de goût ! » en déduisit-elle [12]. Elle entendit également pour la première fois la version orchestrale de la *Neuvième Symphonie* de Beethoven, dirigée par Felix. « Cette colossale *Neuvième Symphonie*, si énorme et par endroits si terrifiante, fut exécutée comme par une seule personne : les nuances les plus fines, les intentions les plus cachées furent révélées, les masses se différencièrent et se firent compréhensibles ; elle devint alors pour la plus grande part sublimement belle. Une tragédie colossale, avec un finale qui se veut dithyrambique, mais qui chavire à son sommet et tombe dans l'autre extrême, dans le burlesque. » Elle n'avait jusque-là connu l'œuvre qu'en lisant la partition ou en la jouant au piano. Quelle frustration pour elle que de vivre dans une ville sans aucun orchestre symphonique ni professionnel ni amateur !

Même si elle fut très heureuse de voir son frère et de bavarder avec lui dans l'intervalle des répétitions, il n'était plus le seul à faire son bonheur, qui dépendait manifestement davantage de Wilhelm et de Sebastian. Elle le dit très clairement dans son journal [13] : « Je sens bien que pour une femme il ne saurait exister de voyage d'agrément sans mari ni enfant et je ne me séparerai plus jamais sans nécessité de l'un des deux ou des deux ensemble. » En revanche, c'est toujours chez Felix qu'elle recherche une reconnaissance musicale, et sa mélancolie à ce sujet continue à se manifester.

« Je joins à cette lettre deux pièces pour piano que j'ai écrites depuis Düsseldorf, écrit-elle à Klingemann [14], vous jugerez si elles sont aptes à passer dans les mains de ma jeune amie inconnue ; je m'en remets à vous, mais je ne peux manquer de dire à quel point il m'est agréable de trouver à Londres pour mes petits morceaux un public qui me manque totalement ici. Cela n'arrive ici même pas une fois par an que quelqu'un copie ou demande seulement à entendre quelque chose. Ces temps derniers, depuis que Rebecka ne chante plus, mes *Lieder* gisent absolument inécoutés et inconnus ; quand on ne rencontre jamais ni jugement extérieur ni bienveillance, on finit par perdre le sens critique pour juger des morceaux et on perd en même temps le désir d'en produire. Felix, à qui il serait facile de remplacer un public pour moi, ne peut que parcimonieusement me rasséréner car nous sommes très peu ensemble. Je suis donc passablement seule avec ma musique. La joie que j'y prends et celle de Hensel m'empêchent de m'endormir tout à fait et j'interprète comme une preuve de talent mon obstination malgré un manque si total d'appel venant de l'extérieur. »

Fanny se sentait seule avec sa musique car Rebecka s'était laissé envahir par la vie de famille ; bien que possédant une jolie voix, ce n'était pas une grande chanteuse et sa santé devenait de plus en plus délicate. D'autre part son amie Pauline Decker avait eu des grossesses difficiles, et cette année-là ne put reprendre la musique qu'au mois d'octobre. Fanny ressentait cruellement son absence. Elle n'était pas aussi inoccupée qu'elle voulait le faire croire dans cette lettre, mais d'un niveau tellement supérieur aux amateurs parmi lesquels elle se trouvait confinée qu'il était bien normal qu'elle s'ennuie souvent, d'autant plus qu'elle n'avait aucun espoir de voir la situation changer jamais.

Quelques jours après sa lettre à Klingemann, Fanny écrivit à Felix, d'abord pour lui demander davantage de détails sur la belle jeune fille qu'il avait rencontrée à Francfort, puis pour déplorer l'absence de Decker, sans qui *Paulus* ne pouvait se répéter, et enfin pour pester contre la vie musicale berlinoise [15] :

« Puisque Hensel le souhaitait, j'ai recommencé à jouer le dimanche, mais les Ganz ne sont pas là, et je suis vraiment trop gâtée pour prendre plaisir à me faire accompagner par Alevin. Comme le très noble seigneur me l'ordonna, j'ai continué à composer des pièces pour le piano et j'ai pour la première fois réussi à produire quelque chose de brillant. Je ne sais pas très bien au juste ce que Goethe entendait par l'influence démoniaque dont il parlait tant à la fin de sa vie, mais il est sûr que, si quelque chose de semblable existe, tu la pratiques sur moi. Je crois que si tu me proposais sérieusement de devenir un bon mathématicien, je n'y trouverais pas de difficultés particulières, de même que demain je ne pourrais plus faire de musique si tu disais que je ne peux en faire. Fais attention à ce que tu me dis. »

Fanny est enfermée dans le monde du privé et c'est de Felix qu'elle veut entendre les paroles qui la délivreront : public et publication. Il est bien clair que ces mots-là justement, il ne veut pas les dire, même quand elle les lui souffle, comme le 28 octobre de la même année [16] :

« Tu me demandes ce que j'ai composé et je réponds : selon ta commande, une demi-douzaine de pièces pour le piano. Je te les ferai parvenir par Paul, joue-les une fois si tu en as le temps ou fais-les jouer par un de tes élèves, et fais-moi savoir ce que tu en penses. J'ai tellement dans ma nature d'être ton élève que cela me réussit toujours quand tu me dis : fais ceci ou cela. Ces temps-ci, on m'a de nouveau beaucoup demandé de publier quelque chose, dois-je le faire ? »

Que le Cantor soit devenu l'élève de son élève et en appelle à la « nature » à ce propos, cela montre la situation psychologique de Fanny pendant toute cette crise. La réponse de Felix est négative. Heureusement que Hensel ne l'entend pas de cette oreille, lui qui est musicalement sourd, et Fanny revient à la charge, le 22 novembre, jour de la Sainte-Cécile, nom de la jeune fille de Francfort avec qui Felix s'est fiancé le 9 septembre, qui se trouve, comme par hasard, être aussi un de ses noms de baptême à elle : Fanny Caecilia [17].

« En ce qui concerne ma publication, je suis comme un âne entre deux bottes de foin. Pour dire le vrai, je suis moi-même assez neutre à ce sujet, mais Hensel le souhaite, et tu es contre. En toute autre occasion je suivrais naturellement sans condition le vœu de mon mari, mais ton assentiment m'est ici trop important, et je n'entreprendrai rien de la sorte sans lui. »

Il ne faut pas dire fontaine... Au début de l'année 1837, l'éditeur de musique Schlesinger publia un album composé de divers *Lieder* de plusieurs compositeurs, comme cela se pratiquait à l'époque : il y inclut un *Lied* de Fanny, *Die Schiffende* (« En voguant »).
Felix lui écrivit très gentiment à propos de cette parution, le 24 janvier 1837 [18] :

« Sais-tu, Fenchel, que ton *Lied* en la majeur de l'album de Schlesinger fait fureur ici ? Que le *Neue musikalische Zeitung* (je veux dire son rédacteur, qui mange dans le même hôtel que moi) est fou de toi ? Que tous disent que c'est ce qu'il y a de mieux dans l'album, ce qui est un mauvais compliment, qu'y a-t-il de bien à part toi ? Qu'ils l'aiment vraiment beaucoup ? Es-tu maintenant un véritable auteur, et cela te fait-il plaisir ?

Fanny lui répond le 27 janvier 1837 [19] :

« Mon état d'auteur, qui tient à un *Lied*, ne m'a pas du tout amusée, cher Felix, au contraire, tous les cris et coups de trombones que Schlesinger a faits à propos de ce pitoyable album m'ont été très importuns. »

Fanny cherche toujours à minimiser ce qui la concerne, mais il est certain que la publication d'un malheureux *Lied* de la part d'une musicienne qui a déjà tant produit a quelque chose de ridicule. Il faut toutefois souligner que le rédacteur du *Neue musikalische Zeitung* se trouve être rien moins que son fondateur, Robert Schumann. Le *Lied* fut chanté à Leipzig au début du mois de mars 1837 dans un concert de Felix qui en rendit compte en ces termes [20] :

« Je veux t'écrire très sérieusement sur ton *Lied* d'hier, car c'était très beau. Tu connais déjà mon opinion mais j'étais curieux de savoir si mon vieux préféré que je ne connaissais que dans la chambre verte aux gravures ou dans la salle du jardin, chanté par Rebecka et joué par toi, ferait toujours sur moi son effet dans une salle très pleine, éclairée par des lampes et après une bruyante musique orchestrale. Ainsi, très intéressé, je commençais seul dans le silence tes jolis mouvements de vagues, pendant que les gens écoutaient, aussi tranquilles que des souris : jamais il ne m'a plu autant qu'hier soir ; les gens aussi l'accueillirent très bien, ils murmuraient chaque fois que revenait ce thème de vous, avec le long mi, et ils applaudirent très vivement à la fin. Bien que la Grabow fût loin de le chanter aussi bien que Beckchen, c'était pourtant très propre, et les dernières lignes très jolies. Bennett, qui était à l'orchestre, te salue bien et te fait dire sur le *Lied* ce que tu sais déjà ; de mon côté je te remercie au nom du public de Leipzig et de partout pour l'avoir publié contre mon gré. »

Alors, comme dans son enfance, la valeur et le talent de Fanny étaient complètement reconnus par ses proches. Elle devait seulement les garder pour elle, comme un enfant qui ne pourrait pas naître. Est-ce la raison des « accidents » mentionnés par Felix à Klingemann [21] : « Ma sœur aînée a été de nouveau importunée par un triste accident » ? Fanny en parla elle aussi [22] : « Le nouvel accident m'est arrivé sans qu'il y ait de ma faute, et je me sentais si bien jusqu'à la dernière minute que j'avais les plus grands espoirs. » Elle se réjouit encore le 2 juin de ne pas être allée alors à Leipzig, car elle se serait sentie responsable de l' « accident [23] ».

233

Fanny n'aura pas d'autre enfant que Sebastian. La dépression s'abat si durement sur elle que Lea, aussi inquiète que Wilhelm, prend sa plume pour supplier Felix d'encourager sa sœur. Cette initiative de Lea montre que cette femme intelligente au caractère exigeant, qui savait ce que signifiait une fausse couche, n'avait pas élevé ses filles pour les enfermer dans le mariage : elle gardait encore le souvenir des salons de *l'Aufklärung* et de la liberté d'esprit qui s'y manifestait. En 1837, l'idéologie du XIXᵉ siècle et son culte de la famille étaient bien ancrés et Fanny les recevait de plein fouet. De même que Lea voulait la protéger petite jeune fille contre une sentimentalité amoureuse néfaste à son développement intellectuel, elle désirait maintenant participer à l'éclosion de ses talents vers le monde extérieur. Wilhelm était entièrement d'accord. Puisque ce premier *Lied* avait reçu un accueil si encourageant, pourquoi ne pas continuer à publier ? Le fait que Fanny n'arrivait pas à avoir d'autres enfants ne pouvait que renforcer leurs arguments, et leur désir urgent d'aider Fanny à sortir de sa tristesse. Felix déçut leur attente.

A ces raisons d'en vouloir à Felix s'en ajoutait une autre : il se maria à Francfort le 26 mars 1837, sans qu'aucun membre de sa famille la plus proche connût sa fiancée. Il voulait peut-être éviter les difficultés de ses frère et sœurs, qui le vécurent cependant comme une injustice. La seule personne de sa parenté présente à son mariage fut Dorothea Schlegel, qui vivait à Francfort. La jeune fille était pourtant parfaite : Cécile Jeanrenaud (1817-1853) était la fille d'un pasteur de la communauté calviniste française de Francfort ; née près de Lyon, elle était jolie, bien élevée, charmante et douce, et très douée pour la peinture. Fanny observa que le mariage de son frère était le contrepoint du sien. Cécile ne chantait pas aussi dramatiquement faux que Wilhelm, mais n'était certainement pas plus capable de rivaliser en musique avec Fanny que Wilhelm avec Felix. Fanny exprima à plusieurs reprises le désir de voir la fiancée de son frère et de la connaître avant son mariage, toujours avec la même idée archaïque qu'une femme change dès qu'elle n'est plus vierge. Pour Noël 1836, elle envoya à Cécile un *Lied* qu'elle venait de composer sur un texte de Goethe : *Ach, um Deine feuchten Schwingen* (« Ah, pour tes ailes humides », livre de Suleika), de même qu'une copie d'un duo entre Suleika et Hatem que Felix avait publié dans sa jeunesse (op. 8 nº 12) ; tous deux étaient décorés par Wilhelm [24]. Cécile se montra enchantée. Mais Felix ne l'emmena pas à Berlin faire la connaissance de sa famille, et cela finit par créer une tension entre sa famille et lui, et surtout avec Fanny, comme en font foi les lettres lourdes de tension échangées entre Berlin et Leipzig, le 2 juin 1837. Fanny écrivit alors [25] :

« Si tu penses au temps où nous étions toujours ensemble, où je connaissais immédiatement la pensée qui te passait par la tête et savais par cœur tes nouvelles compositions avant même que tu ne les écrives, si tu te souviens combien notre relation était exceptionnelle, même entre frère et sœur, à cause de notre intérêt commun pour la musique, alors tu m'accorderas que c'est pour moi une privation peu ordinaire de te savoir heureux comme je l'ai toujours vivement souhaité pour toi et de ne pas connaître ta bien-aimée, ta femme. [...] Cela fait trois ans que nous ne nous sommes vus que quelques jours chaque fois et dans la hâte. Par malheur mon mari a aussi peu à faire à Leipzig que toi à Berlin.

« [...] Et pour tout dire, il me semble que l'éloignement, qui passe sur moi sans laisser aucune trace, te change complètement, peut-être pas en ce qui me concerne, mais en ce qui concerne les miens. Je ne me souviens pas que tu m'aies demandé des nouvelles du travail de Hensel ou des progrès de Sebastian. [...] Dis-moi que je me trompe et je veux bien te croire. [...] Le spleen musical dont tu te moques vient tout naturellement de ce que j'ai peu fait et entendu de musique cet hiver, puis trois virtuoses passèrent l'un après l'autre, Döhler, la Wieck et Henselt. Tu sais que je me laisse facilement abattre, j'avais alors les nerfs secoués et je me suis sentie incroyablement vieillie. Mais depuis je me suis reprise et me suis procuré les études de Chopin, dont j'étudie assidûment quelques-unes. »

Dans la même veine mais plus gentiment, elle écrira à Cécile [26] :

« Je dois te dire que lorsque quelqu'un vient me parler de ta beauté, je lui crie à la figure ! J'en ai assez entendu parler, et des beaux yeux ne sont pas faits pour être entendus. »

La réponse de Felix à sa mère ne combla pas les espérances de la famille [27] :

« Tu me parles des nouvelles pièces de Fanny et me dis que je devrais la convaincre de les publier. Tu loues ses nouvelles compositions et cela n'est vraiment pas nécessaire pour que je m'en réjouisse de tout mon cœur et que je les tienne pour belles et remarquables car je sais bien de qui elles sont. Je n'ai pas non plus besoin de dire un mot sur le fait que si elle se décide à publier, je l'aiderai autant que possible et lui épargnerai toute peine superflue. Mais la convaincre de publier, cela je ne le peux pas, car c'est contre mes idées et mes convictions. Nous en avons déjà beaucoup parlé et mon opinion n'a pas changé : publier est quelque chose de sérieux (ou du moins devrait l'être) et je crois qu'on ne doit le faire que lorsqu'on veut toute sa vie se présenter comme un auteur et le rester. Cela suppose cependant une série d'œuvres, se suivant l'une derrière l'autre ; avec seulement une ou deux œuvres isolées, on ne peut attendre de leur publication que du déplaisir, ou cela devient ce qu'on appelle un manuscrit pour les amis, ce qui ne me plaît pas non plus. Et Fanny, telle que je la connais, n'a pas l'envie ni la vocation de devenir auteur, elle est beaucoup trop une femme qui se respecte pour cela, elle s'occupe de sa maison et ne pense ni au public, ni au monde musical, ni même à la musique, sauf quand son occupation première est accomplie. La publication ne pourrait que la déranger en cela et je ne peux pas me réconcilier avec cette idée. C'est pourquoi je ne la convaincrai pas, pardonne-le-moi. Si elle se décidait de son propre chef ou pour faire plaisir à Hensel, je suis prêt, comme je l'ai dit, à l'aider autant que je peux, mais l'encourager à quelque chose que je ne trouve pas bien, cela je ne le peux pas. »

Felix Mendelssohn Bartholdy devait être un peu sourd en ce qui concernait sa sœur. Fanny ne publia pas. Elle attendit encore neuf ans avant de passer à l'acte. Elle ne pouvait pas, comme son frère, justifier d'une « suite d'œuvres » ininterrompue depuis l'enfance : elle était, à trente-deux ans, une femme fatiguée et déprimée par les fausses couches et par l'avortement forcé de son talent.

La famille Woringen, dont le père Otto (1760-1838) représentait le gouvernement prussien en Rhénanie, était devenue à Düsseldorf proche de toute la famille et ne put supporter l'idée d'une dispute entre des Mendelssohn. Après un séjour de plusieurs semaines à Leipziger Strasse, où le temps se passa joyeusement et musicalement malgré une épidémie de choléra, ils emmenèrent Fanny à Leipzig en novembre 1837, et elle put enfin faire la connaissance de Cécile. Elle écrivit à Klingemann à son propos [28].

> « Cela m'a ôté une pierre du cœur de connaître enfin ma belle-sœur, car je ne peux nier que le malaise et la mauvaise humeur m'avaient envahie à ce sujet. Mais c'est un être si aimable, si naïvement ingénu, si rafraîchissant et d'humeur tellement égale et joyeuse que je ne peux que juger Felix heureux de l'avoir trouvée ; elle l'aime plus qu'on ne peut dire mais ne lui passe pas tout et reçoit ses caprices avec une sérénité qui l'en déshabituera peut-être. Sa présence fait penser à de l'air frais, elle est si légère, claire et naturelle. »

Quand on sait à quel point Fanny se délectait à respirer de l'air frais, on apprécie le compliment qu'elle faisait à sa belle-sœur. Son amertume s'exprime à propos de Felix : il n'était pas facile à vivre, et il valait mieux ne pas dépendre de lui [29]. Tout est oublié et tout le monde s'aime comme par le passé, mais si l'on regarde objectivement le nombre de lettres échangées, on s'aperçoit que la correspondance chuta à partir de l'année 1837. Si pour la seule année 1829 elle a écrit quarante-six lettres à son frère, une moyenne de vingt-cinq par an dans les années 1834 à 1836 et vingt en 1837, on arrive à dix à partir de 1838, ce qui fait encore presque une lettre par mois (sans compter bien sûr les années où Felix vécut à Berlin), soit à peine une lettre par mois. Même si le frère et la sœur sont toujours proches, la vie a cassé leur relation privilégiée, ou en tout cas, Fanny a appris qu'elle ne pouvait pas compter sur son frère. Felix, consciemment ou inconsciemment, a vraiment repris le rôle d'Abraham vis-à-vis de sa sœur.

22
La vie berlinoise

Felix pourtant exigeait toujours de sa sœur une participation active à ses compositions : il voulait son avis, profiter de son expérience et avoir son jugement, mais c'était à sens unique. Fanny au contraire s'attachait à faire connaître *Paulus* à son cercle berlinois. Elle en fit jouer des extraits à maintes reprises dans ses *Sonntagsmusik*, qui contrairement aux inquiétudes d'Abraham ne cessaient de se développer au point d'être devenus des événements dépassant largement le cadre familial et amical. On y trouvait désormais des gens qui n'étaient connus ni de Fanny ni de Wilhelm, et l'appartement des Hensel se trouvait envahi à tel point que les chanteurs n'avaient presque plus de place [1]. Malgré sa dépression, Fanny continua de faire de la bonne musique, peut-être même que son angoisse l'y poussa, comme cela arrive parfois. Il est vrai que son salon n'avait pratiquement pas de rival dans ce Berlin si pauvre en concerts.

La Singakademie ne donnait pas grand-chose d'original, ni en musique contemporaine ni en musique ancienne et, en février 1836, Fanny était revenue attristée et irritée par la médiocrité d'une interprétation d'*Israël en Égypte* de Haendel [2]. Ce n'est qu'en février 1838 que les augustes responsables de l'institution se décidèrent, poussés par un sentiment de culpabilité certain à l'égard de Felix, à faire jouer et chanter son *Paulus* et ils sollicitèrent Fanny pour qu'elle vienne les conseiller. Felix compatit [3] : « Entre-temps, tu es condamnée à écouter les répétitions de la Singakademie, ce qui doit t'être dur, car je connais par expérience ce sentiment inexprimable : on est assis là avec des fourmis dans les doigts et les plus belles paroles sont inutiles, seule la baguette peut y faire quelque chose (je veux dire la baguette du chef d'orchestre). » Une fois de plus Fanny assistera à une représentation qui se passerait beaucoup mieux si elle-même pouvait prendre la baguette.

Mais elle n'y songea pas, bien sûr. Elle se contenta de ressentir les fourmis annoncées, de regretter son frère et de faire travailler

Rungenhagen. C'était la première fois depuis la mort de Zelter que Fanny retournait à la Singakademie, elle y retrouva donc une foule de fantômes « vivants ou morts [4] ». Elle assista aux répétitions et Rungenhagen lui demanda respectueusement son avis sur chaque chœur, avis qu'elle lui donna avec sa franchise habituelle ; Rungenhagen vint aussi chez elle le samedi suivant pour qu'elle lui joue les airs des solistes. Le premier violon, Pieter Hubert Ries [5], lui posa aussi mille questions, en particulier sur le tuba qui soutenait l'orgue dans les scènes d'église.

« Le susdit tuba est un monstre », déclara Fanny à son frère [6], « qui transforme en brasserie tous les endroits où on l'utilise. Je tombai alors à genoux, les suppliai d'avoir pitié d'eux-mêmes et de laisser le tuba chez lui. Rungenhagen me releva et exauça ma prière. La première grande répétition eut lieu hier, et elle marcha bien au-delà de mon attente. Je peux t'affirmer à ma grande joie que j'étais enchantée de beaucoup de choses, les chœurs, qui étaient maintenant pris au bon tempo (quelques-uns même un peu trop vite), chantèrent avec toute la flamme, toute la force mais aussi toutes les nuances que l'on pouvait demander. La bonne vieille tête de mérinos s'est vraiment donné du mal avec beaucoup d'honnêteté, et tous se sont étonnés de sa vivacité. Beaucoup ont remarqué de quel côté soufflait le vent. Je me suis conduite très calmement, je ne me suis pas prise pour le Don Quichotte de Paulus et j'espère ne pas m'être fait d'ennemis, à l'exception peut-être du tubiste. Ries était encore aujourd'hui chez moi, j'ai donné ces jours-ci tous les bons conseils que j'avais en réserve dans mon placard, et je me sens toute bête maintenant. »

La bourgeoisie allemande ne buvait pas du tout de bière, considérée comme une boisson très vulgaire et méprisable, opinion que Sebastian Hensel conservera toute sa vie [7] ; mais il verra déjà ses enfants et leur génération se transformer en buveurs de bière. Le tuba convient aussi peu à la musique de Mendelssohn que la bière à sa table. Tout cela contribuait à accentuer la fureur de Felix à l'égard de la Singakademie ; il ne réalisait pas que son amertume, par ailleurs plus que justifiée, privait Fanny d'un lieu où elle aurait pu exercer son talent, même dans l'ombre. Peut-être aussi qu'elle aurait fini par se disputer personnellement avec Rungenhagen qui, la plupart du temps, l'irritait profondément. Toujours est-il que ce n'est qu'au nom de Felix et avec sa permission qu'elle sortait de chez elle. Felix, à qui l'on avait refusé le poste de directeur de la Singakademie, était devenu directeur du Gewandhaus de Leipzig, si bien que finalement la punition était pour Fanny.

Elle craint toujours son frère. On le constate dans ses lettres où cette peur transparaît sous les plaisanteries : « Je suis un très mauvais ministre des Affaires étrangères », s'excuse-t-elle à l'occasion [8]. Fanny représente Felix à Berlin pour sa musique, comme Paul le représente dans le domaine des affaires. Elle est devenue une espèce d'otage. Beaucoup l'abordent en lui demandant des permissions que seul Felix peut donner : publication d'œuvres ou acceptation de textes par exemple. Fanny leur signale alors que Felix habite à Leipzig [9], « qu'une lettre dûment affranchie et confiée à la poste [le] trouverait deux jours plus tard dans l'état de santé souhaité », mais pour protéger son frère, elle ajoute qu'il est « un homme très occupé, peu sûr de son orthographe et que [son] secrétaire est malade ». Protection habituelle d'un homme célèbre et sollicité, mais aussi peur terrible de lui déplaire et de subir sa colère.

A travers Felix, Fanny eut l'occasion de faire la connaissance de nombreux artistes que le compositeur recommanda aux bons soins de sa famille. Elle rencontra ainsi la cantatrice Clara Novello (1818-1908), célèbre dans l'histoire de la musique pour avoir inspiré à Robert Schumann huit pièces pour piano appelées *Novelletten*. Felix la trouvait froide, bien que musicienne, et approuvait qu'elle ne chantât qu'en concert. Il s'étonna des succès qu'elle connut à Berlin cette saison-là. Fort bien reçue par les Mendelssohn, elle participa volontiers aux *Sonntagsmusik* de Fanny, qui donna en janvier *Titus* avec Decker, Novello et une soprano de l'Opéra royal, Auguste von Fassmann, qui s'était mise inconditionnellement à son service [10]. Fanny mentionna en février une autre « assemblée », « composée de tous les Juifs et de tous les comédiens », et où elle entendit le « Trio des masques » de *Don Giovanni* chanté par ses amis Fassmann, Novello et Mantius comme elle ne l'avait jamais entendu [11]. Fanny était cependant d'accord avec Felix sur le manque de talent scénique de Clara Novello : pris de pitié pour sa maladresse en concert, les Mendelssohn s'agitèrent, et Rebecka lui offrit un éventail, Paul un bouquet et Fanny une couronne. Ainsi occupée, Novello put se consacrer à sa ligne vocale [12].

En ce mois de février 1838 survint un autre événement important de la vie de Fanny : elle participa pour la seule fois de sa vie à un concert public. Elle écrivit alors à son ami Klingemann [13] :

« La semaine dernière un concert a fait sensation dans le monde élégant d'ici. On a donné, comme cela se fait beaucoup ailleurs, un concert d'amateurs au profit des pauvres en doublant le prix des billets d'entrée. Les chœurs étaient composés presque exclusivement de

Moses Mendelsfohns Examen am Berliner Thor zu Potzdam

Moses Mendelssohn fut invité à Potsdam par Frédéric II sur la prière d'un étranger, hôte du roi. Sur la vignette, Mendelssohn passe la porte de Berlin dans Potsdam, mais le roi ne prit pas la peine de le rencontrer. *(Geheimes Staatsarchiv)*

Moses Mendelssohn, portrait huile sur bois de Johann Christoph Frisch, 1786. *(Mendelssohn Archiv)*

Abraham Mendelssohn Bartholdy, dessin de Wilhelm Hensel, 1823. *(Kupferstichkabinett)*

Lea Mendelssohn Bartholdy, dessin de Wilhelm Hensel, probablement aussi 1823. *(Kupferstichkabinett)*

Fanny Mendelssohn Bartholdy, dessin de Wilhelm Hensel, 1821. *(Kupferstichkabinett)*

Felix Mendelssohn Bartholdy, dessin de Wilhem Hensel, probablement aussi 1821. *(Kupferstichkabinett)*

Rebecka Mendelssohn Bartholdy, dessin de Wilhelm Hensel, 1823. (*Kupferstichkabinett*)

Paul Mendelssohn-Bartholdy, dessin de Wilhelm Hensel, 1828. (*Kupferstichkabinett*)

Leipziger Strasse 3, après 1882, mais l'aspect n'avait pas changé. *(Markisches Museum)*

Gartenhaus, partie jardin du Leipziger Strasse 3, où habitèrent les Hensel. Aquarelle de Sebastian Hensel, 1851. *(Mendelssohn Archiv)*

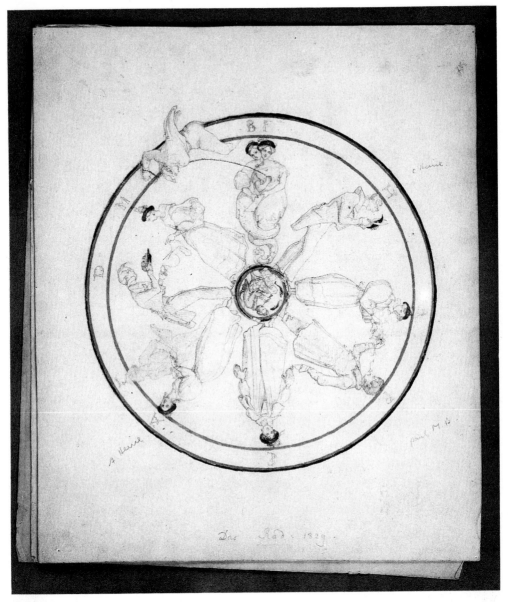

Das Rad, La Roue, dessin de Wilhelm Hensel.
Le jeune homme du milieu : Felix.
Les deux stupides « loutres » : Fanny et Rebecka.
Le bel homme en train de découper des silhouettes : Albert Heydemann.
La petite personne : Auguste Wilmsen, peut-être la fille du prêtre qui unit Fanny et Wilhelm.
« Monsieur notre frère » : évidemment Paul Mendelssohn-Bartholdy, dont Fanny souligne ainsi le caractère un tantinet pompeux.
La « Haute Autorité » : Caroline Heine (1811-1888).
La silhouette délicate : Sa sœur Albertine Heine (1814-1879), future épouse de Paul Mendelssohn-Bartholdy, danse avec l'ombre de Felix.
L'homme amicalement penché : Droysen.
La « maîtresse du tricot », la sœur du « nez » : la sœur de Heydemann, Minna.
L'homme qui s'est vu injustement traiter de « sabot de freinage » : Wilhelm Hensel.
Les lettres qui sont dessinées au-dessus des têtes ont aussi une signification, comme l'explique Fanny.

Fanny Mendelssohn Bartholdy, dessin de Wilhelm Hensel, 1829. *(Kupferstichkabinett)*

Rebecka Dirichlet, dessin de Wilhelm Hensel, non daté, après 1840. *(Kupferstichkabinett)*

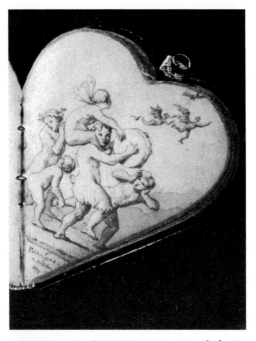

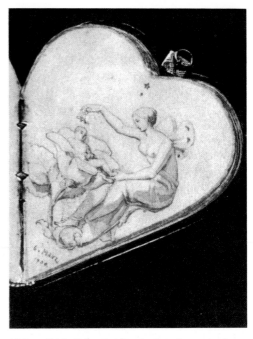

Polterspass 2.October 1829 : enterrement de la vie de garçon.

6.März 1830 : Sebastian bouge dans le ventre de sa mère.

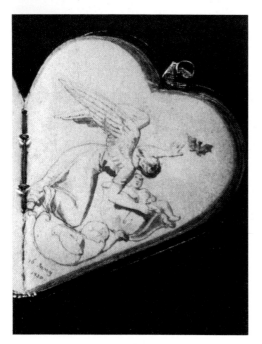

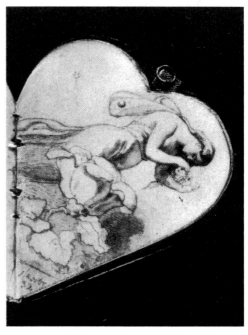

16.Juni 1830 : naissance de Sebastian.

1.Novbr 32 : fausse couche de Fanny.

Reproduction dans *Mendelssohn Studien*, t. 7, Berlin, Duncker und Humblot, 1990

Wilhelm et Fanny Hensel, gravure de August Weber, Leipzig, 1854. *(Mendelssohn Archiv)*

An die Ruh, manuscrit autographe de Fanny Hensel, non daté, vignette de Wilhelm Hensel, poème de Hölty. *(Mendelssohn Archiv)*

Sebastian Hensel et Walter Lejeune Dirichlet, dessin de Wilhelm Hensel, 1834.
(Kupferstichkabinett)

Fanny Hensel au piano à Rome en 1845, par August Kaselowsky, élève de Wilhelm Hensel. Reproduction dans Fanny Hensel, *Klavierwerke*, édité par Fanny Kistner-Hensel, Munich, Henle. En possession de l'éditrice.

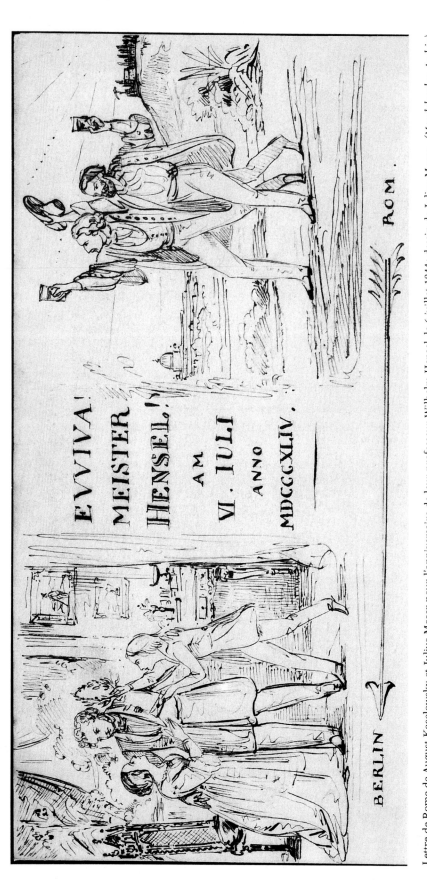

Lettre de Rome de August Kaselowsky et Julius Moser pour l'anniversaire de leur professeur Wilhelm Hensel, le 6 juillet 1844; dessin de Julius Moser. (*Mendelssohn Archiv*)

Gounod, Bousquet et Dugasseau, dessin de Wilhelm Hensel, Rome, 1840. *(Kupferstichkabinett)*

« Der Maiabend », manuscrit autographe de Fanny Hensel, non daté, vignette de Wilhelm Hensel, poème de J. H. Voss. *(Mendelssohn Archiv)*

comtesses, d'ambassadrices et d'officiers. En tant que dame de qualité j'avais été aussi instamment priée de jouer, et pour la première fois de ma vie j'ai joué en public, et choisi le concerto de Felix en sol mineur. Je n'ai pas eu peur du tout, mes connaissances ont eu la gentillesse d'avoir peur à ma place, et le concert entier, si misérable qu'ait été le programme, a soulevé tant d'intérêt et de curiosité qu'il a rapporté 2 500 thalers. »

Pour une fois, Fanny a l'occasion d'estimer sa valeur marchande ! De compter parmi les amateurs ne lui faisait en rien plaisir, le répertoire sucré des salons n'étant pas du tout son fait, comme le prouvent les programmes de ses matinées musicales. Heureusement, Clara Novello participa aussi à ce concert, et Fanny considérait comme « une liberté poétique de la compter parmi les amateurs [14] ».

Fanny s'étonna elle-même de ne pas avoir eu peur à cette occasion. Un de ses traits de caractère les plus marqués était, on le sait, le manque de confiance en soi. De l'avis unanime, Fanny était une grande pianiste, qui travailla sans cesse son instrument. Les concerts de salon, où elle se produisit toute sa vie, sont par la proximité même du « public » beaucoup plus effrayants que les concerts officiels mais elle ne savait pas alors qu'il est beaucoup plus facile de jouer sur une vraie scène et que son expérience « de salon » la rendait capable de faire face à toute circonstance musicale.

« Tu joues en concert ! lui écrivit Felix [15], Bravischischisimo. C'est fort bien et magnifique. Si seulement je pouvais t'entendre ! » Felix ne cessa pas une seconde d'admirer son jeu. D'autres regrettaient que Fanny ne mette pas sa bourgeoisie dans sa poche et ne se lance pas dans une carrière de concertiste. Un Dr Reiter, par exemple, qui, un soir de novembre 1835, entretint Felix à ce sujet [16] : « Il me dit que tu devrais être une artiste itinérante, tu rendrais les autres insignifiants. Je demandais : *Pourquoi ?* [17] car je gelais, c'était hier soir sur les escaliers de la salle de concert, et il n'en finissait pas de me raconter votre amabilité. » Wilhelm Hensel aurait peut-être peu apprécié de voir sa femme se transformer en voyageur, comme son frère ; il était prêt à tout pour son bonheur, mais pas à renoncer à sa vie familiale !

Le critique du journal musical anglais *The Athenaeum* ne pensait pas différemment [18] : « Si Madame Hensel avait été la fille d'un homme pauvre, elle aurait été connue du monde entier aux côtés de Madame Schumann et de Madame Pleyel, comme une femme pianiste de la plus haute qualité. Comme son frère, elle

241

avait dans ses compositions une touche de cette vivacité méridionale si rare chez les Allemands. Plus féminin que le sien, son jeu montrait une forte ressemblance avec celui de son frère, par sa flamme, sa netteté et sa solidité. Comme lui, elle était également aussi complètement accomplie que spécialement douée. »

Si Madame Hensel avait été la fille d'un homme pauvre, aurait-elle su jouer du piano, aurait-elle été « complètement accomplie » et aurait-elle eu l'occasion de développer son talent ? Les femmes étaient soumises à cette contradiction : ou bien elles n'avaient pas l'argent nécessaire pour étudier, ou bien l'argent qu'elles n'avaient pas à gagner elles-mêmes les empêchait de sortir de chez elles. Madame Schumann et Madame Pleyel appartenaient à des familles de musiciens, des baladins en quelque sorte, que le romantisme commençait à ennoblir. Mais leur vie n'était pas facile. On peut s'imaginer pourtant que Fanny, qui faisait partie des privilégiées, aurait pu passer outre et se produire en public, puisque d'autres femmes le faisaient. Manquait-elle de courage, était-elle trop conformiste ?

Peut-être. Peut-être aussi que sa judaïté lui aurait été très rapidement reprochée : elle n'avait pas le droit de manquer à la morale générale, qui stipulait que le devoir d'une femme consistait à s'occuper de sa maison. Peut-être aussi que la vie de Clara Schumann était bien difficile, et qu'elle en aurait préféré une autre, si elle avait pu. Peut-être enfin que Fanny n'avait pas un grand désir de devenir une « pianiste », dans le sens où l'on commençait à l'entendre ces années-là. La technique pianistique faisait alors ce qu'il est convenu d'appeler des « progrès ». Depuis Paganini, le public comme les instrumentistes étaient fascinés par le pouvoir « démoniaque » qu'un seul individu pouvait exercer sur une foule, à l'aide des « étincelles » qu'il tirait de son instrument. Fanny, intéressée, va écouter les nouveautés et en revient de plus en plus déphasée. En novembre 1835, elle mentionne son intention d'aller entendre Madame Pleyel [19] : « Je suis curieuse à son égard en tant que belle femme et bonne pianiste. Il n'est pas besoin d'apprendre les bonnes mœurs avec elle. » Camille Pleyel venait de divorcer... Son jeu devait être encore parmi ceux que Fanny appréciait, tandis que l'école de Thalberg [20] lui devenait de plus en plus étrangère. Elle alla entendre en décembre 1836 un jeune virtuose, Döhler, dont elle souhaitait apprendre « les plus récents progrès de la technique [21] », mais elle n'entendit que d'éternelles variations, qui n'apportaient rien à la musique. Le monde musical lui faisait subir une épreuve douloureuse : le clivage entre goût et technique. Des virtuoses se produisaient en public qu'elle ne pouvait en aucun cas admirer musicalement, et qui recherchaient l'effet pianistique aux dépens de la qualité artistique. Klingemann reçut ses confidences le 3 avril 1837 [22].

« Je passerai vraisemblablement ma vie dans l'intention d'acheter un piano à queue anglais, ou celui-ci, ou celui-là, j'en ai pourtant moins besoin que jamais. Au regard de toutes les étincelles diaboliques et des chichis à la mode, je trouve mon jeu incroyablement vieilli, et je me retire de plus en plus dans ma coquille et ma nullité. »

Cela, Felix ne peut l'accepter. Il écrit le 13 juillet de la même année à Lea [23] :

« Cela m'ennuie beaucoup que Fanny dise que la nouvelle école du piano lui passe par-dessus la tête. Il n'en est absolument rien. Son jeu enfonce celui de tous ces gamins. Ils peuvent réussir une ou deux variations et quelques astuces : mais toute cette vélocité et cette coquetterie de vélocité n'aveuglent même plus le public si facilement. Nous avons besoin d'une âme qui nous transporte, c'est pourquoi je préférerai peut-être écouter D. pendant une heure plutôt que Fanny pendant une heure, mais au bout de huit jours, l'ennui m'empêcherait d'entendre et je commencerai alors à me plonger dans l'autre jeu et c'est le bon. Tous ceux-là ne valent pas mieux, ils sont comme Kalkbrenner en son temps, et passeront de mode de leur vivant s'ils n'ont rien de mieux que des doigts. Fanny a quelque chose de mieux, elle n'a donc besoin de craindre aucun d'entre eux. »

Fanny n'avait alors pas encore entendu le maître jongleur, le virtuose le plus coté de tous : Thalberg. Celui-ci vint à Berlin en janvier 1839. « Votre grand animal », comme elle l'écrivit à Felix, mangea chez Lea « qui le garda pour elle [24] ». Les Hensel le rencontrèrent chez Alexander Mendelssohn mais Thalberg ne jouait pas en société. « On doit en fait aller voir jouer ce maître sorcier et je vais me procurer ce qu'il joue pour l'apprendre et retirer tout le profit de ses concerts. Ces messieurs se rendent les choses incroyablement faciles, au milieu de toutes ces difficultés : ils n'ont pas même besoin d'une seule répétition puisqu'ils jouent sans accompagnement et ils se font le plus d'argent possible en très peu de temps. » Elle juge Thalberg, qu'elle revoit à un thé chez sa mère, « jouant les virtuoses, affecté et content de lui ». Quand il annonce un premier puis un deuxième concert d'adieu, elle trouve qu' « il ne dédaigne aucun artifice de virtuose ». Certes, c'est un grand pianiste. Mais elle n'est pas, elle, une pianiste que cela amuserait longtemps de « jouer sans accompagnement » ; « jouer avec accompagnement » serait ce que nous appelons faire de la musique de chambre. Fanny regarde avec surprise les pianistes devenir virtuoses plutôt que musiciens. En dehors du fait que les femmes de la bourgeoisie ne s'exhibent pas, elle n'a nullement le désir de devenir une « bête de scène ». Elle se réjouit de ce que Felix ne soit jamais devenu ce genre inintéressant de musicien, creux, ignorant, suffisant et vulgaire. Elle peut à bon droit se sentir en décalage avec son temps, elle qui ne joue et ne fait jouer que du Bach, du Mozart, du Haydn et du Mendelssohn avec quelques incursions du côté de Weber, Spohr et Cherubini. Son goût est à la fois vieilli mais aussi inaccessible à la mode, et elle est à Berlin seule à représenter son point de vue : la Singakademie est d'un conservatisme stérile et les « virtuoses » de passage, en cherchant l'effet, se montrent d'un modernisme tout aussi stérile. Fanny se rend compte que sa place dans le monde musical se situe dans une marge de plus en plus étroite, non seulement à la frontière entre public et privé, mais aussi à la limite entre une tradition vivante et le culte d'un passé révolu.

A la même époque, en mars 1839, Felix dirigeait à Leipzig la grande *Symphonie en do* de Franz Schubert, que Robert Schumann lui avait fait découvrir. Felix pouvait militer pour ses idées, et les faire vivre. C'est pourquoi il refusa de se cantonner à un rôle de pianiste virtuose. Ce n'était pas davantage l'idée de Fanny : si un désir avait pu la pousser à sortir de son destin de femme d'intérieur, c'eût été plutôt la direction d'orchestre, comme son frère. Leurs talents se ressemblaient là aussi : désir de vivre la musique avec les autres, de la partager, de l'organiser. Les *Sonntagsmusik* le prouvent, ainsi que le petit chœur qu'elle ne cessa jamais de faire travailler. Elle parle avec un certain mépris des « pirouettes » techniques d'un pianiste n'acceptant pas la difficulté musicale qui consiste à faire répéter des musiciens inconnus.

Les artistes en visite à Berlin devaient supporter eux-mêmes les coûts du concert, entre autres la location de la salle. Pour attirer le public et varier la représentation, il était normal qu'ils invitent des collègues à participer à la soirée, et qu'eux-mêmes rendent la politesse en allant jouer aux concerts organisés par d'autres. Franz Liszt osa cependant donner à lui tout seul onze concerts dans la salle de la Singakademie, entre la fin décembre 1841 et février 1842, « sans accompagnement d'orchestre » note l'*Allgemeine musikalische Zeitung*[25]. Il participa cependant également au concert du ténor Pantaleoni, permettant à celui-ci de remplir sa salle, et en 1843 à deux des concerts du pianiste Döhler. Le

magnétisme de Franz Liszt justifiait sa solitude scénique et musicale, et la fascination qu'il exerça sur le public institua une image
de pianiste isolé comme un coureur de fond. Le manque de
variété ne choquait personne en ce qui le concernait. Mais en
1837, l'*Allgemeine musikalische Zeitung* reprocha à Clara Wieck,
qui jouait régulièrement à Berlin depuis 1832, d'avoir donné
seule un concert à l'hôtel de Russie, produisant par là « une soirée
musicale quelque peu uniforme [26] ». En revanche, elle fut louée
en 1839 pour sa participation au concert organisé par Zimmermann [27] où, « accompagnée avec discrétion par Messieurs Zimmermann et Lotze », elle joua « le grand trio de Beethoven en ré
majeur avec maestria, tant dans la vélocité que dans l'expression ». Enfin en mars 1847, c'est le quintette de son mari que
Clara Schumann interpréta. Robert Schumann, comme Felix
Mendelssohn, était un champion de la tradition, et il poussa sa
femme à s'en tenir aux grandes œuvres et à jouer Bach et Beethoven, plutôt que de perdre son temps avec les compositeurs à la
mode, Herz et autres Henselt. En ce sens, Clara Schumann pouvait aussi, comme Fanny, se sentir déphasée, mais elle avait suivi
le chemin inverse : de virtuose, elle était devenue musicienne,
sous l'influence de Robert. Même s'il existait encore des musiciens comme le violoniste Charles de Bériot [28] qui, à Berlin en mai
1838, partagea ses concerts avec sa belle-sœur la cantatrice Pauline Garcia, le monde se dirigeait vers l'uniformisation du programme de concert, au profit du scintillement d'une seule
vedette. C'est ainsi que le XIXe siècle établit l'avènement de l'indi-
vidualisme en musique.

Cette évolution inattendue interdisait davantage encore à Fanny
l'accès au monde professionnel en tant que pianiste. Felix tenta de
la rassurer alors qu'en fait il se trouvait lui aussi, mais de façon
bien différente, dépassé par l'évolution du monde moderne.
Même s'il était ancré dans la vie active et en mesure d'exprimer
ses idées, les changements sociaux introduits par l'industrialisa-
tion, le culte de l'argent, de la vitesse et de l'individu prenaient à
revers le sens moral qui lui avait été inculqué et remettaient en
question jusqu'au sens de sa vie.

En 1838, c'est enfin de vive voix que Felix put encourager
Fanny car, à partir du mois d'avril, les « Felicien », c'est-à-dire
Felix, sa femme Cécile et leur nouveau-né Carl, né le 7 février,
vinrent à Berlin pour passer l'été Leipziger Strasse 3. Fanny se
réjouit, bien sûr, tout comme Rebecka ! Felix allait lui apporter
les copies des cantates de Bach que possédait Hauser, pour ani-

mer ses *Sonntagsmusik*. Elle se plaignit de ne pas avoir composé cet hiver-là, mais elle avait tant joué [29] ! « [...] Je ne sais plus du tout comment on se sent quand on veut faire un *Lied*. Est-ce que cela reviendra, ou est-ce qu'Abraham était vieux ? Qu'est-ce que cela peut faire, du reste ? Pas un coq ne chante dessus et personne ne danse sur mon flûtiau. »

Felix revint à Berlin au moment où Wilhelm partait pour l'Angleterre, et sans sa femme, le 27 mai 1838. Il venait de finir un grand tableau, *Le Christ dans le désert* qui, joint à *Miriam*, devait faire la conquête de la cour d'Angleterre. Il arriva juste à temps pour assister au couronnement de la reine Victoria. Dans la galerie de Buckingham, il vit avec une grande angoisse ses tableaux suspendus à côté de ceux de Van Dyck, de Rembrandt et de Rubens ! Cela n'empêcha pas la reine de lui acheter *Miriam*. La duchesse de Sutherland en voulait une copie mais Hensel refusa et elle lui commanda un autre tableau sur le même sujet, *The Sheperdess in the Land of Goshen*. De son côté, lord Egerton lui en commanda un sur la vie du duc de Braunschweig et Wilhelm réalisa ces tableaux dès l'année suivante [30]. La reine, enthousiasmée, avait écrit dans son journal [31] : « J'ai été voir deux très beaux tableaux d'un peintre allemand appelé Hansel [*sic*] : ils sont vraiment très beaux. J'ai vu le peintre lui-même. » Wilhelm avait eu l'idée de copier les cartons de Raphaël en possession de la couronne d'Angleterre, mais cette suggestion fut rejetée par le ministère prussien de la Culture [32].

Pendant ce temps, Fanny restait à Berlin et passait un été heureux avec son frère. Elle prit Cécile en amitié, ne l'appelant qu' « enfant du dimande » (*Sonntagskind*, qui pourrait être aussi : « enfant d'un jour de soleil »). Malheureusement, une épidémie de rougeole interrompit le séjour des « Felicien ». Wilhelm, alarmé, revint précipitamment de Londres, le 17 septembre, alors que Felix et les siens étaient déjà repartis pour Leipzig. Cécile et Felix avaient attrapé la maladie ainsi que Sebastian et Rebecka.

Le voyage de Wilhelm en Angleterre avait été un tel succès qu'au lieu du voyage en Italie si longtemps projeté et prévu enfin pour l'année suivante, les Hensel décidèrent de passer la saison 1839-1840 à Londres. Fanny fit part de son inquiétude à Klingemann [33]. « Je ne me cache pas que j'aurai une situation difficile, car on attend de moi à beaucoup d'égard une promesse que je ne peux pas tenir. Je ne sais pas me vanter et même si on ne le remarque pas, j'ai une maladresse naturelle qui s'augmente beaucoup du fait que j'ai conscience que les amis de mon mari m'attendent comme une prophétesse, une héroïne et que c'est une nabote qui arrive. » Ce voyage n'eut pas lieu, car peindre les tableaux commandés prit plus de temps que Wilhelm ne le pensait.

Les devoirs familiaux continuaient à dévorer la vie de Fanny. Luise Hensel avait quitté leur maison, où elle habitait depuis 1833. Sans désaccord réel avec Fanny, car elles s'entendaient comme deux femmes intelligentes capables de trouver ces compromis qui permettent de cohabiter. Mais cette vie-là ne convenait pas à Luise, qui se plaignit à plusieurs reprises dans des lettres à Clemens Brentano du travail que lui laissait accomplir Fanny à sa place. Que sa part à l'entretien de la maison fût juste ou non, il est certain que Luise détestait être dérangée de sa vie contemplative par le ménage, la musique, les visites, Sebastian, et le reste. Tout ce qui n'était pas méditation religieuse l'importunait. Elle partit près d'Heidelberg chez des amis, les Schlosser, catholiques romains comme elle[34].

Avec les années, les vaches dont Fanny devait délier les queues sont devenues vingt-sept, c'est ce qu'elle annonce à Cécile[35].

Mais la plaisanterie fit long feu. Rebecka fut cet hiver-là terriblement souffrante. Elle commença par attraper la rougeole puis elle fit des rages de dents répétées. Au mois de novembre, elle perdit un petit garçon de treize mois, qui tomba malade et mourut en trente-six heures. Rebecka était alors retenue au lit par des « douleurs nerveuses au visage[36] ». S'agissait-il d'un zona ou des suites de ses problèmes dentaires? La douleur due à la perte de son enfant ôtait cependant de l'acuité à sa douleur physique, raconta Fanny. Wilhelm dessina par deux fois l'enfant après sa mort et en fit une peinture à l'huile, si ressemblante que cela apporta un peu de consolation aux malheureux parents. A l'annonce de la mort de l'enfant, Felix vint passer cinq jours à Berlin, mais Rebecka s'en aperçut à peine, tant elle délirait de douleur. Fanny resta près d'elle et, comme le projet de voyage en Angleterre était de nouveau abandonné pour elle, elle promit à sa sœur de l'accompagner en cure, et de passer l'été avec elle à Heringsdorf, sur la mer Baltique. Plus le moment du départ approchait, et plus Fanny s'agaçait à l'idée d'être obligée de quitter son mari, qui lui aussi avait dû renoncer à l'Angleterre, pour aller s'ennuyer dans un lieu de villégiature. Mais Rebecka restait tellement fragile et si proche de la dépression que Fanny ne put revenir sur sa promesse, et il lui fallut se résigner à aller au « village aux harengs ».

Cette année-là, les concerts avaient été bien difficiles à organiser. Alors qu'elle désespérait, Felix envoya à sa famille, avec une lettre d'introduction, une contralto anglaise, Mary Shaw (1814-1876). Felix l'avait rencontrée en Angleterre et fait venir à Leipzig pour participer à la saison du Gewandhaus en 1838 [37]. Elle connut à Berlin un succès raisonnable, mais pas aussi grand que celui de Clara Novello. Son interprétation des oratorios de Haendel était remarquable, et la soprano Fassmann se précipita chez elle pour travailler *Le Messie* [38]. Elle participa à deux matinées du dimanche chez Fanny où elle chanta *Paulus* qu'elle avait interprété à sa création anglaise. Felix considérait Shaw et Novello comme les meilleurs interprètes de concert qu'il y ait en Allemagne en ces années, créant ainsi une rivalité entre elles, et un certain mécontentement chez les autres chanteuses. Mary Shaw fit ses débuts à la Scala de Milan en 1839, mais la dépression de son mari, le peintre Albert Shaw, l'empêcha de poursuivre sa carrière. Elle donna alors des leçons et plus tard épousa un homme de loi avec lequel elle vécut à Hadleigh Hall.

Sa présence à Berlin en 1839 arrangea bien Fanny puisque Decker était absente, ce qui compliquait toujours les choses. La carrière de Fassmann, autre favorite des Mendelssohn, l'amenait aussi à beaucoup se déplacer. Fanny voulut envoyer à son frère une autre jeune cantatrice, Hedwig Schulz (1815-1845), pour les concerts du Gewandhaus, mais celle-ci préféra se faire engager à l'Opéra de Berlin [39]. C'était très généreux de la part de Fanny d'envisager de se séparer d'une cantatrice dont, en l'absence de Decker, elle avait besoin elle aussi! La jeune cantatrice renonça à la chance de travailler avec Mendelssohn. Alors comme maintenant, l'opéra attirait davantage les chanteurs que le concert.

Cet été-là donc, Rebecka et Fanny partirent avec leurs fils respectifs, Walter et Sebastian, et Minna Hensel [40]. Heringsdorf n'était pas encore devenu une station thermale à la mode, mais possédait déjà l'avantage d'être très proche de Berlin. C'était un village de pêcheurs aux logements inconfortables, et Fanny se précipita à la ville la plus proche, Swinemunde [41], pour louer l'indispensable : une commode, de la vaisselle, tout ce qui lui manquait, et un piano, dont elle cassa une corde dès qu'elle le toucha. L'accordeur, appelé en hâte, se révéla être une catastrophe, cassa deux autres cordes et accorda l'instrument deux tons trop bas au lieu d'un. Les deux sœurs firent appel à un autre artisan et purent enfin faire de la musique et chanter quantité de duos. Rebecka retrouvait une vieille habitude, elle qui avait abandonné le chant après son mariage. Fanny ne pouvait vivre sans organiser de petites fêtes musicales : mais pour ne pas effrayer ses hôtes, elle avait décidé, raconte-t-elle à Felix [42], de débaptiser nombre des œuvres de son frère et des siennes propres, apportées dans ses bagages, pour les attribuer à « Thalberg, Herz, Liszt et Bellini », tant ces musiciens étaient à la mode! Savoir que la musique était celle des Mendelssohn aurait découragé le public de Heringsdorf, impressionné par le sérieux et la rigueur de l'esthétique post-baroque!

Fanny s'inquiéta beaucoup lors du premier bain de mer de Rebecka, qui le supporta cependant très bien [43]; Fanny participa bien sûr à cette cure. On peut aujourd'hui se demander ce qu'il y avait à supporter. Mais tout exercice au grand air était alors inhabituel pour les femmes. La plus grande attention avait été accordée à l'éducation physique des fils Mendelssohn, *mens sana in corpore sano*, mais il n'en était évidemment pas de même pour les filles : la marche leur était à peine permise, et à condition d'être bien encadrées. D'après Yvonne Knibiehler [44], « c'est probablement la vogue des bains de mer qui a accéléré la libération des corps féminins ». Cela explique les réticences de Fanny devant un phénomène inconnu et dont elle n'attendait que de l'ennui, et sa joie devant la réalité d'un plaisir nouveau. Elle qui aimait tant l'air frais se devait d'apprécier les bains de mer! Les enfants s'amusaient aussi beaucoup. Les lettres de Fanny laissent transparaître la bonne humeur générale et l'intimité des deux sœurs ne put que grandir grâce à cette expérience libératrice partagée. Est-il besoin de mentionner la solidarité qui pouvait naître des difficultés communes à toutes les femmes : l'enfantement, les fausses-couches, la mort des tout-petits.

La description d'une frégate russe à l'ancre à Swinemunde fut pour Fanny l'occasion d'exprimer un credo politique résolument pacifiste, même dans une lettre à son mari qu'elle sait militariste et admirateur de la Russie. Elle souligne encore une fois très gentiment cette différence d'opinion, sachant bien que la tolérance fait partie depuis toujours de leur mode de vie et de leur amour [45].

« Quand on arrive sur le pont, le premier coup d'œil est vraiment imposant et celui qui regarde sans réfléchir ne peut que se réjouir et s'amuser, ce que font la plupart des gens. Mais si l'on pense à la somme d'art, de science, de peine et d'application utilisée ici et à la peine supplémentaire pour que ce véritable objet d'art soit maintenu en un tel ordre de propreté et de régularité que la chambre d'armes ressemble à une boîte à bijoux et chaque canon à un meuble de luxe; si l'on pense encore que les forces les plus nobles de l'être humain sont utilisées ici dans un but assassin et cannibale, alors on pourrait apprendre la peur si ce n'était déjà fait. Quand enfin commença le repas du soir, où une douzaine de marins entouraient une marmite qui pendait du plafond et regardaient de leurs muets visages slaves la bouillie grise dont ils devaient se nourrir, je t'assure que j'étais plus près des larmes que du rire! Et ce ne sont pas là les derniers des hommes! Une bataille navale m'a toujours semblé le sommet de la barbarie et je ne suis que renforcée dans mon opinion depuis que j'ai vu ce bateau de guerre. Barbarie hautement civilisée! Comment une race future, qui sera plus sage, qui supprimera le droit le plus fort et les guerres, et qui instaurera un tribunal des peuples nous jugera-t-elle un jour? Alors resteront quelques guerres comme à présent, quelques duels, mais elles se feront de plus en plus rares et l'humanité pourra commencer à parler de chrétienté. C'est pourquoi Louis-Philippe est mon homme, car il est *le Napoléon de la paix* [46], et parce qu'il veut tenter de mettre de l'ordre dans les affaires du monde grâce à un congrès européen, ce qui est une grande idée. Maintenant tu ris de moi et de ma politique de paix, mais j'ai pourtant raison, comme toutes les femmes. »

On voit dans cette lettre que de « grandes idées » du XXe siècle, l'ONU ou la CEE, nous viennent de ceux qui, au XIXe siècle, étaient eux-mêmes les héritiers des lumières. Fanny était encore en 1839 fidèle à la révolution idéaliste de 1830, et au rêve d'unité entre la monarchie et les peuples. En politique comme dans sa famille, elle était avant tout pour la paix, mot qui incluait aussi pour elle la justice et la liberté.

Immédiatement après le retour de Heringsdorf, les Hensel décidèrent enfin de réaliser le vieux rêve de Fanny, et ils partirent pour l'Italie le 27 août 1839. Ils passèrent une semaine à Leipzig chez Felix et Cécile. Felix était alors confortablement installé dans sa vie, heureux de son travail et très créatif [47] : entre 1838 et 1839, il acheva deux quatuors à cordes (en mi bémol majeur et en ré majeur, op. 44 n° 3 et 1), l'ouverture de *Ruy Blas*, op. 95, la *Sonate pour violoncelle* en si bémol majeur op. 45, la *Sérénade et Allegro gioioso* pour piano et orchestre op. 43, beaucoup de *Lieder*, et les *Psaumes 95* et *114*, qui dans son œuvre religieuse forment la jonction entre *Paulus* et le début de son travail sur *Élias*. Cécile était enceinte d'un autre enfant, une petite Marie qui naîtra le 2 octobre 1839. Fanny se sentait si bien dans la famille de son frère que c'est seulement à partir de Leipzig qu'elle réalisa que le voyage de ses rêves commençait, qu'elle partait enfin vers l'inconnu tant désiré : les Hensel quittèrent Leipzig le 4 septembre.

ENTRACTE

Le bonheur italien

23

L'Italie

Le voyage dura un an : ce n'était pas une mince affaire, ni en temps ni en argent, et les succès de Wilhelm en Angleterre avaient certainement contribué à la réalisation de ce projet ancien. Sebastian était de la partie. Plus tard, il se plaindra du destin contrariant qui lui avait fait faire les plus grands voyages de sa vie alors qu'il avait cinq, neuf puis quatorze ans [1]. Le pauvre enfant en profitait cependant pour se développer et s'amuser, ce qui le fit déplorer ensuite que « les perles d'Italie soient jetées à pareil porcelet ». Le nombre de domestiques qu'ils emmenèrent est incertain, mais il y avait au moins la cuisinière Jette.

Partis de Leipzig, les Hensel passèrent par Bamberg, Nuremberg et Augsbourg avant de parvenir à Munich.

A Regensbourg, il arriva à Wilhelm une mésaventure comique : persuadé qu'il devait rester quelque part un site archéologique de l'antique cité romaine Castra Regina, il se précipita avec sa famille dans la poussière et la chaleur, à la recherche d'un aqueduc romain qui se révéla n'être rien d'autre qu'une construction « moderne », renfermant une machine à vapeur pompant l'eau pour les habitants de la ville! Devant le visage horriblement déçu de Wilhelm, Fanny et Sebastian durent s'échapper pour cacher leur fou rire et la mère défendit à l'enfant toute allusion aux « restes infortunés de la colonie romaine de Castra Regina [2] ». Aux environs de Regensbourg, ils contemplèrent le « Walhalla » en construction sans trop l'admirer, peu enthousiasmés par cet exemple pompeux d'architecture néoclassique à la gloire du génie allemand [3]. « La Bavière est un vaste chantier », s'écria Fanny, séduite par la volonté créatrice du roi Louis Ier de Bavière, même si elle se réservait de critiquer le résultat.

A Munich, Fanny fit une expérience heureuse [4] : « Je ne connaissais pas une âme ici, ma tête n'est donc pas peu remplie de nouveautés et de nouvelles gens, mais c'est toujours agréable d'éprouver encore une fois que l'on est bienvenue à l'étranger et aimablement accueillie. » Autrement dit, la « nabote » sait quand même plaire. Les Hensel courent les musées et rencontrent de nombreux artistes. Fanny fit la connaissance de Delphine Handley, pianiste que Felix avait rencontrée avant son mariage sous le nom de Delphine von Schauroth. Les deux femmes s'entendirent très bien : Fanny aima l'entendre jouer le premier *Concerto* de Felix et prit plaisir à l'intelligence de ses improvisations, « Cela se trouve si rarement chez les femmes », dit-elle. Elle profita avec joie du bon souvenir que Felix avait laissé, mais vit aussi qu'elle était reçue pour elle-même et traitée d'égale à égale par une femme beaucoup plus sûre d'elle.

Les Hensel quittèrent Munich le 24 septembre, continuèrent le voyage à travers le Tyrol autrichien et eurent la chance de profiter de ses paysages magnifiques sous un beau soleil. Ils visitèrent le château de Hohenschwangau qui, selon le goût du prince héritier de Bavière, Maximilien, montrait cette fois un modèle d'architecture néogothique ; « Vous n'avez pas idée comme on fait dans le gothique ici », écrivit Fanny à sa famille [5], en Berlinoise habituée à l'architecture classique de sa ville, qui se flattait du surnom d' « Athènes de la Spree ». La mode du « gothique » était alors en plein épanouissement. Fanny s'exclama plus tard [6] :

> « L'époque a une influence tellement extraordinaire sur les plus grands esprits eux-mêmes, que Goethe ne s'est absolument pas reconnu dans les merveilles de l'architecture gothique, ce qui ne peut être que le résultat d'un préjugé dominant. Quels peuvent être les nôtres, que nous ne connaissons même pas puisque nous en sommes prisonniers ? »

En effet, ajoutera son fils Sebastian lorsqu'il évoquera son enfance, les Hensel, les Mendelssohn et tous leurs contemporains méprisaient le rococo dans son ensemble, que ce soit en architecture, en peinture, en porcelaine ou en ameublement. Charlottenbourg était jugé laid et Sansouci sans intérêt, conservé par pure « piété historique ». Le romantisme était présent dans toute sa force. Comme à Gand, Bruges et Anvers, les Hensel ne recherchèrent rien en Italie qui fût postérieur au XVIIᵉ siècle. Le mot « gothique » recouvrait des données esthétiques et historiques assez vastes.

La traversée des Alpes rappela à Fanny le voyage en Suisse au temps de sa jeunesse : au col du Finstermunz, elle se souvint du Gothard [7] :

> « Une montée raide sur une route magnifique, entre deux rangées de falaises de pierre, d'un côté l'Inn, qu'on entend hurler de plus en

plus profondément en dessous de soi, puis, à l'endroit où la beauté romantique du lieu est à son comble, la route tourne subitement vers l'intérieur, comme au col d'Uri ; faute de pont du diable on arrive à une fortification que les Autrichiens ont construite sur et dans la pierre à l'endroit le plus étroit de la vallée ; on se trouve tout d'un coup sur un vert plateau tranquille, comme à Urseren, et la sauvagerie du fleuve, qui juste avant la fortification tombait en chutes d'eau, se calme tout d'un coup et il coule doucement, aussi doucement qu'il est possible à un fleuve autrichien, car ils semblent tous plus faits de champagne que d'eau. Après avoir roulé quelque temps sur ce plateau, nous vîmes une masse formidable de montagnes se détacher devant nous, et en réponse à notre question, on nous informa que la nouvelle route passait par le col du Stelvio ; je dois reconnaître que mon cœur fut saisi par l'inexprimable. »

L'Italie, enfin ! Fanny ne trouve plus ses mots, Wilhelm délire d'enthousiasme. Une fois la frontière passée, tous les cailloux prennent un aspect différent. Sebastian seul est mystifié : il avait lu qu'Hannibal, en passant les Alpes, avait montré toute l'Italie à ses troupes fatiguées. L'enfant s'était donc figuré voir alors toute la botte italienne se dessiner devant lui jusqu'à la Sicile et la mer Méditerranée. Au lieu de cela les montagnes succédaient aux montagnes. Quelle déception [8] !

Le col du Stelvio est sur la route de Milan. Avant d'y arriver, les Hensel s'arrêtèrent à Côme, et c'est là que, pour la première fois, Fanny découvrit enfin l'Italie. Même si elle avait déjà pu voir des oliviers, de « véritables » marronniers et des mûriers, ce n'est qu'au bord du lac qu'elle tomba sous le charme du paysage italien. Dans son enthousiasme, elle trouva cet endroit « émouvant » et le recommanda fortement à Beckchen [9] : « C'est un lieu tout à fait pour toi. » Enfin les citronniers, les orangers, les figuiers, les roses, les aloès... « Une végétation comme folle », et il fallait ajouter à tout cela la beauté des terrasses descendant vers l'eau. Mais après cette étape enchanteresse les Hensel arrivèrent à Milan et leur séjour dans cette ville pourrait faire penser que le voyage sera finalement décevant. « Il est *écrit là-haut* que nous ne ferions connaissance de personne à Milan [10]. » Fanny ne trouve pas la saleté pittoresque, et elle y est plongée « jusque par-dessus les deux oreilles » ! Les monuments ne suffisent pas à la satisfaire car « un tel appétit de voyage est un véritable gouffre ». L'état misérable de l'Italie du Nord la désole. Milan est encore assez propre en apparence, mais à Vérone elle se scandalise du délabrement des objets d'art. Les Arènes l'étonnent : « Vraiment romaines, grandioses, fières, froides... là se sont battus des humains contre des bêtes, et nous, la postérité, nous admirons chaque pierre. Ne sommes-nous pas fous avec notre antiquité [11] ? » Padoue lui donne « une répugnante impression de pourriture ». Un saint Antoine peint par le Titien attire cependant sa sympathie [12] : « Aussitôt que je me serai faite catholique, j'en ferai mon Saint Patron. Il réveille les verres et les assiettes mortes, c'est très utile au ménage. »

Venise enfin, où ils arrivèrent le 12 octobre, est capable de lui faire oublier la crasse [13]. Elle n'en attendait plus, comme à Padoue, qu'une « magnificence morte ». Son voyage se poursuivait sur les traces de son frère et de Goethe, dont elle cite abondamment le *Voyage en Italie* dans ses lettres. Elle voyait et admirait, comme une touriste très bien préparée sous la conduite d'un guide émérite, mais n'oubliait pas de se boucher le nez. A Venise, en dehors de toutes les beautés du lieu, elle se laissa séduire par l'animation des ruelles, « la foule comme à Paris, la masse des boutiques et des cafés ». Les Hensel font en gondole la promenade obligée vers San Giorgio puis sur le Grand Canal, et se laissent éblouir par les Titien et les Tintoret de Santa Maria della Salute comme par les Veronese et les Bellini de l'Academia. Au bout de dix jours d'hôtel, les moustiques avaient cependant dévoré Fanny au point qu'elle ne pouvait plus ouvrir les yeux. Et encore, s'il n'y avait eu que les moustiques! Elle écrivit à Rebecka [14] : « Je te l'affirme, je vais écrire [...] une monographie de la puce. Je connais ses lieux favoris, je connais sa démarche, ses promenades préférées quand elle est rassasiée et c'est le pire! et cela en société. » Les Hensel décidèrent alors de loger chez le frère du peintre Léopold Robert (1794-1835), qui leur laissa l'usage d'un appartement. Une de leurs premières visites à Venise avait été pour l'atelier de cet artiste suisse, élève de David, dont les tableaux représentent des scènes populaires italiennes avaient connu un grand succès, et dont ils reconnurent l'authenticité en maints endroits de leur voyage. Son suicide et le récit qui en avait paru étaient tout à fait présents à l'esprit de Fanny et une sorte de pèlerinage romantique l'amena vers les lieux de la vie et de la mort du peintre. Les Hensel acceptèrent d'autant plus volontiers la proposition du frère que cela leur permit de dormir sans moustiques et sans puces pour la première fois à Venise.

En même temps que Fanny faisait connaissance de la foule latine, elle goûtait la nourriture locale. C'est ainsi que, pour la première fois en Italie, elle apprécie le pain et le beurre, les *stufati* et les *umidi*, et le fromage dans la soupe, un plat bien peu varié : soupe au riz, soupe aux nouilles, soupe de légumes; elle aime aussi les poires, les fraises, le vin. Si le café est trop épais, elle se « transforme en bergère et boit du lait ». Elle se résolut, avec Sebastian, à mettre du vin dans son eau, car ils avaient attrapé une colique et l'eau rougie était considérée comme un remède contre cet inconvénient des voyages.

L'eau potable était alors une rareté à Venise et un privilège des riches. Des Forlanes, appelées ainsi parce qu'elles venaient du Frioul, la transportaient sur leurs têtes dans des seaux de cuivre et allaient la vendre de maison en maison. Le peuple tirait l'eau des canaux. Un jour, une Forlane perdit dans un puits la croix d'or qu'elle portait autour de son cou et Wilhelm promit une récompense à un pêcheur si, s'accrochant à lui, il acceptait de descendre dans le puits pour chercher le bijou. La Forlane retrouva ainsi son trésor. Wilhelm y gagna une grande popularité auprès de la population ainsi qu'un modèle, car la jeune femme consentit volontiers à se laisser dessiner [15]. Cette aventure montre une fois de plus que, dans ses rapports humains, il ne connaissait pas les barrières sociales et se trouvait aussi à l'aise avec un officier prussien qu'avec une paysanne des montagnes italiennes.

Le soir, les Hensel vont au café et consultent les journaux. Les nouvelles qui leur parviennent d'Allemagne leur font part d'une situation politique inchangée : « Le complot des Princes contre les peuples se poursuit, et personne n'oserait dire où cela va mener. Ce sont justement les plus petits qui sont les pires », écrivait Fanny [16]. L'Union douanière (*Zollverein*) était entrée en vigueur depuis le 1er janvier 1834. La Prusse avait été assez habile pour convaincre les unions douanières provinciales formées autour de la Saxe et de la Bavière de se regrouper autour d'elle. En 1848, seuls le Hanovre et le Mecklembourg ne faisaient pas partie du *Zollverein*. La politique conservatrice de Metternich avait concédé à la Prusse la direction politique d'une confédération allemande en échange d'une alliance contre tous les mouvements révolutionnaires. D'où cet écœurement de l'Allemande libérale qu'était Fanny, en voyant le sort de son pays, et éventuellement son unité, se décider sans aucune espèce de participation populaire. Le rêve d'une constitution liée à un État fédéral s'évanouissait devant la puissance autocratique des princes.

Les Hensel quittèrent Venise le 4 novembre, sous une pluie battante qui leur rendit impossible la traversée du Pô. En fait, les eaux n'étaient pas très hautes, mais le légat du cardinal de Ferrare en avait interdit la traversée. Ce n'est que deux jours plus tard qu'elle leur fut enfin autorisée. Pourtant les eaux étaient encore montées, mais peut-être pas autant que le prix de la traversée. Les Hensel payèrent 26 *paoli* au lieu de 3, dont le légat du cardinal préleva les deux tiers : les aléas du voyage dans un pays corrompu [17] !

Les voyageurs s'arrêtent bien sûr à Florence et visitent longuement le palais Pitti. Fanny aurait été prête à changer la disposition des tableaux de la tribune pour mettre à leur place des Titien et autres chefs-d'œuvre laissés dans l'ombre ou mal accrochés. Sa stupéfaction était sans bornes devant la négligence avec laquelle on traitait les objets d'art : des peintres en train de copier des tableaux laissaient traîner leurs palettes sur des tables en mosaïque et les vêtements boueux qui venaient de les protéger du mauvais temps ne trouvaient pas d'autre séchoir que des canapés en velours qu'aucune housse ne recouvrait. Quel manque de soin, mais aussi quelle prodigalité aux yeux de cette bonne ménagère prussienne, élevée dans l'économie et la prudence [18] ! Sur la route de Rome, les Hensel admirèrent encore Orvieto mais passèrent une nuit épouvantable à Ricorsi, où Fanny proposa de rester debout, tant l'auberge ressemblait à un repaire de voleurs. Mais c'est sans autres aventures qu'ils atteignirent leur but, Rome, le 26 novembre à dix heures du soir. Ils louèrent alors un appartement de quatre pièces à proximité du Monte Pincio pour la somme de 30 *scudi* par mois, prix moyen, selon Fanny. L'appartement, situé au deuxième étage, n'avait pas de vue, mais, après avoir déballé toutes leurs affaires, les Hensel s'y sentirent vite chez eux.

Wilhelm était fou de joie de retrouver ses amis et connaissances en même temps que ses souvenirs de jeunesse et Fanny s'en réjouissait, tout comme elle était heureuse d'entendre parler de Felix [19] : « Son nom et celui de Felix me sont ici deux doux oreillers. Je me donne d'autant plus de mal et je dois être diablement aimable pour faire honneur aux miens. » Dans les débuts, le mauvais temps l'empêcha de profiter de Rome et la société s'annonçait fort ennuyeuse. Elle participa à un concert d'amateurs chez Ludwig Landsberg (1807-1858), un ancien violoniste de l'orchestre berlinois du théâtre de Königstadt, qui, installé à Rome, y tenait des soirées musicales et louait des pianos à dix *scudi* par mois. Il en proposa un à Fanny au prix d'ami de neuf *scudi*, mais tellement mauvais qu'elle le refusa. Ces soirées ne valaient pas les *Sonntagsmusik*, et elle ne s'y amusait guère. Rome lui semblait vide, les ambassadeurs ne donnaient pas de bals cet hiver-là, or, en bons musiciens, les Mendelssohn adoraient danser ; elle s'étonna aussi de ne rencontrer que des célibataires. Pourquoi, demanda-t-elle, les onze mille vierges de sainte Ursule n'avaient-elles pas débarqué à Rome ? « Les enfants font partie des raretés, on trouve bien davantage d'antiquités. » Elle déniche pourtant un petit compagnon de huit ans pour Sebastian, avec lequel elle espère qu'il apprendra le français et l'italien. Sebastian raconta dans ses souvenirs qu'il eut aussi pour compagnon le petit-fils du sculpteur Thorvaldsen [20], dont le précepteur, un abbé italien, tenta en vain de le convertir, jusqu'à ce que le petit garçon prenne la fuite. Ce n'était certes pas avec la cuisinière, Jette, auprès de qui il se réfugiait souvent, qu'il put apprendre la langue locale, mais avec un autre précepteur italien qui ne pouvait traduire qu'en anglais. A la grande admiration de Fanny, Sebastian put passer d'une langue à l'autre, ce qui était impossible pour sa mère [21] !

La curiosité de Fanny pour la musique ancienne l'amène à la chapelle Sixtine, comme Felix avant elle, mais, en tant que femme, elle ne put assister que de très loin à la cérémonie, et seulement derrière une grille. Sa myopie l'empêchant de voir grand-chose, il ne lui restait plus qu'à tendre l'oreille pour saisir « le chant très faux et très moyen de la Chapelle papale [22] ». Elle décida cependant d'y revenir pour se familiariser avec ce style de musique inhabituel pour elle.

Lors de son voyage en Italie en 1830, Felix avait eu plus de chance dans son approche de la musique ancienne italienne. Le diplomate et historien prussien Christian Josias von Bunsen (1791-1860), à Rome de 1823 à 1838 et grand ami des Mendelssohn (il avait accueilli et soutenu Wilhelm pendant ses années italiennes), était un fou de Palestrina, organisait chez lui des concerts avec des chanteurs de la chapelle Sixtine et projetait une nouvelle publication des œuvres de Palestrina. Felix fit grâce à lui la connaissance des « Abbés en robe noire » du chœur papal. Il les impressionna par ses improvisations, ce qui lui facilita le contact avec toute cette musique [23]. Mais en 1839, Bunsen n'était plus à Rome et Fanny restait derrière les grilles de la Chapelle pour écouter et se faire une idée. Elle écrivit alors à son frère son étonnement pour elle, musicienne allemande, d'entendre de si loin un chœur aussi faible. Aucun rapport avec la Singakademie. La musique papale lui semblait une succession de quintes parallèles mal chantées [24]. Même si elle avait pu les connaître, les chanteurs papaux auraient-ils accepté de communiquer leur science à une femme ? Surtout à une insolente qui prenait un malin plaisir à se présenter dans tous les lieux qui lui étaient interdits pour le grand amusement de s'en faire jeter à la porte [25].

Le 7 décembre, Fanny pénétra pour la première fois dans la villa Médicis, où les Hensel étaient invités à dîner [26].

« Hier soir nous avons mangé pour la première fois chez Ingres [27] (le directeur de l'Académie de France) qui nous a accueillis avec la plus grande amabilité et qui se souvient très amicalement de Paul ; pour le différencier de Felix, il l'appelle toujours : votre frère qui joue si bien de la basse. Vous savez qu'il est un grand violoniste devant l'Éternel ; après le repas, on a joué des trios, comme tous les dimanches, et alors s'assemble toute l'Académie de France, tous " jeunes France " avec des barbes et des cheveux coupés " à la Raphaël ", presque tous de jolis jeunes gens que je ne peux pas blâmer [...] de se languir des bals d'Horace Vernet, car on ne danse pas du tout sur le flûtiau d'Ingres, on ne joue que de la musique hautement classique. Vous pouvez donc de temps en temps le dimanche me chercher par la pensée chez lui. Vous pouvez vous imaginer comme je pensais à Felix dans cette maison. Quelle institution grandiose que cette Académie, et comme les artistes français ont de la chance ! Un des graveurs les plus talentueux, Calamatta, travaille sans cesse pour Ingres et grave lui-même ses portraits, cela signifie vraiment avoir la vie belle. Et comme cette villa Médicis est belle et comme ce poste de directeur est enviable, dans la première ville d'art du monde, disposant de tous les moyens possibles, agissant sur l'élite de la jeunesse de son pays ; il ne peut rien y avoir de plus beau pour un artiste, mais ils sont malheureusement blasés là-dessus aussi. Ils ne connaissent pas leur bonheur et il faudrait les secouer un peu pour qu'ils perdent de leur suffisance. »

Combien Fanny aurait souhaité que Wilhelm eût un poste similaire ! « Il ne peut rien y avoir de plus beau pour un artiste » : l'art, qu'il soit pictural ou musical est pour elle affaire d'éthique et de communion de pensée. Wilhelm est un bon professeur, aimé de ses élèves : Kaselowski, Moser... Pour Fanny ou pour son époque, quelle que soit la qualité de ses tableaux, on ne peut la séparer de leur contenu, pas plus que la qualité artistique de Wilhelm n'est séparable de la façon dont il se conduit dans sa vie. Autrement dit, un artiste se doit d'être bon et exemplaire aux yeux de la communauté. Ingres, au contraire, donne la priorité à son art, et sa charge de directeur lui pèse, à la différence de Fanny comme de Felix Mendelssohn, élevés dans l'idée que l'art a un fondement moral et religieux très fort, et que le premier devoir est de le communiquer. Faut-il voir dans l'art une fonction ou un jeu ? C'est la question qui peut être posée en confrontant les positions d'Ingres et des Mendelssohn.

Fanny n'eut garde d'oublier de visiter le Vatican et de payer le tribut de respect dû aux chambres de Raphaël. Alors que Noël approchait, elle remarqua que pour la première fois de sa vie elle ne le fêterait pas chez elle. Elle prépara cependant un arbre pour Sebastian à l'aide de branches de cyprès, de myrte et d'orangers, et le chargea de fruits. Les raisins, dit-elle, étaient délicieux, mais ni les pommes ni les poires ni la viennoiserie ne valaient celles de Venise [28]. Quant à la cuisinière berlinoise, Jette, elle avait appris au cœur de l'Italie à réaliser des gâteaux allemands. Les Hensel passèrent donc un Noël heureux, Wilhelm offrit à Fanny un coffret incrusté d'ivoire et Fanny lui offrit une esquisse de Véronèse [29].

Wilhelm lui montra aussi la Casa Bartholdy, alors occupée et meublée par des Anglais et Fanny ne put qu'imaginer ce qui avait été. Elle ne se lassait pas de profiter de la douceur de l'air mais ne pouvait comprendre qu'un sol aussi riche produise aussi peu et aussi mal, comparé au sol du Mark Brandebourg auquel la ténacité nordique arrachait des merveilles : des asperges par 20° de froid ! « Ah, si Napoléon avait assujetti l'Italie au lieu de la France, s'en était contenté et l'avait organisée de fond en comble ! Je crois que la France se serait débrouillée sans lui et l'Italie serait maintenant, comme auparavant, le Paradis sur terre [30]. » Vaste spéculation politique !

Wilhelm tomba malade et pendant six semaines les Hensel ne sortirent pas de chez eux. Quand il se remit, le carnaval battait son plein, et Fanny, à son propre étonnement, se laissa totalement emporter par la fête. Jamais elle n'aurait cru pouvoir autant s'amuser au milieu des hurlements et de la folie générale. La foule s'envoyait du plâtre, des sucreries, de la farine, ce qui n'est pas très délicat, mais aussi des fleurs. Loin de s'en écarter, Fanny rentre dans la bataille de tout son cœur. Les costumes, les cochers déguisés en femmes, les farces et les inventions, tout la divertit. « Tu n'as pas idée de tout ce qu'on a à faire pendant une promenade sur le Corso, écrit-elle à sa mère [31]. Regarder autour de soi, observer toutes les bêtises en train de se préparer, remarquer d'où va partir le projectile pour s'en protéger le mieux possible, répliquer de façon équivalente, rassembler et trier les munitions envoyées dans la voiture, bavarder avec les masques élégants qui grimpent sur le marchepied, se conduire familièrement en attendant le bon moment pour s'envoyer quelque chose à la figure, toutes ces affaires importantes sollicitent tellement l'esprit et les mains qu'on ne sait tout d'abord pas par quoi commencer, oui, c'est incroyable, mais on fait des progrès si rapides dans la folie qu'on le prend très mal lorsqu'une voiture passe sans lancer quelque chose, car c'est une incorrection. Me reconnais-tu, ma chère mère, quand je m'amuse des heures durant dans un bourdonnement et un bruit qu'on ne peut comparer ni avec le rugissement de la mer, ni avec le hurlement des bêtes sauvages, mais seulement avec celui du Corso romain? » On a généralement fait à Felix Mendelssohn le compliment de ne pas être trop allemand, Fanny montre qu'elle aussi peut se déchaîner au sein d'une foule italienne!

Le contact avec la rue l'enthousiasme davantage que la société romaine, qui l'ennuie toujours autant. Elle se plaint à Felix de ne voir personne d'important cet hiver-là. Liszt avait passé quatre mois à Rome l'année précédente, quel dommage de l'avoir manqué [32]! Elle se promène cependant dans Rome et la campagne alentour en compagnie de Wilhelm et de ses amis peintres, et la transparence de l'air suffit à la transporter. Elle déplore toujours les ravages des temps modernes sur les architectures antique et médiévale. Comme cela devait être beau, au XVe et au XVIe siècle!

Un événement inattendu mérita d'être signalé à l'attention du n° 3 de la Leipziger Strasse [33] : après un hiver passé sans manteau sous un soleil resplendissant, il neigea à Rome le 25 mars. Quand le beau temps revint, Fanny et Wilhelm se donnèrent le mal de grimper dans la boue jusqu'aux hauteurs de Trinità del Monte, pour le plaisir exceptionnel de la vue sur une Rome enneigée.

L'Italie, c'était déjà un magnifique voyage, mais Rome devait apporter à Fanny de plus beaux souvenirs encore.

24

La fête romaine
L'Académie de France

Invités chez Ingres le dimanche 5 avril, les Hensel y font la connaissance du peintre Horace Vernet, dont toute l'apparence signalait les goûts exotiques. « Avec son costume oriental, sa longue barbe, ses traits marqués, ses yeux brillants et sa peau brune, il ressemblait à un véritable Arabe », racontait Fanny [1]. Mais ce n'était pas chez lui seulement une apparence et les Hensel se laissèrent séduire par son discours sur l'Afrique.

« Ce qu'il raconta toucha violemment un sujet que nous avions souvent abordé, si bien que nous passâmes la moitié de la nuit en discussions des plus sérieuses, dont le résultat se révéla véritablement allemand : " faire d'abord son devoir et attendre ". Un Français ne comprend pas cela et alors que Wilhelm lui disait que son désir le plus cher concernait ce pays, il nous regarda tout surpris et lui dit qu'il pouvait y être en quatorze jours. L'heureuse légèreté avec laquelle un Français saisit les situations telles qu'elles se présentent et sait traiter la vie a quelque chose de si contagieux que sur le moment je ne voyais vraiment aucun empêchement ni aucune difficulté et que je proposais instamment à mon Wilhelm en toute honnêteté et du meilleur cœur de nous accompagner jusqu'à Trieste et de s'y embarquer. Je dus pourtant céder à ses arguments sérieux et respectables. Mais quelle impression pour moi, de penser que je lui impose un tel sacrifice par mon existence même. Car ce dont nous avons longtemps parlé entre nous, imaginé, senti et su, Vernet le fait vivre par un acte audacieux et une parole claire et dans peu de temps cela sera un bien commun. C'est là-bas que se trouve l'avenir de l'art. Cet acte, Wilhelm aurait pu l'accomplir, s'il avait su se laisser porter par l'idée. Et il faut que nous autres Allemands nous attendions toujours! Pour toujours manquer le bon moment! Toujours arriver trop tard! Que cela soit si difficile de s'élever au-dessus de son époque, de sa famille, de son propre soi! La question me remue et me saisit au plus profond de moi-même. »

Les tableaux de Wilhelm ne joueront pas avec la lumière. Il a fait de Fanny la reine de son intérieur et il s'y est enfermé avec elle. Les raisons qu'il lui oppose sont certainement qu'un mari a la responsabilité de sa femme et le devoir de ne pas la quitter. Certes, le voyage Trieste-Berlin pour une femme et un enfant, même avec domestique, n'aurait pas été sans poser quelques difficultés, mais rien de vraiment insurmontable. Fanny aurait eu cent fois le caractère et l'énergie pour se débrouiller. Mais le travail que suggérait Vernet à Wilhelm aurait mis en danger toute sa personnalité : son côté solide, prussien et bon enfant, et l'esprit de famille dont il se servit ici pour se masquer la réalité. Ces raisons n'étaient pas agréables pour Fanny, elle aussi protégée par le mariage, mais qui n'avait pas eu le choix!

Les Hensel pratiquèrent avec Vernet une méthode de pose très plaisante pour le modèle : Wilhelm dessinait pendant que Fanny jouait. Horace Vernet était venu chez eux paré de tout son exotisme et ne disposant que d'une heure. On déjeuna, Vernet raconta ses projets, Fanny jouait quand il ne parlait pas et Wilhelm portraiturait. Une façon très civilisée d'unir les arts et de passer une agréable matinée [2]. Wilhelm refusait de sortir de lui-même et d'évoluer en partant au loin pour connaître des mondes différents, mais cela lui permettait de rester dans un monde très poétique où il se plaisait et où il pouvait faire les portraits idéalisés de ses nombreux amis.

Le Vendredi saint permet enfin à Fanny de se faire une idée assez exacte de la musique de la chapelle Sixtine [3] :

« Je trouvais une place tout devant, et comme les Suisses autorisèrent plus tard quelques dames à s'approcher contre la grille, je vis cette fois remarquablement bien toutes les cérémonies et l'adoration de la croix en est certainement une des plus belles. La Passion fut chantée en premier, et cette fois je réussis à garder le fil et à suivre parfaitement jusqu'à la fin. Les divisions sont essentiellement celles que Bach a gardées; Jésus était chanté par une belle voix de basse, l'Évangéliste par un baryton assez criard. Les chœurs du peuple sont de Vittoria. Les paroles sont chantées une fois en très courtes phrases à quatre voix, sans aucune exécution instrumentale, et cependant ces courtes phrases musicales sont très importantes pour se remettre du dévidage incroyablement monotone de la Passion. [...] Il n'est naturellement pas question d'expression. Les paroles sont chantées avec un certain pathos, mais en même temps avec une curieuse rapidité. Cela m'intéressait au plus haut degré et mon attention ne baissa pas une seconde. Je pensais en même temps sans cesse à Sebastian Bach. Cette forme de chant rigide me rappelait très vivement les anciennes mosaïques mais je la trouve encore plus raide et plus funèbre. Leur ressemblance est pourtant très imaginable, car ce sont les enfants de la même époque; je pense aussi que dans une église byzantine ce chant aurait pu convenir; en revanche ici, dans la Sixtine, où les arts plastiques se manifestent dans leur plénitude et presque avec une maturité trop avancée, ce chant entre en contradiction aiguë par sa pétrification et sa pauvreté. Là-dessus, les chants propres à la chapelle Sixtine (mais je n'y ai jamais entendu un morceau construit comme le comprenaient nos grands maîtres) ont au contraire un caractère beaucoup plus récent, plus sucré, dans un style presque rococo. Je m'exprime intentionnellement avec force, pour rester par la suite claire pour moi-même. La musique n'est pas ici à son sommet, mais elle serait mieux représentée s'ils rendaient un chant simple avec plus de simplicité ; j'y reviendrai.

« Le pape apparut après la Passion ; suivit un discours en latin avec beaucoup de pathos et des cris sans mesure ; ensuite vinrent les prières. On prie en fait rubrique par rubrique pour Dieu et le monde entier, sans aucune omission, et à chaque rubrique le pape et les Cardinaux plient le genou. L'Église catholique a dégradé jusqu'à cette façon très ancienne, simple et belle d'adorer la croix ; elle en a fait comme de tant d'autres cérémonies une formalité ridicule, où l'on fait des courbettes comme des femmes en visite. On ne reste debout que lors des prières pour les Juifs. *Tout dégénère entre les mains des hommes* [4]. »

Fanny évite autant que possible les références à la judaïté, comme elle évite tout sujet de polémique, et l'on peut imaginer que son fils Sebastian, même s'il avait vu des lignes d'elle à ce propos, ne les aurait pas publiées en 1879, et n'aurait pas pensé être infidèle à sa mémoire en les faisant disparaître. La seule mention d'une prière pour les Juifs faite debout est d'une grande valeur sous sa plume. Elle écrivit le lendemain, samedi de Pâques, que le baptême d'un enfant représentant symboliquement Juifs et païens se ferait sans eux et qu'ils resteraient se reposer à la maison en attendant les cloches de Pâques ; celles-ci devaient résonner dans tout Rome en partant de Saint-Pierre, passer par toutes les églises et finir par le peuple, qui tapait sur ses casseroles tandis que le canon tonnait [5]. Peut-être qu'elle se sentit offensée en tant que fille de Juifs du manque de tenue du clergé romain ; on peut supposer avec encore plus de certitude que c'est en tant qu'adepte d'une religion de tolérance et d'humanité qu'elle se détourna d'une manifestation obscurantiste.

Sa visite du 3 mai au peintre Overbeck ne la convaincra pas davantage des bienfaits de l'art catholique [6] :

« Nous allâmes chez Overbeck pour voir son tableau saintement ennuyeux, sourdement poétique et platement présomptueux. On pourrait en dire beaucoup de choses, mais je n'en ai pas la patience. Je dois seulement mentionner l'orgueil incommensurable avec lequel le saint homme se représente lui-même dans un coin du tableau avec Veit et Cornelius, comme les seuls élus du temps présent. *Je trouve cela colossal.* » Des années auparavant, Lea avait dit que le catholicisme menait à la cagoterie et au fanatisme. Ce n'était certes pas une vérité absolue, mais en ce qui concernait les nazaréens, c'était malheureusement vrai. Cela ne pouvait convenir à Fanny : la conviction de détenir une vérité religieuse absolue et immuable était à l'opposé de la pensée des Mendelssohn.

Elle ne prit pourtant pas la fuite ce vendredi-là, et elle écouta avec la même attention la suite de la cérémonie de la Passion, apprécia les pièces de Palestrina et trouva que le pape sortant sous un dais avait l'air d'un mandarin sous son parasol. Pendant ce temps, Wilhelm avait dessiné une demi-douzaine de cardinaux. Ils retournèrent l'après-midi à la Chapelle, car Fanny avait « décidé d'entendre cette musique aussi précisément que possible ». Les *Lamentations* d'Allegri lui semblèrent belles, mais d'une étonnante monotonie. Et elles durèrent trois heures, pendant lesquelles l'obscurité s'installa ; les lumières s'éteignirent une à une, et alors que tout le monde tombait d'épuisement, le quatuor de chanteurs entonna tout doucement le *Miserere* d'Allegri, « un effet gros comme le poing, dit Fanny [7], qui depuis deux cents ans n'a jamais manqué son effet annuel sur le public ; on peut voir à cette exécution que tout ici est calculé avec intelligence et efficacité en vue d'agir sur les sens. Comment peut-on dire son âme prise par de si habiles calculs, cela reste et restera toujours pour moi une énigme ». Le *Miserere* d'Allegri était, ajoutait-elle, un morceau tout simple, où la même phrase se répétait dix fois. Le chœur ne comportait que dix-neuf personnes, qui « ornaient de façon traditionnelle et un peu rococo ». A chaque entrée, le chœur baissait d'un tiers de ton, ce qui n'était pas laid dans le contexte, alors que cela aurait été scandaleux à la Singakademie.

Le compositeur Charles Gounod (1818-1897) était loin de ressentir comme Fanny le décalage entre une peinture proche de la décadence et une musique primitive du point de vue de l'histoire du développement harmonique. Dans ses *Mémoires* [8], il dit au contraire : « La musique palestrinienne semble être une traduction chantée du vaste poème de Michel-Ange, et j'inclinerais à croire que les deux maîtres s'éclairent, pour l'intelligence, d'une lumière mutuelle : le spectateur développe l'auditeur, et réciproquement, si bien qu'au bout de quelque temps on est tenté de se demander si la chapelle Sixtine n'est pas le produit d'une seule et même inspiration. » Gounod exprime des sentiments en complète contradiction avec ceux de Fanny Hensel, se plaçant du point de vue de l'évolution de l'artiste à l'intérieur de son époque et de son art, tandis que Fanny prend un plus grand recul, se place du point de vue de l'évolution des consciences par rapport aux techniques et remarque l'importance diverse qu'on pouvait leur accorder à des moments historiques différents. Fanny avait entendu parler de Hegel et peut-être pas Gounod.

La journée du Vendredi saint se termina pour elle chez une comtesse Kaiseroff, qui eut l'idée de faire jouer le *Stabat Mater* de Pergolese en version de chambre : un ténor et une basse accompagnés par un quatuor instrumental. Fanny dut tenir la partie de piano et s'ennuya tellement qu'elle faillit s'endormir sur son clavier[9] : « Tonnerre, nous avions suffisamment de musique radoteuse dans le corps. »

Le séjour des Hensel à Rome arrivait à son terme : les visiteurs attendaient généralement la fin des fêtes de Pâques pour quitter la ville. Fanny et Wilhelm ont en principe tout vu et tout entendu. Pourtant leurs plus belles journées romaines étaient devant eux. Un petit cercle d'artistes amis s'était formé autour des Hensel. Il comprenait trois élèves de la villa Médicis : deux musiciens, Bousquet et Gounod, et un peintre de paysages, Dugasseau, « plus aimable que talentueux » dit Sebastian[10] ; Charlotte Thygeson, une parente du sculpteur Thorvaldsen, excellente pianiste qui appartenait comme Fanny au monde des amateurs ; pour compléter le cercle, les trois peintres prussiens, August Kaselowsky (1810-1891), Eduard Magnus (1799-1872) et Friedrich August Elsasser (1810-1845). Fanny et Wilhelm organisèrent leurs journées en fonction de leurs amis. Wilhelm peignait le matin, ils déjeunaient à une heure, toute la société partait en promenade l'après-midi et le soir les Hensel sortaient ou recevaient et faisaient de la musique. « Nous n'avons pas été seuls trois soirs de tout l'hiver, me semble-t-il », écrivit Fanny à Beckchen[11].

Elle était heureuse au-delà de toute mesure. Les jeunes Français lui portaient une admiration sans limites, ce qu'elle n'avait jamais connu et ce qui lui donnait une confiance en elle tout aussi nouvelle. « Bousquet et Dugasseau me rendent les choses difficiles, écrit-elle en avril[12], car ils n'oublient jamais ce que je leur ai joué des mois auparavant ne serait-ce qu'une fois ; on ne peut vraiment pas souhaiter meilleur public. J'écris aussi beaucoup maintenant ; rien ne me stimule davantage que d'être appréciée, là où le blâme me décourage et m'abat. Gounod est d'une certaine façon passionnément transporté par la musique, ce que je n'ai pas vu tout de suite. Mon petit morceau vénitien lui plaît extraordinairement, ainsi que celui en si mineur que j'ai fait ici, le duo de Felix, un capriccio en la mineur et surtout le concerto de Bach [13] que j'ai dû jouer au moins dix fois. » Arrivés à ce point de leur voyage, les Hensel auraient voulu rester à Rome un autre hiver, mais la raison leur dicta de ne pas prolonger leur séjour au-delà de la fin du mois de mai. « Cela nous coûte à tous deux un dur sacrifice de partir de Rome ; je n'aurais jamais pensé que cela me ferait une impression aussi profonde. Je ne veux pas me cacher que l'atmosphère d'admiration et de respect dont je me vois entourée ici y est bien pour quelque chose ; je suis loin d'avoir été autant courtisée que maintenant dans ma première jeunesse, et qui peut nier que ce ne soit très agréable et très réjouissant ? Tout concourt ici à me lier à Rome ; et comme cela serait bien pour mon Wilhelm et pour ses travaux ! Mais ce n'est pas possible et c'est absolument décidé. »

Berlioz comme Massenet vantèrent la joyeuse convivialité qui régnait entre les pensionnaires de la villa Médicis. Sortis de leurs études parisiennes, ils se conduisaient comme des poulains échappés (des poulains plutôt érudits) ; des rires sans fin accompagnaient leurs parties de campagne et Fanny vivait dans une insouciance et une gaieté qu'elle n'avait jamais connues. Dans sa jeunesse, tous les jeux des enfants Mendelssohn devaient, sous le regard de Lea, garder le caractère savant des amusements des enfants prodiges. A Rome, en compagnie des Français, elle percevait ce que voulait dire le mot : liberté.

Le 2 mai, après avoir écouté la messe à l'église des Grecs, dont la musique et son exécution lui plurent beaucoup et dont la composition lui parut assez récente, Fanny « tint concert » chez elle [14] :

« Je jouais le soir plusieurs morceaux et finis de nouveau par le concerto de Bach, à propos duquel les gens étaient tellement enthousiastes, bien qu'ils l'aient souvent entendu, qu'ils m'embrassaient les mains, les pressaient et ne pouvaient plus se tenir. Gounod surtout, qui est de toute façon terriblement vivace et ne peut jamais trouver les mots pour m'exprimer quelle influence j'exerce sur lui et comme il est heureux chez nous. Les deux hommes sont très différents, Bousquet plus tranquille et enclin au classicisme français, Gounod hyper-romantique et passionné ; la connaissance de la musique allemande lui tombe dessus comme une bombe dans sa maison, il est possible qu'elle y fasse pas mal de dégâts. » Le 8 mai, nouvelle réunion [15] : « Le soir, Magnus et nos Français, ou plutôt comme ils se nomment maintenant, les trois caprices, Bousquet le " Caprice en là " [sic], Gounod le " Caprice en mi " et Dugasseau le " Caprice en si bemolle " [sic]. On a fait beaucoup de musique, comme d'habitude, beaucoup bavardé et ri et nous sommes restés très tard ensemble. Bousquet m'a montré la cantate qu'il a commencée, il y a de très belles choses dedans. Pour lui, je pense que la connaissance de la musique allemande ne peut être que profitable, tandis que Gounod en est étourdi et rendu à moitié fou. Il me paraît beaucoup moins mûr, mais je ne connais rien de sa musique, car je ne veux pas compter un scherzo qu'il me joua récemment en me demandant s'il pouvait me le donner, il était trop mauvais; il me semble que la musique allemande se profile déjà dedans. »

Et la fête continue mais elle n'oublie pas son journal de voyage, ce qui nous permet d'en profiter [16] :

« Le 13 mai j'allai avec Sebastian à Santa Maria sopra Minerva, où se trouvent la statue du Christ de Michelangelo et beaucoup de monuments funéraires, de papes aussi ; sur le côté un chemin de croix avec des fresques, dont je me fis chasser par des moines, selon ma coutume favorite ; les Français vinrent le soir, et Wilhelm commença leur portrait. On plaisantait bien sûr beaucoup pendant ce temps. Celui qui posait avait le droit de commander ce que je devais jouer, ainsi je jouais presque tout Fidelio, beaucoup d'autres choses et en dernier la sonate en do majeur de Beethoven. Gounod était comme ivre et dit beaucoup de bêtises et lorsque enfin il cria dans l'enthousiasme le plus grand : *Beethoven est un polisson*, les autres dirent qu'il était temps qu'il aille au lit et l'emmenèrent. Il était de nouveau minuit et demi. »

Gounod rappellera lui aussi ces soirées dans ses *Mémoires*, sans mentionner son exaltation [17] :

« Le même hiver, j'eus le bonheur de faire la connaissance de Fanny Henzel [sic], sœur de Mendelssohn. Elle passait l'hiver à Rome avec son mari, peintre du roi de Prusse, et son fils qui était encore enfant. Madame Henzel était une musicienne hors ligne, pianiste remarquable, femme d'un esprit supérieur, petite, fluette, mais d'une énergie qui se devinait dans ses yeux profonds et dans son regard plein de feu. Elle était douée de facultés rares comme compositeur [...] madame Henzel se mettait au piano avec cette bonne grâce et cette simplicité des gens qui font de la musique parce qu'ils l'aiment, et, grâce à son beau talent et à sa prodigieuse mémoire, je fus initié à une foule de chefs-d'œuvre de la musique allemande qui m'étaient, à cette époque, absolument inconnus ; entre autres, quantité de morceaux de Sébastien Bach, sonates, fugues et préludes, concertos, et nombre de compositions de Mendelssohn qui furent pour moi autant de révélations d'un monde ignoré. »

Gounod ne raconte cependant pas les folles nuits romaines où il fallait le mettre au lit... Le caractère de Charles Gounod était et restera toute sa vie extrêmement déséquilibré. Son attachement à sa mère avait quelque chose d'excessif, et peut-être qu'il cherchait en Fanny, qui avait treize ans de plus que lui, une image de cette mère qui lui manquait tant et dont il fut séparé pendant trois ans. Il recherchera aussi une figure maternelle dans la liaison bizarre et scandaleuse nouée avec Mrs. Weldon [18] qui l'entraîna plusieurs années en Angleterre. Il est certain qu'il surprit Fanny à maintes reprises par des manifestations d'enthousiasme intempestives qu'elle prit pour de l'immaturité, mais il est quelquefois bien agréable de se trouver en compagnie de gens déraisonnables.

Fanny mentionne à Felix avec émotion qu'elle doit jouer chez Landsberg le triple concerto de Jean-Sébastien Bach que Felix avait donné à Leipzig au mois de mars, avec Franz Liszt et Ferdinand Hiller, et qu'elle doit jouer, elle, avec son amie Charlotte Thygeson et une autre excellente « amatrice ». Elle ajoute, gênée [19] : « Il y aura pourtant quelque différence. Je te le dis, les Français n'admirent désormais rien autant que " Bacque ", c'est trop drôle. J'ai dû jouer au moins une douzaine de fois le concerto en ré mineur et ils voudraient se tenir sur la tête de délice. Ils sont aussi pour toi un public remarquable. » A sa famille de Berlin, elle dit son plaisir « de jouer cette pièce à Rome et de gagner ici à notre " Vieux de la Montagne " de nouveaux amis et des disciples [20] ». Les soirées d'amateurs, que ce soient les *Sonntagsmusik* à Berlin ou les concerts de Landsberg à Rome, ont certainement joué au XIXᵉ siècle un grand rôle musical.

En ce qui concerne Jean-Sébastien Bach, Fanny continuait à Rome ce que Felix avait déjà commencé en 1830. Il avait fait la connaissance d'un vieux musicien collectionneur, l'abbé Fortunato Santini (1778-1862), qui lui ouvrit largement sa magnifique bibliothèque. De son côté, Felix lui fit connaître et parvenir des partitions de Bach et de Haendel [21]. Santini fut en 1840 un hôte assidu de Fanny, et ces amoureux de la musique ne cessaient de s'échanger des partitions.

Au milieu de toutes les promenades et de toutes les soirées que Fanny décrit dans ses lettres et son journal, deux dates se détachent nettement, deux journées exceptionnelles dont elle ne voulait à aucun prix oublier la perfection : le 20 et le 31 mai. A l'exception de Gounod, toute la petite société amie se rassembla le 20 mai dès le matin pour une partie de campagne d'un genre inhabituel [22]. Dispersés dans les jardins de la villa Wolchonsky, un lieu paradisiaque, chacun d'eux devait travailler selon son art. A l'heure du déjeuner, Elsasser produisit une aquarelle, Wilhelm une étude à l'huile, Kaselowsky et Dugasseau des dessins. Les musiciens de leur côté s'étaient mutuellement donné des devoirs : Fanny avait apporté à Bousquet un poème italien dont il fit un joli duo, et il lui avait apporté un recueil de poèmes de Lamartine dont elle mit quelques strophes en musique. Après un joyeux repas, tous les artistes repartirent vers leurs activités, ou leur paresse, et les musiciens allèrent répéter des *Lieder* à deux, trois et quatre voix de Felix et de Fanny. « Vous allez rire quand je vais vous raconter comment ces *Lieder* étaient distribués mais seul un vaurien fait mieux qu'il ne peut », écrivit Fanny à sa famille : « J'ai chanté le soprano! et Bousquet, qui a aussi peu de voix que moi, la basse; s'il en a une, c'est une voix de ténor et il ne sait pas du tout l'allemand. » La répétition se passa pourtant au mieux. Vers quatre heures, un magnifique orage éclata, suivi d'un non moins remarquable arc-en-ciel qu'ils purent admirer des fenêtres de la villa Wolchonsky où ils dégustaient la cuisine de Jette. L'après-midi se poursuivit dans le jardin jusqu'à ce que les vers luisants paraissent; les musiciens chantèrent alors, devant un parterre de roses éclairées, les *Lieder* qu'ils avaient répétés. La soirée se termina par une tombola où les lots se composaient d'une gravure de Raphaël, d'une bourse tricotée au crochet par Fanny et de plusieurs compositions d'elle que ses amis aimaient. Ils échurent évidemment aux moins musiciens de la bande, et Fanny dut promettre de les recopier. La partie se termina vers minuit. Une journée vraiment idéale pour Fanny; appréciée et admirée de tous, elle était en mesure de rendre tout le monde heureux. Les arts se conjuguaient ici avec la beauté du paysage : le monde était parfait.

Wilhelm exprima ainsi l'opinion de tous sur cette excursion : « La journée s'acheva aussi joyeusement qu'elle avait commencé, Fanny, la reine de la fête, qui a tout dominé du haut de son trône spirituel, peut la décrire, elle qui a reçu en tribut les résultats de notre travail appliqué. Puisse-t-elle transformer ce plaisir en d'autres joies! »

Fanny avait renoncé au temps où elle était petite fille à exercer son talent pour laisser toute la place à son frère. Cette provinciale qui avait été reléguée derrière lui trouva à Rome, capitale artistique, une consécration qui lui fit oublier le prix de son sacrifice. Elle vécut mille vies en quelques mois [23] :

« Que n'ai-je pas vécu et senti ici à Rome! Par ces claires nuits de lune méridionales, traversées de plaisir, je pensais cent fois à la première nuit de la maladie de Wilhelm, où j'étais assise près de son lit dans une angoisse mortelle! A travers tout ce changement et tout ce que j'ai vécu je ne me sens pas vieillie, mais au contraire rajeunie. On gagne un trésor éternel dans un tel voyage. »

Durant leurs derniers jours à Rome, les Hensel ne voulaient même plus dormir. Ils se promenaient une partie de la nuit. Fanny ne supportait plus de toit sur sa tête, n'allait plus au Vatican pour ne pas être enfermée et restait sur le pas de sa porte pour profiter de la douceur de l'air. Elle ne pouvait plus se dispenser de mettre un beau bouquet de fleurs chez elle, coutume considérée comme malsaine mais elle passait outre et s'en portait très bien [24].

Ces dernières journées furent à la fois tristes et magnifiques. Tout le monde était conscient qu'un épisode de leur vie prenait fin, qu'une parenthèse se fermait sur un moment de bonheur exceptionnel. Le 30 mai au soir, après avoir vérifié en se promenant que les vers luisants étaient toujours là, les Hensel rentrèrent pour continuer à recevoir les visites d'adieu. L'abbé Santini prit congé [25].

« Puis arriva Dugasseau, tout de suite après Bousquet, Gounod et Charlotte. J'étais très fatiguée et déprimée et pour ne pas recommencer à pleurer j'allai au piano et jouai les deux allegros de la sonate en fa mineur de Beethoven. Sur ces entrefaites Wilhelm commença à allumer les lumières autour des portraits des trois et je promis à Bousquet, s'il posait gentiment, de lui jouer ensuite l'allegro de la sonate en si bémol majeur. Entre-temps Charlotte joua quelques morceaux. Là-dessus je tins parole et jouais l'allegro en si bémol majeur et deux *Lieder* de Felix ; alors Gounod tomba à mes pieds et me pria de jouer l'adagio tandis que les Bellay et les Bruni arrivaient. Elsasser et Kaselowsky étaient là eux aussi. Elsasser eut la très aimable idée de dessiner un paysage sous son portrait et s'assit au piano pour travailler. Wilhelm dessina la Bruni. Je jouai la sonate en do mineur et deux pièces de Felix, là-dessus Elsasser me pria de jouer la sonate en la bémol majeur avec les variations ; j'en avais joué les deux premiers mouvements quand un chant retentit dans la rue et on nous fit une très agréable sérénade. Landsberg, Magnus, le Baron Bach, Quatrocchi, Schanzky et Bruni se tenaient avec des lumières sous le portail d'en face et chantèrent très joliment et juste trois *Lieder* à quatre voix. Wilhelm descendit et les ramena ; je ne pus leur laisser le dernier mot et jouai la petite romance sans parole en mi majeur, puis Madame Bellay chanta deux fois ma cavatine italienne, Wilhelm dessina Bruni en masque sur le portrait de sa femme, *et pour finir* je jouai le concerto de Bach ; la société se sépara à une heure et demie passée,

272

reconnaissante, émue, joyeuse et excitée. J'écrivis encore mon journal et allai au lit vers trois heures. »

Fanny a besoin de noter tout ce bonheur, pour pouvoir le revivre une fois rentrée dans l'hiver berlinois. Ses auditeurs ne devaient pas reconnaître clairement parmi les morceaux qu'elle jouait ceux qu'elle avait composés elle-même ou ceux qui étaient de Felix. Elle entretint probablement cette ambiguïté, préférant sans doute attribuer à Felix ce qui était d'elle, pour ne pas se mettre en avant outre mesure. Ses amis de Rome ne lui rendaient pourtant pas cette tâche facile et refusaient de la voir se perdre dans une modestie qu'ils ne pouvaient pas admettre.

Les deux triples portraits de musiciens et de peintres mentionnés dans cet extrait du journal de Fanny font partie des dessins les plus intéressants de Wilhelm. Après avoir posé pour le peintre, ses modèles avaient coutume d'écrire un poème ou un mot de dédicace à côté du dessin. L'idée d'Elsasser donne une profondeur supplémentaire aux triples portraits, où les peintres sont représentés de profil, de trois quarts et de face. La fusion des arts était aussi complète que possible.

Cette nuit du 30 mai, les Hensel ne dormirent que quelques heures, puis allèrent passer la journée à la villa Médicis [26]. Une fête avait été projetée depuis longtemps en ce lieu exceptionnel, mais Ingres avait son idée et Fanny la sienne, ce qui en retarda l'exécution !

« Dimanche 31 mai, nous étions invités à passer toute la journée, depuis le café du matin, à l'Académie de France pour faire, selon mon vœu, de la musique dans la magnifique loggia. Le temps qui avait été couvert et lourd pendant deux jours eut la bonté de nous favoriser sans mesure et la journée fit décidément partie de celles dont l'agrément ne s'oublie pas. Le jardin de l'Académie, ouvert d'habitude, était fermé au public et Ingres n'avait invité que les pensionnaires, les habitués et quelques-uns de mes amis, par exemple Elsasser et Kaselowsky ; lorsque je montrai mon regret de l'absence de Charlotte Thygeson, on l'envoya chercher et elle passa le reste de la journée avec nous. Je vous assure que c'est très bien de faire de la musique près d'une fontaine, j'ai rarement été si contente que ce jour-là ; Papa Ingres était au septième ciel d'entendre tant de musique et d'accompagner Beethoven, bien qu'il s'était établi entre nous une petite guerre silencieuse, car je courais en avant, il cahotait derrière et d'une certaine manière nous nous mordions musicalement. On a joué presque sans s'arrêter jusqu'au deuxième déjeuner. Les polissons barbus restaient allongés sur les marches et sur les socles des piliers et s'étonnèrent toute la journée que l'on puisse s'amuser ainsi toute une

273

journée. Il a fallu que nous venions de Berlin pour leur apprendre comment passer son temps plaisamment dans le logement le plus divin du monde. Le jour baissa doucement et l'on déjeuna richement. Après le déjeuner on fit tour à tour de la musique et des promenades dans le jardin où l'on s'assit dans mon bosquet préféré pour répéter des *Lieder* à quatre voix. Ingres nous mena à son atelier pour voir le tableau promis depuis longtemps, qui devait déjà être terminé quatorze jours plus tard lors de notre arrivée[27]. Il est bien composé et pensé noblement mais singulièrement faible de couleur comme de dessin et loin d'être terminé. Nous vîmes la chambre que Vernet avait fait arranger à la turque, grimpâmes sur la tour de la Villa où je n'avais encore jamais été et où je contemplais pour la dernière fois toute la splendeur du coucher de soleil, non sans beaucoup pleurer. Puis nous descendîmes, l'instrument avait été déplacé dans la grande salle, le crépuscule était tombé et une sensation étrange s'empara de toute la société. J'improvisai longtemps d'un son étouffé, je n'aurais pas été en mesure de jouer fort, tout était douceur et chacun se sentait blessé par chaque bruit. Je jouai l'adagio du concerto en sol majeur, celui de la sonate en do mineur et le début de la grande en fa mineur. Charlotte, Bousquet et Gounod étaient assis tout près de moi. C'était une heure que je n'oublierai pas. Là-dessus nous passâmes à table, puis sur le balcon, où il faisait délicieux. Des étoiles incroyables, des lumières dans la ville, des vers luisants, une longue étoile filante, une église éclairée au loin sur la montagne, l'air tiède et une émotion intérieure profonde en nous tous.

« Nous nous sommes placés à un bout de la salle et nous avons chanté les *Lieder*, qui plurent énormément. Tout à la fin je dus encore jouer, à la demande de plusieurs personnes, la fantaisie de Mozart, et répéter les Caprices un et deux. Là-dessus les *Lieder* furent chantés de nouveau, il était minuit et notre temps était fini : " Ils pleurent et ne savent pas eux-mêmes pourquoi ? " C'était notre dernière musique à Rome.

« J'aurais mieux accepté le tendre embrassement de Ingres si les jeunes gens n'avaient pas tous été là ; cela a dû leur paraître une immense plaisanterie. Je peux bien dire que nous leur avons donné la meilleure journée de tout le directorat de Ingres. »

Fanny enfin avait été admirée et appréciée à sa juste valeur, et devait savoir désormais qu'elle n'avait pas à craindre le regard des étrangers, bien au contraire. La peur qu'elle ressentait devant tout voyage donne la mesure de son désir de reconnaissance et son angoisse de ne pas être appréciée. Le bonheur éprouvé à Rome lui donne un chemin à suivre : elle ne trouvera d'épanouissement durable que lorsqu'elle prendra le risque d'affronter un auditoire nouveau et élargi, et donnera ses œuvres au public en ayant confiance en leur séduction.

25

La fin du voyage

Le 1er juin 1840 fut leur dernier jour à Rome, et le dernier coucher de soleil de ce séjour « sans autre douleur que celle du temps qui passe ». Les Hensel quittèrent Rome le lendemain ; la curiosité de voir Naples l'emporta sur le désir qu'ils avaient désormais de rentrer chez eux au calme. Rome représentait le point culminant de leur voyage et le moment le plus heureux, le plus épanoui de la vie de Fanny. Tout ce qui suivit devint simplement un voyage et non plus un événement vital.

Bousquet les accompagna au début de leur route, jusqu'à Genzano, et leur parla de Gounod d'une façon qui les intéressa beaucoup et dut rappeler à Wilhelm ses tentations mystiques [1]. Les Allemands n'étaient pas seuls à subir l'influence de Rome, la Ville éternelle pouvait aussi engendrer une sorte de nazaréens français, plus orientés socialement et plus radicaux.

« Nous avions déjà parlé de Gounod à plusieurs reprises, écrivit Fanny, et Bousquet ne pouvait assez le réprimander et regretter qu'il ait manqué de prendre sa part à ce beau jour [2]. Alors il nous raconta comment Gounod s'était laissé entraîner dans des engagements religieux et à quel point il avait peur pour lui à cause de la faiblesse de son caractère. Le Père Lacordaire, dont les Français avaient souvent prononcé le nom devant moi, avait fait son noviciat cet hiver-là à Viterbo, reçu son ordination et voulait vivre quelque temps à Rome pour préparer la fondation d'une nouvelle maison en France. Celui-là serait *une tête chaude* avec une grande imagination et ses plans concernent particulièrement les artistes, à travers lesquels il espère agir sur le peuple plutôt qu'au travers de la spiritualité. Dans le courant de l'hiver, Lacordaire a sollicité Bousquet et Gounod, et celui-ci, très exalté et influençable, serait entièrement entré dans ses vues, si bien que Bousquet voit arriver le moment où il échangera la musique contre le froc. Bousquet lui-même suspendit ses visites au Pater Lacordaire quand il comprit ses intentions, car il dit ne pas se sentir suffisamment solide et que l'éloquence de cet homme était effrayante. L'Association Jean l'Évangéliste à Paris ne se composait que de jeunes artistes, unis dans le but de pratiquer un art chrétien pour la conversion des esprits mondains, sans pourtant prêter d'autres serments. Ils auraient demandé au Père Lacordaire de leur donner des règles et Gounod appartiendrait aussi à cette confrérie. Il y a eu à Rome cet hiver tout un groupe de jeunes gens de grandes familles, dont certains avaient exercé d'autres professions, qui se destinaient maintenant à la prêtrise dans le but d'émanciper le monde par des voies religieuses. Tout cela est très curieux, surtout au regard de l'épouvantable matérialisme et de la cupidité insatiable qui régit les Français à l'heure actuelle. On voit là dans toute sa force la réaction contre de telles tendances [3]. »

Le père Henri Lacordaire (1802-1861) n'avait pas été ordonné prêtre cet hiver-là, mais en 1824, où il abandonna sa profession d'avocat au barreau de Paris. Il garda de ce premier métier une éloquence enflammée. Il fut une des têtes du mouvement catholique libéral et fonda avec le prêtre Félicité de La Mennais (1782-1854) le journal *L'Avenir* qui avait pour devise « Dieu et Liberté ». Les catholiques libéraux furent condamnés par le pape Grégoire XVI en 1832, La Mennais quitta l'Église mais Lacordaire se soumit et fit de 1839 à 1841 son noviciat chez les dominicains de Viterbo. Revenu en France, il y rétablit cet ordre supprimé depuis 1792 (le concordat de 1801 ne faisait pas allusion aux ordres réguliers). Il fut élu à la Constituante en 1848. Charles Gounod subit fortement son influence : rentré en France en 1846, il devint organiste à l'église des Missions étrangères rue du Bac, où il fit jouer nombre d'œuvres de Bach et de Palestrina ; en 1846, il prit la décision de devenir prêtre [4]. L'abbé Charles Gounod habita alors les Carmes et suivit les cours du séminaire Saint-Sulpice. Mais en 1848, la révolution bouleversa sa vie, il abandonna les Missions étrangères, les Carmes, Saint-Sulpice et la soutane pour se tourner vers le théâtre. Les catholiques européens dans la mouvance romantique s'insurgeaient chacun à leur manière contre la montée du pouvoir bourgeois et le culte de l'argent. Tournés vers le passé ou vers l'avenir, ils cherchaient un contre-pouvoir pour lutter contre le libéralisme économique en plein essor qui ne connaissait plus de frein et à qui l'État laissait le champ libre. Fanny et Wilhelm connaissaient bien le catholicisme romantique allemand, avec son côté antijuif et le mysticisme qui avait transformé ses idées politiques en culte de la famille royale. Le catholicisme romantique français avait une couleur sociale et un parti pris politique beaucoup plus prononcés qui incluaient une valeur essentielle : la liberté. L'acte d'allégeance à Rome, qui peut paraître archaïque et conservateur, participait d'une opposition à la bourgeoisie louis-philipparde et prenait le contre-pied de sa « cupidité insatiable ». Fanny a très bien saisi le clivage entre l'idéalisme généreux des jeunes gens et le matérialisme de la classe dominante, ce qui devait mener à la révolution de 1848.

Fanny, épuisée par le bouillonnement des idées autant que par le manque de sommeil, profita peu du voyage, mais Sebastian lui défendait de dormir [5]. A Naples, les Hensel logèrent dans une demeure princière, telle qu'ils n'en avaient trouvé nulle part ailleurs. En dehors de sa taille et de son confort ils disposaient d'un immense balcon avec une vue unique sur le golfe de Naples, Capri, le Vésuve et la côte depuis Sorrente. Pour animer toute cette beauté, une flotte britannique composée de « trois grands trois-ponts, tranquilles et majestueux, comme s'ils n'étaient venus que pour embellir notre vue. Mais ils sont en fait venus pour exercer une douce pression sur le gouvernement napolitain à propos de la sulfureuse question sicilienne ». Le royaume des Deux-Siciles étaient en effet en soulèvement perpétuel contre la monarchie absolue et réclamait une constitution. Mais ce qui comptait alors pour les Hensel, c'était la mer à leurs pieds, avec un marchand de poissons qui leur livrait des sardines fraîches. Le bruit insupportable de la ville ne leur arrivait qu'atténué. La nuit, les lumières des étoiles, de la flotte britannique, de la ville, des villages et des bateaux de pêcheurs entouraient le « pilier de feu » que le reflet de lune allongeait dans la mer. Ils profitaient de leurs derniers jours de vacances. Fanny lut malgré tout dans les journaux français, avec une certaine désapprobation, qu'il était question de faire revenir de Sainte-Hélène les cendres de Napoléon [6], ce qui ne l'empêcha pas de retourner profiter de la fraîcheur de son balcon et de la superbe vue qui lui était offerte.

Un jour, comme elle allait entrer dans le musée de la ville, Fanny rencontra la cantatrice Pauline Viardot [7]. « Je l'ai immédiatement reconnue et nous avons fêté nos tendres retrouvailles. Elle ne reste malheureusement que quelques jours, et encore plus malheureusement nous étions, sans le savoir, en même temps à Rome les derniers jours. » Il est bien dommage que la grande mezzo soprano française, qui elle aussi composait, n'ait pas participé à la grande journée du 31 mai à la villa Médicis [8] !

Les Hensel connaissaient les devoirs d'un « touriste » et ils les remplirent à fond. Ils se laissèrent fasciner par le délire populaire du lundi de Pentecôte [9]. « Près de l'église, le bruit assourdissant et la bousculade atteignent un niveau colossal. [...] Je remarquais beaucoup de physionomies tout à fait africaines et les peaux noires des nègres ; une jeune fille jouait du tambourin et riait avec une sauvagerie toute africaine. Dans l'église, un homme se traînait à genoux et léchait tout le sol, un joli vœu! Nous laissâmes la voiture à l'ombre, pendant que Wilhelm faisait un tour et dessinait. Nous étions d'accord que cette fête convenait parfaitement à une frise, c'était vraiment une bacchanale romantique!»

Ils vont donc au musée, voient les collections archéologiques de Pompéi, visitent Ischia et le Vésuve. Ces excursions étaient loin d'être confortables [10]! Le Vésuve en particulier, qui fut le cadeau d'anniversaire de Sebastian pour ses dix ans, le 16 juin, était d'accès si difficile que Fanny en termina l'ascension grâce à des porteurs. Mais cela l'effraya tellement qu'elle préféra redescendre à pied, après avoir visité le « quartier général de Satan ».

La mort du roi Frédéric Guillaume III ne les inquiéta pas et ne les empêcha pas de faire en bateau une excursion de six jours qui les emmena à Pompéi et ses ruines. Au retour, la chaleur était si forte que Fanny renonça à accompagner Wilhelm en Sicile et resta avec Sebastian dans une salle de leur somptueuse demeure où, chose extraordinaire, il faisait frais. Wilhelm s'embarqua le 2 juillet et Fanny reçut sans lui la visite de Gounod, Bousquet et d'un autre Français, Normand; son puritanisme se réjouit, au milieu de ces jeunes gens, de la présence d'une Madame D. [11]! La petite compagnie se donna le plaisir de promenades en mer, à propos desquelles Fanny écrivit à son mari [12] : « J'espère que tu ne désapprouves pas ces promenades en bateau, je ne peux pas vraiment les refuser sans être soupçonnée d'une pruderie qui paraîtrait ridicule aux jeunes gens. » On ne pourra jamais assez louer ces jeunes gens d'avoir su donner à Fanny un certain goût de la liberté. Les nuits de Naples sont de plus en plus claires, elle peut même voir les côtes d'Ischia depuis son balcon. Elle prit aussi des bains de mer [13] : « Ce matin j'ai fait la connaissance intime de Madame la mer Méditerranée et ma langue s'est convaincue qu'elle contient dix fois plus de sel que la mer Baltique; c'était divin! »

Le 21 juillet, Wilhelm revint tout content de Palerme où il avait constaté un luxe plus ostentatoire encore qu'à Londres. Le retard pris par son bateau avait plongé Fanny dans une panique que Sebastian avait vainement tenté de raisonner; elle avait alors perdu tout son goût pour les voyages et tout esprit aventureux. Malgré la beauté méditerranéenne de Naples, les Hensel ne souhaitaient rien d'autre que de rentrer chez eux [14] : « Quand la souris est rassasiée, elle trouve la farine amère. Les tracas et les filouteries, qui sont bien sûr ici souvent pires qu'ailleurs, ne nous ont jamais semblé si importuns et détestables, et je m'ennuie de mon

278

honnête patrie. » Fanny avait tellement mal aux yeux, inconvénient dont elle souffrait depuis Venise, qu'elle ne pouvait presque plus les ouvrir. Sebastian avait la jaunisse et ressemblait à un citron.

Les Hensel s'embarquèrent le 11 août pour Gênes [15]. Fanny, de son balcon de rêve, s'étonnait de ne pas verser une larme, elle qui à Rome avait pleuré déjà quatre semaines avant son départ. Ils subirent quatre jours de traversée, où elle fut malade et Wilhelm très content puisqu'il y avait des gens avec qui parler et qu'il pouvait aussi dessiner. La mer était mauvaise durant une grande partie du trajet et Fanny avait peur. Arrivés à Gênes le 14, ils vont se rassasier de Rubens, de Titien et de Van Dyck et entendent le récit du débarquement de Louis Napoléon Bonaparte à Boulogne, sa tentative d'insurrection et son internement [16] : « un homme fou et horrible! » s'écria Fanny, décidément très peu bonapartiste.

A Milan, où ils arrivèrent le 18, Fanny se réjouit en regardant les tableaux des progrès qu'elle a faits pendant cette année dans la compréhension de la peinture. Après toutes ces églises italiennes qu'elle a visitées jusqu'ici, elle parle enfin de la cathédrale avec « la conviction intérieure que cela est le vrai style d'église, la plus belle église d'Italie et c'est un Allemand qui l'a construite. Il y a quand même quelque chose de magnifique dans l'esprit humain et Dieu n'a rien créé de plus beau [17] ». Ce qu'elle cherche dans la religion, elle ne le trouve vraiment que dans le protestantisme luthérien, qui l'a formée autant moralement qu'esthétiquement.

Sa dernière lettre du sud des Alpes est datée d'Airolo, le 24 août [18]. A Côme, ils vont à la recherche de leur ami Ferdinand Hiller, font avec lui une promenade sur le lac et visitent la villa d'Este. Le jour suivant, à Bellinzona, ils font la connaissance d'un comte Gonfalonieri et passent avec lui une des soirées les plus intéressantes de leur voyage. Cet homme avait été interné quinze années dans la prison du Spielberg, abondamment mentionnée par Fabrice del Dongo, sans recevoir d'autre nouvelle du monde extérieur que celle de la mort de sa femme, dix ans après son incarcération. Après avoir été en exil aux États-Unis d'Amérique, en France et en Belgique, il venait de recevoir l'autorisation de voir à Milan son père de quatre-vingt-deux ans et à ce propos, l'Empereur s'était aperçu que c'était probablement par erreur s'il n'avait pas encore été amnistié. Cet homme demandait des nouvelles de Jacob Bartholdy, qu'il avait bien connu, et d'Eduard Gans, qui était mort en 1839 alors qu'il déjeunait avec Rebecka [19].

Devant la culture, l'ouverture d'esprit et la douceur de cet homme, Fanny s'indigna du traitement que lui avait fait subir l'Autriche : « Pas de livres pendant tout ce temps! On n'a pas idée de pareille cruauté, de pareille torture morale. »

Le trajet se fit d'Airolo à Zurich avec le même cocher et la même voiture. Les Hensel empruntèrent cette route du Gothard qui n'était pas encore achevée en 1822. Ils atteignirent le col alors que le soleil se couchait et durent faire de nuit le trajet jusqu'à Hospental. Le sabot de freinage se cassa et, par mesure de précaution, ils durent finir la descente du Gothard à pied. Heureusement qu'il faisait beau. Fanny note que, cette nuit-là, ils se firent filouter par l'aubergiste comme jamais en Italie [20]!

Fanny revit le lendemain les paysages qui l'avaient tant impressionnée dans son adolescence : Andermatt et sa petite église, le pont du Diable... malheureusement sous une pluie battante. Malgré le mauvais temps, ils allèrent d'une traite jusqu'à Fluëlen et l'orage ne les empêcha pas de s'embarquer sur le lac de Lucerne jusqu'à Brunnen; de là, ils continuèrent jusqu'à Arth, sur le lac de Zoug, où ils arrivèrent sous la grêle. Aucun rapport avec le voyage de 1822, Fanny ne pense qu'à rentrer chez elle. Wilhelm en est un peu frustré : il décide alors, une fois l'orage passé, de partir à une heure du matin pour escalader le Rhigi. Il revint tout déconfit et tout suant à huit heures, n'ayant rien vu, car aucun chemin n'était praticable. L'échec de l'épopée fut un sujet de plaisanterie sans fin chez les Mendelssohn [21].

Sans autre inconvénient que des chemins détestables, les Hensel franchirent la frontière allemande le 28 août. Ils décidèrent à Offenbourg de faire un petit crochet par Strasbourg, dont ils admirèrent la cathédrale avant de continuer sur Francfort où ils arrivèrent épuisés le 30. Ils avaient voyagé sans discontinuer depuis Milan, si grande était leur hâte de retrouver leur pays. Ils s'arrêtèrent trois jours à Francfort pour se reposer et nettoyer leurs vêtements, et partirent le 3 septembre pour Leipzig, où ils restèrent huit jours chez Felix, qui était sur le point de repartir pour son sixième séjour en Angleterre. Ce fut un hasard s'ils se rencontrèrent, Felix malade avait retardé son voyage [22]. Il aurait rêvé, lui aussi, de passer un hiver en Italie pour se reposer, ce qui aurait sans doute changé son destin, mais il travaillait pour deux, si ce n'est plus! Pour Lea, pour Fanny, pour Rebecka... Le poids qui reposait sur ses épaules ne lui permettait pas de fantaisie. Il avait maintenant deux enfants, Carl, et une petite fille, Marie, née l'année précédente, dont les Hensel firent la connaissance.

Ils arrivèrent à Berlin le 11 septembre au soir, après plus d'un an d'absence et Fanny attendit quelques jours avant de terminer son journal de voyage [23] :

« Nous sommes aujourd'hui mercredi et cela fait six jours que nous sommes ici. Les événements politiques menacent durement; le roi a donné une réponse résolument négative à la demande des corporations d'établir une constitution; les Français s'arment ouvertement, tout a l'air troublé, sombre et triste; de plus il y a de l'orage, de la pluie et du vent dehors et il fait un froid tel que mes doigts sont gourds. Du point de vue culturel, il semble qu'il n'y ait absolument rien à attendre du roi. Je rendrai compte plus tard de façon plus complète de l'effet que tout ceci et notre retour en général a fait sur moi, quand le présent sera devenu le passé, et que la tempête se sera dissipée ou sera tombée. L'expérience m'a appris qu'il ne faut pas écrire ces choses sous l'influence d'une impression passagère. »

Le voyage était terminé, et avec lui les mois les plus heureux de la vie de Fanny. Que pouvait-elle faire désormais pour retrouver l'aimable ambiance romaine?

FIN DE L'ENTRACTE

26

Felix et la tentation berlinoise

Les Prussiens avaient fait une acquisition bien curieuse en la personne du nouveau roi Frédéric Guillaume IV (1795-1861). Le « Romantique sur le trône », comme il fut appelé, avait dans sa jeunesse suscité les plus grands espoirs, quand il n'était que « Kronprinz ». Cultivé, pourri de bonnes intentions, il voulait être aimé de tous, mais, perdu dans ses rêves chevaleresques, il exigeait de garder un pouvoir absolu dont il ne savait que faire.

Le satirique Heinrich Heine l'épingla dans un poème, *Der neue Alexander* (« Le nouvel Alexandre »), en parodiant le célèbre *König in Thule* de Goethe (« Le roi de Thulé »)[1] : *Es war ein König in Thule* (« Il était un roi de Thulé »), devint chez Heine : *Es ist ein König in Thule, der trinkt Champagner...* (« Il est un roi de Thulé qui boit du champagne »...)

Pour se procurer plus commodément du champagne et autres vins sympathiques, le « roi de Thulé » ne trouve rien de mieux que de conquérir l'Alsace-Lorraine, et pourquoi pas Paris? Si seulement il pouvait vouloir une chose jusqu'au bout, et se donner les moyens de sa politique! Mais, poursuit « le nouvel Alexandre » :

> « Je ne suis pas mauvais, je ne suis pas bon
> Ni bête, ni intelligent,
> Et si j'avançais hier
> Alors je recule aujourd'hui,
>
> Un obscurantiste éclairé
> Et ni étalon ni cavale,
> Oui, je m'enthousiasme en même temps
> Pour Sophocle et le knout
>
> Je mets ma confiance en notre seigneur Jésus,
> Mais je prends aussi Bacchus
> Comme protecteur, toujours médiateur
> Des deux divins extrêmes. »

Ce personnage qui aurait pu être encore plus dangereux fut largement caricaturé, sa stature ventrue s'y prêtant extrêmement bien. Selon son idéal d'absolutisme éclairé, il désirait attirer artistes et savants à Berlin, et se montrait prêt à toutes les dépenses dans ce but ; il voulait en fait s'acheter une cour à la Louis XIV. Il fit venir le philosophe Friedrich Schelling (1775-1854) à l'université de Berlin, chaire précédemment occupée par Hegel. Il aurait selon lui été souhaitable que Schelling et sa « philosophie de la révélation », unifiant foi et science, chassent le « dragon du panthéisme hégélien ». Schelling échoua et repartit en 1841[2]. Frédéric Guillaume IV faisait venir des « noms », comme le poète et orientaliste Friedrich Rückert (1788-1866), qui n'aimait pas le bruit de la ville et qui fut tout content de quitter Berlin en 1848[3]. Il réussit à s'attacher l'écrivain Ludwig Tieck (1773-1853), les frères Grimm, le peintre Cornelius, pour faire pièce au mouvement littéraire de la *Jungen Deutschlands* (« La jeune Allemagne »), mais ce n'est pas ce que le public de 1840 attendait d'un souverain[4]. La si riche génération de romantiques du début du siècle avait disparu, les uns morts, les autres oubliés depuis longtemps par un public dont le goût avait changé et qui n'aimait pas alors qu'un auteur soit inféodé au pouvoir. Eichendorff, mal à l'aise en tant qu'écrivain fonctionnaire de l'État, quitta son poste en 1844. Bettina von Arnim cependant continua à écrire des lettres au roi pour essayer d'attirer son attention sur la misère du peuple. Le culte de la féodalité et de l'aristocratie ne pouvait faire bon ménage avec la puissance montante de la bourgeoisie. Frédéric Guillaume IV était complètement inconscient de ces clivages sociaux et souhaitait naïvement réconcilier les « États », alors que l'Ancien Régime ne vivait plus que d'images et de souvenirs.

Dès le début, Fanny semblait avoir vu exactement la situation politique et culturelle du règne de Frédéric Guillaume IV. Ses doutes se révélèrent très fondés :

> « Il faut d'abord voir si quelque chose bouge ici dans le domaine de l'art, écrit-elle à Felix, dès le 5 décembre 1840[5], s'il est vrai, comme on le dit de toute part, que Cornelius va venir, alors ce serait la preuve que l'on a au moins des plans. Car s'il s'agit seulement, comme on le croyait jusqu'à présent, de réaliser les esquisses des fresques de Schinkel, alors on ne s'est pas tourné vers la bonne personne en choisissant Cornelius. Schinkel ne sort plus d'un état des plus tristes ; ses possibilités intellectuelles sont complètement détruites. Mon mari est peut-être le seul artiste d'ici qui se réjouirait sincèrement de la venue de Cornelius. Les Grimm arrivent ces jours-ci, il paraît que l'on est en pourparlers avec Rückert. Avec tout cela nos journaux restent aussi misérables que jamais, les piétistes ont la haute main et le gouverne-

ment personnel semble se maintenir au niveau le plus haut. Que dis-tu de la politique française? Comment te plaisent les débats à la chambre? N'est-ce pas terriblement triste! Triste aussi pour nous, car le philistinisme se répand et dit : vous voyez ce que c'est qu'un État constitutionnel! »

Les événements menacent, les idées bougent... Au « philisti-nisme » s'oppose désormais une sorte de romantisme réaliste, qui réclame comme un droit l'octroi d'une constitution. Frédéric Guillaume IV fait figure de naïf aveugle et prétentieux.

Il lui fallait des « musiciens de cour » : sous l'influence du diplomate Bunsen et d'Alexander von Humboldt, il invita donc Felix Mendelssohn Bartholdy à venir à Berlin. L'histoire des rela-tions de Felix avec la couronne prussienne s'étend sur à peu près quatre ans et semble avoir été pour lui un long supplice. Le roi voulait en effet un grand nom de musicien pour dorer le blason artistique de sa cour, il était prêt à en payer le prix mais, en revanche, ne voulait rien lui donner à faire. Enterrer son talent dans une nullité dorée, voilà ce que le roi de Prusse se plaisait à proposer à un grand artiste.

Au cours des années, plusieurs possibilités furent offertes à Mendelssohn, qui se laissa toujours tenter par l'idée de revenir près de sa famille. La première idée fut la fondation d'une école de musique, dont Mendelssohn se donna la peine de rédiger un projet. En vain : le projet s'enlisa, mais fut repris en 1869, lors de la fondation de la *Hochschule* de Berlin. En revanche, Felix ouvrit le 3 avril 1843 le fameux conservatoire de Leipzig, qu'il dirigea et dont il fit un modèle du genre. Les Leipzigois ne l'avaient jamais vraiment laissé partir : il partagea son temps ces années-là entre Berlin et Leipzig, sans oublier l'Angleterre (1842 et 1843), Düsseldorf, Zweibrücken et Dresde. Il mena une vie éreintante, inhabituelle alors chez les chefs d'orchestre, et se ruina la santé. Berlin était pour lui une pilule des plus saumâtres. Alors qu'il était fêté comme un dieu en Angleterre, apprécié et estimé à Leipzig où on lui donnait tout ce dont il avait besoin pour travailler, ses idées et ses projets se heurtaient à Berlin à une incompréhension mesquine.

Les bonnes intentions ne manquaient pas. Le roi, qui, comme le soulignait ironiquement Heine, admirait Sophocle, lui commanda la musique de scène d'*Antigone* dans la nouvelle traduction d'Auguste Boeckh [6]. L'œuvre fut représentée pour la première fois le 28 octobre 1841 au Théâtre royal de Potsdam; elle était belle, mais il fallait tout le talent d'un Mendelssohn pour faire avaler l'idée pédante d'une résurrection de la tragédie grecque. La tentative suivante en revanche fut plus qu'une réussite. Sur l'initiative de Tieck, qui avait participé à la traduction, *Le Songe d'une nuit d'été* fut représenté le 14 octobre 1843 à Potsdam, avec la célèbre musique de Felix, qui incluait l'ouverture composée en 1826. La pièce fut ensuite reprise à Berlin, au Königlichen Theater. Il écrivit encore deux musiques de scène, celle d'*Athalie* de Racine et d'*Œdipe à Colone* de Sophocle. Il refusa de composer les chœurs de l'*Orestie* d'Eschyle.

Enfin, en septembre 1842, un dernier projet fut évoqué ; Felix à cette date n'en pouvait plus, et demandait justement au roi une audience pour lui donner son congé [7]. Il ne trouvait pas à Berlin les conditions de travail, l'orchestre, la discipline nécessaires. La veille de son audience avec le roi, Felix fit part à Lea de sa décision, et celle-ci, qui n'était habituellement que douceur et mansuétude, éclata dans une de ces scènes normalement réservées au mariage de ses enfants. Si Felix quittait Berlin alors qu'elle s'était faite à l'idée de l'avoir retrouvé auprès d'elle, n'était-ce pas de nouveau une terrible infidélité à son égard ? Fanny et Wilhelm se précipitèrent pour calmer Lea. Le lendemain, au lieu de recevoir Felix pour le chasser avec colère, le roi se montra au contraire on ne peut plus aimable. Felix avait donc besoin d'un orchestre ? C'était tout naturel, et lui-même, le roi, s'occuperait personnellement de lui fournir un orchestre choisi, un chœur de trente chanteurs remarquables que le musicien pourrait diriger lors de toutes les fêtes d'église, de même qu'il pourrait composer de la musique pour toutes sortes d'occasions, des oratorios, et ce qu'il voudrait.

Pensant à sa mère, Felix ne put qu'accepter. L'orchestre ne fut pas créé dans l'heure et Felix continua de se heurter aux tracas administratifs et à l'indécision du roi. Varnhagen von Ense nota dans son journal [8] : « Le roi dit au comte von Redern : " Bunsen m'a parlé d'un vieil organiste, Nicolai, vous devez me le trouver, nous devons lui donner le poste de la Cathédrale. – Mais alors Mendelssohn prendra immédiatement son congé. – O non, alors non. " Une autre fois : " Je voudrais bien que Meyerbeer composât les chœurs d'*Athalie*. – Mais sur l'ordre de votre Majesté, Mendelssohn les a déjà composés, il y aurait la plus horrible des guerres. – Oui, oui, il faut que Meyerbeer les compose aussi. " »

Pour être sûr de créer un vrai problème, le roi avait fait venir et Meyerbeer et Mendelssohn, l'un au théâtre et l'autre à l'église. Il est difficile de se rendre compte exactement des rapports entre les deux familles, mais Giacomo Meyerbeer pouvait, comme nous l'avons vu, se montrer très insultant.

On se serait consolé si l'indécision de Frédéric Guillaume IV n'avait fait souffrir que Felix, qui avait de la ressource. Malheureusement, *Es ginge wohl, aber es geht nicht* (« Cela irait bien, mais cela ne va pas ») s'applique non pas aux chœurs de la cathédrale mais à la couronne impériale que lui offrait le Parlement de Francfort en 1849 pour faire l'unité allemande, et qu'il refusa, car cette couronne lui serait venue du peuple. Une stupidité aussi phénoménale et presque criminelle se devait de passer dans l'Histoire.

Pendant ce temps, Fanny reprend pied avec la vie berlinoise et met au net son inspiration romaine.

En lisant la légende des Nibelungen adaptée par le dramaturge Raupach [1], elle songea à mettre l'histoire en musique. Elle fit part de son idée à Felix que cela enthousiasma, mais le projet resta, chez le frère comme chez la sœur, à l'état de rêve. L'un et l'autre sentaient la difficulté de réaliser un tel projet, et d'une telle ampleur [2] !

A l'automne, Fanny écrivit un cycle pour le piano, *Das Jahr*, « L'Année », dont chacune des douze pièces portait le nom d'un mois. Cette jolie idée permettait d'enchaîner des morceaux très différents tout en gardant une unité à l'ensemble. Elle écrivit d'abord *Février*, le 28 août, en souvenir du carnaval romain, et termina son cycle aux environs de Noël, avec *Décembre*. L'œuvre se terminait par un *Nachspiel* (« Postlude »), fondé sur le choral *Das alte Jahr vergangen ist* (« La vieille année est terminée »). Elle écrivit aussi une *Einleitung zu lebenden Bildern* (« Introduction à des Tableaux vivants »), pour récitant et chœurs, certainement destinée à ses concerts [3].

Vers la mi-décembre, elle recommença à donner ses matinées du dimanche. Elle avait annoncé à Felix le 28 septembre qu'elle travaillait son *Trio en ré mineur* op. 49, le trouvait très difficile mais comptait l'inclure dans son prochain *Sonntagsmusik* [4]. Elle avait énormément de mal à trouver un piano qui lui plaise vraiment. Felix lui avait fait acheter un piano viennois qu'elle jugeait faible dans le médium. L'idéal lui semblait être le Erard que Felix avait acheté en Angleterre pour son amie Pauline Decker, mais il avait coûté 1 000 guinées [5] !

La présence fréquente de Felix à Berlin donna aux *Sonntags-musik* un lustre supplémentaire, avec peut-être l'inconvénient de rejeter Fanny dans l'ombre, du moins du point de vue du xxᵉ siècle. A son époque, elle était respectée comme une très grande dame de la musique berlinoise. L'écrivain Paul Heyse

(1830-1914), fils de l'ancien précepteur des enfants Mendelssohn et futur prix Nobel de littérature, note avec fierté dans ses souvenirs qu'il avait, enfant, accès une fois pour toutes aux concerts de Fanny [6].

« Une illustre société emplissait la vaste salle, et ils étaient bien peu nombreux, ceux qui n'auraient pas pu prouver leur droit d'être assis là grâce à une connaissance approfondie de la musique. C'était considéré comme une haute distinction par les célébrités musicales de passage que d'être jugé digne de l'honneur d'une invitation à ces matinées. Boeckh faisait partie des invités permanents, et près de lui le vieux Steffens [7], dont le vénérable visage se transfigurait en écoutant le jeu intelligent de l'hôtesse ou le chant de ses amies interprétant les adorables quatuors de Felix. Les larges portes de verre restaient ouvertes sur le jardin et le chant des oiseaux s'y mêlait parfois. C'est là que « la Dernière Nuit de Walpurgis » (Die Letzte Walpurgisnacht) fut représentée pour la première fois, alors que le compositeur venait juste de l'achever. Beaucoup de beaux morceaux pour le piano et des Lieder furent joués et chantés d'après un manuscrit dont l'encre était encore fraîche. Quelquefois le frère et maître très aimé venait de Leipzig en personne et honorait une de ces matinées de son jeu merveilleux. Alors la salle se transformait en temple dans lequel une confrérie enthousiaste buvait chaque note comme une offrande céleste.

« Je me tenais moi-même avec mon ami Sebastian sur le seuil de la chambre voisine et étirait mon long corps sur la pointe des pieds pour ne pas perdre une note et pour observer les visages qui entouraient le piano. J'y vis aussi la blonde crinière du jeune Franz Liszt, qui recevait son premier triomphe berlinois, et au premier rang des auditeurs une belle comtesse blonde qui quitta la salle au bras de l'heureux jeune conquérant. »

Par Dernière Nuit de Walpurgis, Heyse entend probablement la version terminée de La Première Nuit de Walpurgis, œuvre sur laquelle Felix commença à travailler en 1831, au tout début des Sonntagsmusik de sa sœur, et qu'il n'acheva qu'en 1844.

Liszt avait fait à Berlin une impression foudroyante, comme partout où il passait. Varnhagen, rendant compte d'un de ses concerts [8], écrivit, ébloui et presque effrayé, que Liszt « tenait les battements de son cœur en son pouvoir ». Son magnétisme, l'impact de sa présence scénique et de son jeu lui permettaient d'envoûter sans aucun accompagnement instrumental le public qui emplissait la salle de la Singakademie. La mode nouvellement instaurée de jouer seul toute une soirée fut entièrement justifiée par Franz Liszt, mais par lui seul! Il ne pouvait manquer de se rendre chez Madame Hensel. On ne sait dans ce cas si le plus honoré était l'invité ou l'hôtesse des *Sonntagsmusik*, mais cela montre le niveau d'exclusivité du salon musical de Fanny. La belle comtesse blonde serait-elle Marie d'Agoult ? Sebastian Hensel atteste la qualité des *Sonntagsmusik* [9] :

> « Les dimanches de ma mère étaient florissants et fréquentés par un public des plus brillants, ce qui contribuait en partie, autant que la musique, à éveiller l'intérêt. Tantôt Cornelius, qui venait de s'installer à Berlin, attirait l'attention générale, tantôt Bunsen et Felix, une autre fois Thorvaldsen ; autour d'eux se groupait une nombreuse assemblée qui comprenait tout ce que Berlin comptait de notabilité, de beauté et de distinction. Le 17e volume de la collection de portraits de mon père témoigne de la société choisie qui se rencontrait chez nous cette année : dans ce volume se trouvent les portraits de Thorvaldsen, de la chanteuse Pasta, du violoniste Ernst qui vint souvent chez nous, de Unger-Sabatier et de son mari. Outre cela, Liszt, qui lors de son premier séjour excita à Berlin un enthousiasme délirant. Ensuite Lepsius, qui vivait à cette époque dans notre maison, puis Mrs. Austin, la fameuse femme de lettres anglaise ; le visage compréhensif et intelligent du Prince Radziwill, le fils du compositeur de Faust, ferme ce volume, un des plus intéressants de toute la collection. »

Fanny alla entendre la grande cantatrice Giuditta Pasta (1797-1865), créatrice de nombreux rôles de Rossini et de Bellini, lorsqu'elle passa à Berlin en juillet 1841. Elle fut très impressionnée par sa stature tragique et le goût de son ornementation, notamment dans *Norma*, mais horrifiée par son intonation : Madame Pasta chantait entre un huitième et un quart de ton trop bas ! Felix en avait déjà souffert lors de son séjour à Paris, et la chose ne s'était pas arrangée avec l'âge [10]. Boeckh, ami de Humboldt et de Dirichlet, vécut Leipziger Strasse n° 3, au rez-de-chaussée, de 1840 à 1846 [11]. C'est par lui qu'un scandale politique surgit dans la famille Mendelssohn.

L'activité de Fanny ne lui permettait pas d'élever Sebastian comme elle l'avait été elle-même. D'ailleurs, aucun des petits-enfants de Lea ne reçut cette éducation. Sebastian vécut son enfance dans le monde des adultes, dans « l'atmosphère artistique idéale [12] » que créaient ses parents, mais n'apprit rien de façon rigoureuse. Il savait beaucoup de choses, mais son solfège par exemple n'était pas des plus sûrs ! Il jouait la plupart du temps avec les enfants du jardinier Clément, « des gamins des rues prêts à toutes les bêtises », ou encore avec Walter Dirichlet, de trois ans son cadet. Fanny lui apporta le « premier enseignement [13] », dit-il, entendant sans doute par là qu'elle lui apprit à lire. Puis il fut envoyé à l'école, à la *Liebesche Schule* qui paraissait tellement nulle à ses proches qu'ils l'appelaient la *Libysche Wüste*, le « désert de Libye ». Mais il était si heureux de fréquenter des enfants de son âge! En octobre 1840, au retour d'Italie, Sebastian et Walter furent envoyés à la *Schmidtsche Schule*, à deux pas de chez eux, Leipziger Strasse n° 9. Fanny détestait l'idée des châtiments corporels qui s'y pratiquaient, mais Sebastian n'eut pas à en souffrir : il fut au contraire dégoûté par les différences de traitement entre les élèves riches et les pauvres, injustice qu'il rencontrait, dit-il, pour la première fois de sa vie. Il se souvint plus tard de son école en lisant le roman de Dickens *Nicholas Nickleby*. Jusque-là, il avait considéré les enfants du jardinier comme ses égaux, et leur logement au sous-sol du n° 3 de la Leipziger Strasse lui paraissait un domaine enviable [14]. Il avait toujours vu chez lui les domestiques extrêmement bien traités et la cuisinière Jette était bien entendu devenue sa confidente et sa grande amie au cours du long voyage en Italie. Élevé dans un idéal humaniste, Sebastian fut tout surpris de rencontrer l'inégalité sociale et le pouvoir de l'argent, et défendit dans son école ses camarades moins favorisés [15]. Fanny en l'élevant suivit les conseils d'Henriette Mendelssohn plutôt que la méthode de Lea : elle encouragea les talents de Sebastian mais ne le poussa pas. Il semble avoir été extrêmement doué pour tout et très éveillé intellectuellement, mais il se plaindra plus tard d'avoir eu plus de connaissances que de méthode. En fait, il avait tant de facilités que personne, et surtout pas ses professeurs, ne s'aperçut jamais de ses lacunes! A l'inverse du style pompeux de Paul Heyse, Sebastian Hensel montre dans son écriture talent et modestie. Pour ses parents, il était évident qu'il choisirait une profession artistique.

La famille s'agrandissait : Rebecka avait en 1840 accouché d'un autre garçon, nommé Ernst, prénom chrétien d'Abraham; Cécile, en 1841, donna naissance à son troisième enfant, Paul. Cela faisait une jolie petite bande à promener dans le jardin et les animaux de la ferme voisine étaient d'autant plus appréciés qu'ils faisaient la joie et la curiosité des enfants.

Au milieu de toute cette vie passionnante et animée, toute heureuse de penser que son fils aîné, son préféré, allait revenir la voir pour Noël et que ses problèmes avec le roi de Prusse étaient réglés, Lea eut un malaise un dimanche de décembre 1842, alors qu'elle était à table et s'amusait avec sa famille et ses amis, les Woringen. On était le 11 décembre; le soir elle s'endormit « les mains chaudes », dit Sebastian, et dans son état habituel; le lendemain matin à neuf heures trente, après « un court et léger combat », elle était morte [16]. Était-ce la dernière scène passionnelle qu'elle avait eue avec Felix au sujet de sa démission qui était une des causes d'un trépas aussi rapide ? On peut se le demander. La famille était bien sûr endeuillée, mais la paix d'un départ aussi peu douloureux avait quelque chose de consolant. Fanny écrivit dans son journal : « On n'aurait pas pu rêver fin plus heureuse pour elle, c'était mot pour mot exactement ce qu'elle avait dit à Albertine l'été dernier, quand elle lui confia qu'elle souhaitait, sans en prendre conscience et sans médicament, être enlevée de la vie qu'elle aimait, en pleine possession de la vivacité intellectuelle qui fut son lot sur terre. » Noël ne fut pas fêté cette année-là. La famille semble avoir été désorientée, mais pas aussi secouée que par la mort d'Abraham.

Ces morts soudaines dans la famille Mendelssohn les enlevaient certes en pleine activité, mais pas en pleine santé, un bien qu'ils ne possédaient pas. Les lettres si vivantes de Fanny sont cousues de malaises de toutes sortes. Le 5 décembre, Fanny parla à son frère de « toux, maux de gorge, maux de dents, saignements de nez », qui affectaient toute la famille. Rebecka vivait dans un état de dépression physique et moral inquiétant. Fanny note encore avec optimisme et humour [17] : « Les saignements de nez sont loin de m'avoir autant affaiblie que l'année précédente mais un sévère refroidissement est en train de se rattraper. » Les problèmes cardio-vasculaires affectaient la famille et la vitalité des Mendelssohn venait de leur énergie nerveuse bien davantage que d'une solide santé.

Dirichlet partit à Leipzig avec le petit Walter, qui enchanta et consola Felix qui adorait les enfants. Les Hensel décidèrent à leur tour d'aller rendre visite aux « Felicien », partirent le 21 février et passèrent huit jours à Leipzig, que le chemin de fer reliait à Berlin depuis septembre 1841. On mettait sept heures à parcourir les deux cents kilomètres qui séparent les deux villes. « Il se fit beaucoup de musique, raconta Fanny [18], nous entendîmes la Symphonie en do mineur de Gade, sa première œuvre, qui justifie de grandes espérances. Felix était aussi complètement enchanté de cette œuvre et la fit répéter avec le plus grand amour. Berlioz était à Leipzig en même temps que nous, ses façons bizarres scandalisaient souvent les Leipzigois et Felix avait fort à faire pour arrondir les angles et adoucir les choses. Pour finir, Berlioz lui proposa d'échanger leurs bâtons de chefs d'orchestre " comme les vieux guerriers échangent leurs armes " et alors que Felix lui envoyait sa baguette élégante et légère en os de baleine recouverte de cuir blanc, il lui renvoya un incroyable gourdin de tilleul brut dans son écorce avec une lettre ouverte qui commençait par : *" Le mien est grossier, le tien est simple. "* Un ami à qui Berlioz avait confié le soin de l'envoi avait traduit : *" Je suis grossier et tu es nigaud "*; il était dans un embarras mortel et ne savait comment dissimuler cette injure supposée à Felix. Nous avons aussi entendu la Schumann, elle joue à ravir. »

Felix venait de découvrir le jeune compositeur danois Niels Gade (1817-1890), qui l'avait enthousiasmé. Berlioz était pour lui une vieille connaissance, rencontrée lors de son premier voyage à Rome en 1830. Les deux hommes sympathisèrent, bien que Felix ne saisît pas la mentalité du Français, qui puisait ses idées dans un monde littéraire et philosophique, et ne s'intéressait nullement à la musique baroque; de son côté, Berlioz ne comprenait pas l'attachement de Mendelssohn à une tradition musicale fortement structurée et trouvait que l'Allemand Felix « aimait trop les morts ». Fanny est, elle aussi, un peu perplexe face à Berlioz. Elle écrivit à ce propos le 4 mars 1845, inspirée par les hurlements de Flora, sa nouvelle nièce [19] : « Quand Berlioz aura casé les cinquante pianos à queue qui lui sont indispensables, je lui conseillerai d'asseoir à chacun une nourrice avec un enfant au maillot qui aura été affamé deux heures auparavant, je suis convaincue que le public composé par les mères des enfants serait très ému. »

Clara Wieck (1819-1896) avait épousé Robert Schumann en 1840. C'était alors une très jeune femme avec déjà une carrière d'enfant prodige derrière elle. Fanny fit également la connaissance de Robert Schumann, qui fut tellement impressionné par cette rencontre qu'il la nota six mois plus tard dans son journal [20] : « Madame Hensel, la sœur de Mendelssohn, dont l'esprit et la profondeur s'expriment par les yeux » *(Madame Hensel, Mendelssohn's Schwester, der Geist und Tiefe aus den Augen spricht).*

Cécile était enceinte d'un quatrième enfant, qui naîtrait le 1er mai, un garçon baptisé Felix. Quant à Sebastian, il était plongé dans une passion dévorante et coûteuse : il faisait collection d'insectes.

Après deux ans passés à Rome, Gounod fit un crochet d'un an en pays allemand avant de rentrer à Paris. Il s'arrêta à Florence, puis à Vienne où il rencontra le compositeur Nicolaï [21]. Après Prague et Dresde, il arriva à Berlin à la fin du mois d'avril et resta jusqu'au 15 mai, sans presque quitter Fanny, qui écrivit alors [22] :

> « Il est resté ici sans bouger pendant tout ce temps et a été très amicalement accueilli par toute la famille; il n'a absolument rien vu de

Berlin, si ce n'est notre maison, notre jardin et notre famille, et rien entendu que ce que je lui ai joué, bien que nous l'ayons encouragé à regarder autour de lui. Nous avons trouvé qu'il s'était beaucoup développé depuis Rome, il est tout à fait doué, d'une intelligence musicale, d'une précision et d'une justesse de jugement qui ne pourrait aller plus loin ; avec cela, ses sentiments sont demeurés fins et tendres. Cette intelligence vivante lui est personnelle, même en dehors de la musique ; c'est ainsi que je ne pouvais pas sans réel plaisir l'entendre lire de l'allemand et devais m'étonner du talent grâce auquel il avait su s'approprier l'essence du langage. Ainsi, il a lu quelques scènes d'Antigone, et à mon grand étonnement il a compris. Ce qui me gagne aussi en sa faveur, c'est la véritable affection et le respect qu'il a pour nous et qu'il a effectivement prouvés en venant à Berlin, car il n'a entrepris ce voyage que pour nous rendre visite. Sa présence était pour moi une stimulation musicale très vive, car j'ai d'abord beaucoup joué et beaucoup parlé musique avec lui pendant les nombreux après-midi que je passais seule en sa compagnie, car il restait d'habitude avec nous à partir de midi. Nous avons aussi beaucoup parlé de son avenir et je ne crois pas m'être trompée en lui représentant l'oratorio comme le prochain avenir musical de la France ; il l'a si bien accepté qu'il a très sérieusement commencé ici à se préoccuper du texte ; il va choisir Judith. Bref, il nous a montré en tout une confiance parfaite ; il avait totalement mérité la réception plus qu'amicale qu'il a trouvée chez nous comme chez mes frères et sœurs, ce dont je leur suis très reconnaissante. Il a beaucoup plu à chacun. »

Qu'entend Fanny par « nous » ? Était-ce pour voir Wilhelm et Sebastian que Gounod se déplaçait ? Il est difficile de ne pas lire entre les lignes, et même sur les lignes, que Gounod lui montra beaucoup de tendresse et qu'elle en était infiniment touchée. Avant de repartir à Paris, Gounod passa quatre jours à Leipzig où Felix le reçut et l'encouragea avec amitié. Gounod revint en France avec un bagage musical inconnu dans ce pays : il avait reçu et compris Palestrina et Bach, et cette formation exceptionnelle fut le fondement de ce qu'on appela le « renouveau de l'école française ». L'influence de Fanny fut complètement sous-estimée : l'histoire de la musique préféra parler de l'influence de Mendelssohn, avec qui Gounod ne fut en contact que pendant quatre jours. Il est vrai que le musicien français ne mentionna pas Fanny dans ses *Mémoires* plus qu'il n'était strictement nécessaire. En dehors du texte cité lors du voyage à Rome, Gounod négligea de parler de sa visite à Naples et des parties de bateau, et se montra peu expansif à propos du voyage à Berlin, si ce n'est pour dire que la maladie l'y retint quinze jours de plus qu'il n'avait prévu, et que Fanny lui envoya son médecin. Cela tendrait à prouver que

« Madame Henzel » [*sic*] tenait plus de place qu'il n'osait le dire. Le temps qu'ils passèrent ensemble, à Rome, puis à Berlin, prouve en tout cas que c'est à elle et non pas à Felix que Gounod dut sa connaissance de la musique allemande. Le style des *Lieder* de Fanny et des « mélodies pour le piano », à l'écriture pianistique très inspirée par des préludes de Bach qui seraient accompagnés par une mélodie, suggéra sans doute à Gounod son fameux *Ave Maria*. Bach et Fanny méritaient mieux, mais l'époque était aux mièvreries, et Gounod y gagna une grande réputation.

En voyant dans l'oratorio l'avenir musical de la France, Fanny n'oubliait qu'un détail : ce monde auquel elle n'appartiendrait bientôt plus pensait toujours davantage au profit. Or, qu'est-ce qui rapporte le plus, un opéra ou un oratorio? Il faut séduire le public qui paie, et où trouvera-t-il son plaisir, au théâtre ou à l'église? Il y eut certes encore de la musique religieuse au XIXe siècle, et Gounod en écrivit, mais de là à l'appeler l'avenir musical d'un pays quel qu'il soit...

Le temps allait bientôt venir où il ne serait plus question d'organiser des séries de concerts pratiquement sans budget avec des artistes bénévoles et un public d'invités. Les sociétés d'amateurs allaient devoir rentabiliser leurs efforts. Les femmes alors seraient envoyées dans un monde privé sans fenêtre et absolument étanche par rapport au monde public.

Si Gounod apprit beaucoup avec Fanny, il lui rendit la monnaie de sa pièce par son admiration qui la stimula et la poussa à écrire. Cet automne-là, elle se risqua jusqu'à composer une sonate pour le piano en sol mineur, une de ses œuvres les plus intéressantes, conçue, de façon romantique, comme une fantaisie sans interruption entre les quatre mouvements [23]. Elle écrivit aussi cette année-là une pièce inspirée de *Faust* qui incluait des chœurs de la deuxième partie, mais qui est malheureusement perdue, ou enfouie dans une bibliothèque privée [24]. En fut-il question avec Gounod? Leur vision de l'œuvre de Goethe ne coïncidait cependant pas vraiment, le Français s'intéressant surtout à la première partie, et aux passages qui concernaient Marguerite.

Est-ce également sous l'impulsion de Gounod que Fanny écrivit à leur ami Franz Hauser, l'ancien baryton devenu professeur de chant à Vienne, pour lui soumettre une de ces œuvres? Les suites données à cet envoi nous sont inconnues, mais la démarche de Fanny prouve qu'elle essayait de sortir de la routine berlinoise [25] :

« Cher ami très respecté

« Ci-joint le morceau de musique par lequel, sur votre amicale proposition, je veux faire la tentative audacieuse de me hausser à la dignité de membre de votre association. Veuillez excuser et reprendre toutes les maladresses pédantes de femme et d'amateur; un amateur est déjà un être effrayant, un auteur féminin encore plus effrayant, mais quand les deux s'unissent en une seule personne, elle devient l'être le plus effrayant qui puisse se concevoir. »

On ne peut mieux se payer la tête des hommes tout-puissants. Fanny, avec toute sa modestie, sait très bien qu'elle ne vaut pas moins que la plupart des compositeurs, et que le préjugé contre les femmes ne correspond à rien de réel. D'où cette lettre ampoulée et ironique, où la compositrice est décrite comme rien moins qu'un démon.

Elle resta sagement à la maison cet été-là pour voir tout le monde s'agiter autour d'elle. Les Dirichlet partirent en Italie à leur tour au mois de juillet et Wilhelm entreprit un second voyage en Angleterre.

Après leur voyage en Italie, les Hensel s'inquiétèrent quelque peu de leur situation financière, d'autant plus que les tableaux de Wilhelm, *Le Christ dans le désert* et *Mirjam*, restés en Angleterre, ne s'étaient toujours pas vendus. Wilhelm avait certes une commande de lord Egerton : un tableau représentant le duc de Brunswick avant la bataille de Quatrebas en 1815, sur lequel il travailla pendant l'hiver 1840-1841 et qui, achevé en 1842, obtint un grand succès à l'exposition de l'*Akademie der Kunste*. Ce tableau fut également exposé à Brunswick sur la demande du duc Wilhelm August, qui lui en commanda un autre sur la vie de son père. Le roi de Prusse s'était décidé à faire revenir d'Angleterre le tableau du *Christ dans le désert*, ce qui équivalait à un engagement d'achat [26]. Wilhelm travaillait dur! Souhaitant retourner en Angleterre pour chercher d'autres commandes et continuer à se faire connaître ainsi que ses œuvres, il obtint de Frédéric Guillaume IV la commande d'un portrait du petit prince de Galles, le futur Édouard VII (1841-1910). Il partit à Londres par le chemin de fer de Potsdam à Hambourg avec une lettre de recommandation du roi de Prusse à la reine Victoria. Il travailla au portrait du bébé royal et en envoya plus tard une copie pour les collections de Buckingham Palace. Il fit aussi les portraits de la reine Victoria et du prince Albert. La reine acheta *Mirjam* d'une bague que Wilhelm donna à Fanny, qui trouva que « c'était de la folie de porter 7 ou 8 000 thalers à un doigt [27] ». Wilhelm mit à revenir d'Angleterre beaucoup plus de temps que prévu, et comme lorsqu'elle attendait à Naples son retour de Sicile, Fanny fut prise d'une panique sans mesure. Parti le 1er septembre, Wilhelm n'arriva que le 18, tout chargé de cadeaux.

Fanny ferait mieux de se soucier d'elle-même. Le 27 juillet, elle écrivait à Rebecka [28] : « Dieu me protège de tomber malade au point de consulter Schönlein. Je ne le ferai pas pour mes mains, dont tu as bien mauvaise opinion si tu crois que je ne peux plus écrire avec. La paralysie en est presque passée, quant à leur faiblesse, cela dépend. Je n'ai pas bien supporté la galvanisation, je dois maintenant essayer des bains d'eau-de-vie et on a découvert, chose extraordinaire, qu'à Berlin où il y a un débit de boisson tous les trois magasins, il n'existe pas de bouilleur de cru, et je dois d'abord chercher où me procurer la chose. » Ce n'était qu'un signe avant-coureur. Ces malaises étaient si fréquents que celui-là ne fut pas pris assez au sérieux et, du reste, que pouvait-on faire?

Pauline Viardot passa de nouveau à Berlin et Rebecka, qui était encore à Fribourg, enviait les Berlinois [29] : « Avez-vous entendu Viardot-Consuelo? Cette damnée Sand, je pense à elle devant chaque jardin potager. » A quoi Fanny répondit [30] : « Je crois bien que tu vois Consuelo dans chaque jardin potager, mais c'est vraiment très dommage que tu ne voies et n'entendes pas son modèle sur scène. C'est une personnalité unique! Et beaucoup de ses traits sont vraiment très bien rendus, je la retrouve quand je l'entend parler. » Le roman de George Sand parut en feuilleton entre 1842 et 1845, enthousiasma l'Europe idéaliste et prérévolutionnaire et ne fit qu'augmenter la célébrité de la cantatrice qui prêtait ses traits à l'héroïne du roman.

L'Opéra brûla dans la nuit du 19 août [31]. Ce bel Opéra, construit en 1742 par l'architecte Knobelsdorff sur les plans de Frédéric II, fut en grande partie détruit. Fanny resta debout une partie de la nuit, dans la crainte que l'incendie n'atteigne le reste du quartier et le comptoir de Paul Mendelssohn entre autres. Quelle tristesse de voir disparaître son théâtre préféré! Il fut reconstruit en 1844 par Langhans, mais Fanny ne s'y sentit pas chez elle : une décoration trop lourde et de style mélangé avait remplacé le pur style rococo. Même si le rococo n'était pas son époque préférée, elle souhaitait toujours voir conserver l'unité de style et la fidélité à une école.

Felix revint à l'automne et dirigea au Théâtre royal de Potsdam la première du *Songe d'une nuit d'été*, représentation historique qui eut lieu le 18 octobre. Fanny y était bien sûr, mais aussi les amis leipzigois de Felix : Hiller, le violoniste David, Gade et un tout jeune violoniste hongrois de douze ans, Joachim, si doué, que « David n'avait plus rien à lui apprendre [32] ». Les jours qui précédèrent la représentation, il se fit beaucoup de musique! Le soir de la générale, le 17 octobre, Fanny était assise à côté de Mme Tieck, et ne put certainement pas lui faire part de ses réflexions sur les costumes XVIIᵉ siècle, au sujet desquels Tieck, qui faisait la mise en scène, avait beaucoup insisté et qui la dérangeaient énormément. Mais la musique l'enchanta [33] : « Je n'ai jamais entendu un orchestre jouer si pianissimo! » s'écria-t-elle. Lorsque après la célèbre marche Puck et les elfes (trente élèves de l'école de danse) revinrent sur la scène vide, « je te le dis, c'est beau à pleurer », écrivit-elle à sa sœur lointaine. Fanny retourna assister à la première le 18 avec Sebastian. La vieille Sara Levy était dans la salle, et au balcon « deux imposantes rangées de Mendelssohn et de pièces rapportées. Paul affirme que lorsqu'on appela Mendelssohn il s'était montré au balcon avec la plus grande amabilité mais que personne n'avait fait attention ».

A la fin d'octobre, Fanny reprit ses *Sonntagsmusik*, qu'elle avait interrompus depuis un an et demi sans qu'on en sache la raison. Était-ce par un souci d'économie dû au fait que les tableaux de Hensel ne s'étaient pas vendus, ou était-ce que la présence fréquente de Felix décourageait Fanny? De toute façon, dès son retour d'Angleterre, Wilhelm exigea de Fanny qu'elle reprît ses matinées [34]. « Et après un an et demi j'ai eu pour la première fois hier une soirée musicale avec la nouvelle sonate pour violoncelle de Felix, dans laquelle Ganz n'a pas manqué de commettre une grosse boulette, ma pièce sur Faust, le solo d'alto de Felix avec chœur, etc. Cela m'a coûté un gros effort de recommencer ces réceptions et cela juste pour une ou deux fois, car je veux arrêter jusqu'à celle de décembre, mais Hensel le souhaitait. »

Sociable comme il l'était, Wilhelm ne pouvait que prendre plaisir à rencontrer des gens et il n'avait pas appris à supporter que sa femme restât inactive.

Le 3 décembre donc, Fanny donna une autre matinée [35] : « Hier, le dernier *Sonntagsmusik* de l'année, qui a beaucoup plu; j'ai joué le trio en mi bémol de Beethoven et avec Felix la *Polonaise* de Beethoven et les entractes du *Songe d'une nuit d'été*, pour le plus grand plaisir de tous. » Felix n'arrête pas de travailler, il a composé pour la nouvelle année le *Psaume 98*, qui doit être joué dans la cathédrale.

Les matinées recommencent en février, cette fois-ci sur l'impulsion de Felix « à qui les commérages sont revenus aux oreilles, qu'il ne voulait pas que l'on fasse de la musique ici [36] ». Certes, Felix était en butte à toute sorte de potins désagréables, mais les Berlinois avaient bien dû se demander pourquoi sa sœur avait arrêté ses réceptions.

Au début de février, Fanny, inspirée par le beau temps, ouvre donc au public sa salle du jardin. « Felix m'avait composé en deux jours de très jolies et très brillantes variations à quatre mains, que j'ai regardées samedi feuille par feuille au fur et à mesure qu'elles se composaient ; je les travaillais un peu et elles marchèrent très bien. » Elle ajouta, pour sa petite sœur, cette digression plus personnelle [37] : « Je vois bien que tu es jeune quand tu penses que dans une ou deux années nous serons trop vieux pour refaire ce voyage [en Italie] ; quand tu seras aussi vieille que moi, alors tu n'auras plus du tout peur de vieillir encore un peu ; maintenant, alors que j'approche de tout près la quarantaine, je pense très sérieusement que j'ai envie d'être fraîche et joyeuse à cinquante ans ; il en ira de même pour toi, et je suis bien loin d'abandonner l'idée d'un voyage là-bas en commun. »

Au début de mars, le chœur de Fanny répétait *La Première Nuit de Walpurgis*, une des œuvres de Felix qu'elle préférait. Les solistes n'hésitaient pas à chanter avec le chœur et Fanny mentionne que « Decker, Auguste Löwe [38], Bader et notre nouvelle basse Beer firent merveille dans le chœur [39] ». Cette préparation donna de bons résultats, car le *Sonntagsmusik* qui suivit devint presque légendaire. Fanny dut elle-même le confesser à sa sœur, le 18 mars [40] :

« Dimanche dernier nous avons eu, je crois, le plus brillant *Sonntagsmusik* qui ait jamais vu le jour, tant du point de vue de la représentation que du public. Si je te dis qu'il y avait vingt-deux équipages dans la cour, que Liszt et huit princesses se trouvaient dans la salle, tu me dispenseras d'une description plus précise de toute cette splendeur. En revanche je te ferai part de mon programme : quintette de Hummel, léger tumulte digital, duo de *Fidelio*, Variations de David jouées par l'admirable petit Joachim, qui n'est pas un enfant prodige, mais un enfant prodigieusement remarquable, et à part cela l'ami intime de Sebastian. Deux *Lieder*, dont le très beau *Lass die Schmerzen dieser Erde*, " Laisse les douleurs de cette terre " de Eckert, que Felix et Decker interprétèrent par cœur, eurent beaucoup de succès [...] Là-dessus la " Nuit de Walpurgis " que mon public attendait depuis quatre semaines et qui marcha très bien. Nous avons eu trois répétitions, où les chanteurs s'amusèrent si bien qu'ils en auraient bien eu deux fois plus ; Felix était présent à la dernière et très satisfait. J'aurais bien voulu qu'il accompagne, mais il l'a refusé une fois pour toutes ; au lieu de cela il a joué l'ouverture avec moi et dans les passages difficiles ajoutait des notes soit à la basse, soit au soprano ; cela donnait une sorte d'arrangement à quatre mains improvisé qui sonnait très bien. »

Fanny Lewald était vraisemblablement présente ce jour-là [41] :

« C'était dans une de ces matinées que je vis et entendis Felix Mendelssohn pour la première fois. Il y avait encore dans l'assistance Henrik Steffens, Friedrich von Raumer, les artistes Wach et Tieck, une princesse de Dessau, les princes de Radziwill avec leurs familles, l'ambassadeur anglais le comte Westmoreland, deux filles de Bettina, une fille du prince Karl de Prusse avec sa gouvernante, Schönlein et encore une masse de gens dont le nom avait de l'importance ou qui en prendrait plus tard, comme le musicien Joseph Joachim qui était alors encore un enfant et qui joua de très brillantes Variations de David, accompagné par Mendelssohn.

« Alors que l'on jouait déjà, tous les regards se dirigèrent subitement vers la porte et un sourire joyeux éclaira tous les visages : un homme encore jeune apparaissait à la porte de la salle. C'était une silhouette mince et mobile. Elle entra sans bruit, la tête haute, avec des yeux brillants qui avaient quelque chose de surprenant et même de subjuguant. C'était Franz Liszt. »

Fanny Lewald confond cependant ce *Sonntagsmusik* avec celui de février et mélange un peu les programmes. On reste cependant ébloui par leur richesse.

« On commença cette matinée avec un quatuor de Weber que Madame Hensel joua et que les frères Ganz et Felix Mendelssohn accompagnèrent, puis Madame Hensel et son frère donnèrent des Variations à quatre mains de ce dernier ; Pauline von Schätzel, alors déjà mariée à l'imprimeur de la cour Decker, chanta un air avec chœur de la Création, puis, avec un chanteur remarquable dont je crois qu'il s'appelait Bär, quelques grandes scènes du Temple et de la Juive ; Felix Mendelssohn accompagnait le chant au piano et enfin Mendelssohn joua avec le jeune Joachim les Variations déjà mentionnées. »

Les matinées s'interrompirent cependant car Felix réclamait du temps et des gens, disait Fanny, pour représenter *Israël en Égypte* le dimanche des Rameaux. Felix en effet, entre autre activité, éditait et faisait jouer les œuvres de Haendel. Il avait besoin alors d'un chœur de quatre cent cinquante personnes et d'un grand orchestre, en addition à l'orgue. Il devait aussi diriger la neuvième symphonie chorale, composait, corrigeait ses nouvelles œuvres. Avec tant d'activités, il ne pouvait pas supporter avec plaisir que sa sœur poursuive chez lui une carrière indépendante [42]. En revanche, elle assistait à toutes les répétitions et connaissait par cœur les œuvres qu'il dirigeait [43].

Felix et sa famille partirent au début d'avril pour Francfort, dans la famille de Cécile. Fanny s'occupait énormément de son jardin, plantait des arbres fruitiers, rendait compte à Walter Dirichlet de la production familiale de chevreaux, et donnait le 23 juin le dernier *Sonntagsmusik* de la saison, « que je veux terminer avec le chœur pour hommes de Felix *Wer hat dich, du schöner Wald*, " Qui, ô belle forêt " avec cors et trombones [44] ». Personne ne lui demande rien d'autre que d'exister et de profiter de l'été. « Le rossignol est en voix », annonce-t-elle ravie [45], et si les bébés lui manquaient, elle put bientôt aller pouponner avec la première-née de Paul et d'Albertine, née à la fin du mois de mai [46].

Rebecka et Arnold
Deux Mendelssohn à l'heure du « Vormärz »

Les Dirichlet s'attardaient en Italie. Fanny attendait leur retour pour la fin d'août au plus tard, car, sur la demande de Rebecka, elle avait retenu un appartement au n° 18 de la Leipzigerplatz. Les pièces de cet appartement étaient rendues indépendantes par un corridor qui fit l'admiration de Fanny, dont la maison ne se composait que de pièces communicantes [1]. Mais l'été se passa sans que les Dirichlet ne reviennent à Berlin. Rebecka, malade, quitta Naples pour Rome, où elle apprit qu'elle avait une jaunisse. Le séjour se prolongea alors de quinze jours en quinze jours, les médecins promettant toujours un prompt rétablissement.

A l'automne, Felix était revenu à Berlin pour demander au roi un congé définitif cette fois, avec la réserve qu'il était à la disposition du souverain si celui-ci avait une commande précise à lui faire. Il restait certes musicien du roi, mais avec la permission d'habiter où bon lui semblait et avec un salaire réduit de 3 000 à 1 000 thalers. Felix quitta Berlin le 30 novembre 1844, après une dernière représentation de *Paulus*. Fanny était bien triste et très déçue par le résultat de ces longues tractations. Elle s'était habituée à la présence de Cécile et de ses enfants, et espérait qu'ils vieilliraient tous ensemble [2]. Elle regrettait presque moins Felix, qui était de toute façon un oiseau migrateur, que le petit monde qui l'entourait. Son journal reflète son chagrin [3] :

« Lui-même, nous le verrons en fait à peine moins que maintenant, car si, comme il le pense, il revient deux fois par an pour quelque temps et devient notre hôte, nous en profiterons même davantage que lorsqu'il habite ici mais s'absente la plupart du temps et se montre grognon pour ce qu'il en reste. Mais Cécile et les enfants sont complètement perdus pour nous et je les aime tellement. Felix est maintenant de nouveau très aimable, et je trouve son jeu plus splendide que jamais. Toutes les loques de l'amateur paraissent immondes et méprisables quand on revoit ce que c'est que l'art. Si je ne laisse pas tout tomber, cela vient d'une part de ce que je ne me trouve pas si loqueteuse quand Felix n'est pas là mais au contraire m'estime davantage, et d'autre part je ne peux pas faire ce chagrin à mon mari, qui en serait hors de lui. »

Malgré tout l'amour qu'il prétendait éprouver pour sa sœur, Felix l'aura finalement beaucoup moins aidée que Gounod. Pourquoi, à cet âge de leurs vies et à ce niveau de sa carrière, ne pouvait-il pas trouver les mots qui auraient encouragé sa sœur à pousser plus loin son talent musical, alors qu'il n'y avait aucun doute qu'à quarante ans elle avait pris un retard irréparable. Avait-il à ce point besoin de l'écraser pour s'accomplir en tant qu'artiste ? Fanny ne semble même plus ressentir une bien grande envie de le voir. Elle « s'estime davantage » et se sent mieux hors de sa présence. Wilhelm joue comme par le passé un rôle de stabilisateur et d'« anti-Felix ».

Après le départ de son frère, elle n'eut pas longtemps l'occasion de se déprimer sur son sort : Rebecka avoua enfin qu'elle était souffrante, que sa jaunisse était une maladie infectieuse qui ne s'arrangeait pas, et qu'elle était enceinte. Dirichlet ayant attrapé une affection dénommée « fièvre romaine », ils avaient tous deux été transportés à Florence, voyage qui provoqua chez Rebecka des douleurs dont elle ne parla jamais volontiers, s'étant alors sentie au bord de la folie [4].

Les femmes n'avaient pas de carrière : il faut dire que leur présence auprès des malades s'imposait bien souvent et que les paniques dues aux infections qui menaçaient sans cesse ne leur laissaient ni le temps ni l'énergie de se consacrer à autre chose qu'à leur famille. Fanny aura joué les infirmières une bonne partie de sa vie. La société s'est longtemps contentée d'un travail féminin non rémunéré. Quand la nouvelle de la maladie des Dirichlet parvint aux Mendelssohn, la petite fille de Paul et d'Albertine était en danger de mort. Dans cette ambiance angoissante, les Hensel décidèrent de partir au secours des malheureux Dirichlet. Le mathématicien Carl Gustav Jacoby (1804-1851) assura les cours de Dirichlet à l'université et à l'École de guerre, sans demander aucun dédommagement et dans le seul dessein de garder ces postes à son ami [5].

Le départ était fixé entre Noël et le Nouvel An, mais Fanny fut victime d'un saignement de nez qui dura trente-six heures, sans s'interrompre ni jour ni nuit. Les Hensel ne partirent que le 2 janvier 1845. Sebastian était du voyage, et avait promis de travailler durant tout le voyage pour ne pas perdre son année scolaire. La petite famille prit le train jusqu'à Leipzig, puis leur propre voiture attelée de chevaux de poste. Passant par Munich et le col du

303

Brenner, ils arrivèrent le 19 janvier à Florence, où ils furent accueillis par une Rebecka tellement changée par la maladie qu'ils prirent peur. Le visage de Dirichlet était lui aussi défiguré par la fièvre. Les Hensel louèrent un appartement dont les fenêtres faisaient face à celles des Dirichlet et la vie s'organisa. Rebecka se remit vite. Wilhelm, qui avait des tableaux à peindre, fut obligé de partir pour Rome, car il ne trouvait pas à Florence de modèles et de costumes qui lui conviennent. Fanny loua un piano à queue et Rebecka un autre plus modeste et les sœurs firent de la musique, chose indispensable à leur survie. Sebastian travaillait les mathématiques avec Dirichlet, « ce qui appartient à mes souvenirs les pires », avouera-t-il. Il n'eut pas beaucoup plus de succès avec le latin et le grec. Dirichlet, encore fatigué par la maladie, n'avait aucun talent de pédagogue, et comme le dira plus tard son fils Walter, il était allé si loin dans les mathématiques qu'il en avait oublié le début [6]!

Rebecka attendait son bébé pour le début d'avril : il n'attendit pas si longtemps et une petite fille vit le jour le 13 février, si vite et si facilement que tout le monde en fut stupéfait. Le bébé arriva sain et sauf, presque en même temps que le médecin que Fanny guettait dans l'anxiété la plus grande. Personne ne pensait que l'enfant naîtrait vivant ni que Rebecka lui donnerait naissance si aisément, elle dont les accouchements étaient de vrais martyres. Seule devant l'événement, Fanny s'attendait au pire et le meilleur advint. Jamais Rebecka ne s'était relevée si vite de ses couches et tous ses maux disparurent comme par miracle. L'arrivée prématurée du nourrisson donna beaucoup à faire à sa tante, qui devait lui procurer des vêtements, écrire les faire-part, donner à manger à tout le monde, penser à tout! Le prénom du bébé était tout trouvé, un prénom de circonstance : Florentina. Quelle déception s'il avait été un garçon. Il y en avait déjà tant chez les Mendelssohn!

« Fanny et Beckchen s'appartiennent l'une à l'autre », dit un jour leur belle-sœur Cécile à son mari [8]. Il est en effet habituel chez les mendelssohniens de parler des relations de l'une et de l'autre avec Felix, mais en réalité leur relation entre elles fut la plus profonde, la plus durable et la plus efficace. Wilhelm en 1829 dessinait déjà les deux « loutres » de Felix enlacées l'une à l'autre et leurs vies, au lieu de démentir cette image de jeunesse, ne fit que la confirmer. Rebecka eut beaucoup moins de chance que Fanny : là où l'aînée pouvait, grâce à sa musique, se frayer un chemin à l'intérieur du monde privé des femmes et à la frontière du monde public, Rebecka étouffait chez elle. Ses talents n'étaient pas faits pour rester enfermés ; franchement républicaine, elle ne demandait qu'à jouer un rôle politique, comme le prouve cet événement daté de 1850 : le révolutionnaire Gottfried Kinkel avait été arrêté après avoir organisé une marche contre l'arsenal de Siegbourg ; condamné à mort puis, grâce à une intervention de Bettina von Arnim (Johanna Kinkel, femme du prisonnier, enseignait la musique aux enfants de Bettina), sa peine fut commuée en détention à la prison de Spandau [9]. Il s'en évada avec l'aide de Karl Schurz. Selon toute vraisemblance, Rebecka prit le risque d'être dépositaire de l'argent nécessaire à cette évasion. Karl Schurz raconta qu'il reçut cette somme « de la main d'une parente du célèbre Felix Mendelssohn Bartholdy ». Il rencontra « une dame habillée en noir, dont j'ai pu distinguer les traits dans la pénombre. Elle n'était plus jeune et pas vraiment belle, mais son apparence avait beaucoup de charme ». Il y a toutes les chances pour que cette personne ait été Rebecka, et les doutes qui subsistent sont trop minces pour pouvoir prouver le contraire [10].

Il n'y a aucune raison de penser que son mariage n'était pas heureux : Dirichlet était un homme bon et modeste, même si parfois les mathématiques le plongeaient dans un silence total. Grâce à lui, Rebecka fréquentait un cercle d'universitaires qui lui convenait autant que le monde des arts convenait à Fanny. Pourtant Rebecka eut encore moins de moyens de s'exprimer que sa sœur, et ses nombreuses maladies et affections nerveuses tendent à prouver qu'elle souffrait davantage et n'avait pas de porte de sortie. Fanny et Rebecka partageaient le même destin de femmes cultivées puis reléguées à la maison. Elles s'appartenaient l'une à l'autre au lieu d'appartenir à leurs talents.

Florentina fut baptisée le 12 mars et tout allait si bien que Fanny partit pour Rome rejoindre son mari, profiter de sa ville préférée et revoir son amie Charlotte Thygeson. Elle n'arriva que pour trouver Wilhelm... malade. La mauvaise nourriture et le froid en furent rendus responsables. Une fois de plus, elle dut assurer une gestion ménagère saine et elle se plaignit du manque de légumes en Italie. Il n'y avait que des choux-fleurs, et leur cuisinier italien ne savait absolument pas les accommoder [11]. Wilhelm guérit et se remit à peindre, et Fanny, selon son habitude, loua un piano.

Ils retournèrent à Florence le 20 mai en passant par Pérouse, et le 15 juin les Hensel et les Dirichlet repartirent ensemble vers le nord. Après Pise, ils longèrent la côte italienne jusqu'à Gênes, remontèrent sur Milan, traversèrent les Alpes par le col de Splü-gen et se hâtèrent jusqu'à Fribourg-en-Bresgau, où les attendaient leurs chers amis Woringen et où les rejoignirent Felix et Paul pour un grand rendez-vous de fête familiale qui dura six jours. Ils descendirent alors le Rhin jusqu'à Mayence et Soden, où les accueillit la famille de Felix. Cécile était enceinte de son cin-quième enfant, Lili, qui naquit peu de temps après à Leipzig, où Felix avait repris sa position à la tête du Gewandhaus [12].

Ce fut le dernier grand voyage de Fanny qui, avec sa famille, rentra le 2 août à Berlin. Alors que la vie de Felix, complètement absorbé par la composition de son chef-d'œuvre *Elias*, semblait s'accélérer follement, celle de Fanny paraissait arriver à un point d'équilibre et à un véritable épanouissement.

Mais les Mendelssohn ne pouvaient rester étrangers au contexte social : la politique envahissait toutes les conversations. Le mot *Vormärz*, l'avant-mars, c'est-à-dire avant les journées de mars 1848, traduit l'état d'esprit qui rétrospectivement caracté-risa ces années où l'on « sentait » venir la révolution. Les liens se resserraient entre gens de même opinion ; Varnhagen von Ense, rencontrant Felix et Fanny dans le restaurant d'un lieu de cure à Homburg le 17 juillet 1845, écrivit dans son journal [13] : « Je me réjouissais beaucoup de ces retrouvailles ; d'être à l'étranger mit au jour ce qui se dissimule si facilement chez soi : la vieille affec-tion fidèle, fondée sur une longue connaissance et une profonde estime. » Varnhagen von Ense était surtout proche des Dirichlet, qui, de tout leur cercle, étaient les plus proches de l'action mili-tante. Fanny n'avait pas dans l'idéal républicain la même confiance que sa sœur. En revanche, l'absence de liberté était res-sentie avec la même frustration par toute la bourgeoisie éclairée. Fanny vitupère elle aussi [14] : « Il y a peu de sujets de se réjouir dans la vie publique. Incroyable rage d'escroquerie boursière dans les chemins de fer, misère sans nom des tisserands silésiens à laquelle on cherche de tous côtés à remédier » ; et au milieu de tous ces désordres « les tentatives de toutes les universités alle-mandes de se créer des relations vivantes et communes sont punies par la prison et le conseil de discipline ; interdictions quo-tidiennes, tracasseries tentaculaires du gouvernement et de la police dans toutes les directions, sauf celles de la sécurité et de la morale publiques ». Elle s'indigne encore quelques mois plus tard [15] : « Dieu ! Quel édifice pitoyable doit être l'État prussien, s'il court vraiment le danger de vaciller chaque fois que trois étu-diants constituent une association ou que trois professeurs éditent un journal. » Fanny et ses proches protestent contre un État autoritaire qui interdit les libertés individuelles tout en protégeant l'enrichissement aux dépens des plus pauvres.

L'État prussien au XIXe siècle ne contrôlait plus ni salaires ni loyers et ne se sentait pas responsable de la misère qui résultait d'un capitalisme sauvage.

Il y a un Mendelssohn dont Sebastian Hensel ne mentionna pas l'existence, pas plus qu'on n'y fit allusion dans les biographies de Felix pendant le siècle qui suivit sa mort. Il s'agit d'Arnold Mendelssohn, né le 19 novembre 1817 à Neisse. C'était un des trois enfants qui survécut aux dix nés de Nathan Mendelssohn et de sa femme Henriette Itzig. Arnold était donc doublement cousin des Mendelssohn Bartholdy ; Nathan Mendelssohn était le plus jeune frère d'Abraham, et Henriette Itzig, elle-même petite-fille de Daniel Itzig et fille d'Elias Daniel Itzig et de Marianne née Leffmann, était donc cousine germaine de Lea Salomon.

Nathan et Henriette se convertirent au protestantisme bien avant leur mariage ; les enfants d'Elias Daniel Itzig furent les premiers de cette famille à choisir leur religion : son fils aîné Julius Eduard reçut le baptême luthérien dès 1799 [16] et ses filles au début des années 1800 [17]. Nathan, tout en étant un ingénieur de talent, était le moins fortuné de sa famille, aussi l'oncle Joseph, riche banquier, contribua à financer les études de médecine de son neveu Arnold. Celui-ci était un chercheur de valeur qui publia en 1845 un ouvrage d'importance sur la relation du mécanisme de la respiration avec la circulation du sang et la digestion. Il exerçait la médecine dans un hôpital de pauvres de Vogtland, quartier des tisserands à Berlin. En contact permanent avec la misère, il développa bien sûr des idées sociales et socialistes. Il étudia simultanément la philosophie et entra bientôt en contact avec Ferdinand Lassalle [18].

Celui-ci avait été introduit dans la société berlinoise par le professeur Boeckh, locataire et ami des Mendelssohn. Paul Heyse le remarqua un jour à un *Sonntagsmusik* de Fanny [19] : « J'observais un jour une tête d'homme taillée au couteau, de type décidément juif, dans les traits duquel se lisait une expression de force de volonté autoritaire et d'ironie froide. Je demandais à Sebastian à qui appartenait ce visage étonnant. Il me nomma Ferdinand Lassalle, introduit ici par le vieux Boeckh, qui lui prédisait un avenir brillant de philologue à cause de son travail sur Héraclite l'Obscur. »

Lassalle prit un ascendant considérable sur l'esprit d'Arnold Mendelssohn, séduit par la rhétorique hégelienne de ce tout jeune homme, qui connaissait toutes les réponses. La phénoménologie de Hegel marquait la recherche de cette époque et Mendelssohn, dans son travail, en vint à considérer la maladie non comme un parasite, mais comme un phénomène corporel [20]. Les relations entre les deux jeunes gens auraient pu en rester à des discussions passionnantes sur la dialectique hégelienne et sa répercussion sur les sciences, mais à la fin de 1845, Lassalle l'entraîna, avec son ami Alexander Oppenheim, dans la défense de la comtesse Hatzfeld, en train de divorcer d'un mari qui voulait la spolier. Oppenheim et Mendelssohn poursuivirent la maîtresse du comte Hatzfeld, la baronne Meyendorf et lui volèrent dans une auberge une cassette contenant des papiers, acte fou qui les obligea à prendre la fuite. Oppenheim se rendit à la police quelques jours plus tard, tandis qu'Arnold Mendelssohn, traversant l'Angleterre et la Belgique, arriva à Paris pour demander son aide à Heinrich Heine. Il y resta jusqu'en juin 1847, devint un élève de Proudhon et adhéra totalement à ses idées. Il collabora alors à la revue *Spartakus*, éditée par Gottfried et Johanna Kinkel.

Le 11 septembre 1846, Varnhagen en bavardait encore gaiement dans le salon de Fanny [21] : « Le soir chez les Hensel, beaucoup de compagnie, de musique. Je parlais longtemps avec Boeckh, puis à fond avec Paul Mendelssohn à propos de la nouvelle banque. Hensel et Dirichlet se joignirent à nous et amenèrent la conversation sur l'histoire d'Hatzfeld, je défendais en plaisantant, mais en partie sur le mode sérieux les trois jeunes gens, comparais leur action avec celle de Wilson, de Hutchinson et de Bruce libérant Lavalette, discutais la notion de chevaleresque, y ajoutais le délit de duel et il y eut une conversation très amusante, qui adoucit beaucoup un jugement d'abord sévère. Boeckh raconta que Lassalle, qui s'était présenté à lui pour entrer à l'Université, lui avait parlé de nouveaux fragments d'Héraclite qu'il aurait trouvés ; il les aurait regardés avec soupçon et c'est pourquoi Lassalle n'était plus revenu. »

Lassalle était définitivement sorti des petits papiers du professeur Boeckh.

Alexander Oppenheim, qui passa aux assises de Cologne en novembre 1846, fut acquitté du soupçon de vol par intérêt personnel, idée qui n'était pas concevable de la part du fils d'un riche banquier. Arnold Mendelssohn se rendit alors à la police prussienne le 2 juillet 1847, passa aux assises et fut condamné à cinq ans de travaux forcés. Personne ne pouvait songer qu'il subirait une peine aussi sévère, surtout après la libération d'Oppenheim, et que l'on aboutirait à un événement aussi catastrophique : voir un Mendelssohn condamné en cour d'assises.

Cette affaire dut marquer lourdement les conversations de la famille Mendelssohn, mais les survivants de Felix et de Fanny n'y firent pas allusion. On sait pourtant qu'en revenant de son dernier voyage en Angleterre Felix fut arrêté en Belgique le 11 mai 1847 et dut prouver son identité, car on le prenait pour son cousin [22]. L'atmosphère générale était à la révolte et à la contestation sociale. Les Mendelssohn, idéalistes issus des lumières du XVIIIe siècle, convaincus que le progrès scientifique ferait le bonheur de l'humanité, ne pouvaient que voir avec consternation la misère engendrée par l'utilisation de ces progrès, et à quel point les gens riches savaient s'appuyer sur un pouvoir autoritaire en même temps que sur les conquêtes de la science.

Arnold Mendelssohn raconta comment son cousin germain Paul Mendelssohn-Bartholdy lui donna un jour un livre de Lorenz Stein sur le socialisme et le communisme en France et, regardant le luxe de sa chambre, lui dit : « Je me demande ce qui me donne le droit à tout cela ? » Arnold lui répondit alors : « D'autres commencent aussi à se le demander [23]. » Paul, disait Arnold, veut être un homme bon, et se plaît à faire sentir combien il l'est. A Berlin, Arnold, au premier rang du spectacle de la misère, pouvait compter sur la charité de toute sa famille, mais il se révoltait contre leur hypocrisie. L'oncle Joseph était toujours prêt à lui prodiguer argent et conseil, mais lorsque, en 1844, Arnold lui proposa de l'aider à fonder une banque de crédit pour que les travailleurs puissent s'approprier leurs moyens de production – idée dont Arnold étudiera plus tard le développement chez Proudhon –, Joseph Mendelssohn lui rétorqua qu'une telle production ne trouverait jamais de système de distribution. Cela n'empêchait pas l'injustice du système de se faire sentir de toutes parts et il devenait difficile de se voiler la face en gardant sa bonne conscience.

Les cinq ans de travaux forcés infligés à Arnold furent commués grâce à l'intercession d'Alexander von Humboldt; il sortit de prison en 1849 et partit en exil. Il quitta Vienne, où il fut soupçonné de participer au soulèvement hongrois, et se joignit à d'autres réfugiés hongrois en route pour Constantinople. Il exerça la médecine à Alexandrette, Aleppo et Gazir et, poursuivi par les tracasseries vengeresses de l'Administration prussienne, se mit sous la protection du consul de France Lequeux et pensa

309

même à adopter la nationalité française. Avec l'aide de Lequeux et d'un prêtre italien, il fonda en octobre 1851 à Jérusalem un hôpital de vingt-deux lits mais ils durent le fermer faute d'argent. On le retrouve à Rome, puis à Tripoli à partir de 1853. Il mourut du typhus en mai 1854 à Burjazid sur la frontière perse[24].

Ainsi finit l'existence d'un Mendelssohn tellement atypique qu'il fut en fait soigneusement « oublié » par sa famille. Son histoire méritait pourtant d'être racontée; les lettres qu'il écrivit à son frère Wilhelm sont aujourd'hui une source précieuse pour la connaissance du Moyen-Orient au XIXᵉ siècle.

Fanny venait de mourir lors de son arrestation en juillet 1847. Elle en resta aux aventures tragi-comiques de ce garçon, dont l'histoire avait fait sensation chez les Berlinois. Même si les Mendelssohn déploraient la faiblesse de caractère du jeune homme, trop aisément influençable, on ne pouvait qu'être touché par son idéalisme et sa générosité. Nul doute que Fanny ne se sentit concernée par l'infortune d'Arnold. Le scandale cependant impliquait toute une famille qui se souhaitait des « modèles de moralité », comme Wilhelm le dira de sa femme en déplorant sa perte[25]. Pouvait-on cependant à long terme prétendre rester fidèle à soi-même quand on respectait des règles sociales méprisables? Les idéaux du XVIIIᵉ siècle étaient en train de faire long feu. Fanny allait disparaître au moment où l'idée que la science allait apporter paix et bonheur à l'humanité devenait douteuse.

Les premières publications

C'est dans ce climat de révolte et de bouleversement social latent que Fanny décida de franchir le pas et de commencer à publier.

Le jardin ne fut jamais si beau qu'en 1846 où le printemps fut précoce. Fanny en jouit d'autant plus que le temps lui était compté[1] : il était question de vendre ce paradis, peut-être au comte Pourtalès (1779-1861), maître de cérémonie des rois de Prusse, qui habita en tant que locataire Leipziger Strasse 3 de 1843 à 1850 avec une suite de dix-neuf personnes[2]. La ville, en s'agrandissant, menaçait aussi de tracer des rues nouvelles à travers le jardin sans respect aucun ni pour l'ancienneté des arbres, ni pour les fruits et encore moins pour les fleurs.

Pour Fanny, tout allait très bien cependant et elle se sentait très heureuse. Elle composait beaucoup. Elle venait de rencontrer un jeune homme, le conseiller référendaire Robert von Keudell, qui, dit-elle à la fin de juillet 1846, « me maintient très en haleine et en constante activité en ce qui concerne la musique, comme le faisait Gounod. Il regarde avec un extrême intérêt tout ce que j'écris de nouveau et me fait remarquer s'il manque quelque chose quelque part, et en général il a raison[3]! ».

Robert von Keudell (1824-1903), fils de famille fortuné, s'engageait dans la carrière diplomatique muni de dons et de connaissances musicales qui le servirent énormément[4]. Il possédait une bonne technique pianistique, « sans être virtuose », disait-il[5], et une excellente mémoire. Il avait consacré à la musique deux ans d'études (1841-1842) et travaillé particulièrement le contrepoint et les sonates de Beethoven. Les deux années qu'il passa en contact presque quotidien avec Fanny Hensel ne firent qu'accroître un bagage déjà solide, grâce auquel il devint plus tard un intime de Bismarck et de sa famille. Bismarck en effet adorait qu'on lui fasse de la musique, qui, disait-il, « l'excitait dans une de ces deux directions opposées : les prémisses de la guerre ou celles de l'idylle[6] ». Keudell dut plier ses idées libérales devant le grand homme d'État, mais, nommé ambassadeur à Rome en 1873, il joua un rôle plus artistique que politique et ne retrouva pas de poste à Berlin. Il quitta les Affaires étrangères en 1887.

Ce fut son influence qui détermina Fanny à franchir le pas, enfreindre les interdits posés par son père et son frère et publier ses compositions. Son mari fut toujours d'accord, son ami Keudell l'y poussa, et deux éditeurs, « Bote und Bock » et « Schlesinger », lui firent des offres superbes : en tant que personnalité berlinoise et sœur d'un musicien célèbre, Fanny était une bonne affaire. Quant à Rebecka, toujours de mauvaise humeur, et insatisfaite malgré ses trois enfants en bonne santé [7], elle était la preuve vivante que le rôle de mère ne suffit pas à combler une femme de talent. Les devoirs maternels de Fanny à l'égard de son fils de seize ans ne pouvaient de toute façon plus peser très lourdement sur elle. Le seul obstacle restait, comme d'habitude, l'opposition de Felix. Mais lui avait-il rendu la confiance qu'elle lui avait faite, quand, petite fille, elle lui avait abandonné sa place?

« A présent tout un oratorio de toi part de nouveau dans le monde », lui écrit-elle le 9 juillet 1846 à propos d'*Élias* [8], « et je n'en connais pas une note. Quand nous arrivera-t-il? Je ne t'imposerais pas de lire ces bêtises, occupé comme tu l'es, si je n'avais pas dû t'écrire pour te faire part de quelque chose. Comme je sais pour commencer que cela te déplaît, je vais m'y prendre maladroitement, tu peux rire de moi ou non, mais j'ai à quarante ans aussi peur de mes frères que j'avais peur de mon père à quatorze ans, ou plutôt peur n'est pas le mot juste, c'est plutôt le souhait de vous satisfaire par toute ma vie, vous et tous ceux que j'aime; quand je sais d'avance que ce ne sera pas le cas, je me sens rather inconfortable [*sic*]. En un mot, je commence à publier, j'ai enfin prêté une oreille sympathique aux fidèles déclarations d'amour de monsieur Bock à l'égard de mes *Lieder* et à ses avantageuses conditions; je me suis certes décidée de mon propre chef et je ne peux accuser aucun des miens si j'en retire des désagréments (cela fait de toute façon longtemps qu'amis et connaissances m'y exhortent). Par ailleurs, je me consolerais par la conscience de n'avoir en aucune façon cherché ni occasionné cette espèce de renommée musicale qui a pu me faire obtenir de telles propositions. J'espère ne pas vous faire honte, je ne suis pas une *femme libre*, et hélas pas du tout " jeune Allemagne "; je pense que toi, tu n'en tireras aucun désagrément d'aucune sorte : pour t'épargner chacun de ces moments quelque peu déplaisants, je me suis conduite de façon totalement indépendante, et j'espère que tu ne le prendras pas mal. Si cela réussit, c'est-à-dire si les choses plaisent et que je reçoive d'autres propositions, je sais que cela me sera une stimulation dont j'ai toujours eu besoin pour produire ; dans l'autre cas, je serai au point où j'ai toujours été, et je ne gémirai pas sur mon sort. Si alors je travaillais moins ou plus du tout, il n'y aurait pas grand-chose de perdu. »

Felix mit plus d'un mois à digérer cette lettre. Fanny avait fait un tour complet de la question et savait ce qu'elle voulait et avait toujours voulu. Si cela déplaisait à Felix et s'il regrettait d'avoir toujours été incapable de l'aider, c'était désormais son problème à lui. En mentionnant la peur qu'elle avait de son père à quatorze ans, elle dit bien le poids des lettres qu'Abraham lui avait alors écrites, la priant de céder le pas à son frère ; elle dit aussi son intention de prendre ses distances par rapport à toutes ses peurs. Après avoir bien réfléchi, Felix finit par répondre, le 12 août, une lettre mi-figue mi-raisin[9] :

« Ma très chère Fanchon (" Fenchel "), ce n'est qu'aujourd'hui, juste avant mon départ, que le frère dénaturé que je suis arrive à te remercier de ta gentille lettre et à te donner ma bénédiction d'artisan devant ta décision de te joindre à notre corporation. Je t'en fais part ici, Fanchon, et puisses-tu avoir satisfaction et joie à procurer aux autres joies et délice ; puisses-tu ne connaître que les plaisirs de l'auteur, et aucune de ses misères, puisse le public ne t'envoyer que des roses, et jamais de sable, et puisse le noir de l'impression ne jamais te sembler ni noir ni oppressant ; en fait je crois qu'aucun doute n'est pensable à ce sujet. Pourquoi ne te l'ai-je pas souhaité plus tôt ? Ce n'est qu'à cause de la corporation, pour que je puisse moi aussi t'avoir donné ma bénédiction, ce qui est fait.

Le compagnon-tailleur
Felix Mendelssohn Bartholdy. »

Fanny ne s'attendait pas à mieux. Elle écrivit le 14 août dans son journal[10] : « Felix m'a enfin écrit et fait part de sa bénédiction d'artisan de façon très aimable ; je sais bien qu'en son cœur cela ne lui plaît pas, mais je me réjouis qu'il m'ait enfin accordé un mot d'amitié. »

C'est à Cécile qu'elle envoie son *Opus 1* et dont elle reçoit cette lettre[11] : « Merci de tout cœur pour les beaux *Lieder* qui m'ont fait très plaisir, surtout quand Felix nous les chanta très agréablement de sa voix magnifique. Je ne me suis pourtant pas laissé prendre les *Roses pâles*, bien que je ne l'aie pas chanté depuis plus d'un an, mais je le considère comme *mon Lied* ; Felix chanta tous les autres et jura entre chacun qu'il voulait se venger. Mère te fait aussi dire qu'elle en est enchantée et pas du tout aussi égoïste que Felix qui voulait priver le monde de quelque chose d'aussi beau. »

313

La famille savait tout... Fanny avait déjà offert une copie des *Roses pâles* (*Warun sind denn die Rosen so blass?*) à Cécile en août 1838[12].

Ce n'était pas fini! Elle commença par envoyer des figues et des raisins de son jardin pour plaider sa cause et y joignit une autre lettre de faire-part à son frère[13] :

> « Pourquoi ne t'ai-je pas adressé mes *Lieder*? Je le sais en partie et en partie je ne le sais pas; j'avais besoin de la médiation de Cécile car j'ai une sorte de mauvaise conscience à ton égard; il est vrai, quand j'y pense, que je trouvais que c'était trop tard il y a dix ans et que je trouve maintenant qu'il est plus que temps : c'est rather ridicule et je me suis longtemps agacée à l'idée de commencer sur mes vieux jours avec un opus 1. Mais puisque tu es tellement aimable à ce sujet, je t'avouerai aussi que je me suis faite terriblement importante et que prochainement doivent paraître six *Lieder* à quatre voix et c'est à peine si tu en connais un. Je te les aurais volontiers montrés, mais tu n'es pas venu et par écrit cela ne va pas. Mes chanteurs du vendredi me les ont volontiers chantés, et soutenue par le bon conseiller qui est à ma disposition ici, je me suis donné la peine de faire aussi bien que je pouvais. Je prendrai la liberté d'en envoyer un exemplaire au Dr Mendelssohn. »

Elle se paie la tête de son frère... Il y a dix ans, c'est à cause du manque de sympathie de Felix qu'elle n'avait pas publié. Encore en 1841, enthousiasmée par les *Lieder* de Josephine Lang[14], elle se réjouissait de les avoir connus et aimés avant de savoir que Felix les aimait aussi, sinon elle n'aurait pas su si elle les aimait vraiment, ou si elle n'était que le perroquet de Felix[15]. Cinq ans plus tard, elle en plaisante : Robert von Keudell lui est devenu plus important que cet étranger célèbre, Felix Mendelssohn Bartholdy.

Le beau temps, auquel Fanny fut toujours très sensible, et qui ne cessa pas cet été-là, contribua certainement à sa bonne humeur et à son énergie. Rebecka se sentait elle aussi beaucoup mieux. Fanny écrivit dans son journal le 14 août[16] :

> « Le bien-être infini qui m'envahit cet été persiste, comme l'été magnifique lui-même, dont aucun d'entre nous n'a vécu de semblable. Cette humeur menace de me rendre égoïste, car je n'ai absolument pas envie de me laisser déranger dans mon bien-être par une peine étrangère et lutte souvent à ce sujet avec Wilhelm, qui a hélas gardé de son malaise du printemps dernier une irritabilité nerveuse qui le rend malade à chaque contrariété et chaque fois que sa pitié est excitée, ce qui arrive trop souvent. La chaleur de l'été lui fait pourtant du bien à lui aussi, mais son élasticité au travail a beaucoup diminué

et il s'en rend compte avec regret. Je suis du reste toujours au travail et je sens que je réussis certaines choses ; en harmonie avec le miracle de ce splendide été, cela me rend intérieurement et extérieurement satisfaite et heureuse comme je ne l'ai peut-être jamais été, en dehors d'une courte période pendant notre premier séjour à Rome. »

Les Schumann étaient à Berlin cet hiver-là et s'entendirent très bien avec la famille de leur vieil ami Felix Mendelssohn ; ils furent extrêmement bien reçus chez les Dirichlet, mais c'est surtout avec Fanny que Clara se lia d'amitié, et son désir de s'établir dans cette ville s'en accrut. « J'ai vraiment pris Madame Hensel en affection », écrivit la célèbre pianiste le 15 mars 1847, « et je me sens particulièrement attirée par elle musicalement, nous sommes presque toujours en harmonie, et sa conversation est toujours intéressante ; il faut seulement s'habituer d'abord à sa façon d'être un peu abrupte [17]. » Clara admirait beaucoup le jeu de Fanny, mais ne l'acceptait pas plus comme compositrice qu'elle ne s'acceptait elle-même : « Les femmes en tant que compositeurs ne peuvent pas se renier en tant que femmes, et je le dis de moi-même comme des autres. » Clara avait mis son grand talent sous le boisseau de celui de son mari, et ne composa que parcimonieusement de très belles œuvres du vivant de Schumann – entre autres un trio op. 17 pour piano, violon et violoncelle – et plus du tout après sa mort. Au contraire de Fanny, son père l'avait destinée à la composition et à la scène, un peu comme on élève un chien savant. On peut interpréter comme une libération par rapport à la puissance paternelle son refus de se soumettre au destin qu'il avait prévu pour elle. Fanny fit le chemin inverse, et la composition comme la publication étaient pour elle une voie vers la liberté.

Fanny avait cependant du mal à accepter vraiment la musique de Robert Schumann. Elle entendit une représentation du *Paradis et la Péri*, malheureusement tellement ratée qu'elle écrivit à Felix, le 11 avril 1846 [18] : « Péri impossible. Je ne peux pas arriver à apprécier ce Schumann. » Son approche de la musique restait très rigoureuse, et surtout sans sentimentalité : tout cet aspect du romantisme lui demeura parfaitement étranger. Chopin lui non plus n'arriva pas à la convaincre totalement [19] : « Je ne peux pas nier que je trouve qu'il lui manque tout un côté très important, la force, pour passer pour un artiste accompli. Son jeu n'est pas gris sur gris, mais rose sur rose, si seulement il pouvait mordre de temps en temps ! Mais c'est un homme adorable, et si tu crois que ses " idylles " ne m'ont pas plu, tu te trompes ou je me suis mal exprimée. » Un peu plus loin, elle dit à Felix le fond de sa pensée : « Chopin a-t-il vraiment l'intelligence des partitions de Händel ou de Paulus? Hé, hé, je ne crois pas. » Et tout était dit pour elle.

Sebastian se souvint d'un *Sonntagsmusik* que Fanny et Clara se partagèrent. Cette soirée, à la fois brillante et drôle, fut honorée par la présence des Radziwill [20]. La grande cantatrice Henriette Sonntag, devenue la comtesse Rossi, avait un grand désir d'entendre chanter Pauline Decker, mais celle-ci, enrhumée et de mauvaise humeur, avait décidé de ne pas ouvrir la bouche. Mise en colère, la comtesse Rossi se tut elle aussi, et Fanny et Clara Schumann occupèrent à elles seules toute la soirée, avec l'aide d'une toute jeune cantatrice, Melitta Berendt, bien étonnée de se voir accorder la vedette en face de deux reines du chant!

Johanna Kinkel fit elle aussi partie des spectateurs enthousiastes des *Sonntagsmusik*, et en a laissé une trace. Son avis a d'autant plus de poids qu'elle était elle-même une musicienne de valeur [21].

> « L'interprétation de Fanny Hensel m'impressionna encore plus que les grandes voix que j'entendis chez elle, et en particulier sa façon de diriger. L'esprit de la composition était saisi jusque dans ses fibres les plus intimes et s'épanchait en un flot puissant dans l'âme des chanteurs et des auditeurs. Un sforzando de son petit doigt nous traversait l'âme comme une décharge électrique et nous transportait bien autrement que le tapotement d'une baguette de bois sur un pupitre. »

Fanny était en pleine possession de son art. Remplie du bien-être intérieur acquis pendant l'été, elle se lança dans ce qui allait être son chef-d'œuvre, un grand *Trio* romantique en ré mineur pour piano, violon et violoncelle. En quatre mouvements, le modèle n'en était pas très original. Mais elle l'anima de toute sa passion et de phrases lyriques larges et généreuses comme toutes les idées qui parcouraient ce temps. Dans le premier mouvement, de forme sonate, elle montre sa rigueur et le souffle de son inspiration; le deuxième mouvement retourne au travail de contrepoint qui fait d'elle comme de Felix les élèves de Zelter et les descendants du grand Bach; elle ne fit pas du troisième mouvement un scherzo. Quel besoin en avait-elle, quand Felix les réussissait si bien! Non, ce fut un *Lied*, simple et direct comme elle les avait toujours écrits; le quatrième mouvement, en forme de fantaisie, fait penser à une toccata de Bach qui aurait pris le mors au dents, et après une grande phrase de récitatif au violon, conclut en ramenant savamment le deuxième thème du premier mouvement. Tout le côté héroïque de cette œuvre rappelle que Fanny, elle aussi, était une compositrice formée à l'oratorio et que l'inspiration religieuse, chez les Mendelssohn, pouvait se transformer en ferveur dionysiaque.

Elle avait écrit ce *Trio* pour l'anniversaire de Rebecka, le 11 avril, qui devait être aussi le début de sa saison de *Sonntagsmusik* dans la salle du jardin [22]; le *Trio* eut beaucoup de succès.

Le même jour se réunissait enfin un *Landtag*, une diète prussienne. Fanny, entièrement du côté de l'opposition, écrivit dans son journal [23] : « Maintenant, la politique va dominer toute la période prochaine, toute autre chose deviendra impossible. » Et elle est presque à la fin de son journal quand elle conclut par ces paroles : « Hier, il y avait dans l'air les premières odeurs du printemps. C'était un hiver prolongé, enneigé et froid, une disette et une détresse générale, un hiver plein de souffrances. Comment peut-on mériter d'appartenir aux quelques heureux de ce monde! Au moins je le sens avec vivacité et reconnaissance et lorsque j'ai déjeuné le matin avec Wilhelm et que chacun va à son travail, alors je sens mon bonheur avec une véritable émotion en pensant au jour à venir et au jour passé. »

Ses compositions paraissaient : chez Bote und Bock, *Sechs Lieder*, op. 1 (1846); *Vier Lieder für das Pianoforte*, op. 2 (1846) et des *Gartenlieder* (« *Lieder* du jardin »), *Sechs Gesänge fur Sopran, Alto, Tenor und Bass*, op. 3 (1847). Elle publia ensuite chez Schlesinger *Six Mélodies pour le piano* en deux volumes, op. 4 (1 à 3) et op. 5 (4 à 6) (1847). Elle retourna à Bote und Bock pour publier *Vier Lieder für das Pianoforte*, op. 6 et *Sechs Lieder fur eine Stimme mit Begleitung des Pianoforte*, op. 7, dédiés à sa sœur. Les opus 6 et 7 parurent après sa mort.

A partir de janvier 1847, des critiques commencèrent à sortir dans le *Neue Zeitschrift für Musik*, le journal de Leipzig fondé par Robert Schumann en 1835 et qu'il avait quitté en 1844. Sur le ton pédant commun à tous les articles du *Neue Zeitschrift*, le rédacteur commence par mentionner qu'il s'agit d'une femme. La critique de l'*Opus 2* paraît d'abord, le 11 janvier 1847 [24] :

« Des quatre *Lieder* en présence, dont l'aspect extérieur ne trahit pas du tout une main féminine, mais laisse supposer une étude artistique au sérieux masculin, il nous semble que le dernier est le plus libre et le plus profond, tandis que les autres manquent soit d'une conduite d'idée personnelle, soit de phrasé clair. Nous nous réservons un jugement plus approfondi et général quand nous connaîtrons d'autres œuvres de la compositrice. »

317

Visiblement, le critique s'étonne que ce ne soit pas totalement mauvais, mais n'accordera jamais à une femme un soupçon d'originalité. Cela ne s'arrange pas dans l'article sur l'*Opus 1*, le 1er février 1847 [25] :

> « Ce recueil de *Lieder* ressemble presque complètement à celui qui vient d'être annoncé. Comme dans celui-là, nous nous réjouissons ici du bon travail, de la propreté de l'harmonie, de l'élégance des figures d'accompagnement, en bref, de tout l'aspect extérieur, et pourtant nous ne sommes pas saisis de l'intérieur, car il nous manque le sentiment qui prend sa source au plus profond de l'âme et qui, lorsqu'il est sincère, pénètre l'esprit de l'autre et devient conviction. Ce reproche est le seul que nous puissions avec justice adresser à cette œuvre. Celui à qui suffit une représentation musicale extérieurement juste se trouvera ici entièrement satisfait. »

Le rédacteur n'a pas envie d'être content, il semble avoir décidé de ne pas se laisser toucher par un travail de femme, quelque irréprochable qu'il puisse se trouver « extérieurement ». Il est loin de montrer autant d'enthousiasme que Robert Schumann en 1837 à propos du *Lied Die Schiffende*. Après tout ce que Felix lui avait prédit des « misères d'un auteur » et toutes les bêtises lues dans les critiques voisines, ces papiers sont cependant plutôt encourageants. Fanny n'a besoin que de temps pour convaincre.

Le mois suivant, le 15 mars, paraît la critique de l'*Opus 4*, certainement d'une autre plume [26].

> « L'invention n'en est ni marquante ni nouvelle, mais pleine de goût, avenante et libre de cette surabondance de sentiment, qui, à ce qu'il paraît, reste la caractéristique de nos compositeurs modernes mais pas de nos compositrices. »

Une femme qui compose et qui publie est un singe savant. Jamais on ne lui reconnaîtra de force créatrice individuelle. Si sa musique était sentimentale, on la taxerait de sensiblerie féminine, et quand elle est rigoureuse, on l'accuse de manquer d'intériorité.

Le 14 mai 1847 paraît la critique des *Gartenlieder* op. 3, que le rédacteur, qui donne son nom cette fois, le Dr Emanuel Klitzsch, compare à d'autres *Lieder* à quatre voix parus simultanément. Il loue d'abord ceux de M. Hauptmann, avant de passer au volume de Fanny [27] : « Les *Lieder* de Fanny Hensel, née Mendelssohn Bartholdy, se démarquent aussi de beaucoup d'autres du même genre par leur conception artistique, même si nous y trouvons moins d'individualité indépendante et que nous voyons prévaloir plutôt un élément gracieux et aimable qu'un sentiment fort, puisé dans la profondeur des entrailles. Le langage harmonique est très choisi et ne laisse pas méconnaître une main savante. Sur tous se répand une atmosphère tendre et poétique, en particulier en ce qui concerne le n° 1 *Hörst du nicht die Bäumen rauschen* (" N'entends-tu pas les arbres bruire ") de Eichendorff et le n° 3 *Im Herbste* (" A l'automne ") de Uhland, dans lequel nous signalons la phrase centrale *Ahnest du, o Seele, wieder* (" Reconnais-tu, ô mon âme ") comme remarquablement réussie. » Klitzsch éreinte ensuite les *lieder* de Wilhelm Herzberg.

En parlant du manque d'individualité indépendante et de « main savante » on se demande si le *Neue Zeitschrift für Musik* ne supposait pas que Felix dirigeait sa sœur. Peu importe : tous les articles de ce journal présentent des restrictions sur à peu près toutes les œuvres recensées et Fanny savait pertinemment qu'on lui reprocherait d'être une femme. La critique, on le sait, est aisée et on souhaite entendre les œuvres de Klitzsch et autres pour juger de la profondeur de leurs entrailles. A part ce « sentiment fort » qui ne saurait se trouver sous une plume féminine, on reconnaît à Fanny beaucoup de qualités : la rigueur, la conception, la poésie, l'élégance, le sens harmonique, la grâce. Cela vaut certainement la peine de continuer.

Le jour de la parution de cette dernière critique, le vendredi 14 mai 1847, Fanny, qui avait la semaine précédente été saisie de violentes hémorragies nasales calmées par un nouveau remède [28], rendit plusieurs visites pendant la matinée, en revint fatiguée, mangea rapidement, et au lieu de faire une sieste, comme elle en avait l'habitude, elle se précipita sur les préparatifs de la répétition du concert du dimanche. Elle fit alors placer son piano près de la porte ouverte de la salle et commença à faire travailler les chœurs de *La Nuit de Walpurgis* qui était au programme [29]. Il faisait très chaud, elle retira son châle alors qu'un violent courant d'air traversait la salle. Soudainement ses mains lui refusèrent tout service, elle confia l'instrument à un autre musicien et partit dans une autre pièce tremper ses mains dans du vinaigre chaud. « Comme c'est beau », dit-elle en écoutant la répétition se poursuivre [30]. Elle se croyait remise et voulait continuer sans demander de médecin pour soigner un malaise qu'elle pensait bien connaître. Mais la paralysie la reprit, devint générale cette fois, et elle ne reconnut son état que pour dire : « C'est une attaque, comme pour ma mère. » Elle perdit complètement conscience et ne la retrouva plus. Elle mourut le soir même à onze heures [31].

Elle souffrait certainement d'hypertension, et la chaleur et le

319

temps orageux qu'il faisait ces jours-là avaient dû la fatiguer. Les derniers mois avaient été particulièrement excitants : la réunion du *Landtag*, le *Trio*, les premières publications et son activité incessante. On retrouva sur sa table à écrire son dernier *Lied*, *Bergeslust* (" Plaisir de la montagne "), composé la veille sur un texte d'Eichendorff. Ce *Lied* est aussi une de ses œuvres les plus joyeuses, au tempo très rapide. Quels battements de cœur en l'écrivant! Pour la dernière fois, Sebastian avait pu la voir mettre le coin de son mouchoir dans sa bouche pour composer [32]. Elle dit ce jour-là à Wilhelm : « Je suis heureuse comme je ne le mérite pas », à quoi Wilhelm lui répondit : « Si tu ne le mérites pas, toi, qui le méritera [33]? »

Le deuil de toute la famille fut d'autant plus douloureux qu'il était brutal. Le dimanche, au lieu d'un concert, le cercueil de Fanny fut exposé dans la salle du jardin, couvert de fleurs envoyées par les Decker [34]. Wilhelm dessina sa femme sur son lit de mort, mais il fut ensuite incapable de travailler dans son atelier. Son dernier tableau, un portrait de Frédéric Guillaume IV, commande du duc de Sutherland, demeura inachevé [35]. Sebastian alla chercher refuge chez sa tante Rebecka.

Felix fut accablé par cette mort, on pourrait dire détruit, plus encore que par celle de sa mère. Il fut incapable de retourner à Berlin pour l'enterrement de sa sœur. C'était sur un homme épuisé que tombait ce coup. Depuis le triomphe d'*Élias* à Birmingham le 26 août 1846, Mendelssohn n'avait pas su ni pu se remettre de la fatigue excessive de sa création. Robert Schumann, en le revoyant en février, le trouva très changé. Les voyages et une activité trépidante ininterrompue pendant des années avaient eu raison de cet homme de trente-huit ans. Souffrait-il aussi d'hypertension? Les morts soudaines de sa mère, de son père et de son grand-père Moses lui laissaient déjà penser que l'hérédité familiale était menaçante. La mort de Fanny lui sembla alors annoncer sa mort prochaine [36].

Il partit avec sa famille à Baden-Baden où Paul le rejoignit, puis à Interlaken, pour essayer de se remettre. Hensel les retrouva là. Felix composa un triste quatuor en fa mineur et pensait se remettre à de grands travaux : il avait un projet d'oratorio, *Christus*, pour compléter une trilogie, et également un projet d'opéra, *Loreley*, qu'il avait promis à sa chanteuse préférée, Jenny Lind. Il passa à Berlin en septembre pour une courte visite et rentra à Leipzig, où il eut le 9 octobre un évanouissement au piano, comme Fanny. Il se remit et se prépara à partir pour Vienne.

Entre-temps, il avait donné au prestigieux éditeur leipzigois Breitkopf und Härtel quatre numéros d'opus de Fanny : *Quatre Lieder pour le piano*, op. 8, *Six Lieder avec accompagnement de piano*, op. 9, *Cinq Lieder avec accompagnement de piano*, op. 10, et enfin le *Trio pour piano, violon et violoncelle*, op. 11; tous quatre parurent en 1850. Le 28 octobre, il eut une attaque qui le paralysa partiellement [37], puis une autre le 1er novembre. Il pouvait cependant encore s'entretenir avec son frère Paul, arrivé d'urgence. Mais le 3 novembre, après de terribles maux de tête, il se dressa soudain sur son lit, hurla et retomba sur son oreiller; il resta alors inconscient presque tout le temps, répondant aux questions de Cécile qu'il était « fatigué, très fatigué ». Il s'endormit jusqu'au lendemain matin et s'éteignit pour toujours à 9 h 24 [38]. Hensel, encore une fois, dessina sa tête sur son lit de mort : c'était le 4 novembre.

Son corps fut ramené à Berlin où il fut enterré dans le cimetière de la Dreifaltikeitskirche, à côté de Fanny. Six mois à peine séparaient leurs disparitions.

Conclusion
Le cercle éclaté

La famille Mendelssohn était désormais cassée, dispersée, privée de son centre et de sa poésie. Sebastian ne deviendra pas un artiste. Il tomba très malade à la mort de son oncle et après son rétablissement s'installa chez sa tante Rebecka. Le 18 mars de l'année suivante, alors qu'il voulait rejoindre la barricade construite devant son lycée, les Dirichlet n'hésitèrent pas et l'enfermèrent dans sa chambre. Quand Sebastian retraversa la ville le lendemain matin, elle était dévastée, les cadavres emportés sur des civières, sa barricade renversée avec des morts en travers. Les Dirichlet lui avaient sauvé la vie. Quel n'aurait pas été le désespoir de Rebecka si le fils de sa sœur avait été fusillé parce qu'elle l'avait laissé sortir. Sebastian vécut le temps de folie qui suit toute révolution, passa son *abitur*, et décida de devenir propriétaire terrien. Il acheta un domaine à Grossbarthen, en Prusse orientale, se maria avec Julie von Adelson (1836-1901), convertie comme Fanny Hensel dans son enfance. Il en eut cinq enfants. Le climat ne convenant pas à Julie Hensel qui avait attrapé la malaria [1], la famille retourna à Berlin où Sebastian devint directeur de la société des Halles. La direction de la société de construction allemande lui confia alors le projet de la création du grand hôtel Kaiserhof, ouvert en 1875, dont il garda la direction jusqu'en 1880; il resta également directeur de la *Deutsche Baugesellschaft* jusqu'en 1889. Évincé par un coup de Bourse, il se cantonna à sa vie privée et à son amateurisme éclairé. Il avait publié *Die Familie Mendelssohn* en 1879. Le livre connut un succès retentissant et continu jusqu'à la Première Guerre mondiale. Il écrivit aussi une biographie de son professeur Carl Witt, des histoires pour ses enfants qu'il illustrait lui-même et son fils aîné Paul Hensel publia après la mort de son père en 1898 ses souvenirs sous le titre *Sebastian Hensel. Ein Lebensbild aus Deutschlands Lehrjahren* : « Sebastian Hensel. Tableau d'une vie pendant les années d'apprentissage de l'Allemagne [2] ». En effet, pourquoi un homme au talent artistique aussi prononcé se serait-il consacré à l'agriculture et à l'administration, s'il n'avait pas eu le désir de créer une nouvelle Allemagne, et de servir son pays en prouvant que les Allemands n'étaient pas seulement des rêveurs mais aussi des réalistes? Son cousin Walter Dirichlet, lui aussi admirablement doué pour la peinture, choisit l'agriculture comme destin.

Wilhelm se réveilla de sa douleur en mars 1848, et, toujours loyal à la famille royale, lui servit à la fois de garde du corps et de factotum. Il prit la tête de la troupe de quatre cents artistes qui se constitua pour former un bataillon de la garde nationale. Il se retrouvait là dans son élément, les armes à la main. Son intérêt pour la politique perdura au-delà de la révolution de 1848. Même s'il n'était pas entièrement pris au sérieux, il resta un homme très aimé pour sa bonté et sa bonne humeur. Sa dévotion pour sa femme ne diminua jamais. En novembre 1861, en cherchant à sauver une vie menacée par un accident de la circulation, Wilhelm se blessa mortellement. Sa sœur Luise, accourue à son chevet, chercha encore à le convertir, en vain : Wilhelm était fidèle à la religion de sa femme et de son prince, et mourut le 26 novembre 1861 luthérien comme il l'était de naissance. Il fut enterré à côté de sa femme, qui reposa alors entre son frère et son mari. Wilhelm faisant partie des gens qui ne jettent rien, Sebastian mit trois semaines à trier ses papiers qui se trouvaient dans un désordre indescriptible, puis il passa des années à mettre en ordre une collection de plus de mille portraits et un nombre infini de lettres qui lui permirent d'écrire son livre sur *La Famille Mendelssohn*.

Paul Mendelssohn-Bartholdy vendit en 1851 pour 100 000 thalers la maison du « Leipziger Strasse 3 » au gouvernement qui y établit une des assemblées parlementaires, la *Herrenhaus*, la Chambre haute où siégeaient les aristocrates. Pour lui faire place, la maison du jardin et surtout la salle du concert furent démolies. On tenta longtemps de protéger les ifs du jardin, comme les derniers restes d'une légende berlinoise, le rêve du songe d'une nuit d'été. La maison fut démolie en 1898, et reconstruite en 1899 et 1903. Après la Seconde Guerre mondiale où les bombes l'épargnèrent, l'Académie des sciences de la République démocratique allemande s'y installa[3].

Après la mort du mathématicien Gauss (1777-1855), Dirichlet reprit sa chaire à Göttingen et partit y vivre avec sa famille. Rebecka fut d'abord désespérée de quitter Berlin, mais se constitua dans cette ville universitaire un cercle d'amis et d'amateurs de musique très agréable, qu'elle sut « nourrir des miettes de notre splendeur passée [4] ». Dirichlet revint cardiaque d'un été passé en Suisse en 1858, et alors qu'il se rétablissait, Rebecka mourut subitement comme ses frère et sœur, le 1er décembre 1858, à l'âge de quarante-sept ans. Dirichlet la suivit de près et mourut quelques mois plus tard, le 5 mai 1859.

Paul dut survivre à cette hécatombe. A la mort de Felix, il prit ses fils chez lui, tandis que les filles restaient avec leur mère chez leur grand-mère, à Francfort. Cécile mourut six ans après Felix, le 25 septembre 1853. Paul se chargea aussi de la fille de Rebecka, Flora, après la mort de ses parents. Cette curieuse organisation de la garde des fils de Felix, qui en plus de la mort de leur père furent séparés tout jeunes de leur mère et de leurs sœurs, conduisit à des tensions, surtout entre l'aîné, Carl, et Paul, dont le jeune garçon ne supportait pas le conservatisme. Carl (1838-1897) devint historien, professeur à Heidelberg puis à Fribourg, et fut un grand spécialiste de l'Antiquité grecque. Il publia avec son oncle Paul un des premiers recueils de lettres de Felix, mais ce travail occasionna des frictions familiales. Atteint de maladie mentale à partir de 1874, il finit ses jours dans un asile.

Paul (1841-1880), le deuxième fils de Felix, que son oncle destinait au commerce, résista car il voulait devenir chimiste, et, après avoir servi l'armée comme officier en 1866 et 1870-1871, il devint en effet directeur d'une usine d'aniline. Il mourut lui aussi très jeune. Leur frère Felix n'avait survécu à son père que de quelques années.

Les filles de Felix se marièrent, Marie (1839-1897) à Victor Benecke et Lili (1845-1910) à Adolf Wach, dont elle eut trois fils et trois filles. Le second fils de Rebecka, Ernst, mourut à vingt-huit ans en 1868 et Flora, sa fille (1845-1912), se maria à Wilhelm Baum, dont elle eut deux fils et quatre filles.

A la mort de Joseph Mendelssohn en 1848, la banque fut dirigée par son fils Alexander et son neveu Paul Mendelssohn-Bartholdy. Elle continua de prospérer ; les fils reprirent la suite et furent anoblis : Franz von Mendelssohn (1829-1889) en 1888 et Ernst von Mendelssohn-Bartholdy (1846-1909) en 1896.

Le nom de Mendelssohn avait subi de multiples avatars : il existait désormais des Mendelssohn et des von Mendelssohn ; les fils de Felix s'appelèrent Mendelssohn Bartholdy sans trait d'union, les enfants de Paul gardèrent le trait d'union et la descendance de Ernst se nomma von Mendelssohn-Bartholdy [5].

Paul Mendelssohn-Bartholdy, au contraire de ses frère et sœurs, dut subir une mort lente et douloureuse, à la suite d'une longue maladie dont on ignore les détails.

La suite de l'histoire, c'est la saga d'une grande famille très bourgeoise, gardant de ses racines un grand respect pour les arts et les sciences. Il n'était donc pas question pour eux de peindre leurs ancêtres autrement qu'en rose, d'abord par piété filiale mais aussi pour renforcer l'assise sociale du nom. Sebastian Hensel ne mentionne pas l'antisémitisme latent qui entourait ses parents et grands-parents et embellit toutes les relations familiales. L'année où paraissait *La Famille Mendelssohn*, l'historien berlinois Treitschke publiait cette phrase : « Les Juifs sont notre malheur. » Des universitaires tels que Memmsen, Virchow et le vieil ami des Mendelssohn, Droysen, s'élevèrent contre cette calomnie [6], mais l'antisémitisme se répandait de façon très virulente dans tous les milieux. Sebastian ne pouvait envisager de montrer des Juifs, et surtout des Juifs convertis, autrement que comme des anges.

Le compositeur Arnold Mendelssohn (1855-1933), neveu du médecin et fils de son frère Wilhelm (1821-1933), dit un jour : « Le point de vue de la famille Mendelssohn à l'égard de l'oncle Arnold et de la tante Dorothea est authentiquement juif : on ne doit pas penser à eux [7]. » Juif ? ou bourgeois ? Même si la tante Dorothea scandalisa en son temps, elle ne fut pas définitivement mise au ban de sa famille et de son pays. On parla et on pensa à elle. Ce n'est que dans le seconde moitié du XIXe siècle qu'on tenta d'édulcorer tout ce qui n'était pas « convenable ». Fanny traînée au sommet du Vésuve avait écrit qu'elle avait eu tellement peur que « le cœur lui tomba une ou deux fois dans le pantalon [8] ». Elle ajouta en fait : « si j'en avais eu un ». Sebastian supprima cette dernière phrase, trop osée pour la période victorienne.

Le récit de Sebastian Hensel sur sa famille s'arrête en 1847, à la mort de sa mère et de son oncle, comme s'il s'agissait d'un mythe qui devra être indéfiniment resservi avec quelques enjolivements et des mensonges par omissions. Il fallait prouver que, sortant du ghetto, une famille pouvait s'intégrer à la société allemande grâce à la perfection de sa trajectoire. Un des éléments les plus « parfaits » de son histoire est fait de la soumission de Fanny à son destin de femme, malgré un talent reconnu de tous.

Peut-être que cette légende familiale, présentée sous l'angle de l'idéalisme patriarcal, pourrait se transformer en lutte des hommes contre la toute-puissance maternelle. Fanny a renoncé à exprimer son talent, pour accéder à un pouvoir plus intemporel. C'est la place de sa mère qu'elle voulait et qu'elle prit. La mort de Lea n'eut pas sur sa famille l'impact de la mort de sa fille. Wilhelm pouvait bien être détruit par sa disparition, car elle avait envahi toute la place. « Toutes les affaires, la direction de la maison, la gestion de la fortune, mon éducation, ma mère s'était occupée de tout », dit Sebastian [9]. Le jugement d'Alfred de Reumont, hôte des Hensel vers 1845, était plus sévère [10] : « Fanny Hensel n'était pas agréable, et sa domination sur son bonhomme de mari qui ne manquait pas de talent comme peintre et comme poète mais qui n'arrêtait pas de forger des calembours, pouvait même avoir quelque chose de blessant. Mais elle était pleine d'esprit et de talent. » On peut aussi imaginer que Fanny au fond d'elle-même souhaitait que Felix vive à sa place une vie guidée par sa pensée à elle. La toute-puissance serait dans ce cas l'idée de la possession de l'autre. Felix, bien sûr, fuit, une fois que Fanny lui eut cédé son droit d'aînesse, mais il ne remplit pas les termes du contrat : faire vivre sa sœur de sa vie à lui. D'où peut-être sa culpabilité à la mort de Fanny, dont il publia quelques œuvres, lui qui s'y était tant opposé, avant de se punir par sa propre mort.

La mort rattrapa Fanny au moment où elle s'attaquait au monde extérieur, où elle sortait du domaine de la puissance souterraine maternelle ; Felix, au même moment, désirait renoncer aux voyages, aux concerts et à la vie publique pour rentrer chez lui et composer. Fanny n'avait pas encore quarante-deux ans, Felix en avait trente-huit. Leur mort, si jeunes, donne une impression angoissante comme une malédiction. Il serait terriblement facile de dire que Fanny est morte de bonheur, ou de ne pas vouloir vivre son bonheur, ou encore qu'elle s'est punie pour avoir enfreint un interdit. Felix alors serait mort, lui, de culpabilité, ou de désespoir d'avoir perdu son ombre et son double. Le champ des spéculations pseudo-psychanalytiques est largement ouvert. Mais les Mendelssohn se voulaient rationnels, aimaient passionnément la vie et la musique. Ils ne recherchaient pas l'ombre et la mortification, mais l'activité et la joie de vivre, et souhaitaient toujours voir le meilleur côté des choses.

C'est ce que fit Fanny. Malgré toute l'injustice de l'oubli dans lequel son travail a été tenu, il faut bien ajouter que son sort aurait été bien pire si elle s'était laissé endormir. Elle a su se faire une belle vie, et cela, elle ne le devait qu'à elle, à son tempérament et à son énergie. Le plaisir de l'action et de la création, elle l'a eu. Elle savait donner, et rendre ses proches heureux. A la fin de sa vie, elle était arrivée à un équilibre et à un aboutissement personnel enviable, ce qu'on ne peut dire peut-être à propos de Felix. Il lui a manqué certes la vie publique : cela va être désormais rattrapé. Ses œuvres sortent de l'ombre. De plus en plus de musiciens et surtout de musiciennes allemandes et américaines se font une joie de faire découvrir à un public étonné et enchanté une artiste dont bientôt le travail deviendra célèbre. Ce livre est sa première biographie. Il reste cependant mille choses à dire sur elle et sur sa musique, mais il faut que d'autres les disent et que d'autres la jouent, pour qu'elle vive de nouveau à travers la diversité des interprétations et la diversité des regards que l'on portera sur elle. Fanny a en ce domaine un retard énorme à combler, mais notre fierté est d'avoir ouvert la voie et notre espoir est de l'avoir fait aimer. C'est au public maintenant d'aller vers sa musique et de la sortir enfin de l'anonymat de sa vie privée.

NOTES

Introduction 9

1. Virginia Woolf, *Une chambre à soi*, traduction de Clara Malraux, Paris, Denoël/Gonthier, 1980, p. 63 sqq.
2. Élisabeth Badinter, *L'un est l'autre*, Paris, éd. Odile Jacob, 1986.
3. Quand une femme avait la chance de recevoir une éducation !
4. Le propos ici n'est pas de dresser le catalogue des musiciennes créatrices. Consulter à ce propos Patricia Adkins Chiti, *Donne in Musica*, Rome, éd. Bulzoni, 1982.
5. Cécile Lowenthal-Hensel, « F in Dur und F in Moll », in *Berlin in Dur und Moll*, Berlin, Axel Springer Verlag AG, 1970.
6. Rudolf Elvers, *Felix Mendelssohn-Bartholdy, Briefe*, Frankfurt am Main, Fischer Taschenbuch Verlag, 1984, p. 11.
7. Ils ont hélas presque tous disparu. On n'en connaît que des photos ou des esquisses.

Chapitre 1 17

1. Sebastian Hensel, *Die Familie Mendelssohn, 1729-1847, nach Briefen und Tagebüchern*, Berlin, B. Behr's Buchhandlung, 1879 (première édition) p. 1 sqq.
2. *Juden in Preussen*, Dortmund, Harenberg Kommunikation, 1981, p. 136.
3. Mirabeau, « Sur Moses Mendelssohn, sur la réforme politique des Juifs », p. 2, in *La Révolution française et les Juifs*, Paris, Edhis, 1968, t. 1.
4. Robert Badinter, *Libres et égaux... L'émancipation des Juifs sous la Révolution française (1789-1791)*, Paris, Fayard, 1989, p. 65-74.
5. Gotthold Ephraim Lessing, *Nathan der Weise*, Stuttgart, Reclam, 1982, p. 71 sqq. Première édition : 1778 ; première représentation : Weimar, 1801 (révision de Schiller).
6. Sebastian Hensel, *op. cit.*, t. 1, p. 37.
7. Heinrich Heine, *Atta Troll*, édité par Ernst Elster, Leipzig et Vienne, Bibliographisches Institut, t. 2, p. 373.

1. Carola Stern, *Ich möchte mir Flügel wünschen : das Leben der Dorothea Schlegel*, Reinbeck bei Hambourg, Rowohlt Verlag, 1990, p. 100.

2. *Ibid.*, p. 327 : Dorothea aurait traduit le roman de Germaine de Staël, *Corinne ou l'Italie*, qui parut cependant avec la mention : traduit et édité par Friedrich Schlegel.

3. Friedrich Schlegel était le frère un peu bohème d'August Wilhelm Schlegel (1767-1845) qui forma en 1801 avec Tieck, Novalis, Fichte et Schelling le premier groupe romantique allemand. A partir de 1803 Wilhelm fut précepteur des enfants de Mme de Staël, qui subit son influence en écrivant *De l'Allemagne*. Homme plus stable que son frère, il eut un poste à l'université de Bonn à partir de 1818. Comme elle unit les frères Humboldt, la postérité retint les « frères Schlegel » comme fondateurs d'un certain romantisme.

4. Sebastian Hensel, *op. cit.*, t. 1, p. 55.

5. Jean-Jacques Anstett, « Henriette Mendelssohn », in : *Aspects de la civilisation germanique*, Travaux XII, Saint-Étienne, Centre interdisciplinaire d'étude et de recherche sur l'expression contemporaine, 1975, p. 73.

6. Henriette passa certainement une grande partie de son temps chez Fanny von Arnstein, mais il n'est absolument pas prouvé qu'elle fut la gouvernante d'Henrietta Pereira-Arnstein (1780-1859), ce qui serait mentionné vingt fois dans la correspondance que celle-ci entretint avec sa cousine berlinoise, Lea Mendelssohn Bartholdy, belle-sœur d'Henriette Mendelssohn.

7. Karl August Varnhagen von Ense, *Denkwürdigkeiten und vermischte Schriften*, Leipzig F.A. Brockaus, 1840, t. VII, p. 127.

8. Christian Lambour, in *Mendelssohn Studien, Beiträge zur neueren deutschen Kultur* – und Wirtschaftsgeschichte, Berlin, Duncker & Humblot, t. 6, 1986, p. 50.

9. *Juden in Preussen, op. cit.*, p. 108.

10. Cecil Roth, *A Short History of the Jewish People*, revised edition, Phaidon Press Ltd, Oxford, 1943, p. 326.

11. La réception des huguenots, chassés de France en 1785 par la révocation de l'édit de Nantes, fut bien différente : le Grand Électeur vendit, dit-on, son argenterie pour les soutenir! (*Cf. Juden in Preussen, op. cit.*, p. 116.)

12. *Juden in Preussen, op. cit.*, p. 80 sqq.

13. *Ibid.*, p. 130.

14. *Ibid.*, p. 83.

15. Wilhelm Treue, « Das Bankhaus Mendelssohn als Beispiel einer Privatbank im 19. und 20. Jahrhundert », in *Mendelssohn Studien, op. cit.*, t. 1, 1972, p. 34.

16. Sebastian Hensel, *op. cit.*, t. 1, p. 78.

17. Le plus jeune et le moins célèbre des frères Mendelssohn, Nathan (1782-1852), doué pour la « technique », devint industriel, et par la suite obtint une place de percepteur, puis de contrôleur administratif à Berlin.

18. En 1778, David Friedländer (1750-1834) et Isaac Daniel Itzig (1750-1806), grand-oncle de Fanny Hensel par sa mère Lea, fondèrent la *jüdische Freischule*, école libre juive, où la culture occidentale était enseignée aux enfants juifs en allemand et en hébreu. (*Cf. Juden in Preussen, op. cit.*, p. 146.)

19. Wilhelm Treue, *op. cit.*, p. 32.

20. *Ibid.*, p. 34.

21. Jacques Attali, *Sir Sigmund Warburg, 1902-1982, un homme d'influence*, Paris, Fayard, 1985, p. 38-39.

22. Sebastian Hensel, *op. cit.*, t. 1, p. 79. Les expressions en italique sont en français dans le texte. Le style fleuri et précieux est typique des lettres que s'échangeaient Lea et Henriette. La francophilie se lit à toutes les lignes.

23. *Ibid.*, p. 80.

24. *Ibid.*, p. 42-43.

25. Alexander Boyd, in *Mendelssohn Studien, op. cit.*, t. 3, 1979, p. 10.

1. Stendhal, *Correspondance, 1800-1821*, éditée et annotée par Henri Martineau et Vittorio del Litto, Paris, Gallimard, coll. La Pléiade, t. 1, 1962, p. 330.

2. Klaus Lindner, *Berlin in Kartenbild. Zur Entwicklung der Stadt 1650-1950*, Staatsbibliothek Preussischer Kulturbesitz, Ausstellungskataloge 15, Berlin, 1981, p. 22.

3. Le grand-duché de Prusse se situe beaucoup plus à l'est. Sa capitale Königsberg porte actuellement le nom russe de Kaliningrad. Memel, aujourd'hui Klapeidia, est en Lituanie.

4. Klaus Lindner, *op. cit.*, p. 25.

5. *Ibid.*, p. 29.

6. Heinrich Friedrich Karl, Reichsfreiherr von und zu Stein (1757-1831) : ministre prussien, il abolit le servage en 1807 et fut écarté du pouvoir par Napoléon. Il fut alors conseiller du tsar Alexandre Ier. Au Congrès de Vienne, il se fit contre Metternich le champion d'un État fédéral allemand.

Karl August von Hardenberg (1750-1822), prince depuis 1814. Homme d'État prussien. Successeur de Stein, il devint chancelier en 1810. Comme lui attaché à moderniser l'État, il introduisit la liberté du commerce, la sécularisation des biens du clergé et l'émancipation des Juifs (1812). Avec Wilhelm von Humboldt, il représenta la Prusse au congrès de Vienne et perdit son influence politique après le congrès de Karlsbad en 1819.

7. Aux cent deux quartiers se rajoutait Neu-Voigtland.

8. *Juden in Preussen, op. cit.*, p. 157.

9. Cité par Hannah Arendt, in *Rahel Varnhagen*, traduit de l'allemand par Henri Plard, éd. originale parue en 1958, Paris, Tierce, 1986, p. 156.

10. Les Juifs devaient certes leur émancipation à la Révolution française ; mais celle-ci avait emprunté ses idées à Moses Mendelssohn à travers Mirabeau et Christian Dohm. Le racisme n'est pas logique.

11. *Juden in Preussen, op. cit.*, p. 176.

12. Hannah Arendt, *op. cit.*, p. 163-164.

13. *Cf.* note 18 du chapitre 2, p. 331.

14. Ses idées furent reprises plus tard (1854, Breslau, Jüdisch-Theologischen Seminar ; 1872, Berlin, Hochschule für die Wissenschaft des Judentums). *Cf. Juden in Preussen, op. cit.*, p. 163.

15. Henriette Mendelssohn (1776-1862), née Meyer, sœur du mari de Recha.

16. Felix Gilbert, *Bankiers, Künstler und Gelehrte, unveröffentlichte Briefe der Familie Mendelssohn aus dem 19. Jahrhundert*, Schriftenreihe wissenschaftlicher Abhandlungen des Leo Baeck Instituts 31, Tübingen, J.C.B. Mohr, 1975, p. 79.

17. Carola Stern, *op. cit.*, p. 265.

18. Wilhelm Treue, *op. cit.*, in *Mendelssohn Studien, op. cit.*, t. 1, p. 33.

19. Manfred Kliem, « Die Berliner Mendelssohn-Adresse Neue Promenade 7 », in *Mendelssohn Studien, op. cit.*, t. 7, 1990, p. 127.

20. Sebastian Hensel, *op. cit.*, t. 1, 15ᵉ édition, p. 95.

21. Ilse Rabien, « Die Mendelssohn in Bad Reinerz – Zur Familie Nathan Mendelssohns », in *Mendelssohn Studien, op. cit.*, t. 7, p. 158-159.

22. Christian Lambour, *op. cit.*, in *Mendelssohn Studien*, t. 6, p. 77.

23. Cécile Lowenthal-Hensel, *Preussische Bildnisse des 19.Jahrhunderts, Zeichnungen von Wilhelm Hensel*, Berlin, Hartman & Co, 1981, p. 77.

24. Sebastian Hensel, *op. cit.*, t. 1, 1ʳᵉ édition, p. 93.

25. Eva Weissmeiler, *Fanny Mendelssohn, ein Portrait in Briefen*, Francfort am Main, Ullstein Taschenbuch, 1985, p. 15.

26. Sebastian Hensel, *op. cit.*, t. 1, p. 85 sqq.

27. Varnhagen von Ense, *Denkwürdigkeiten und vermischte Schriften*, éd. par sa nièce Ludmilla Assing, Leipzig, Brockhaus, 1859, t. IX.

1. Hugh Macdonald, « Marie Bigot » in *The new Grove, Dictionary of Music and Musicians*, éd. par Stanley Sadie, London, Macmillan, 1988, t. 2, p. 701.

2. Alexander Boyd, *op. cit.*, p. 25.

3. Sebastian Hensel, *op. cit.*, t. 1, p. 81.

4. Felix Gilbert, *op. cit.* p. 33-34.

5. Carola Stern, *op. cit.*, p. 305.

6. Willi Kahl, « Ludwig Berger », in *Die Musik in Geschichte und Gegenwart*, éd. F. Blume, Kassel und Basel, Bärenreiter, 1949-1967, vol. I, col. 1691-1693.

7. Sebastian Hensel, *op. cit.*, t. 1, p. 90-91.

8. *Ibid.*, p. 97; c'est ce que j'ai déduit de l'indication de Sebastian: *24 Bach'sche Präludien*.

9. Sebastian Hensel, *op. cit.*, t. 1, p. 98.

10. Christian Lambour, in *Mendelssohn Studien, op. cit.*, t. 6.

11. Felix Gilbert, *op. cit.*, p. 38.

12. Christian Lambour, *ibid.*, p. 67.

13. Eduard Devrient, *Meine Erinnerungen an Felix Mendelssohn-Bartholdy und seine Briefe an mich*, Leipzig, S. Weber, 1869, p. 14-15.

14. Felix Mendelssohn, *Paphlëis, Ein Spott-Heldengedicht*, Bâle, Jahresgabe der Internationalen Felix-Mendelssohn-Gesellschaft, 1961, p. 31 ss.

15. Victoria Sirota, *The Life and Works of Fanny Mendelssohn Hensel*, thèse inédite, Boston University, 1981, p. 20.

16. Alexander Boyd, in *Mendelssohn Studien, op. cit.*, t. 3, lettre du 14 octobre 1833 à Mary Alexander, p. 44.

17. Christian Lambour, in *Mendelssohn Studien, op. cit.*, p. 56, lettre du 15 août 1820. La mélodie mentionnée, *L'Amitié*, se trouverait actuellement dans une collection privée.

Chapitre 5 .... *54*

1. Martin Geck, « Zelter », in *Die Musik in Geschichte und Gegenwart*, éd. F. Blume, Kassel und Basel, Bärenreiter Verlag, 1949-1967, vol. XIV, col. 1208.

2. Marc Vignal, « Les nouveaux courants musicaux de 1750 à 1780 », in *Histoire de la musique occidentale*, éditée par Brigitte et Jean Massin, Paris, Fayard/Messidor-Temps Actuels, 1985, p. 567.

3. Klaus Siebenhaar, « Biographien », in *Berlin zwischen 1789 und 1848, Facetten einer Epoche*, Austellungkatalog der Akademie der Künste 132, Berlin, Frölich & Kaufmann GmbH, 1981, p. 446.

4. Georg Schünemann, « Die Bachpflege der Berliner Singakademie », in *Bachjahrbuch*, XXV (1928), p. 138.

5. Nele Hertling, « Die Singakademie im musikalischen Leben Berlins 1791-1851 », in *Berlin zwischen 1789 und 1848, Facetten einer Epoche, op. cit.*, p. 249.

6. Philippe Beaussant, « Les inventions italiennes du génie baroque », in *Histoire de la musique occidentale, op. cit.*, p. 383. Orazio Benevoli avait poussé la folie baroque du style polychoral jusqu'à écrire une messe à cinquante-deux voix!

7. Nele Hertling, *op. cit.*, p. 250 sqq.

8. *Ibid.*

9. Martin Geck, *op. cit.*, p. 140.

10. Nele Hertling, *ibid.*

11. Martin Geck, *op. cit.*, p. 146 sqq.

12. Georg Schünemann, *op. cit.*, p. 148.

13. Gotthold Frotscher, « Die Aesthetik des Berliner Liedes in ihren Hauptproblemen », in *Zeitschrift für Musikwissenschaft*, t. VI, 1923-1924, p. 431-448.

14. Peter Nitzsche, « Die Liedertafel im System der Zelterschen Gründungen », in *Studien zur Musikgeschichte Berlins im frühen 19. Jahrhundert*, éd. par Carl Dalhaus, Forschungsunternehmen der Fritz Thyssen Stiftung, t. 56, Regensburg, Gustav Bosse Verlag, 1980, p. 16-17.

Chapitre 6 .... *61*

1. Karl Mendelssohn-Bartholdy, *Goethe and Mendelssohn*, 2ᵉ édition, traduction de M. E. von Glehn, Londres, Macmillan, 1974, pp. 190-191.

2. Depos. Berlin Ms 3, Archives Mendelssohn, Berlin, Staatsbibliothek Preussischer Kulturbesitz.

3. *Grundbass* est un terme musical. Abraham l'emploie-t-il intentionnellement ?

4. Calendrier musical universel, tome IX, année 1788, Genève, Minkoff Reprints, 1972, p. 2428.

5. Nele Hertling, *op. cit.*, p. 261.

6. Eduard Devrient, *op. cit.*, p. 20.

7. Jacob emploie le terme *Musikus*, plus péjoratif que *Musiker*.

8. Sebastian Hensel, *op. cit.*, t. 1, p. 93.

9. *Cf.* la lettre de Lea, chapitre 3, p. 39.

10. Felix Gilbert, *op. cit.*, p. XVI.

11. Eric Werner, *op. cit.*, p. 28 et Felix Gilbert, *op. cit.*, p. XXXV.

12. Eduard Devrient, *op. cit.*, p. 11.

13. Jane Austen, *Pride and Prejudice*, London, Penguin English Library, 1981, p. 216. 1ʳᵉ éd. : 1813.

14. *Cf.* les propos odieux tenus par Karoline von Dacheroden, l'épouse de Wilhelm von Humboldt. Alors qu'il rendait visite à Hinni Mendelssohn à Paris, Wilhelm von Humboldt écrivit à sa femme : « Je lui ai rendu visite à Paris, car je n'abandonne jamais ni mes amis d'enfance ni les Juifs. » (Hinni était l'un et l'autre) Karoline von Humboldt répondit : « Tu te vantes de ne jamais abandonner les Juifs, c'est la seule faute que je te connaisse... Les Juifs, dans leur dégénérescence, leur matérialisme et le manque de courage qui tient à ce matérialisme, sont la honte du genre humain. » Henriette Herz et Henriette (Jette) Mendelssohn considéraient Karoline von Humboldt comme leur amie et protectrice. Les frères Humboldt firent toujours de leur mieux pour masquer les sentiments racistes de Karoline et Alexandre von Humboldt en particulier usa à plusieurs reprises de son influence auprès du gouvernement pour éviter des mesures discriminatoires à l'égard des Juifs. (In Felix Gilbert, *op. cit.*, p. XXXVI : *Wilhelm und Karoline von Humboldt in ihren Briefen*, éd. Anna von Sidow, Bd. V, p. 209, 219-220.)

1. Karl Friedrich Schinkel (1781-1841), peintre et architecte, figure essentielle de l'art allemand du début du xixᵉ siècle. Par ses relations avec Wilhelm von Humboldt et le chancelier von Hardenberg, il devient en 1815 ingénieur en chef secret du gouvernement prussien. On lui doit des monuments où le style classique prussien s'unit agréablement à l'aspect pratique et utilitaire du bâtiment (Schauspielhaus, 1818; Altes Museum, 1822-1830; Bauakademie, 1832-1836). Il créa d'innombrables décors et costumes, soit pour le théâtre, soit pour l'opéra, qui privilégiaient nettement le style gothique romantique. (Klaus Siebenhaar, *op. cit.*, p. 455.)

2. Sebastian Hensel, *op. cit.*, t. 1, p. 106; Cécile Lowenthal-Hensel, « Theodor Fontane über Wilhelm Hensel », in *Mendelssohn Studien, op. cit.*, t. 3, 1979, p. 181 ss.

3. Sebastian Hensel, *op. cit.*, t. 1, p. 107.

4. Cécile Lowenthal-Hensel, « Wilhelm Hensels ″Lebenslauf″ von 1829 » in *Mendelssohn Studien, op. cit.*, t. 3, 1979, p. 176.

5. La montagne sur laquelle Schinkel érigea en 1821 un monument en souvenir des guerres de libération – monument au sommet duquel trônait une croix de fer – prit le nom du monument et le garda plus tard dans le quartier de Berlin agrandi : Kreuzberg.

6. Carola Stern, *op. cit.*, p. 275.

7. Clemens Brentano (1778-1842), écrivain romantique, catholique mystique, auteur de romans et de nouvelles. Depuis 1801, amitié avec Achim von Arnim (1781-1831) avec qui il participa au groupement romantique de Heidelberg (1805) et qui épousa sa sœur Bettina (1785-1859), écrivain très engagée socialement à partir des années 1830. Clemens Brentano fit en 1818 une profession de foi publique sur son attachement au catholicisme.

Joseph von Eichendorff (1788-1857), poète romantique et juriste, étudie à Heidelberg, où il rencontre les précédents en 1825. Fonctionnaire prussien de 1816 à 1844, il se consacre ensuite à la littérature.

8. Sebastian Hensel, *op. cit.*, p. 110.

Adalbert von Chamisso (1781-1838), émigrant noble français installé à Berlin depuis 1796; poète romantique allemand proche de E.T.A. Hoffmann; chercheur et voyageur scientifique.

Johann Ludwig Tieck (1773-1853); écrivain qui appartint au cercle romantique d'Iena (1799-1800), avec Novalis, les frères Schlegel, Schelling, Fichte... Critique, auteur dramatique et romancier. Avec August Wilhelm von Schlegel, traducteur de Shakespeare.

9. Felix Gilbert, *op. cit.*, p. 57 sqq.

10. Loué soit Jésus-Christ.

11. Luise Hensel était depuis 1821 gouvernante des enfants du comte Stolberg à Sondermühlen. *Cf.* Felix Gilbert, *op. cit.*, p. 60.

12. *Cf.* la « Mignon » de Goethe : *Im dunkeln Laub die Goldorangen glühn.*

13. Eva Weissweiler, *Fanny Mendelssohn, Italienisches Tagebuch*, Darmstadt, Luchterhand, 1985, p. 20.

14. Cécile Lowenthal-Hensel, *Theodor Fontane über Wilhelm Hensel*, *op. cit.*, t. 3, 1979, p. 189. Theodor Fontane (1819-1898), romancier et journaliste, participe aux barricades en 1848 ; il est célèbre par son *Journal de Guerre* et son *Voyage dans le Mark-Brandenburg*.

15. *Mendelssohn Studien, op. cit.*, t. 3, page de garde. Cécile Lowenthal-Hensel, *Preussische Bildnisse des 19.Jahrhunderts*, Berlin, Hartman & Co, 1981, p. 26.

16. Cécile Lowenthal-Hensel, *Theodor Fontane über Wilhelm Hensel*, *op. cit.*, p. 188.

17. *Alter Fritz* : surnom populaire de Frédéric II.

18. Felix Gilbert, *op. cit.*, p. 51.

19. Cécile Lowenthal-Hensel, *Preussische Bildnisse des 19.Jahrhunderts*, *op. cit.*, p. 106.

20. Sebastian Hensel, *op. cit.*, t. 1, p. 116. *Cf.* note 22.

21. Cécile Lowenthal-Hensel, *Preussische Bildnisse des 19.Jahrhunderts*, *op. cit.*, p. 14 sqq.

22. Sebastian Hensel, *op. cit.*, t. 1, p. 115 sqq.

23. Tout autre fut le destin de Fanny Lewald (1811-1889), une des pionnières du féminisme. Également sous la coupe d'un père prussien despotique, Fanny Lewald arrêta son école pour jeunes filles bien élevées à treize ans, pour se consacrer à des travaux plus féminins : la couture et le piano, pour lequel elle n'avait pas le même penchant que Fanny Mendelssohn! Libérée du mariage par le veuvage, elle obtint de son père l'autorisation de publier grâce à son oncle, l'éditeur August Lewald, qui sans qu'elle le sache avait fait imprimer ses lettres sous forme de récits de voyage. Ses œuvres principales datent d'avant 1848, sur les thèmes de l'éducation des femmes, l'émancipation des Juifs, la démocratisation de l'art et de la vie politique. Elle se remaria en 1854 avec l'historien de l'art et de la littérature Adolf Stahr avec qui elle fut très heureuse. Elle tenait à Berlin un salon fréquenté par Gutzkow, Varnhagen von Ense, Berthold Auerbach et Theodor Fontane. Elle se désintéressa de la politique après 1848 mais publia cependant encore des œuvres où elle prenait fortement parti pour l'égalité des femmes dans l'éducation et le travail (1863 : *Lettres de Pâques pour les femmes* ; 1870 : *Pour et contre les femmes*). *Cf.* Renate Möhrmann, « Fanny Lewald », in *Neue Deutsche Bibliographie*, Berlin, Duncker und Humblot, 1985, vol. XIV, p. 409-410. Fanny Mendelssohn n'avait pas intérêt à fuir de chez elle : la situation des autres femmes de sa classe était pire.

Chapitre 8 .... *85*

1. *Cf.* chapitre 5.

2. Marcia Citron, *The Letters of Fanny Hensel to Felix Mendelssohn*, Pendragon Press, 1987, p. XLIX.

Rudolf Elvers, *op. cit.*, p. 11.

3. Rudolf Elvers (*op. cit.*, p. 17) souligne que le style de Felix devait être sévèrement contrôlé par Lea dès que le jeune garçon s'adressait à un étranger : cela donne des lettres un peu guindées, *altklug*, dignes d'un enfant prodige...

4. Eva Weissweiler, *op. cit.*, p. 25 sqq.

5. Karl Begas (1794-1854), peintre allemand, composa surtout des peintures à thèmes historiques et bibliques.

6. Jeu de mots sur *hoffen*, espérer, *Hofmeister*, majordome et *Hausmeisterin*, maîtresse de maison. Il s'agit bien sûr de Fanny. Le jeu de mots s'était alors solidement installé dans la culture allemande. L'admiration des romantiques pour Shakespeare y jouait certainement son rôle mais on peut aussi considérer que le jeu des allitérations donne à la littérature romantique allemande son cachet et son identité. Les œuvres de Brentano par exemple ne sont qu'une suite d'allitérations (*Gockel und Hinkel*, par exemple) de même que les livrets de Wagner. Ce jeu sur les mots et leur sonorité possède aussi l'avantage, pour un peuple à la recherche de son identité, de ne pouvoir se traduire !

7. Fanny Casper, née Levin : peut-être la femme du médecin Johann Ludwig Casper (1796-1864), qui écrivit le livret des *Deux Neveux*, opéra de jeunesse de Felix.

8. Rudolf Elvers, *op. cit.*, p. 19.

9. Susanna Grossmann-Vendrey, *Felix Mendelssohn-Bartholdy und die Musik der Vergangenheit*, Regensburg, Gustav Bosse Verlag, 1969, p. 16 sqq.

10. Eva Weissweiler, *op. cit.*, p. 30 sqq.

11. *Der Mensch denkt und Gott lenkt.*

12. *Cf.* une lettre d'Abraham à Fanny où il s'exprime dans les mêmes termes : chapitre 6, p. 63.

13. *Gutissimo.*

14. Wilhelm Pfannkuch, « Spontini », in *Die Musik in Geschichte und Gegenwart*, *op. cit.*, col. 1078-1090.

15. Dirk Scheper, « Schauspielhaus », in *Berlin zwischen 1789 und 1848, Facetten einer Epoche*, *op. cit.*, p. 286 sqq.

16. Rudolf Elvers, *op. cit.*, p. 21. « L'Éléphant » est la plus vieille auberge de Weimar.

17. Manuscrit sans date, de la main d'un copiste, au Goethe Museum de Düsseldorf.

18. Manuscrit à Berlin, Staatsbibliotek Preussischer Kulturbesitz. Sebastian Hensel l'a publié avec des changements (*op. cit.*, p. 102).

19. Manuscrit autographe, archives Mendelssohn, MAMs34, p. 17-18.

20. Sebastian Hensel, *op. cit.*, t. 1, p. 102 sqq.

21. Susanna Grossmann-Vendrey, *op. cit.*, p. 17.

22. Sebastian Hensel, *op. cit.*, p. 129.

23. Karl Mendelssohn Bartholdy, *Goethe und Felix Mendelssohn-Bartholdy*, Leipzig, S. Hirzel, 1871, p. 21.

24. Cécile Lowenthal-Hensel, *op. cit.*, p. 43-44. Lettre du 30 juillet 1823.

25. *Ibid.*, p. 21, note 13.

26. Cécile Lowenthal-Hensel, *Preussische Bildnisse des 19.Jahrhunderts, op. cit.*, p. 43.

Chapitre 9 98

1. Christian Lambour, *op. cit.*, in *Mendelssohn Studien*, t. 6, p. 86. Lettre du 4 août 1821.

2. Hinni : surnom d'Henriette Meyer, épouse de Joseph Mendelssohn.

3. Christian Lambour, « Ein schweizer Reisebrief aus dem Jahr 1822 von Lea und Fanny Mendelssohn-Bartholdy an Henriette Mendelssohn, geborene Meyer », in *Mendelssohn Studien, op. cit.*, t. 7, 1990, p. 176.

4. La tante Jette cette fois-ci, la sœur d'Abraham.

5. Sebastian Hensel, *op. cit.*, t. 1, p. 132.

6. Susanna Grossmann-Vendrey, *op. cit.*, p. 18.

7. Sebastian Hensel, *op. cit.*, t. 1, p. 122 sqq.

8. Citation de Goethe (Mignon dans *Wilhelm Meister*).

9. Rudolf Elvers, *op. cit.*, p. 251.

10. Ferdinand Hiller, *Felix Mendelssohn Bartholdy, Briefe und Erinnerungen*, 2ᵉ éd., Köln, Dumont-Schaubert, 1878, p. 29.

11. Susanna Grossmann-Vendrey, *op. cit.*, p. 10 sqq.

12. Rudolf Elvers, *op. cit.*, p. 26.

13. Marianne Mendelssohn (1799-1880), née Seeligmann, nièce de Lea, avait épousé Alexander, deuxième fils de Joseph Mendelssohn.

14. Sebastian Hensel, *op. cit.*, t. 1, p. 124 sqq.

15. Jane Austen, *Pride and Prejudice, op. cit.*, p. 82.

16. Christian Lambour, *op. cit.*, in *Mendelssohn Studien*, t. 7, p. 177. Benny Mendelssohn, fils aîné de Joseph et de Hinni Mendelssohn, entreprit après 1820 plusieurs voyages d'études à travers la Suisse et l'Italie.

17. Cécile Lowenthal-Hensel, *Preussische Bildnisse des 19.Jahrhunderts, op. cit.*, p. 78-79.

18. Sebastian Hensel, *op. cit.*, t. 1, p. 123.

19. « Biedermeier » s'applique au style de vie et à l'art bourgeois en Allemagne, Scandinavie et autres pays d'Europe centrale entre 1815 et 1848. Peut avoir une connotation petite-bourgeoise et « philistine » (Günter Pulvermarcher, article « Biedermeier », in *The New Grove Dictionary of Music and Musicians, op. cit.*, t. 2, p. 695.

20. Sebastian Hensel, *op. cit.*, t. 1, p. 133.

21. Sebastian Hensel, *op. cit.*, t. 1, p. 128.

22. Archives Mendelssohn, Berlin MAMs 32, pp. 44-45.

Chapitre 10 108

1. Sebastian Hensel, *op. cit.*, t. 1, p. 135.

2. *Ibid.*, p. 136.

3. Cette sonate est mentionnée dans une lettre à Felix du 29 octobre

1821, citée dans Marcia Citron, *op. cit.*, p. 371. D'après le Dr Elvers, la sonate se trouverait en possession privée (Rudolf Elvers, « Weitere Quellen zu den Werken von Fanny Hensel », in *Mendelssohn Studien, op. cit.*, t. 2, 1975, p. 215-220).

4. Cécile Lowenthal-Hensel, *Preussische Bildnisse des 19.Jahrhunderts, op. cit.*, p. 128.

5. Eduard Devrient, *op. cit.*, p. 19.

6. *Ibid.*, *op. cit.*, p. 10 sqq.

7. Sebastian Hensel, *op. cit.*, t. 1, p. 137.

8. *Ibid.*, t. 1, p. 140.

9. *Briefe von Felix Mendelssohn-Bartholdy an Ignaz und Charlotte Moscheles*, éd. F. Moscheles, Leipzig, Duncker und Humblot, 1888, p. 1 et 2.

10. *Aus Moscheles Leben*, éd. C. Moscheles, Leipzig, Duncker und Humblot, 1972, p. 93-95.

11. *Briefe von F. Mendelssohn-Bartholdy an I. und C. Moscheles, op. cit.*, p. 3.

12. Malla Montgomery-Silfverstolpe, *Das romantische Deutschland, Reisejournal einer Schwedin (1825-1826)*, Leipzig, A. Bonnier, 1912, p. 275-276.

13. Susanna Grossmann-Vendrey, *op. cit.*, p. 15 sqq.

14. *Ibid.*, p. 21, lettre du 6 avril 1825. Le passage en italique est en français dans le texte.

15. Eva Weissweiler, *Fanny Mendelssohn, Ein Portrait in Briefen, op. cit.*, p. 36.

André George Louis Onslow (1784-1852), compositeur français d'origine anglaise qui se consacra à la musique de chambre.

Antonin Reicha (1770-1836), compositeur et théoricien français né en Bohême.

Schuhu, pour les Mendelssohn, signifiait être terriblement critique.

Les « 33 variations » : les *Variations Diabelli*, en do majeur, op. 120.

16. Sebastian Hensel, *op. cit.*, t. 1, p. 148-149.

17. De Jean-Sébastien Bach, évidemment.

18. Pierre-Alexandre Monsigny (que Sebastian Hensel appelle Montigny) (1729-1817), compositeur d'opéras-comiques.

19. Eva Weissweiler, *Fanny Mendelssohn, Ein Portrait...*, *op. cit.*, p. 39.

20. *Jessonda* : opéra de Louis Spohr (1784-1859).

Alceste : opéra de Christoph Willibald Gluck (1714-1787).

Samson : oratorio de Georg Friedrich Haendel (1685-1759).

Sapupi est le surnom mendelssohnien de Spontini.

21. Adolf Bernhard Marx (1795-1866), compositeur et théoricien de la musique.

22. Pierre Rode (1774-1830), violoniste français, connaissance des Mendelssohn Bartholdy.

23. Eva Weissweiler, *Fanny Mendelssohn, Ein Portrait...*, *op. cit.*, p. 43. Le passage en italique est en français dans le texte.

24. Sebastian Hensel, *op. cit.*, t. 1, p. 150-151. Les passages en italique sont en français dans le texte.

Robin des Bois : A l'époque, ainsi traduisait-on en France le *Freischütz* de Weber.

25. Cécile Lowenthal-Hensel, « Neues zur Leipziger Strasse 3 », in *Mendelssohn Studien, op. cit.*, t. 7, 1990, p. 141 sqq.

26. Eric Werner, *Mendelssohn, Leben und Werk in neuer Sicht*, Zürich/Freiburg in Bresgau, Atlantis Musikbuch-Verlag, 1980, p. 63.

27. Sebastian Hensel, *op. cit.*, t. 1, p. 141.

28. Cécile Lowenthal-Hensel, *ibid.*, p. 143.

29. Michael Cullen, « Leipziger Strasse 3 » in *Mendelssohn Studien, op. cit.*, t. 5, 1982, p. 48 sqq.

30. Sebastian Hensel, *op. cit.*, t. 1, p. 155 sqq.

31. Sebastian Hensel, *op. cit.*, t. 1, p. 152.

32. *Gartenzeitung*, 21 août 1826, p. 6. Archives Mendelssohn, Berlin.

33. Herbert Kupferberg, *Die Mendelssohns*, 2ᵉ éd., Tübingen, Wunderlich Verlag, 1977, p. 154.

34. Sebastian Hensel, *op. cit.*, t. 1, p. 154.

35. Citation du *Faust* : « *Und alles ist zerstoben* ».

36. Eric Werner, *op. cit.*, p. 128.

37. Sebastian Hensel, *op. cit.*, t. 2, p. 262.

38. Il est difficile d'en faire le compte, puisque trois des cahiers manuscrits de Fanny se trouvent en possession privée. (*Cf.* Rudolf Elvers, « Weitere Quellen zu den Werken von Fanny Hensel », in *Mendelssohn Studien, op. cit.*, t. 2, 1975, p. 215-220.)

39. *Die Hochzeit des Camacho*, op. 10.

40. Sebastian Hensel, *op. cit.*, t. 1, p. 159.

41. *Ibid.*, p. 181.

1. Karl-Heinz Köhler, article « Felix Mendelssohn Bartholdy » in *The new Grove Dictionary of Music and Musicians*, éd. S. Sadie, London, Macmillan, 1980, t. 12, p. 137.

2. Bien que Alexander von Humboldt l'ait lui-même affirmé dans une de ses lettres, la recherche mendelssohnienne met en question cette assertion. *Cf.* Peter Honigmann, « Der Einfluss von Moses Mendelssohn auf die Erziehung der Brüder Humboldt », in *Mendelssohn Studien, op. cit.*, t. 7, 1990, p. 39-76.

3. Plus tard Dorothea Schlegel et Rahel Varnhagen.

4. Sur la fidélité en amitié, voir chapitre 6 note 14, p. 334.

5. Sebastian Hensel, *op. cit.*, t. 1, p. 43 ; Cécile Lowenthal-Hensel, *Preussische Bildnisse des 19. Jahrhunderts, op. cit.*, p. 130.

6. Sebastian Hensel, *op. cit.*, t. 1, p. 181-182.

7. Sebastian Hensel, *op. cit.*, t. 1, p. 213.

8. Theodor Schieder, « Johann Gustav Droysen », in *Neue deutsche Biographie, op. cit.,* vol. IV, p. 135.

9. Cécile Lowenthal-Hensel, *ibid.,* p. 91.

10. Therese Devrient, *Jugenderinnerungen,* éd. H. Devrient, Stuttgart, C. Krabbe, 1905, p. 251-252.

11. *Juden in Preussen, op. cit.,* p. 206.

12. *Ibid.,* p. 27.

13. Cécile Lowenthal-Hensel, *ibid.,* p. 86.

14. Lea, épouse du Conseiller municipal Bartholdy.

15. Sebastian Hensel, *op. cit.,* t. 1, p. 210.

16. *Ibid.,* p. 213.

17. Johanna Kinkel (1810-1858), née Mockel, compositrice, épousa en 1843 Gottfried Kinkel et participa largement à ses activités révolutionnaires.

18. Cécile Lowenthal-Hensel, *ibid.,* p. 75.

19. Sebastian Hensel, *op. cit.,* t. 1, p. 91-92.

20. *Ibid.,* p. 202.

21. Eduard Devrient, *op. cit.,* p. 99.

22. En français dans le texte.

23. Sebastian Hensel, *op. cit.,* t. 1, p. 210-211.

1. Herbert Kupferberg, *Die Mendelssohns,* 2e édition, Tübingen, Wunderlich Verlag, 1977, p. 158.

2. Michael Cullen, « Leipziger Strasse Drei – Eine Baubiographie », in *Mendelssohn Studien, op. cit.,* t. 5, 1982, p. 45-46.

3. Sebastian Hensel, *op. cit.,* t. 1, p. 212.

4. Giacomo Meyerbeer, *Briefwechsel und Tagebücher,* Berlin, W. de Gruyter, 1960-19..., p. 468.

5. On ne dirigeait pas alors le dos au public, sauf au théâtre. Felix fit mettre son pianoforte (il n'était pas question de clavecin!) de travers, entre les deux chœurs. Le premier chœur se trouvait donc dans son dos, mais il pouvait voir le deuxième et l'orchestre. *Cf.* Georg Schünemann, *op. cit.,* p. 161.

6. Sebastian Hensel, *op. cit.,* t. 1, p. 207 sqq.

7. Georg Schünemann, *op. cit.,* p. 162 sqq.

8. Depuis le 2 janvier 1827, la Singakademie était installée dans une grande salle qui portait son nom. Le besoin s'en faisait sentir depuis longtemps, car le chœur avait pris une importance énorme. Le roi Frédéric Guillaume III accepta dès 1821 le projet de Schinkel (dont la femme chantait dans le chœur de la Singakademie), mais le coût des travaux et les différentes difficultés que rencontra Zelter firent que la construction ne commença que le 30 juin 1825. La Singakademie s'était fortement endettée, mais disposa de la seule salle de concert de Berlin digne de ce nom, et la loua régulièrement pour toute sorte d'occasions

(par exemple, les cours magistraux d'Alexander von Humboldt auxquels assista Fanny). *Cf.* Nele Hertling, *op. cit.*, p. 256.

9. Eduard Devrient, *op. cit.*, p. 61-62.

10. Quarante ans auparavant, aux débuts de l'Assemblée nationale, le 22 décembre 1789, et les jours suivants, les orateurs Clermont-Tonnerre, Maury, Baumetz, entre autres, défendirent le droit à la citoyenneté des Juifs, des protestants, des comédiens et des bourreaux. *Cf.* Robert Badinter, *op. cit.*, p. 139 sqq; Jacques Hérissay, *Le Monde des théâtres pendant la Révolution. 1789-1800. D'après des documents inédits*, Paris, Perrin et Cie, 1922, p. 40 sqq.

11. Martin Geck, *Die Wiederentdeckung der Matthäuspassion im 19. Jahrhunderts*, Regensburg, Gustav-Bosse Verlag, 1967, p. 36-39.

12. Georg Schünemann, *op. cit.*, p. 162. Le chœur se composait de quarante-sept sopranos, trente-six altos, trente-quatre ténors, quarante et une basses, solistes compris.

13. Eduard Ritz (1802-1832), violoniste et chef d'orchestre, était un des plus proches amis de Felix Mendelssohn. Tuberculeux, il mourut très jeune et sa mort affecta beaucoup Felix. Son frère Julius (1812-1854), violoncelliste et chef d'orchestre, collabora au travail de Felix à Düsseldorf puis à Leipzig et édita entre 1874 et 1877 les œuvres du compositeur.

14. Marcia Citron, *op. cit.*, p. 385 sqq.

15. Au lieu de do majeur.

16. Ferdinand David (1810-1873), violoniste. Ami de Felix, il fut premier violon du Gewandhaus de Leipzig à partir de 1836 et dirigea les classes de violon du Conservatoire de Leipzig à partir de 1843 (date de la fondation du Conservatoire).

17. Lettre de Felix à sa famille du 14 avril, datée de Hambourg, contenant des instructions concernant la Passion : il voulait essayer de faire jouer les clarinettes en do une octave plus haut pendant le premier choral *O Lammes Gottes* (« Agneau de Dieu »). *Cf.* Rudolf Elvers, *Felix Mendelssohn Bartholdy, Briefe, op. cit.*, p. 60.

18. *Ibid.*; sur le *mich* de *der mich verriet* (« celui qui m'a trahi »), Devrient devait chanter *do* double dièse au lieu de do dièse.

19. *Ibid.*; dans la même lettre, Felix fait demander à Ritz de sauver sa partition « de l'encre, des collages et du crayon rouge, en bref, la délivrer de ore leonis ». Devrient apparemment s'en chargea.

20. Georg Schünemann, *op. cit.*, p. 165 sqq.

Chapitre 13 . . . . *144*

1. Georg Schünemann, *op. cit.*, p. 166.

2. Fanny Hensel, *Tagebuch (1829-1834)*, archives Mendelssohn, Berlin, Fot. 8835, p. 28.

3. *Ibid.*, p. 32-34.

4. *Ibid.*, p. 35.

5. *Ibid.*, p. 36. Lundi 13 avril 1829.

6. Sebastian Hensel, *op. cit.*, t. 1, p. 264.

7. Disques Cassiopée.

8. La sonate en do mineur est depuis peu éditée par les Éditions Furore (fue 147), en même temps qu'un mouvement de sonate « Allegro assai moderato », en mi majeur, daté de 1822. Autographes aux Archives Mendelssohn, Berlin, MAMs 34, p. 66-76 et MAMs 32, p. 31-34.

9. Eva Weissweiler, *Fanny Mendelssohn, ein Portrait in Briefen*, Francfort am Main, Ullstein Taschenbuch, 1985, p. 228-229.

10. Cécile Lowenthal-Hensel, *Preussische Bildnisse des 19. Jahrhunderts, op. cit.*, p. 27.

11. Felix Gilbert, *op. cit.*, p. 76-77.

12. Eva Weissweiler, *op. cit.*, p. 76-77.

13. *Ibid.*, p. 80-83.

14. *Ibid.*, p. 54.

15. Fanny Hensel, *Tagebuch, loc. cit.*, p. 25.

16. *Ibid.*, p. 27.

17. *Ibid.*, p. 30.

18. Eva Weissweiler, *op. cit.*, p. 60-61.

19. Marcia Citron, *op. cit.*, p. 396.

20. Sebastian Hensel, *op. cit.*, t. 1, p. 207. Lettre à Klingemann du 22 mars 1829.

21. Eva Weissweiler, *op. cit.*, p. 84-85.

22. Pour l'identification des personnages, voir la légende de *La Roue* dans le cahier d'illustrations.

23. Herbert Kupferberg, *op. cit.*, p. 161.

24. Sebastian Hensel, *op. cit.*, t. 1, p. 302-303 ; lettre du 10 septembre 1829.

25. *Cf. An die Freude* (« L'Ode à la Joie »), de Schiller :
    Deine Zauber binden wieder
    Was die Mode streng geteilt

26. Eva Weissweiler, *op. cit.*, p. 63.

27. Bodleian Library, Oxford, MDM c. 22.

28. Archives Mendelssohn, Berlin, Depos. Berlin 3.

29. Susanna Grossmann-Vendrey, *op. cit.*, p. 32 sqq.

30. Cécile Lowenthal-Hensel, *19th Century Society Portraits, drawings by Wilhelm Hensel*, Catalogue, Berlin, Goethe-Institut London, 1986, p. 12.

31. Rudolf Elvers, *op. cit.*, p. 58.

32. Sebastian Hensel, *op. cit.*, t. 1, p. 271-272 ; lettre du 26 août 1829 ; Sebastian ou Felix écrit par erreur *Hören möcht' ich* au lieu de *Stören möcht' ich*.

33. Sebastian Hensel, *op. cit.*, t. 1, p. 243.

34. John Thomson, in *Harmonicon*, p. 99 ; in Victoria Sirota, *The Life and Works of Fanny Mendelssohn Hensel*, thèse inédite, Boston University, 1981, p. 46.

35. Beethoven, *Trio en si bémol majeur op. 97*, « A l'Archiduc ».

36. Felix Mendelssohn Bartholdy, lettre du 11 août 1829, Archives Mendelssohn, Depos. Berlin 3; Fanny Hensel, *Tagebuch*, *loc. cit.*, p. 49.

1. Eva Weissweiler, *Ein Portrait in Briefen*, *op. cit.*, p. 91.
2. Sebastian Hensel, *op. cit.*, t. 1, p. 281-282.
3. Sebastian Hensel, *op. cit.*, t. 1, p. 298. Lettre de Glasgow du 10 août 1829.
4. Fanny Hensel, *Tagebuch*, *loc. cit.*, p. 51.
5. Sebastian Hensel, *op. cit.*, t. 1, p. 295-296.
6. Lapsus : Fanny écrit d'autant moins *(am allerwenigsten)* au lieu de d'autant plus.
7. Archives Mendelssohn, Berlin.
8. Michael Cullen, *op. cit.*, p. 50.
9. Manuscrit autographe à la Library of Congress, Washington D.C.; édité par Furore-Verlag, fue 124.
10. Fanny Hensel, *Tagebuch*, *loc. cit.*, p. 50.
11. Eva Weissweiler, *op. cit.*, p. 95 sqq; Marcia Citron, *op. cit.*, p. 429 sqq.
12. Incertain dans la transcription allemande; peut-être : « dans les bras de ses sœurs ».
13. Eduard August Grell (1800-1886), organiste; directeur de la Singakademie de 1853 à 1876.
14. Il s'agit ici de l'autre sœur de Wilhelm, Minna (1802-1893), de caractère moins exalté que Luise.
15. *Polterabend* : enterrement de la vie de garçon. Poltern signifie faire du vacarme. Un *Polterabend* tranquille est donc une notion contradictoire.
16. Fanny Hensel, *Tagebuch*, *loc. cit.*, p. 51-52.
17. Friedrich Philipp Wilmsen (1770-1831), le prêtre qui avait également officié pour la confirmation de Paul.
18. Recha Meyer, la sœur d'Abraham, toujours malade.
19. Therese Devrient, *op. cit.*, p. 351.
20. Michael Cullen, *op. cit.*, p. 49.
21. Sebastian Hensel, *op. cit.*, t. 1, p. 307.
22. Sebastian Hensel, *op. cit.*, t. 3, p. 248.
23. En français dans le texte.

1. Sebastian Hensel, *op. cit.*, t. 1, p. 301.
2. *Liederspiele*.
3. Œuvre de jeunesse, *Singspiel* composé en 1820.
4. Op. 89. Sa dernière œuvre de théâtre achevée. Son opéra *Loreley*, op. 98, reste à l'état de fragment.

5. Felix Mendelssohn-Bartholdy, *Briefwechsel mit Legationsrat Karl Klingemann*, éd. K. Klingemann, Essen, Baedeker, 1909, p. 67.

6. *Ibid.*, p. 72.

7. Therese Devrient, *op. cit.*, p. 313 sqq.

8. Felix Mendelssohn Bartholdy, *op. cit.*, p. 70.

9. *Les Deux Journées*, opéra de Luigi Cherubini (1760-1842), date de 1800. Cherubini, né à Florence, fut compositeur à Paris sous l'Ancien Régime jusqu'à la Restauration et un célèbre directeur du Conservatoire à partir de 1822.

10. Moritz Levy, selon Rebecka. (*Cf.* Felix Mendelssohn-Bartholdy, *op. cit.*, p. 67.) Il aurait été un ami d'Abraham, peut-être banquier, ou peut-être un parent de Lea. (*Cf.* Marcia Citron, *op. cit.*, p. 656.)

11. Felix Mendelssohn-Bartholdy, *op. cit.*, p. 72.

12. Il n'était plus question du premier vaudeville de Felix, *Die Soldatenliebschaft*.

13. Friedrich Ludwig Schroeder (1744-1816), l'un des acteurs allemands les plus importants du XVIII⁰ siècle (Berlin, Mannheim, Vienne), qui, en tant que directeur de théâtre (Hambourg) et metteur en scène, joua un grand rôle dans la découverte de Shakespeare en Allemagne. (*Cf.* Klaus Siebenhaar, *op. cit.*, p. 457.)

14. Moritz Ganz (1806-1868) et Leopold Ganz (1810-1869), membres de l'orchestre royal de Berlin, participèrent régulièrement aux soirées musicales de Fanny. (*Cf.* Marcia Citron, *op. cit.*, p. 646.) A ne pas confondre avec le professeur Eduard Gans (1798-1839), juriste, élève de Hegel, professeur de droit à l'université de Berlin, converti en 1825.

15. Felix Mendelssohn Bartholdy, *op. cit.*, p. 68.

16. Rebecka s'autorisa la reproduction d'un jeu de mots de sa sœur, intraduisible bien sûr : *Es war [...] Not an Mann-tius, darum gaben wir Hermann Herr-Manntius* (« Nous avions besoin d'un homme (*Manntius*), c'est pourquoi nous attribuâmes Hermann à (*Herr*) Monsieur Mantius » (*Cf.* Felix Mendelssohn-Bartholdy, *op. cit.*, p. 68.)

17. Therese Devrient, *op. cit.*, p. 312-313.

Chapitre 16 . . . . *173*

1. Meyerbeer, *op. cit.*, p. 469.

2. Heinrich Heine, *op. cit.*, vol. 5, p. 3.

3. Fanny Hensel, *Tagebuch*, p. 15 ; 4 janvier 1829.

4. La guerre russo-turque dura de mars 1828 à septembre 1829.

5. Le Parlement de Dublin avait été supprimé en 1800. La question irlandaise tournait autant sur des problèmes religieux que sur des problèmes agraires.

6. Le *Bill* d'émancipation des catholiques fut voté par le Parlement anglais alors que Felix arrivait à Londres en avril 1829.

7. Manfred Hecker, « Die Luisenstadt; ein Beispeil der liberalistischen Stadtplanung und baulichen Entwicklung Berlins zu Beginn des

19. Jahrhunderts », in *Berlin zwischen 1789 und 1848, Facetten einer Epoche, op. cit.*, p. 123 sqq.

8. Sebastian Hensel, *Ein Lebensbild aus Deutschland Lehrjahren, op. cit.*, p. 3 sqq.

9. En Angleterre, lors du scandale occasionné par Caroline de Brunswick qui en 1820 voulait être couronnée en même temps que l'époux dont elle était séparée, Guillaume IV, la réaction du public fut favorable à la reine, montrant ainsi que l'image du monarque devait être celle d'un homme d'intérieur. « La licence des mœurs n'était plus de mise. Le mariage et la famille étaient, eux, à la mode. » D'où la popularité de Victoria et l'image de Louis-Philippe en roi bourgeois. (*Cf.* Catherine Hall, « Sweet Home », in *Histoire de la Vie privée*, introduite par Michèle Perrot, dirigée par G. Duby et P. Ariès, Paris, Seuil, 1985, vol. IV, p. 54-55.)

10. Marcia Citron, *op. cit.*, p. 425.

11. La négation de trop est dans l'original allemand.

12. Sebastian Hensel, *Die Mendelssohn Familie, op. cit.*, t. 1, p. 142.

13. Eduard Devrient, *op. cit.*, p. 101.

14. Sebastian Hensel, *Ein Lebensbild aus Deutschland Lehrjahren, op. cit.*, p. 29.

15. Cécile Lowenthal-Hensel, *Preussische Bildnisse des 19. Jahrhunderts, op. cit.*, p. 36-37.

16. Sebastian Hensel, *Ein Lebensbild aus Deutschland Lehrjahren, op. cit.*, p.13 sqq.

17. Eduard Devrient, *op. cit.*, p. 99-100.

18. Felix Gilbert, *op. cit.*, p. 79. Lettre de Hinni du 7 octobre 1830.

19. *Ibid.*, p. 144. Lettre du 21 mai 1847.

20. Déjà en 1825, Jacob Bartholdy s'était extasié de la jeunesse de sa sœur Lea qui, d'après le portrait que Wilhelm lui apportait, ne devait pas avoir plus de vingt-cinq ans! (*Cf.* Felix Gilbert, *op. cit.*, p. 62; lettre du 31 janvier 1824.)

21. Sebastian Hensel, *Die Mendelssohn Familie, op. cit.*, t. 1, p. 307 sqq.

22. Felix Mendelssohn-Bartholdy, *Briefwechsel mit Legationsrat Karl Klingemann, op. cit.*, p. 78. Friedrich Rosen (1805-1837), orientaliste était un ami de Felix. Klingemann épousa sa jeune sœur en 1845. (*Ibid.*, p. 36.)

23. Fanny Hensel, *Tagebuch, loc. cit.*, p. 62-63, 4 mars 1831.

24. *Ibid.*, p. 63.

25. Sebastian Hensel, *Die Mendelssohn Familie, op. cit.*, t. 1, p. 198; lettre du 8 décembre 1828. Dirichlet était connu comme un personnage renfermé, mais il s'adapta très bien au cercle Mendelssohn.

26. Therese Devrient, *op. cit.*, p. 350.

27. Sebastian Hensel, *Die Mendelssohn Familie, op. cit.*, t. 1, p. 388.

28. Gottlob Kirschner, article « Dirichlet », in *Neue deutsche Biographien, op. cit.*, vol. 3, p. 749-750.

29. Sebastian Hensel, *Ein Lebensbild aus Deutschland Lehrjahren,*

346

op. cit., p. 186. Carl Friedrich Gauss (1777-1855), était astronome, mathématicien et physicien.

30. Fanny Hensel, *Tagebuch, loc. cit.*, p. 59, 4 mars 1831.

31. Cécile Lowenthal-Hensel, *Preussische Bildnisse des 19. Jahrhunderts, op. cit.*, p. 76.

32. Marcia Citron, *op. cit.*, p. 441.

33. Peter Sutermeister, *Felix Mendelssohn-Bartholdy. Eine Reise durch Deutschland, Italien und die Schweiz*, éd. P. Sutermeister, 2ᵉ édition, Tübingen, Heliopolis-Verlag Ewald Katzmann, 1979, p. 67-68.

34. Psaume CXV pour solistes, chœur et orchestre, op. 31.

35. Delphine von Schauroth (1813-1887), pianiste, plus tard Delphine Handley. Felix lui dédia son *Concerto* en solmineur op. 25. Fanny la rencontrera en septembre 1839.

36. Sebastian Hensel, *Die Mendelssohn Familie, op. cit.*, t. 1, p. 318-319. Lettre de Munich du 11 juin 1830.

37. Marcia Citron, *op. cit.*, p. 434; lettre de novembre 1829.

38. Phyllis Benjamin, « A Diary-Album for Fanny Mendelssohn-Bartholdy », in *Mendelssohn Studien, op. cit.*, t. 7, 1990, p. 179 sqq.

39. Fanny Hensel, *Tagebuch, loc. cit.*, p. 78, 26 mai 1833.

40. *Ibid.*

Chapitre 17 . . . . *187*

1. A travers le travail de Zelter en particulier.

2. Petra Wilhelmy, *Der Berliner Salon im 19. Jahrhundert (1780-1914)*, Berlin et New York, Gruyter, 1989, p. 144 sqq.
Amalie Beer (1767-1854), née Wulff, était la mère de Meyer Beer (1791-1864), qui se fit appeler Giacomo Meyerbeer, et de Michael Beer (1800-1833), dont l'œuvre principale, *Der Paria*, s'insurgeait contre l'intolérance.

3. Christoph Helmut Mahling, « Zum " Musikbetrieb " Berlins und seinen Institutionen in der ersten Hälfte des 19. Jahrhunderts », vol. 56, éd. Carl Dahlhaus, Regensburg, Gustav Bosse Verlag, 1980, p. 28 sqq.

4. Fanny Hensel, *Tagebuch, loc. cit.*, p. 3 à 8.

5. Fanny dit *Männer*, hommes et non *Menschen*, êtres humains.

6. Carl Möser (1774-1851), directeur artistique (selon l'appellation moderne) de la Chapelle royale et professeur de la classe instrumentale de l'Opéra royal, premier degré du conservatoire de Berlin. Il organisait des concerts avec l'orchestre de l'Opéra et jouait de la musique de chambre. Il avait joué en quatuor avec Frédéric Guillaume II, qui était violoncelliste. (*Cf.* Rudolf Elvers, « Über das " Berlinische Zwitterwesen " », in *Die Mendelssohn in Berlin; eine Familie und ihre Stadt*, Austellungskatalog n° 20, Berlin, Staatsbibliothek Preussischer Kulturbesitz, 1983, p. 33-34.

7. D'après Berlioz, « le directeur-instructeur des bandes militaires de Berlin et de Potsdam [...] avait sous ses ordres une masse de six cents musiciens ». Berlioz les utilisa pour ses concerts en 1841 et en fut

enchanté. Il parlait de toute façon surtout des cuivres. *Cf.* Berlioz, *Mémoires*, Paris, Garnier-Flammarion, 1969, p. 141 sqq.

8. Adolf Weissmann, *Berlin als Musikstadt, Geschichte der Oper und des Konzerts von 1740 bis 1911,* Berlin et Leipzig, Schuster und Loeffler, 1911, p. 180 sqq.

9. Felix Mendelssohn-Bartholdy, *Reisebriefe aus den Jahren 1830 bis 1832,* éd. P. Mendelssohn-Bartholdy, 9ᵉ édition, Leipzig, H. Mendelssohn, 1882, p. 121; lettre du 22 février 1831.

10. Jean, 17:21, le Nouveau Testament, traduction Hugues Oltramare, Paris, Agence de la Société biblique protestante, 1902, p. 136.

11. Felix Mendelssohn, *Reisebriefe...,* *op. cit.,* p. 297 sqq.

12. *Ibid.,* p. 300; Friedrich Kalkbrenner (1789-1849), pianiste et compositeur allemand, vécut toute sa vie artistique à Paris et composa énormément de pièces de salon.

13. Eva Weissweiler, *Ein Portrait in Briefen, op. cit.,* p. 221.

14. Fanny Hensel, *Tagebuch, loc. cit.,* p. 69; 1ᵉʳ janvier 1832.

Chapitre 18 . . . . *197*

1. Rudolf Elvers, *Felix Mendelssohn-Bartholdy, Briefe, op. cit.,* p. 160; lettre du 15 juin 1832. ... *denn ich habe lieb, was ich lieb hatte, nur noch mehr, und hasse vielleicht stärker, was ich nicht leiden konnte, und freue mich meines Lebens.* « Car j'aime encore davantage ce que j'aimais, et je déteste peut-être encore plus fort ce que je ne pouvais pas souffrir, et je suis heureux de ma vie. »

2. François Habeneck (1781-1849), violoniste et chef d'orchestre français. A la tête de l'orchestre de la Société des concerts du conservatoire, il révéla les symphonies de Beethoven aux Parisiens. Berlioz parle beaucoup de lui dans ses *Mémoires.*

3. Ferdinand Hiller, *op. cit.,* p. 18.

4. Eric Werner, *op. cit.,* p. 217 sqq.

5. Comme le critique Fétis qui l'avait pris en grippe depuis son séjour londonien en 1829. (*Cf.* Susanna Grossmann-Vendrey, *op. cit.,* p. 35 sqq.)

6. Il se disait alors à Berlin : « Il n'y a que le vieux Zelter qui ne pleure pas, il préfère en mourir. » Et Zelter s'inclinait devant le buste de Goethe avec ces paroles : « Son Excellence a naturellement la préséance; mais je la rejoins de suite. » (*Cf.* Eric Werner, *op. cit.,* p. 230.)

7. Même Meyerbeer n'arrive à imposer son opéra *Robert le Diable* (représenté le 20 juin 1832) que dans une version écourtée. (*Cf.* Adolf Weissmann, *op. cit.,* p. 192.)

8. Klaus Siebenhaar, *op. cit.,* p. 454.

9. Adolf Weissmann, *op. cit.,* p. 187. Eric Werner, *op. cit.,* p. 256.

10. Lettre à Klingemann du 4-6 février 1833, in : Rudolf Elvers, « Über das " Berlinische Zwitterwesen " », in *Die Mendelssohn in Berlin; eine Familie und ihre Stadt,* Austellungskatalog nº 20, Berlin, Staatsbibliothek Preussischer Kulturbesitz, 1983, p. 34.

11. Marcia Citron, *op. cit.*, p. 493; lettre du 8 mars 1835.

12. Hannah Arendt, *Rahel Varnhagen*, traduit de l'allemand par Henri Plard, éd. originale parue en 1958, Paris, Tierce, 1986, p. 272.

13. Sebastian Hensel, *Lebensbild...*, *op. cit.*, p. 185; lettre du 4 avril 1855.

14. Herbert Kupferberg, *op. cit.*, p. 154.

15. Fanny Lewald, *Meine Lebensgeschichte*, trois volumes, Berlin, Otto Janke, 2ᵉ édition, 1871, vol. III (Wanderjahre), p. 150-152.

16. Qu'en était-il de Paul?

17. Eric Werner, *op. cit.*, p. 255-256.

18. La correspondance entre Goethe et Zelter des années 1796-1832 fut éditée en six volumes par Friedrich Riemer. Les deux premiers volumes parurent en 1833, les quatre derniers en 1834.

19. Jane Austen, *Persuasion*, Londres, Penguin English Library, 1985 (Première édition, 1818), p. 210.

20. Allusion aux guerres de libération, où Abraham et Joseph Mendelssohn s'étaient enrichis, mais où ils avaient contribué à l'effort de guerre.

21. Il y aurait deux lectures de cette phrase; celle de l'édition de Riemer : *nicht beschneiden lassen*, « ne pas faire circoncire », et celle de l'édition plus tardive de Geiger (Briefwechsel, trois volumes, Leipzig, s.d.) : *etwas lernen lassen*, « lui faire apprendre quelque chose ». La dernière version n'a pas beaucoup de sens. (*Cf.* Eva Weissweiler, *op. cit.*, p. 124.)

22. *Eppes Rores*, yiddish pour *etwas rares*, « quelque chose de rare ». Zelter utilise ironiquement l'expression yiddish et réussit à se montrer beaucoup plus vulgaire que drôle.

23. Eva Weissweiler, *Ein Portrait...*, *op. cit.*, p. 120, sqq; lettre du 1ᵉʳ décembre 1833.

24. La plume de Fanny ne s'attarde pas volontiers sur la grossièreté intolérante.

25. Felix Gilbert, *op. cit.*, p. 93-94; lettre du 9 novembre 1833.

26. Johann Wolfgang von Goethe et Karl Friedrich Zelter, *Briefwechsel*, éd. Riemer, Berlin, Duncker und Humblot, 1833-1834, 2ᵉ vol., p. 473 : « August Schlegel épouse aujourd'hui à Heidelheidelheidelberg la toute charmante fille de la femme du Conseiller Paulus : je ne lui en sais aucun gré, car il s'est commis avec la vieille Française » (Madame de Staël). August Schlegel, beau-frère de Dorothea, fut pendant des années le précepteur des enfants de Madame de Staël, et la seconda grandement dans la rédaction de son fameux essai *De l'Allemagne*.

27. Sur le matérialisme de Goethe, *cf.* Thomas Mann, *Goethe et Tolstoï*, traduction Alexandre Vialatte, Neuchâtel, Victor Attinger, 1947, p. 54 sqq.

28. Eva Weissweiler, *op. cit.*, p. 140; lettre du 24 novembre 1834.

29. Fanny pense probablement à la phrase : « [...] les sottises imprimées n'ont d'importance qu'aux lieux où l'on en gêne le cours; [...] sans

la liberté de blâmer, il n'est pas d'éloge flatteur ; [...] il n'y a que les petits hommes qui redoutent les petits écrits. » (Beaumarchais, *Le Mariage de Figaro*, Paris, Gallimard (le Livre de Poche), 1966, p. 303.)

30. Marcia Citron, *op. cit.*, p. 458 ; lettre du 27 février 1834. Duncker est l'éditeur de la correspondance entre Goethe et Zelter.

31. Sur la publication de *Goethes Briefwechsel mit einem Kinde* (1835), *cf.* Milan Kundera, *L'Immortalité*, traduit du tchèque par Eva Bloch, Paris, Gallimard (NRF), 1990, et toutes les méchancetés qu'il avait à cracher contre la pauvre Bettina.

1. Fanny Hensel, *Tagebuch*, *loc. cit.*, p. 89.

2. Rudolf Elvers, *Weitere Quellen...*, *op. cit.*, p. 216-217.

3. Marcia Citron, *op. cit.*, p. 448 ; lettre du 23 novembre 1833.

4. Peut-être la fille d'Auguste Türrschmiedt, qui chanta dans la *Saint Matthieu* ?

5. Fanny Hensel, *Tagebuch*, *loc. cit.*, p. 91 ; le 10 janvier 1834. Kubelius était un musicien à l'oreille excellente.

6. *Semele* : opéra de Haendel que Felix avait rapporté de Londres. *Opferfest* : *Das unterbrochene Opferfest*, opéra de Peter Winter (1754-1825), célèbre alors. Il fut représenté pour la première fois à Vienne en 1796. Fanny l'avait joué à vue pour son « Sonntagsmusik », faute de temps pour le travailler, et son public avait beaucoup admiré sa performance, tout comme il s'étonnait de la voir interpréter *Die Zauberflöte* à partir de la partition d'orchestre. (Marcia Citron, *op. cit.*, p. 450 ; lettre du 1er décembre 1833.)

7. Marcia Citron, *op. cit.*, p. 451-452 ; lettre du 25 janvier 1834.

8. Marcia Citron, *op. cit.*, p. 468-469 ; lettre du 11 juin 1834.

9. Le théâtre de Koenigstadt fut fondé sur le vœu de Frédéric Guillaume III, qui souhaitait voir un théâtre populaire à côté du Schauspielhaus. Il s'ouvrit le 4 août 1824 et joua les vaudevilles viennois de Nestroy et Raimund mais aussi des pièces en « dialecte » berlinois. L'orchestre qui accompagnait les « couplets » fournissait en musiciens les concerts de la ville. (*Cf.* Dirk Scheper, *op. cit.*, p. 291 sqq.)

10. Julius Amadeus Lecerf (1789-1868), compositeur et professeur dans différentes écoles privées berlinoises entre 1829 et 1843. (*Cf.* Marcia Citron, *op. cit.*, p. 656.)

11. *Ouverture en do majeur*, la seule œuvre purement orchestrale de Fanny. Cette lettre est la seule qui en donne une datation, aux environs de 1832. Archives Mendelssohn, Berlin, MAMs 38, 39 pages.

12. Elle écrivit dans son journal, le 3 juillet 1834 (p. 103) : « C'était une perfection qui ne se retrouvera pas de sitôt, Bader surtout était sublime, mais tous trois s'entraînaient l'un l'autre et les trois belles voix formaient un torrent sonore inoubliable. »

13. En français dans le texte.

14. Bader et Mantius, ténors, et Busolt, basse, faisaient partie de

l'Opéra royal. Türrschmiedt (qui participa à la *Saint Matthieu*) et Blano chantaient les parties d'altos dans le chœur de Fanny.

15. Marcia Citron, *op. cit.*, p. 493.

16. Sebastian Hensel, *Die Familie Mendelssohn*, *op. cit.*, t. 1, p. 423.

17. Marcia Citron, *op. cit.*, p. 470; lettre du 11 juin 1834.

18. Marcia Citron, *op. cit.*, p. 467; lettre du 4 juin 1834.

19. En français dans le texte.

20. Eva Weissweiler, *Ein Portrait...*, *op. cit.*, p. 145-146; lettre du 27 décembre 1834.

21. En français dans le texte.

22. Marcia Citron, *op. cit.*, p. 167; lettre du 2 janvier 1835.

23. Eva Weissweiler, *Ein Portrait...*, *op. cit.*, p. 148 sqq.; lettre du 17 février 1835.

24. Il s'agit de cinq cantates pour solistes, chœur et orchestre qui ne furent pas publiées.

25. *Rondo brillant* pour piano et orchestre en *mi* bémol majeur op. 29.

26. On ne sait de quel air il s'agit; ou il a disparu, ou il se trouve en possession privée.

27. Virginia Woolf, *op. cit.*

Chapitre 20 .... *215*

1. Sebastian Hensel, *Lebensbild...*, *op. cit.*, p. 14.

2. Fanny Hensel, *Tagebuch*, *loc. cit.*, p. 67; 4 octobre 1831.

3. Marcia Citron, *op. cit.*, p. 447. Lettre du 2 novembre 1833. Paul Heyse (1830-1914), poète, fils de l'ancien précepteur Karl Heyse et de Julie Saaling.

4. Marcia Citron, *op. cit.*, p. 450; lettre du 1er décembre 1833.

5. Sebastian Hensel, *Lebensbild...*, *op. cit.*, p. 15. A sa mort, Fanny léguera à ses belles-sœurs une somme leur assurant l'indépendance : 300 thalers de rente annuelle chacune, avec le souhait qu'elles vivent ensemble, mais sans en faire une condition. A la disparition de l'une d'entre elles, l'autre recevrait 400 thalers de rente annuelle. (*Cf.* Felix Gilbert, *op. cit.*, p. 146; lettre de Wilhelm à Luise du 28 mai 1847.)

6. Sebastian Hensel, *Lebensbild...*, *op. cit.*, p. 15.

7. Marcia Citron, *op. cit.*, p. 452-453; lettre du 28 janvier 1834.

8. *Ibid.*, p. 471.

9. Sebastian Hensel, *Lebensbild...*, *op. cit.*, p. 17.

10. Sebastian Hensel, *Die Mendelssohn Familie*, *op. cit.*, t. 1, p. 385-386.

11. *Cf.* début du chapitre 19.

12. Cécile Lowenthal-Hensel, *Preussische Bildnisse des 19.Jahrhunderts*, *op. cit.*, p. 17.

13. Adolf Bernhard Marx, *Erinnerungen aus meinem Leben*, vol. II, Berlin, 1859, p. 120.

14. Alexander Boyd, *op. cit.*, p. 48.

15. Marcia Citron, *op. cit.*, p. 484. L'homéopathie entrait dans les mœurs; l'idée qu'une maladie pouvait être soignée à l'aide d'une dose infinitésimale d'un remède qui provoquait chez l'être humain des symptômes semblables à ceux de la maladie avait été admise par Hippocrate et reprise par Christian Friedrich Samuel Hahnemann (1755-1843).

16. Felix Gilbert, *op. cit.*, p. 90 sqq.

17. Heinz Knobloch, *Berliner Grabsteine*, Berlin, Buchverlag Der Morgen, 1987, p. 132; Varnhagen fit sa demande en avril 1834.

18. Marcia Citron, *op. cit.*, p. 463.

19. *Ibid.*, p. 467; lettre du 4 juin 1834.

20. Heinz Knobloch, *op. cit.*, p. 133.

21. Marcia Citron, *op. cit.*, p. 471; lettre du 18 juin 1834.

22. En français dans le texte.

23. Felix Gilbert, *op. cit.*, p. 102-103.

24. Alexander Boyd, *op. cit.*, p. 46; lettre du 7 avril 1834.

25. Victoria Sirota, *op. cit.*, p. 83. Lettre du 21 juillet 1834, in : Fanny and Sophie Horsley, *Mendelssohn and his Friends in Kensington*, London, Oxford University Press, 1934, p. 97.

26. Marcia Citron, *op. cit.*, p. 492; lettre du 8 mars 1835.

27. *Ibid.*, p. 496; lettre du 8 avril 1835.

28. *Ibid.*, p. 495; lettre du 8 avril 1835.

29. Sebastian Hensel, *Die Mendelssohn Familie*, *op. cit.*, t. 1, p. 398.

30. Victoria Sirota, *op. cit.*, p. 85; lettre du 1er juin 1835, Library of Congress, Washington D.C.

31. Sur le rôle des sœurs d'hommes célèbres (Goethe, Thomas Mann, Musil, Nietzsche, Claudel, Chateaubriand...) sur la créativité de leurs frères, *cf.* Eugénie Lemoine-Luccioni, *Partage des femmes*, Paris, Le Seuil, 1976, p. 114-124.

32. Sebastian Hensel, *Die Mendelssohn Familie*, *op. cit.*, t. 1, p. 401-402; lettre du 10 juillet 1835.

33. Annales de la « Société libre des Beaux-Arts », t. IV, 1836, p. 49-66.

34. Sebastian Hensel, *Die Mendelssohn Familie*, *op. cit.*, t. 1, p. 402-403.

35. Giacomo Meyerbeer, *Briefwechsel und Tagebücher*, éd. Heinz Paecker et Gutrun Becker, Berlin, W. de Gruyter, 1960-19..., p. 468; lettre du 7 juillet 1835.

36. Sebastian Hensel, *Die Mendelssohn Familie*, *op. cit.*, t. 1, p. 403.

37. *Ibid.*

38. *Ibid.*, p. 406.
Sarah Austin (1793-1867), écrivain et surtout remarquable traductrice de l'allemand et du français (surtout de travaux scientifiques), était une des demoiselles Taylor que Felix fréquenta lors de son premier voyage en Angleterre en 1829. (*Cf.* Cécile Lowenthal Hensel, *19th Century Society Portraits, Drawings by Wilhelm Hensel*, *op. cit.*, p. 61.)

39. Sebastian Hensel, *Lebensbild...*, *op. cit.*, p. 1.

40. Marcia Citron, *op. cit.*, p. 497; lettre du 8 octobre 1835.

41. Cécile Lowenthal-Hensel, *Preussische Bildnisse des 19.Jahrhunderts, op. cit.*, p. 27. Après la mort de Fanny, Minna alla rejoindre sa sœur à Cologne. De 1851 à 1876 elle s'occupa d'un orphelinat, activité qui lui valut la distinction du « Luisenorden » en 1874, et en 1876 une pension du roi.

42. Sebastian Hensel, *Die Mendelssohn Familie, op. cit.*, t. 1, p. 422.

43. Franz Hauser (1794-1870), baryton tchèque, chanta entre autres à l'Opéra de Leipzig de 1832 à 1835 puis à l'Opéra de Berlin pendant la saison 1835-1836. Il se retira de la scène en 1837, devint professeur de chant à Vienne et prit en 1846 la direction du conservatoire de Munich qui venait de s'ouvrir; il quitta son poste en 1864. (*Cf.* Marcia Citron, *op. cit.*, p. 648-649.)

44. Marcia Citron, *op. cit.*, p. 502; lettre du 18 novembre 1835. Fanny fit jouer *Liebster Gott, wann werd' ich sterben* (« Dieu aimé, quand mourrai-je »), BWV8, et *Herr, gehe nicht ins Gericht,* (« Seigneur, ne va pas au jugement »), BWV105.

45. Sebastian Hensel, *Die Mendelssohn Familie, op. cit.*, t. 1, p. 423.

46. *Ibid.*, p. 424.

Chapitre 21 . . . . *226*

1. Marcia Citron, *op. cit.*, p. 505.

2. Felix Mendelssohn Bartholdy, *Briefe aus den Jahren 1833 bis 1847*, éd. Paul Mendelssohn-Bartholdy et Carl Mendelssohn Bartholdy, 6ᵉ édition, Leipzig, H. Mendelssohn, 1875, p. 114.

3. Rudolf Elvers, *Felix Mendelssohn Bartholdy, Briefe, op. cit.*, p. 170; lettre du 15 juillet 1834. *Ibid.*, p. 191; lettre du 30 juin 1836.

4. Marcia Citron, *op. cit.*, p. 196 sqq.; lettre du 1ᵉʳ janvier 1836.

5. *Ibid.*, p. 509; lettre du 5 février 1836.

6. *Cf.* Chapitre 16.

7. *Le Nouveau Testament*, éd. Hughes Oltramore, in : La Sainte Bible, *op. cit.*, Paul, première épître aux Corinthiens, chapitre 14; 34, p. 218.

8. Rudolf Elvers, *ibid.*, p. 190; lettre du 28 mars 1836.

9. Sebastian Hensel, *Die Mendelssohn Familie, op. cit.*, t. 2, p. 8.

10. *Ibid.*, p. 10.

11. Elise Polko, *Reminiscences of Felix Mendelssohn Bartholdy*, traduit par Lady Wallace, New York, Leypoldt & Holt, 1869, p. 68-69.

12. Sebastian Hensel, *Die Mendelssohn Familie, op. cit.*, t. 2, p. 10 sqq.

13. *Ibid.*, p. 11.

14. Sebastian Hensel, *Die Mendelssohn Familie, op. cit.*, t. 2, p. 45-46; lettre du 15 juin 1836.

15. Marcia Citron, *op. cit.*, p. 513-514; lettre du 30 juin 1836.

16. *Ibid.*, p. 521; lettre du 22 novembre 1836.

18. Sebastian Hensel, *Die Mendelssohn Familie, op. cit.*, t. 2, p. 45.

19. Marcia Citron, *op. cit.*, p. 529; lettre du 2 juin 1837.

20. Lettre du 7 mars 1837; Archives Mendelssohn, Berlin, Depos. Berlin 3.

21. Felix Mendelssohn-Bartholdy, *Briefwechsel mit Legationsrat Karl Klingemann, op. cit.*, p. 214; lettre du 30 avril 1837.

22. Marcia Citron, *op. cit.*, p. 527; lettre du 13 avril. Fanny dit : *Der abermalige Unfall*, ce qui semble signifier qu'il y en eut beaucoup.

23. *Ibid.*, p. 529; lettre du 2 juin 1837.

24. Ces *lieder* se trouvent dans un album de Cécile daté de 1844, à la Bodleian Library, Oxford, MDM b. 2.

25. Marcia Citron, *op. cit.*, p. 529 sqq; lettre du 2 juin 1837.

26. Sebastian Hensel, *Die Mendelssohn Familie, op. cit.*, t. 2, p. 54; lettre du 5 octobre 1837.

27. *Ibid.*, p. 48; lettre du 2 juin 1837.

28. *Ibid.*, p. 55.

29. Marcia Citron, *op. cit.*, p. XLIX.

Chapitre 22 . . . . *237*

1. Sebastian Hensel, *Die Mendelssohn Familie, op. cit.*, t. 2, p. 53.

2. Sebastian Hensel, *Die Mendelssohn Familie, op. cit.*, t. 2, p. 4 ; Marcia Citron, *op. cit.*, p. 509; lettre du 4 février 1836.

3. Marcia Citron, *op. cit.*, p. 246-247; lettre du 13 janvier 1838.

4. *Ibid.*, p. 539; lettre du 15 janvier 1838.

5. Pieter Hubert Ries (1802-1886), violoniste et compositeur berlinois; membre de l'orchestre du théâtre de Koenigstadt en 1824, et de l'orchestre de la cour depuis 1825. (*Cf.* Marcia Citron, *op. cit.*, p. 668.)

6. Marcia Citron, *op. cit.*, p. 539; lettre du 15 janvier 1838.

7. Sebastian Hensel, *Lebensbild...*, *op. cit.*, t. 2, p. 7.

8. Marcia Citron, *op. cit.*, p. 549; lettre du 6 janvier 1839.

9. *Ibid.*, p. 538; lettre du 15 janvier 1838.

10. *Ibid.*, p. 539.

11. *Ibid.*, p. 524; lettre du 2 février 1838.

12. *Ibid.*

13. Sebastian Hensel, *Die Mendelssohn Familie, op. cit.*, t. 2, p. 56.

14. Marcia Citron, *op. cit.*, p. 545: lettre du 21 février 1838.

15. Lettre du 12 février 1838, Archives Mendelssohn, Berlin, Depos. Berlin 3.

16. Lettre du 13 novembre 1835, Archives Mendelssohn, Berlin Depos. Berlin 3.

17. En français dans le texte.

18. Victoria Sirota, *op. cit.*, p. 91-92.

19. Marcia Citron, *op. cit.*, p. 503; lettre du 18 novembre 1835. Camille Marie Pleyel (1811-1875), pianiste française. Professeur au Conservatoire de Bruxelles de 1848 à 1872.

20. Sigismond Thalberg (1812-1871), virtuose suisse particulièrement acrobatique qui tourna en Europe et aux États-Unis à partir de 1830. Considéré comme le rival de Liszt.

21. Sebastian Hensel, *Die Mendelssohn Familie, op. cit.*, t. 2, p. 46.

22. *Ibid.*, p. 47.

23. *Ibid.*.

24. Marcia Citron, *op. cit.*, p. 549 sqq; lettre du 6 janvier 1839.

25. Christoph Helmut Mahling, *op. cit.*, p. 74 sqq.

26. *Ibid.*, p. 72.

27. Zimmermann, violoniste qui avait repris les concerts en quatuors de Moser. (*Cf.* Christoph Helmut Mahling, *op. cit.*, p. 46.)

28. Charles de Bériot (1802-1870), violoniste et compositeur belge, mari de la cantatrice Maria Malibran, sœur de Pauline Garcia-Viardot.

29. Sebastian Hensel, *Die Mendelssohn Familie*, *op. cit.*, t. 2, p. 57.

30. *Ibid.*, p. 57 sqq.

31. Cécile Lowenthal-Hensel, « Wilhelm Hensel in England », in *Mendelssohn Studien*, *op. cit.*, t. 2, 1975, p. 206.

32. Cécile Lowenthal-Hensel, *19th Century Society Portraits*, *op. cit.*, p. 15.

33. Sebastian Hensel, *Die Mendelssohn Familie*, *op. cit.*, t. 2, p. 65; lettre du 18 septembre 1838.

34. Felix Gilbert, *op. cit.*, p. 122 sqq.; lettre de Wilhelm et Fanny Hensel à Luise Hensel du 22 septembre 1838.

35. Sebastian Hensel, *Die Mendelssohn Familie*, *op. cit.*, t. 2, p. 65; lettre du 9 octobre 1838.

36. *Ibid.*, p 70-71.

37. Cécile Lowenthal-Hensel, *19th Century Society Portraits*, *op. cit.*, p. 68.

38. Marcia Citron, *op. cit.*, p. 555; lettre du 26 février 1839.

39. *Ibid.*, p. 548; lettre du 14 décembre 1838.

40. Sebastian Hensel, *Lebensbild...*, *op. cit.*, p. 18.

41. Aujourd'hui Swinovjscie, avant-port de Szczecin.

42. Sebastian Hensel, *Die Mendelssohn Familie*, *op. cit.*, t. 2, p. 75.

43. *Ibid.*, p. 74: lettre du 1ᵉʳ juillet 1839.

44. Yvonne Knibieler, « Corps et Cœurs », in *Histoire des Femmes en Occident*, le xixᵉ siècle, vol. 4, éd. Geneviève Fraisse et Michelle Perrot, Paris, Plon, 1991, p. 362.

45. Sebastian Hensel, *Die Mendelssohn Familie*, *op. cit.*, t. 2, p. 78-79.

46. En français dans le texte.

47. Sebastian Hensel, *Die Mendelssohn Familie*, *op. cit.*, t. 2, p. 87.

Chapitre 23 .... *253*

1. Sebastian Hensel, *Lebensbild...*, *op. cit.*, p. 20.

2. *Ibid.*, p. 21.

3. Sebastian Hensel, *Die Familie Mendelssohn*, *op. cit.*, t. 2, p. 88; tiré du journal de Fanny. La construction du « Walhalla » avait été confiée à l'architecte Leo von Klenze (1784-1864).

4. Marcia Citron, *op. cit.*, p. 561; lettre du 23 septembre 1839.

5. Sebastian Hensel, *Die Familie Mendelssohn*, *op. cit.*, t. 2, p. 91; lettre du 27 septembre 1839. Le château de Hohenschwangau fut construit par l'architecte Joseph Daniel Ohlmüller (1791-1795).

6. Sebastian Hensel, *Lebensbild...*, *op. cit.*, p. 47-48.

7. Sebastian Hensel, *Die Familie Mendelssohn, op. cit.*, t. 2, p. 92; lettre du 27 septembre 1839.

8. Sebastian Hensel, *Lebensbild...*, *op. cit.*, p. 21.

9. Sebastian Hensel, *Die Familie Mendelssohn, op. cit.*, t. 2, p. 96; lettre du 27 septembre 1839.

10. *Ibid.*, p. 97. En français dans le texte; Fanny avait-elle lu Diderot?

11. *Ibid.*, p. 99.

12. *Ibid.*

13. *Ibid.* p. 100 sqq.: lettre du 13 octobre 1839.

14. Sebastian Hensel, *Lebensbild...*, *op. cit.*, p. 24.

15. Sebastian Hensel, *Die Familie Mendelssohn, op. cit.*, t. 2, p. 109; lettre du 13 octobre 1839.

16. Sebastian Hensel, *Die Familie Mendelssohn, op. cit.*, t. 2, p. 107.

17. Sebastian Hensel, *Die Familie Mendelssohn, op. cit.*, t. 2, p. 111; tiré du journal de Fanny Hensel.

18. Sebastian Hensel, *Die Familie Mendelssohn, op. cit.*, t. 2, p. 114; tiré du journal de Fanny Hensel.

19. Sebastian Hensel, *Die Familie Mendelssohn, op. cit.*, t. 2, p. 116 sqq; lettre du 28 novembre 1839.

20. Le sculpteur danois Bertel Thorvaldsen (1768 ou 1770-1844) vécut une partie de sa vie à Rome (1797-1819, puis 1821-1838), et, sous l'influence de l'archéologue allemand Johann Joachim Winckelmann (1717-1768), devint l'un des chefs de file du néoclassicisme.

21. Sebastian Hensel, *Lebensbild...*, *op. cit.*, p. 22.

22. Sebastian Hensel, *Die Familie Mendelssohn, op. cit.*, t. 2, p. 117; lettre du 28 novembre 1839.

23. Susanna Grossmann-Vendray, *op. cit.*, p. 44.

24. Marcia Citron, *op. cit.*, p. 562 sqq; lettre du 1er janvier 1840.

25. Sebastian Hensel, *Lebensbild...*, *op. cit.*, p. 47.

26. Sebastian Hensel, *Die Familie Mendelssohn, op. cit.*, t. 2, p. 118 sqq.; lettre du 8 décembre 1839.

27. Le peintre Jean Auguste Dominique Ingres (1780-1867) passa de nombreuses années en Italie. Élève de David, il obtint le Grand Prix de Rome en 1801 et séjourna à la villa Médicis de 1806 à 1810. Il se fixa à Rome jusqu'en 1821 puis à Florence jusqu'en 1824 et revint à Rome en tant que directeur de l'Académie de France de 1835 à 1842.

28. Sebastian Hensel, *Die Familie Mendelssohn, op. cit.*, t. 2, p. 120 sqq; lettre du 8 décembre 1839.

29. *Ibid.*, t. 2, p. 126; lettre du 30 décembre 1839.

30. *Ibid.*, t. 2, p. 128; lettre du 4 février 1840.

31. *Ibid.*, t. 2, p. 131; lettre du 25 février 1840.

32. Marcia Citron, *op. cit.*, p. 567; lettre du 4 mars 1840.

33. Sebastian Hensel, *Die Familie Mendelssohn, op. cit.*, t. 2, p. 138-139; lettre du 25 mars 1840.

1. Sebastian Hensel, *Die Familie Mendelssohn, op. cit.*, t. 2, p. 139-140. *Reisetagebuch* (Journal de voyage), le 5 avril 1840.

Horace Vernet (1789-1863), peintre de champs de bataille et de scènes de genre orientales, fut directeur de la villa Médicis de 1829 à 1835.

2. Sebastian Hensel, *Die Familie Mendelssohn, op. cit.*, t. 2, p. 139-140.

3. *Ibid.*, t. 2, p. 142-143. *Reisetagebuch*.

4. En français dans le texte.

5. Sebastian Hensel, *Die Familie Mendelssohn, op. cit.*, t. 2, p. 146-147. *Reisetagebuch*.

6. *Ibid.*, p. 156. *Reisetagebuch*, le 3 mai. Le passage en italique est en français dans le texte.

7. *Ibid.*, p. 145. *Reisetagebuch*.

8. Charles Gounod, *Mémoires d'un artiste*, 3ᵉ édition, Paris, Calmann-Lévy, 1886, p. 101-102.

Charles Gounod (1818-1893) fut considéré comme le pionnier de la « renaissance » de la musique française.

9. Sebastian Hensel, *Die Familie Mendelssohn*, p. t. 2, p. 146. *Reisetagebuch*.

10. *Ibid.*, p. . *Reisetagebuch*.

George (Ange) Bousquet (1818-1854), compositeur, critique musical et chef d'orchestre, obtint le grand Prix de Rome en 1838. (*Cf.* I.B.N., d'une part; *Le Ménestrel*, 1875 (XLI), p. 324, d'autre part.)

Charles Dugasseau (1812-1885), élève de Ingres, peintre de paysage et peintre de genre et collectionneur, fut conservateur des musées du Mans; il exposa régulièrement à Paris entre 1835 et 1878. (*Cf.* Michèle Bordier-Nikitine, « Charles Dugasseau », in *Revue historique et archéologique du Maine*, t. V, 1985, p. 300-329.) Les Hensel comprenaient mal l'école de Ingres.

11. Sebastian Hensel, *Die Familie Mendelssohn, op. cit.*, t. 2, p. 153. Lettre à Rebecka.

12. *Ibid*, t. 2, p. 149-150. *Reisetagebuch*, les 23-26 avril.

13. Le *Concerto en ré mineur*.

14. Sebastian Hensel, *Die Familie Mendelssohn, op. cit.*, t. 2, p. 155. *Reisetagebuch*, le 2 mai.

15. *Ibid.*, p. 158. *Reisetagebuch*, le 8 mai.

16. *Ibid.*, p. 160. *Reisetagebuch*, le 13 mai. Le passage en italique est en français dans le texte.

17. Charles Gounod, *op. cit.*, p. 109-110.

18. Martin Cooper, « Charles Gounod », in *The new Grove, op. cit.*, vol. 7, p. 580-591.

19. Marcia Citron, *op. cit.*, p. 570. Lettre du 10 mai.

20. Sebastian Hensel, *Die Familie Mendelssohn, op. cit.*, t. 2, p. 161.

21. Susanna Grossmann-Vendrey, *op. cit.*, p. 45-46.

22. Sebastian Hensel, *Die Familie Mendelssohn, op. cit.*, t. 2, p. 166 sqq. Lettre du 20 mai.

23. *Ibid.*, p. 165-166. *Reisetagebuch*, le 17 mai.

24. *Ibid.*, p. 162.

25. *Ibid.*, p. 173-174. *Reisetagebuch*, le 30 mai. Le passage en italique est en français dans le texte.

26. *Ibid.*, p. 174 sqq. *Reisetagebuch* et lettre le 31.

27. D'après Hans Naef, le tableau qu'Ingres montra à Fanny devait être *La Stratonice*, qu'il composa durant son directorat. (*Cf.* Hans Naef, « Ingres, Fanny Hensel et un dessin inédit », in *Bulletin du musée Ingres*, n° 36, décembre 1974, p. 19-23.) Ingres offrit à Fanny un dessin représentant Santa Francesca Romana, une sainte du début du xvᵉ siècle, depuis promue au rang de patronne des automobilistes. (Dessin aux Archives Mendelssohn, Berlin).

Chapitre 25 .... *275*

1. Sebastian Hensel, *Die Familie Mendelssohn, op. cit.*, t. 2, p. 183; lettre du 9 juin 1840.

2. Le 20 mai.

3. Sebastian Hensel, *Die Familie Mendelssohn, op. cit.*, t. 2, p. 180-181; *Reisetagebuch*.

4. Saint-Alban, *L'illustre Musicien Charles Gounod*, Paris, Maison de la Bonne Presse, s.d., p. 30.

5. Sebastian Hensel, *Die Familie Mendelssohn, op. cit.*, t. 2, p. 184 sqq; lettre du 9 juin 1840.

6. *Ibid.*, p. 191; lettre du 9 juin 1840.

7. *Ibid.*, p. 188.

8. Pauline Viardot-Garcia (1821-1910), une des plus grandes cantatrices du xixᵉ siècle, sœur de Maria Malibran; elle fut l'amie de Tourgueniev et le modèle du *Consuelo* de George Sand. Excellent professeur, elle était aussi compositrice. Une des plus riches personnalités du temps.

9. Sebastian Hensel, *Die Familie Mendelssohn, op. cit.*, t. 2, p. 189-190; *Tagebuch*, le 8 juin 1840.

10. *Ibid.*, p. 195 sqq; lettre et journal.

11. *Ibid.*, p. 212; lettre du 11 juillet 1840.

12. *Ibid.*, p. 213.

13. *Ibid.* p. 212.

14. Sebastian Hensel, *Lebensbild, op. cit.*, p. 26.

15. Sebastian Hensel, *Die Familie Mendelssohn, op. cit.*, t. 2, p. 218 sqq; lettres du 10 et du 14 août 1840.

16. *Ibid.* p. 222; *Reisetagebuch*, 16 août 1840.

17. *Ibid. Reisetagebuch*, 20 août 1840.

18. *Ibid.* p. ; lettre et journal, 24 août 1840.

19. Karl August Varnhagen von Ense, *Tagebücher*, éd. Ludmilla Assing, Leipzig, Brockaus, vol. I, 1861, p. 125, 2 mai 1839.

20. Sebastian Hensel, *Die Familie Mendelssohn*, *op. cit.*, t. 2, p. 228 sqq; *Reisetagebuch*.

21. *Ibid.*, p. 230; *Reisetagebuch*, 25 août 1840.

22. *Ibid.* p. 232.

23. *Ibid.* p. 232. *Reisetagebuch*, fin.

Chapitre 26 .... *283*

1. Heinrich Heine, « Der neue Alexander », in *Sämtliche Werke*, *op. cit.*, t. 2, p. 173-175.

2. Karin Kiwus, « Universität », in *Berlin zwischen 1789 un 1848 Facetten einer Epoche*, *op. cit.*, p. 374 sqq.

3. Gert Mattenklott, « Junges Deutschland und Vormärz in Berlin », in *Berlin zwischen 1789 un 1848, Facetten einer Epoche*, *op. cit.*, p. 141.

4. Johann Ludwig Tieck, *cf.* note 8 chapitre 7, p. 334.

Jacob Ludwig Carl Grimm (1785-1863) et son frère Wilhelm Carl Grimm (1786-1859), fondateurs de la germanistique moderne, éditeurs de contes et légendes populaires.

Joseph von Eichendorff, *cf.* note 7, chapitre 7, p. 334.

Bettina von Arnim, née Brentano, *cf.* note 7 chapitre 7, p. 334; après avoir élevé ses huit enfants, de 1815 à 1831, Bettina von Arnim commença à publier. Son livre *Göthes Briefwechsel mit einem Kinde* (1835) fit sensation, de même que l'ouvrage plus engagé politiquement *Das Buch gehört dem König* (1843). Bettina possédait de multiples talents, soit pour le dessin, soit pour la musique, et engagea son crédit à la cour pour la défense des révolutionnaires.

5. Sebastian Hensel, *Die Familie Mendelssohn*, t. 2, *op. cit.*, p. 237.

Peter Cornelius (1783-1867), peintre historique, ancien Nazaréen. Directeur de l'Académie de Munich de 1825 à 1841, il vint à Berlin sur la demande de Frédéric Guillaume IV pour diriger la réalisation des fresques dans l'entrée du « Vieux Musée ». Puis il travailla longtemps sur des projets du roi : des fresques pour une cathédrale et un monument funéraire, projets qui n'aboutirent pas... (*Cf.* Cécile Lowenthal-Hensel, *Preussische Bildnisse... op. cit.*, p. 34.)

6. Philipp August Boeck (1785-1867), familier des Mendelssohn depuis des années, philologue spécialiste de l'Antiquité, professeur à l'université de Berlin depuis sa fondation.

7. Sebastian Hensel, *Die Familie Mendelssohn*, t. 2, *op. cit.*, p. 267.

8. Karl August Varnhagen von Ense, *Tagebücher*, éd. Ludmilla Assing, Leipzig, Brockaus, vol. II, 1861, p. 355, dimanche 31 août 1844.

Chapitre 27 .... *288*

1. Ernst Raupach (1784-1852) vécut de 1804 à 1822 en Russie et fut à partir de 1816 professeur de littérature allemande et d'histoire à Saint-Pétersbourg. A Berlin depuis 1824, il devint un des auteurs les plus à la mode de son temps.

2. Sebastian Hensel, *Die Familie Mendelssohn, op. cit.*, t. 2, p. 297; lettre du 5 décembre 1840.

3. Archives Mendelssohn, Berlin; MAMs 47 : « Das Jahr : 12 Characterstücke für das Forte-Piano. » Édité pour la première fois par la maison d'édition Furore (Fue 138) pour la modique somme de 88 DM.

4. Marcia Citron, *op. cit.*, p. 574; lettre du 28 septembre 1840.

5. *Ibid.* p. 578 et 303.

6. Paul Heyse, *Jugenderinnerungen und Bekenntnisse*, 5ᵉ édition, Stuttgart und Berlin, J. G. Cotta'sche Buchhandlung Nachfolger, 1912, p. 42-43.

7. Henrik Steffens (1773-1845), naturaliste norvégien, philosophe et poète. Installé à Berlin depuis 1832.

8. Karl August Varnhagen von Ense, *Tagebücher, op. cit.*, t. I, p. 385.

9. Sebastian Hensel, *Die Familie Mendelssohn, op. cit.*, t. 2, p. 257.

10. Marcia Citron, *op. cit.*, p. 583; lettre du 13 juillet 1841.

11. Cécile Lowenthal-Hensel, *Preussische Bildnisse des 19. Jahrhunderts, op. cit.*, p. 90.

12. Sebastian Hensel, *Lebensbild..., op. cit.*, p. 14 sqq.

13. *Ibid.*, p. 15.

14. *Ibid.*, p. 17.

15. *Ibid.*, p. 27.

16. Sebastian Hensel, *Die Familie Mendelssohn, op. cit.*, t. 2, p. 275.

17. Marcia Citron, *op. cit.*, p. 584; lettre du 5 décembre 1842.

18. Sebastian Hensel, *Die Familie Mendelssohn; op. cit.*, t. 3, p. 1 et 2. Le passage en italique est en français dans le texte.

19. Marcia Citron, *op. cit.*, p. 599; lettre du 4 mars 1845.

20. Robert Schumann, *Tagebücher*, édité par Gerd Nauhaus, Leipzig, Veb. Deutsche Verlag für Musik, 1987, vol. II, 1836-1854, p. 266, juin 1843.

21. Otto Nicolai (1810-1849), chef d'orchestre et compositeur. Son opéra le plus connu, *Die lustige Weiber aus Windsor* (*Les Joyeuses Commères de Windsor*), est toujours à l'affiche en pays allemand. Fondateur des concerts de l'Orchestre Philharmonique de Vienne.

22. Sebastian Hensel, *Die Familie Mendelssohn, op. cit.*, t. 3, p. 3.

23. Archives Mendelssohn, Berlin; MAMs 48, 16 pages; édité par Furore-Verlag, fue 146.

24. Victoria Sirota, *op. cit.*, p. 114; cité in Michaelis, *Frauen als Schaffende Tonkünstler*, 1888, p. 16.

25. Eva Weissweiler, *Ein Portrait in Briefen, op. cit.*, p. 154; lettre du 24 novembre 1843.

26. Cécile Lowenthal-Hensel, *Wilhelm Hensel in England, op. cit.*, p. 208.

27. *Ibid.*, p. 212.

28. Sebastian Hensel, *Die Familie Mendelssohn, op. cit.*, t. 3, p. 12. Johann Lukas Schönlein (1793-1864), depuis 1840 professeur de la clinique de médecine à Berlin et médecin de Frédéric Guillaume IV.

Fondateur de ce qui fut appelé l'école naturelle historique. (*Cf.* Ilse Rabien, « Arnold und Wilhelm Mendelssohn », in *Mendelssohn Studien, op. cit.*, t. 7, 1990, p. 299.)

29. Sebastian Hensel, *Die Familie Mendelssohn, op. cit.*, t. 3, p. 8; lettre du 15 juillet 1843.

30. *Ibid.*, p. 12; lettre du 27 juillet 1843; les deux sœurs pourraient se référer à ce passage de *Consuelo* où la Porporina, après avoir admiré de nuit le « beau jardin potager » du chanoine, contemplait au matin ses parterres de plantes rares et « cherchait dans son esprit le rapport de la musique avec les fleurs [...]. Il y avait longtemps que l'harmonie des sons lui avait semblé répondre d'une certaine manière à l'harmonie des couleurs [...] ». (*Cf.* George Sand, *Consuelo*, édité par Simone Vierne et René Bourgeois, trois volumes, Grenoble, Les Éditions de l'Aurore, 1991, t. II, p. 115 et p. 132.) Une référence à un potager beaucoup moins attrayant que le jardin du chanoine fou de musique se trouve au tome suivant dans un bavardage de Matteus. (George Sand, *ibid.*, t. III, p. 247).

31. Sebastian Hensel, *Die Familie Mendelssohn, op. cit.*, t. 3, p. 21; lettre du 19 août 1843.

32. *Ibid.*, p. 49; lettre à Rebecka du 18 octobre 1843.

Joseph Joachim (1831-1907), un des plus célèbres violonistes du XIXᵉ siècle; fondateur d'un quatuor en 1869 et créateur des sonates de Brahms, avec qui il joua beaucoup.

33. *Ibid.*, p. 50 sqq.

34. *Ibid.*, p. 72; lettre à Rebecka du 31 octobre 1843.

35. *Ibid.*, p. 87; lettre à Rebecka du 5 décembre 1843.

36. *Ibid.*, p. 99; lettre à Rebecka du 26 décembre 1843.

37. *Ibid.*, p. 123.

38. Ou peut-être Sophie Löwe (1815-après 1860), soprano à l'Opéra de Berlin depuis 1836; chantait aussi l'oratorio.

39. Sebastian Hensel, *Die Familie Mendelssohn, op. cit.*, t. 3, p. 122.

40. *Ibid.*, p. 128.

41. Fanny Lewald, *op. cit.*, p. 147 sqq.

Christian Friedrich Tieck (1776-1851), sculpteur, frère de l'écrivain; influencé par le cercle des romantiques de Iéna (1801); il était alors vice-directeur de l'Académie des beaux-arts (1839).

Karl Wilhelm Wach (1790-1845), peintre, avait son atelier Klosterstrasse à côté de celui du sculpteur Christian Daniel Rauch (1777-1857) et de celui de Friedrich Tieck. Également vice-directeur de l'Académie depuis 1840.

Friedrich von Raumer (1781-1873), historien, professeur de sciences politiques et d'histoire à Berlin de 1819 à 1869.

Radziwill; l'histoire de cette grande famille princière catholique lituanienne est liée à l'histoire culturelle de Berlin. Le prince Anton Heinrich von Radziwill (1775-1833), musicien accompli, composa une musique sur *Faust*, représentée en 1835, qui fit sensation à Berlin. Comme sa fille Elisa (1803-1834), il prit part au fameux *Lalla Rookh* où Wilhelm Hensel se distingua. En 1837, ses brus Mathilde (mariée au prince Wilhelm) et Leontine constituèrent avec Marianne Saaling et Luise Hensel une « Union des femmes de St. Hedwig pour le soin et l'éducation des orphelins catholiques », nécessaire en particulier pour lutter contre les ravages causés par le choléra. La princesse Leontine et son mari le prince Boguslaw gardèrent la tradition d'hospitalité des Radziwill. (*Cf.* Cécile Lowenthal-Hensel, *Preussische Bildnisse...*, *op. cit.*, p. 59 sqq et p. 155).

42. Sebastian Hensel, *Die Famille Mendelssohn*, *op. cit.*, t. 3, p. 129.

43. *Ibid.*, p. 131.

44. *Ibid.*, p. 168 ; lettre du 19 juin.

45. *Ibid.*, p. 139 ; lettre du 30 avril.

46. *Ibid.*, p. 163 ; lettre du 5 juin.

1. Sebastian Hensel, *Die Familie Mendelssohn*, *op. cit.*, t. 3, p. 121 ; lettre du 2 mars 1844.

2. *Ibid.*, p. 194 ; lettre à Cécile du 19 novembre.

3. *Ibid.*, p. 192 ; *Tagebuch*.

4. *Ibid.*, p. 197.

5. *Ibid.*, p. 198.

6. Sebastian Hensel, *Lebensbild...*, *op. cit.*, p. 46 ; p. 134.

7. Sebastian Hensel, *Die Familie Mendelssohn*, *op. cit.*, t. 3, p. 214.

8. *Ibid.*, p. 213.

9. Ingeborg Drewitz, *Berliner Salons*, Berlin, Haude & Spenersche Verlagsbuchhandlung, 1979, p. 97.

10. D'après l'affirmation de l'arrière-petite-nièce de Rebecka, Dr Cécile Lowenthal-Hensel, dépositaire des secrets de famille. *Cf. Preussische Bildnisse des 19.Jahrhunderts*, *op. cit.*, p. 75.

11. Sebastian Hensel, *Die Familie Mendelssohn*, *op. cit.*, t. 3, p. 215-216.

12. *Ibid.*, p. 227 sqq.

13. Karl August Varnhagen von Ense, *Tagebücher*, *op. cit.*, t. 3, p. 127 ; 18 juillet 1845.

14. Sebastian Hensel, *Die Familie Mendelssohn*, *op. cit.*, t. 3, p. 150 ; lettre à Rebecka du 18 mai 1844.

15. *Ibid.*, p. 190 ; lettre à Rebecka du 4 septembre 1844.

16. *Cf.* lettre de Lea Salomon de cette année-là, chapitre 3 de ce livre, p. 39.

17. Ilse Rabien, « Die Mendelssohn in Bad Reinerz – Zur Familie Nathan Mendelssohns », in *Mendelssohn Studien*, *op. cit.*, t. 7, 1990, p. 153.

18. Ferdinand Lassalle (1825-1864), socialiste allemand fortement influencé par Hegel. Avocat, il se préoccupa de la défense de la comtesse Hatzfeld de 1846 à 1851. Se lia à Proudhon et Marx, fit de la prison en 1848 et 1849. Partisan de l'unité allemande et d'idées socia-

listes qui lui valurent d'autres années de prison. Reprit la loi du salaire nécessaire de Ricardo pour formuler sa théorie de la « loi d'airain des salaires », selon laquelle le coût de la production réduit le salaire de l'ouvrier au strict minimum nécessaire à sa vie et à celle de sa famille.

19. Paul Heyse, *op. cit.*, p. 45.

20. Arnold Mendelssohn était élève de Johannes Peter Müller (1801-1858), considéré comme le fondateur de la physiologie moderne, qui s'opposait à l'école du « naturalisme historique » de Schönlein.

21. Karl August Varnhagen von Ense, *Tagebücher, op. cit.*, t. 3, p. 438; 11 septembre 1846.

22. Robert Schumann, *Erinnerungen an Felix Mendelssohn Bartholdy, Nachgelassene Aufzeichnungen*, Zwickau, Predella Verlag, 1948, p. 55.

23. Felix Gilbert, *op. cit.*, p. 156-157; lettre d'Arnold Mendelssohn écrite de sa prison à son père Nathan, le 22 avril 1849.

24. Ilse Rabien, « Arnold und Wilhelm Mendelssohn – Zur Biographien zweier bemerkenswerter Brüder », in *Mendelssohn Studien*, *op. cit.*, t. 7, 1990, p. 296-321.

25. Felix Gilbert, *op. cit.*, p. 145; lettre de Wilhelm Hensel à sa sœur Luise du 28 mai 1847.

Chapitre 29 .... *311*

1. Marcia Citron, *op. cit.*, p. 612; lettre du 9 juillet 1846.

2. Michael Cullen, *op. cit.*, p. 53-54.

3. Sebastian Hensel, *Die Familie Mendelssohn, op. cit.*, t. 3, p. 233.

4. Günter Richter, article « Keudell », in *Neue deutsche Biographien*, *op. cit.*, t. 11, p. 560-561.

5. Robert von Keudell, *Fürst und Fürstin Bismarck, Erinnerungen aus den Jahren 1846 bis 1872*, Berlin und Stuttgart, W. Sperman, 1901, p. 63.

6. *Ibid.*

7. Marcia Citron, *op. cit.*, p. 610; lettre du 22 juin 1846.

8. *Ibid.*, p. 611; lettre du 9 juillet 1846. Le passage en italique est en français dans le texte.

9. Sebastian Hensel, *Die Familie Mendelssohn, op. cit.*, t. 3, p. 234-235.

10. *Ibid.*, p. 234.

11. Marcia Citron, *op. cit.*, p. 356; s.d.

12. Copie autographe de la main de Fanny à la Bodleian Library, Oxford, MS Margaret Denecke Mendelssohn c. 21, fol. 133, datée du 18 août 1838.

13. *Ibid.*, p. 613; lettre non datée, probablement fin août 1846.

14. Josephine Lang (1815-1880), soprano et compositrice de *lieder*.

15. *Ibid.*, p. 583; lettre du 13 juillet 1841.

16. Sebastian Hensel, *Die Familie Mendelssohn, op. cit.*, t. 3, p. 244-245.

17. Litzmann, Berthold, *Clara Schumann, ein Künstlerleben, nach Tagebüchern und Briefen,* trois volumes, 7ᵉ édition, Leipzig, Breitkopf und Härtel, 1920, t. II, p. 161.

Clara Wieck (1819-1896) fut elle aussi une enfant prodige. Son père, qui fut son professeur de piano, se dressa contre son mariage avec Robert Schumann au point que Clara et Robert durent faire casser son opposition par les tribunaux. Clara eut six enfants avec le compositeur qu'elle épousa en 1840. Après la mort de son mari en 1856, elle eut une grande carrière de concertiste et d'enseignante.

18. Marcia Citron, *op. cit.,* p. 608; 11 avril 1846.
19. Marcia Citron, *op. cit.,* p. 498; lettre du 8 avril 1835.
20. Sebastian Hensel, *Lebensbild...,* op. cit., p. 57-58.

Henriette Sonntag (1806-1854), se rendit célèbre dès 1825 par son interprétation de *Freischütz* et de *Euryanthe* de Weber. Anoblie par Frédéric Guillaume III en 1830, la comtesse Rossi quitta la scène et donna des concerts jusqu'en 1849. (*Cf.* Klaus Siebenhaar, *op. cit.,* p. 458.)

21. Eva Weissweiler, *Fanny Mendelssohn, Italienisches Tagebuch,* op. cit., p. 11.
22. Sebastian Hensel *Die Familie Mendelssohn,* op. cit., t. 3, p. 245.
23. Sebastian Hensel, *Die Familie Mendelssohn,* op. cit., t. 3, p. 246.
24. *Neue Zeitschrift für Musik,* Leipzig, xxvi/4, p. 14.
25. *Neue Zeitschrift für Musik,* Leipzig, xxvi/10, p. 38.
26. *Neue Zeitschrift für Musik,* Leipzig, xxvi/22, p. 89.
27. Dr Emmanuel Klitzsch, *Neue Zeitschrift für Musik,* Leipzig, xxvi/40, p. 169.
28. Sebastian Hensel, *Die Familie Mendelssohn,* op. cit., t. 3, p. 246.
29. Felix Mendelssohn-Bartholdy, *Briefwechsel mit Legationsrat Karl Klingemann,* op. cit., p. 329; lettre du 3 juin 1847.
30. Eduard Devrient, *op. cit.,* p. 281.
31. Felix Gilbert, *op. cit.,* p. 144; lettre de Hinni Mendelssohn du 21 mai 1847.
32. Sebastian Hensel, *Lebensbild...,* op. cit., p. 104.
33. Felix Gilbert, *op. cit.,* p. 144.
34. Sebastian Hensel, *Die Familie Mendelssohn,* op. cit., t. 3, p. 247.
35. Cécile Lowenthal-Hensel, *Preussische Bildnisse des 19.Jahrhunderts,* op. cit., p. 20.
36. Eduard Devrient, *op. cit.,* p. 282.
37. Eduard Devrient, *op. cit.,* p. 284 sqq.
38. Eduard Devrient, *op. cit.,* p. 286.

Conclusion 322

1. Cécile Lowenthal-Hensel, *Preussische Bildnisse des 19.Jahrhunderts,* op. cit., p. 30-31.
2. *Ibid.,* p. 19-20.
3. Michael Cullen, *op. cit.,* p. 70 sqq.
4. Sebastian Hensel, *Lebensbild...,* op. cit., p. 198.

5. Gisela Gantzel-Kress, « Noblesse oblige – Ein Bietrag zur Nobilitie-rung der Mendelssohns », in *Mendelssohn Studien*, *op. cit.*, t. 6, 1986, p. 175.

6. *Juden in Preussen*, *op. cit.*, p. 276.

7. Ilse Rabien, *Arnold und Wilhelm Mendelssohn...*, *op. cit.*, p. 295-296.

8. Sebastian Hensel, *Die Familie Mendelssohn*, *op. cit.*, t. 2, p. 198.

9. *Ibid.*, t. 3, p. 247.

10. Cécile Lowenthal-Hensel, *Preussische Bildnisse des 19. Jahrhun-derts*, *op. cit.*, p. 18.

BIBLIOGRAPHIE

ALTMANN, Alexander : *Moses Mendelssohn, Bibliographical Study*, Londres, Routledge, 1973.

ANSTETT, Jean-Jacques : « Henriette Mendelssohn », in : *Aspects de la civilisation germanique*, Travaux XII, Saint-Étienne, Centre interdisciplinaire d'étude et de recherche sur l'expression contemporaine, 1975.

ARENDT, Hannah : *Rahel Varnhagen*, traduit de l'allemand par Henri Plard (édition originale, 1958), Paris, Tierce, 1986.

ATTALI, Jacques : *Sir Sigmund Warburg, 1902-1982, un homme d'influence*, Paris, Fayard, 1985.

AUSTEN, Jane : *Pride and Prejudice*, London, Penguin English Library, 1981. Première édition : 1813.

AUSTEN, Jane : *Persuasion*, London, Penguin English Library, 1985. Première édition : 1818.

BADINTER, Élisabeth : *L'un est l'autre*, Paris, éd. Odile Jacob, 1986.

BADINTER, Robert : *Libres et égaux..., L'émancipation des Juifs sous la Révolution française (1789-1791)*, Paris, Fayard, 1989.

BEAUMARCHAIS, Pierre Augustin CARON, *Le Mariage de Figaro*, Paris, Gallimard (le Livre de Poche), 1966.

BEAUSSANT, Philippe : « Les inventions italiennes du génie baroque », in *Histoire de la musique occidentale*, éditée par Brigitte et Jean Massin, Paris, Fayard/Messidor-Temps Actuels, 1985, p. 395-421.

BENJAMIN, Phyllis : « Quellen zur Biographie von Fanny Hensel : IV. A Diary Album for Fanny Mendelssohn Bartholdy », in *Mendelssohn Studien, Beiträge zur neueren deutschen Kultur und Wirtschaftsgeschichte*, Berlin, Duncker & Humblot, t. 7, 1990, p. 179-217.

BERLIOZ, Hector : *Mémoires* (1re édition, 1870), Paris, Garnier-Flammarion, 1969.

BORDIER-NIKITINE, Michèle : « Charles Dugasseau », in *Revue historique et archéologique du Maine*, t.V, 1985, p. 300-329.

Boyd, Alexander : « Some unpublished letters of Abraham Mendelssohn and Fanny Hensel », in *Mendelssohn Studien, op. cit.*, t. 3, 1979, p. 9-50.

Chiti, Patricia Adkins : *Donne in Musica*, Rome, éd. Bulzoni, 1982.

Citron, Marcia : *The Letters of Fanny Hensel to Felix Mendelssohn*, Pendragon Press, 1987.

Cooper, Martin : « Charles Gounod », in *The new Grove, Dictionary of Music and Musicians*, éd. par Stanley Sadie, Londres, Macmillan, 1980, vol. 7, p. 580-591.

Cullen, Michael : « Leipziger Strasse 3 – Eine Baubiographie », in *Mendelssohn Studien, op. cit.*, t. 5, 1982, p. 9-77.

Devrient, Eduard : *Meine Erinnerungen an Felix Mendelssohn-Bartholdy und seine Briefe an mich*, Leipzig, S. Weber, 1869.

Devrient, Therese : *Jugenderinnerungen*, éd. H. Devrient, Stuttgart, C. Krabbe, 1905.

Drewitz, Ingeborg : *Berliner Salons*, Berlin, Haude & Spenersche Verlagsbuchhandlung, 1979.

Elvers, Rudolf : « Verzeichnis der Musikautographen von Fanny Hensel im Mendelssohn-Archiv zu Berlin », in *Mendelssohn Studien, op. cit.*, t. 1, 1972, p. 169-174.

Elvers, Rudolf : « Weitere Quellen zu den Werken von Fanny Hensel », in *Mendelssohn Studien, op. cit.*, t. 2, 1975, p. 215-220.

Elvers, Rudolf : *Felix Mendelssohn-Bartholdy, Briefe*, Frankfurt Verlagsbuchhandlung, 1979.

Elvers, Rudolf : « Über das " Berlinische Zwitterwesen " », in *Die Mendelssohn in Berlin; eine Familie und ihre Stadt*, Austellungskatalog n° 20, Berlin, Staatsbibliothek Preussischer Kulturbesitz, 1983.

Frotcher, Gotthold : « Die Aesthetik des Berliner Liedes in ihren Hauptproblemen », in *Zeitschrift für Musikwissenschaft*, t. VI, 1923-1924, p. 431-448.

Gantzel-Kress, Gisela : « Noblesse oblige – Ein Beitrag zur Nobilitierung der Mendelssohns », in *Mendelssohn Studien, op. cit.*, t. 6, 1986, p. 163-181.

Geck, Martin : *Die Wiederentdeckung der Matthäuspassion im 19.Jahrhundert, die zeitgenössische Dokumente und ihre ideengeschichtliche Deutung*, Forschungsunternehmen der Fritz Thyssen Stiftung, Studien zur Musikgeschichte des 19.Jahrhunderts Band 9, Regensburg, Gustav-Bosse Verlag, 1967.

GECK, Martin : « Zelter », in *Die Musik in Geschichte und Gegenwart*, éd. F. Blume, Kassel und Basel, Bärenreiter Verlag, 1949-1967, vol. XIV, col. 1208-1215.

GILBERT, Felix : *Bankiers, Künstler uns Gelehrte, unveröffentlichte Briefe der Familie Mendelssohn aus dem 19.Jahrhundert*, herausgegeben und eingeleitet von F. Gilbert, Schriftenreihe wissenschaftlicher Abhandlungen des Leo Baeck Instituts 31, Tübingen, J.C.B. Mohr, 1975.

GOETHE, Johann Wolfgang von : *Briefwechsel zwischen Goethe und Zelter, in den Jahren 1796 bis 1832*, éd. Riemer, Berlin, Duncker und Humblot, 6 volumes, 1833-1834.

GOUNOD, Charles : *Mémoires d'un artiste*, 3ᵉ édition, Paris, Calmann-Lévy, 1886.

GROSSMANN-VENDREY, Susanna : *Felix Mendelssohn-Bartholdy und die Musik der Vergangenheit*, Forschungsunternehmen der Fritz Thyssen Stiftung, Studien zur Musikgeschichte des 19.Jahrhunderts Band 17, Regensburg, Gustav Bosse Verlag, 1969.

HALL, Catherine : « Sweet Home », in *Histoire de la vie privée*, introduite par Michèle Perrot, dirigée par G. Duby et P. Ariès, Paris, Le Seuil, 1985, vol. IV, p. 52-87.

HECKER, Manfred : « Die Luisenstadt; ein Beispiel der liberalistischen Stadtplanung und baulichen Entwicklung Berlins zu Beginn des 19.Jahrhunderts », in *Berlin zwischen 1789 und 1848, Facetten einer Epoche, op. cit.*, p. 123 sqq.

HEINE, Heinrich : *Atta Troll*, édité par Ernst Elster, Leipzig et Vienne, Bibliographisches Institut, t. 2, p. 373.

HENSEL, Sebastian : *Die Familie Mendelssohn, 1729-1847, nach Briefen und Tagebüchern*, Berlin, B. Behr's Buchhandlung, 1879 (première édition).

HENSEL, Sebastian : *Ein Lebensbild aus Deutschlands Lehrjahren*, mit einem Vorwort von Prof. Paul Hensel, Berlin, Georg Reimer, 1911.

HÉRISSAY, Jacques : *Le Monde des théâtres pendant la Révolution. 1789-1800. D'après des documents inédits*, Paris, Perrin et Cie, 1922.

HERTLING, Nele : « Die Singakademie im musikalischen Leben Berlins 1791-1851 », in *Berlin zwischen 1789 und 1848, Facetten einer Epoche*, Austellungkatalog der Akademie der Künste 132, Berlin, Frölich und Kaufmann GmbH, 1981, p. 243-265.

HEYSE, Paul : *Jugenderinnerungen und Bekenntnisse*, 5ᵉ édition, Stuttgart und Berlin, J.G. Cotta'sche Buchhandlung Nachfolger, 1912.

HILLER, Ferdinand : *Felix Mendelssohn Bartholdy, Briefe und Erinnerungen*, 2ᵉ édition, Köln, Dumont-Schaubert, 1878.

HONIGMANN, Peter : « Der Einfluss von Moses Mendelssohn auf die Erziehung der Brüder Humboldt », in *Mendelssohn Studien, op. cit.*, t. 7, 1990, p. 39-76.

HOOCK-DEMARLE, Marie-Claire : *La Rage d'écrire, femmes-écrivains en Allemagne de 1790 à 1815*, Aix-en-Provence, Alinéa, 1990.

HORSLEY, Fanny and Sophie : *Mendelssohn and his Friends in Kensington*, London, Oxford University Press, 1934.

KAHL, Willi : « Ludwig Berger », in *Die Musik in Geschichte und Gegenwart*, éd. F. Blume, Kassel und Basel, Bärenreiter, 1949-1967, vol. I, col. 1692.

KEUDELL, Robert von : *Fürst und Fürstin Bismarck, Erinnerungen aus den Jahren 1846 bis 1872*, Berlin und Stuttgart, W. Spernan, 1901.

KIRSCHNER, Gottlob : « Dirichlet », in *Neue deutsche Biographien, op. cit.*, vol. 3, p. 749-750.

KIWUS, Karin : « Universität », in *Berlin zwischen 1789 und 1848, Facetten einer Epoche, op. cit.*, p. 353-376.

KNIBIEHLER, Yvonne : « Corps et cœurs », in *Histoire des Femmes en Occident*, le XIXe siècle, vol. 4, éd. Geneviève Fraisse et Michelle Perrot, Paris, Plon, 1991, p. 351-387.

KNOBLOCH, Heinz : *Berliner Grabsteine*, Berlin, Buchverlag Der Morgen, 1987.

KOEHLER, Karl-Heinz : « Felix Mendelssohn-Bartholdy », in *The new Grove Dictionary of Music and Musicians*, éd. Stanley Sadie, Londres, Macmillan, 1980, t. 12.

KUNDERA, Milan : *L'Immortalité*, traduit du tchèque par Eva Bloch, Paris, Gallimard (NRF), 1990.

KUPFERBERG, Herbert : *Die Mendelssohns*, 2e éd., Tübingen, Wunderlich Verlag, 1977.

LAMBOUR, Christian : « Quellen zur Biographie von Fanny Hensel, geb. Mendelssohn Bartholdy », in *Mendelssohn Studien, op. cit.*, t. 6, 1986, pp. 49-105.

LAMBOUR, Christian : « Ein schweizer Reisebrief aus dem Jahr 1822 von Lea und Fanny Mendelssohn Bartholdy an Henriette Mendelssohn, geborene Meyer », in *Mendelssohn Studien, op. cit.*, t. 7, 1990, pp. 171-178.

LEMOINE-LUCCIONI, Eugénie : *Partage des femmes*, Paris, Le Seuil, 1976.

LESSING, Gotthold Ephraim : *Nathan der Weise*, Stuttgart, Reclam, 1982, p. 71 sqq. Première édition : 1778; première représentation : Weimar, 1801 (révision de Schiller).

Lewald, Fanny : *Meine Lebensgeschichte,* trois volumes, Berlin, Otto Janke, 2ᵉ édition, 1871.

Litzmann, Berthold : *Clara Schumann, ein Künstlerleben, nach Tage-büchern und Briefen,* trois volumes, 7ᵉ édition, Leipzig, Breitkopf und Härtel, 1920.

Lowenthal-Hensel, Cécile : « F in Dur und F in Moll », in *Berlin in Dur und Moll,* Berlin, Axel Springer Verlag AG, 1970.

Lowenthal-Hensel, Cécile : « Wilhelm Hensel in England », in *Mendelssohn Studien, op. cit.,* t. 2, 1975, p. 203-213.

Lowenthal-Hensel, Cécile : « Wilhelm Hensels "Lebenslauf" von 1829 » in *Mendelssohn Studien, op. cit.,* t. 3, 1979, p. 175-179 ; « Theodor Fontane über Wilhelm Hensel », *ibid.,* p. 181-199.

Lowenthal-Hensel, Cécile : *Preussische Bildnisse des 19.Jahrhunderts, Zeichnungen von Wilhelm Hensel,* Austellungskatalog, Staatliche Museen Preussischer Kulturbesitz, Berlin, Hartman & Co., 1981.

Lowenthal-Hensel, Cécile : *19th Century Society Portraits, drawings by Wilhelm Hensel,* Catalogue, Berlin, Goethe-Institut London, 1986.

Lowenthal-Hensel, Cécile : « Neues zur Leipziger Strasse 3 », in *Mendelssohn Studien, op. cit.,* t. 7, 1990, p. 141-151.

Macdonald, Hugh : « Marie Bigot » in *The new Grove, Dictionary of Music and Musicians,* éd. par Stanley Sadie, Londres, Macmillan, 1988, t. 2, p. 701.

Mahling, Christoph Helmut : « Zum "Musikbetrieb" Berlins und seinem Institutionen in der ersten Hälfte des 19.Jahrhunderts », in *Studien zur Musikgeschichte Berlins im frühen 19.Jahrhundert,* éd. Carl Dahlhaus, Forschungsunternehmen der Fritz Thyssen Stiftung, Studien zur Musikgeschichte des 19.Jahrhunderts Band 56, Regensburg, Gustav Bosse Verlag, 1980.

Mann, Thomas : *Goethe et Tolstoï,* traduction Alexandre Vialatte, Neuchâtel, Victor Attinger, 1947.

Marx, Adolf Bernhard : *Erinnerungen aus meinem Leben,* deux volumes, Berlin, 1859.

Mattenklott, Gert : « Junges Deutschland und Vormärz in Berlin », in *Berlin zwischen 1789 un 1848, Facetten einer Epoche, op. cit.,* p. 139-146.

Meier, Jean-Paul : *L'Esthétique de Moses Mendelssohn, 1729-1789,* Paris-Lille, 1978.

Mendelssohn, Felix : *Paphlëis, Ein Spott-Heldengedicht,* Bâle, Jahresgabe der Internationalen Felix-Mendelssohn-Gesellschaft, 1961.

MENDELSSOHN BARTHOLDY, Felix : *Briefe aus den Jahren 1833 bis 1847*, éd. Paul Mendelssohn-Bartholdy et Carl Mendelssohn Bartholdy, 6ᵉ édition, Leipzig, H. Mendelssohn, 1875.

MENDELSSOHN BARTHOLDY, Felix : *Reisebriefe aus den Jahren 1830 bis 1832*, éd. P. Mendelssohn-Bartholdy, 9ᵉ édition, Leipzig, H. Mendelssohn, 1882.

MENDELSSOHN BARTHOLDY, Felix : *Briefwechsel mit Legationsrat Karl Klingemann*, éd. K. Klingemann, Essen, Baedeker, 1909.

MENDELSSOHN BARTHOLDY, Karl : *Goethe and Mendelssohn*, 2ᵉ édition, traduit par M.E. von Glehn, Londres, Macmillan, 1974.

MEYERBEER, Giacomo : *Briefwechsel und Tagebücher*, éd. Heinz Becker et Gutrun Becker, Berlin, W. de Gruyter, 1960-19...

MÖHRMANN, Renate : « Fanny Lewald », in *Neue Deutsche Bibliographie*, Berlin, Duncker und Humblot, 1985, vol. XIX, p. 409-410.

MONTGOMERY-SILFVERSTOLPE, Malla : *Das romantische Deutschland, Reisejournal einer Schwedin (1825-1826)*, Leipzig, A. Bonnier, 1912, p. 275-276.

NITSCHE, Peter : « Die Liedertafel im System der Zelterschen Gründungen », in *Studien zur Musikgeschichte Berlins im frühen 19.Jahrundert*, éd. par Carl Dalhaus, Forschungsunternehmen der Fritz Thyssen Stiftung, t. 56, Regensburg, Gustav Bosse Verlag, 1980.

PFANNKUCH, Wilhelm : « Spontini », in *Die Musik in Geschiche und Gegenwart*, op. cit., col. 1078-1090.

POLKO, Elise : *Reminiscences of Felix Mendelssohn-Bartholdy*, traduit par Lady Wallace, New York, Leypoldt & Holt, 1869.

PULVERMACHER, Gunter, « Biedermeier », in *The new Grove Dictionary of Music an Musicians*, op. cit., t. 2, p. 695-697.

RABIEN, Ilse : « Arnold und Wilhelm Mendelssohn – Zur Biographien zweier bemerkenswerter Brüder », in *Mendelssohn Studien*, op. cit., t. 7, 1990, p. 295-328.

RABIEN, Ilse : « Die Mendelssohn in Bad Reinerz – Zur Familie Nathan Mendelssohns », in *Mendelssohn Studien*, op. cit., t. 7, 1990.

RICHTER, Günter : « Keudell », in *Neue deutsche Biographien*, op. cit., p. 560-561.

ROTH, Cecil : *A Short History of the Jewish People*, revised édition, Phaidon Press Ltd, Oxford, 1943.

SAINT-ALBAN : *L'illustre Musicien Charles Gounod*, Paris, Maison de la Bonne Presse, s.d.

SAND, George : *Consuelo*, édité par Simone Vierne et René Bourgeois, trois volumes, Grenoble, Les Éditions de l'Aurore, 1991.

SCHEPER, Dirk : « Schauspielhaus », in *Berlin zwischen 1789 und 1848, Facetten einer Epoche, op. cit.*, p. 273-300.

SCHIEDER, Theodor : « Johann Gustav Droysen », in *Neue deutsche Biographie, op. cit.*, vol. IV, p. 135-137.

SCHUENEMANN, Georg : « Die Bachpflege der Berliner Singakademie », in *Bachjahrbuch*, XXV (1928), p. 138-171.

SCHUMANN, Robert : *Erinnerungen an Felix Mendelssohn Bartholdy, Nachgelassene Aufzeichnungen*, Zwickau, Predella Verlag, 1948.

SCHUMANN, Robert : *Tagebücher*, édité par Gerd Nauhaus, Leipzig, Veb. Deutsche Verlag für Musik, 1987.

SIROTA, Victoria : *The Life and Works of Fanny Mendelssohn Hensel*, thèse inédite, Boston University, 1981.

SIEBENHAAR, Klaus : « Biographien », in *Berlin zwischen 1789 und 1848, Facetten einer Epoche, op. cit.*, p. 431-462.

STERN, Carola : *Ich möchte mir Flügel wünschen : das Leben der Dorothea Schlegel*, Reinbeck bei Hambourg, Rowohlt Verlag, 1990.

SUTERMEISTER, Peter : *Felix Mendelssohn-Bartholdy. Eine Reise durch Deutschland, Italien und die Schweiz*, éd. P. Sutermeister, 2e édition, Tübingen, Heliopolis-Verlag Ewald Katzmann, 1979.

TREUE, Wilhelm : « Das Bankhaus Mendelssohn als Beispiel einer Privatbank im 19. und 20. Jahrhundert » in *Mendelssohn Studien, op. cit.*, t. 1, 1972, p. 29-80.

VARNHAGEN VON ENSE, Karl August : *Denkwürdigkeiten und vermischte Schriften*, Leipzig F.A. Brockaus, 1840, t. VII ; éd. par sa nièce Ludmilla Assing, 1859, t. IX.

VARNHAGEN VON ENSE, Karl August : *Tagebücher*, éd. par sa nièce Ludmilla Assing, 14 tomes en 7 volumes, Leipzig, Brockaus, 1861-1862.

VIGNAL, Marc : « Les nouveaux courants musicaux de 1750 à 1780 », in *Histoire de la musique occidentale, op. cit.*, p. 564-584.

WEISSMAN, Adolf : *Berlin als Musikstadt, Geschichte der Oper und des Konzerts von 1740 bis 1911*, Berlin et Leipzig, Schuster und Loeffler, 1911.

WEISSWEILER, Eva : *Fanny Mendelssohn, ein Portrait in Briefen*, Francfort/Main-Berlin-Vienne, Ullstein Taschenbuch, 1985.

WEISSWEILER, Eva : *Fanny Mendelssohn, Italienisches Tagebuch*, édité par E. Weissweiler, Darmstadt, Luchterhand, 1985.

WERNER, Éric : *Mendelssohn, Leben und Werk in neuer Sicht*, Zürich/ Freiburg in Bresgau, Atlantis Musikbuch-Verlag, 1980.

WILHELMY, Petra : *Der Berliner Salon im 19. Jahrhundert (1780-1914)*, Berlin et New York, Gruyter, 1989.

WOOLF, Virginia : *Une chambre à soi*, traduction de Clara Malraux, Paris, Denoël/Gonthier, 1980.

Ouvrages collectifs :

Annales de la « Société libre des beaux-arts », t. IV, Paris, 1836.

Calendrier musical universel, tome IX, Année 1788, Genève, Minkoff Reprints, 1972.

La Révolution française et les Juifs, Paris, Edhis, 1968, t. 1.

La Sainte Bible : L'Ancien Testament, traduction de Louis Segond, le Nouveau Testament, traduction de Hughes Oltramare, Paris, Agence de la Société biblique protestante, 1902.

Le Ménestrel, XLI, Paris, 1875.

Juden in Preussen, herausgegeben vom Bildarchiv Preussischer Kulturbesitz, Dortmund, Harenberg Kommunikation, 1981.

Neue Zeitschrift für Müsik, XXVI, Leipzig, 1847.

INDEX

Fanny, Wilhelm et Sebastian Hensel, Abraham, Felix et Lea Mendels-sohn Bartholdy et Rebecka Dirichlet ne sont pas indexés.

BEGAS (Begasse), Karl : 87, 337.
BEHREND, Röschen : 208.
BELLAY : 272.
BELLINI, Vincenzo : 249.
BENDA, Franz : 56.
BENECKE, Marie, née Mendelssohn Bartholdy : 250, 280, 324.
BENECKE, Victor : 324.
BENEDICKS, Josephine (Peppi), née Seeligmann : 116.
BENEVOLI, Orazio : 56, 333.
BENNETT William Sterndale : 233.
BÉRANGER, Pierre Jean de : 175.
BERENDT, Melitta : 316.
BERGER, Ludwig : 47, 50, 88, 145, 147.
BÉRIOT, Charles de : 245, 355.
BERLIOZ, Hector : 86, 198, 268, 292, 293, 347, 348.
BERNHARD : 18, 27.
BIGOT, Marie, née Kiéné : 45-47, 222, 332.
BIGOT, Paul (époux) : 45.
BISMARCK, Otto von (prince) : 311, 364.
BLANO : 211, 351.
BLUME, Heinrich : 66.
BOCK, Gustav, cf. Bote.
BOECKH, Philipp August : 126, 127, 285, 289, 290, 307, 308, 359.
BOMBERG : 22.
BOTE (Bote und Bock) : 15, 312, 317.
BOULEZ, Pierre : 50.
BOUSQUET, Georges (Ange) : 14, 267-269, 271, 272, 274, 275, 278, 357.
BRAHMS : 362.
BRAUNSCHWEIG (Brunswick), Caroline de : 346.
BRAUNSCHWEIG (Brunswick), Friedrich August von (duc de) : 246, 296.
BRAUNSCHWEIG (Brunswick), Wilhelm August von (duc de) : 296.
BREITKOPF UND HÄRTEL : 321.
BRÊME, Oelrich de (chevalier de) : 111, 211.
BRENTANO, Bettina, cf. von Arnim.
BRENTANO, Christian : 76.

BRENTANO, Clemens : 35, 36, 65, 72, 73, 76, 81, 147, 247, 335, 337, 359.
BRUCE : 308.
BRÜHL, Karl Friedrich Moritz von (comte) : 66, 91.
BRUNI : 272.
BUNSEN, Christian Josias von : 259, 285, 286, 290.
BUSOLT, J. E. : 140, 171, 210, 211, 350.

CACCINI, Francesca : 11.
CALAMATTA, Luigi : 260.
CALZABIGI : 27.
CANOVA, Antonio : 223.
CASPER (Caspar), Fanny, née Levin : 337.
CASPER (Caspar), Johann Ludwig : 91, 110, 337.
CHAMISSO, Adalbert von : 40, 73, 335.
CHAMPOLLION, Jean-François : 175.
CHERUBINI, Luigi : 112, 113, 191, 198, 244, 345.
CHLADNI, Ernst (Dr) : 89.
CHOISEUL-PRASLIN (duc de) : 25.
CHOISEUL-PRASLIN (duchesse de) : 24, 25, 48, 52, 53, 63, 106, 112.
CHOPIN, Frédéric : 47, 198, 211, 235, 315, 316.
CICÉRON : 94.
CITRON, Marcia : 87.
CLÄRCHEN, Jacques : 208.
CLEMENTI, Muzio : 47.
CLEMENT : 27.
CLEMENT (jardinier) : 217, 290.
CLERMONT-TONNERRE : 342.
CORNELIUS, Peter : 40, 72, 266, 284, 290, 359.
COUPERIN (famille) : 86.
CRAMER, Johann Baptist : 47.
CRANACH, Lucas : 92.
CULLEN, Michael : 118.

DACHERODEN, Caroline von, cf. Humboldt.
DACHRÖDEN, von : 210.
DAVID, Ferdinand : 141, 297, 300, 342.

377

378

KIRNBERGER, Johann Philipp : 54-57, 59, 61, 195.

KLEIST, Heinrich von : 12, 35.

KLENZE, Leo von : 355.

KLIEM, Manfred : 38, 332.

KLINGEMANN, Karl : 116, 123, 126, 128, 134, 137, 146, 160, 168-171, 181, 199, 224, 230, 231, 233, 240, 242, 246, 343, 345, 346, 349.

KLITZSCH, Emanuel (Dr) : 318, 319.

KNIBIEHLER, Yvonne : 249, 290, 355.

KNOBELSDORFF : 297.

KREUZER, Conradin? : 113.

KUBELIUS : 209, 350.

KÜHN, Sophie von : 79.

KUNDERA, Milan : 350.

LA BRUYÈRE, Jean : 10.

LACORDAIRE, Henri : 275, 276.

LAFONT, Charles Philipp : 113.

LAMARTINE, Alphonse de : 271.

LA MENNAIS, Félicité de : 276.

LANDSBERG, Ludwig : 171, 258, 270, 272.

LANGHANS, Carl Gotthard : 297.

LANG, Josephine : 313, 363.

LASSALLE, Ferdinand : 307, 308, 362, 363.

LAVALETTE (La Valette), Antoine Marie Chamans de (comte) : 308.

LAVATER, Johann Caspar : 19.

LECERF, Julius Amadeus : 210, 350.

LEFFMANN, Marianne, cf. Itzig.

LEMOS, Henriette de, cf. Herz.

LENNÉ : 176.

LEO : 63, 219.

LEOPOLD IER (empereur) : 26.

LEPSIUS, Karl Richard : 290.

LEQUEUX (consul de France) : 309, 310.

LESSING, Gotthold Ephraim : 18, 19, 119, 201, 329.

LEVIN (Ludwig), cf. Ludwig Robert.

LEVIN, Rahel, cf. Varnhagen.

LEVY, Moritz : 345.

LEVY, Samuel : 28.

LEVY, Sara : 28, 48, 55, 58, 86, 206, 298.

LEWALD, August : 336.

LEWALD, Fanny : 201, 300, 336, 349, 362.

LIND, Jenny : 320.

LIPPOLD : 25.

LISZT, Franz : 100, 198, 244, 245, 249, 262, 270, 289, 290, 299, 300, 354.

LOTTI : 58.

LOTZE : 245.

LOUISE (Luise, reine) : 12, 34, 176.

LOUIS IER DE BAVIÈRE : 253.

LOUIS-FERDINAND DE PRUSSE (prince) : 23, 34, 57, 86.

LOUIS-PHILIPPE : 25, 224, 250, 346.

LOVIE, Alphonse : 218.

LÖWE, Auguste : 299.

LÖWE, Sophie : 362.

LOWENTHAL-HENSEL, Cécile : 332.

LUPU, Radu : 50.

LUTHER, Martin : 39, 57.

MACHAUT, Guillaume de : 11.

MAGNUS, Eduard : 267, 268, 272.

MAHLING, Christoph Helmut : 355.

MALIBRAN, Maria (épouse de Bériot) : 355, 358.

MANDEL : 176.

MANTIUS, Eduard : 172, 210, 211, 240, 345, 350.

MARIALVA (comte) : 105.

MÄRKER : 54.

MARKUSE, Abraham : 27.

MARPURG : 54.

MARS, Mademoiselle (Anne-Françoise Hippolyte Bouter, dite) : 223.

MARX, Adolf Bernhard : 67, 114, 120, 121, 170, 197, 218, 339, 351.

MARX, Karl : 362.

MASSENET : 268.

MAURY : 342.

MEMHARDT : 32.

MEMLINC, Hans : 224.

MEMMSEN : 325.

MENDELSSOHN, Alexander : 31, 68, 179, 219, 242, 324, 338.

MENDELSSOHN Arnold (médecin) : 307, 325, 362, 363.

381

382

REICHA, Anton : 112, 113, 339.
REITER (Dr) : 241.
REMBRANDT (Rembrandt Harmens-zoon Van Rijn, dit) : 246.
REUMONT, Alfred de : 326.
RICARDO : 363.
RICHTER : 119, 128, 209.
RIDDER : 124.
RIEMER, Friedrich Wilhelm (Dr) : 204, 349.
RIES, Pieter Hubert : 239, 354.
RIESE : 210.
RIESSER, Gabriel : 37.
RIETZ (Ritz), Eduard : 99, 119, 137, 139-142, 171, 186, 192, 193, 198, 342.
RIETZ (Ritz), Julius : 139, 142, 342.
ROBERT, Friederike, née Braun : 122, 127, 170, 187.
ROBERT, Leopold : 256.
ROBERT, Ludwig, né Levin : 127, 170, 187.
ROBERT (Mme, Friederike? mariée en 1822) : 90.
RODE, Pierre : 113-115, 339.
RÖSEL, Samuel : 50.
ROSEN, Friedrich : 180, 346.
ROSSI, Henriette (comtesse), née Sonntag : 316, 364.
ROSSINI, Gioacchino : 65, 113, 115, 290.
ROUSSEAU, Jean-Jacques : 22, 62.
RUBENS, Petrus Paulus : 224, 246, 279.
RÜCKERT, Friedrich : 284.
RUNGENHAGEN, Carl Friedrich : 105, 111, 199, 200, 239.

SAALING, Marianne, née Salomon : 49, 99, 104, 105, 111, 170, 219, 220, 221, 362.
SALOMON, Bella (Babette), née Itzig : 28, 38, 40, 41, 49, 74, 110, 115, 137.
SALOMON, Jacob, cf. Bartholdy.
SALOMON, Lea, cf. Mendelssohn Bartholdy.
SALOMON, Levin Jacob : 40.

SAND, George : 104, 297, 358, 361.
SANTINI, Fortunato (abbé) : 270, 272.
SAVIGNY, Friedrich Karl von : 34, 35, 127.
SAXE-WEIMAR-EISENACH : 94.
SCHADOW, Johann Gottfried von : 80.
SCHADOW, Wilhelm von : 40, 72.
SCHANZKY : 272.
SCHARNHOST, Gerhardt von : 34.
SCHÄTZEL, Delphine von, cf. Handley.
SCHÄTZEL, Pauline von, cf. Deeker.
SCHAUROTH, Delphine von, cf. Handley.
SCHELLING, Friedrich Wilhelm Joseph von : 284, 330, 335.
SCHICHT (Pr) : 89, 112.
SCHILLER, Friedrich von : 119, 156, 192, 343.
SCHINKEL, Karl Friedrich : 70, 83, 84, 96, 180, 284, 341, 335, 341.
SCHLEGEL, August Wilhelm von : 120, 204, 330, 335, 349.
SCHLEGEL, Dorothea, née Brendel Mendelssohn (Veit) : 22-24, 27, 37, 46, 47, 72, 78, 122, 124, 204, 220, 229, 234, 325, 330, 340, 349.
SCHLEGEL, Friedrich von : 23, 24, 37, 330, 335.
SCHLEIERMACHER, Friedrich : 15, 23, 24.
SCHLESINGER, Adolph Martin : 232, 233, 312, 317.
SCHLESINGER, Theresa, cf. Devrient.
SCHLOSSER : 247.
SCHMIDT : 176.
SCHMITT, Aloys : 99, 100.
SCHNEIDER, Georg Abraham : 200.
SCHNORR VON CAROLSFELD, Julius : 72.
SCHÖNLEIN, Johann Lukas : 297, 300, 360, 363.
SCHOPPENHAUER, Adele : 94.
SCHROEDER, Friedrich Ludwig : 171, 345.
SCHROEDER-DEVRIENT, Wilhelmine : 220.

SCHUBERT, Franz : 60, 113, 244.
SCHULTZE, J. Chr. : 54.
SCHULTZ : 58.
SCHULZ, Hedwig : 248.
SCHUMANN, Clara, née Wieck : 50, 85, 241, 235, 245, 293, 315, 316, 364.
SCHUMANN, Robert : 223, 233, 240, 244, 245, 293, 317, 318, 320, 364.
SCHÜNEMANN, Georg : 143.
SCHURZ, Karl : 305.
SCHWAGER : 139.
SEBALD (Mme) : 57.
SÉBASTIANI, Fanny, cf. Choiseul-Praslin (duchesse de).
SÉBASTIANI, Horace (général comte : 24, 46.
SEELIGMANN, Josephine, cf. Bene-dicks.
SEELIGMANN, Marianne, cf. Men-delssohn.
SEIDLER, Caroline, née Wranitzki : 90, 92.
SERRES, Michel : 50.
SÉVIGNÉ, Marie (marquise de), née de Rabutin-Chantal : 202.
SHAKESPEARE, William : 9, 18, 120, 298, 335, 337, 345.
SHAW, Albert : 248.
SHAW, Mary : 248.
SOLMAR (Mlle) : 201.
SONNTAG, Henriette, cf. Rossi (comtesse).
SOPHOCLE : 283, 285, 286, 294.
SPOHR, Ludwig : 99, 207, 208, 212, 213, 244, 339.
SPONTINI, Gaspare Luigi (Sapupi) : 66, 70, 90, 91, 111, 114, 139, 199, 211, 337, 339.
STAEGEMANN (famille) : 81, 188.
STAEGEMANN, Johann Jakob : 38, 42.
STAEGEMANN, Élisabeth von : 81, 188.
STAEGEMANN (Stägemann), Friedrich von : 81.
STAEGEMANN, Hewig von, cf. Olfers.
STAËL, Germaine de (baronne), née Necker : 330, 349.
STAHR, Adolf : 336.
STEFFENS, Henrik : 289, 300, 360.

STEIN, Heinrich Friedrich Karl von und zu : 34, 174, 331.
STEIN, Lorenz : 309.
STENDHAL (Henri Beyle) : 32.
STOLBERG (comte) : 335.
STOSCH (Dr) : 219.
STRELITZ, Eliot de : 100.
STROZZI, Barbara : 11.
STÜMER, Heinrich : 66, 139-142.
SUTHERLAND (duc) : 320.
SUTHERLAND (duchesse) : 246.
SYDOW, Anna : 25.

TALMA : 91, 223.
TAYLOR (famille) : 159.
TAYLOR, Sarah, cf. Austin.
TELLER : 19.
THALBERG, Sigismond : 242, 249, 354.
THIBAUT, Anton Friedrich Justus : 112.
THOMSON, John : 158, 159.
THORVALDSEN, Bertel : 259, 267, 290, 356.
THYGESON, Charlotte : 267, 270-274, 305.
TIECK, Christian Friedrich : 300, 361.
TIECK, Johann Ludwig : 73, 284, 286, 298, 330, 335, 359, 361.
TIECK (Mme) : 298.
TITIEN (Tiziano Vecellio, dit le) : 256, 258, 279.
TOURGUENIEV, Ivan : 359.
TREITSCHKE, Heinrich von : 325.
TURNER, Joseph Mallord William : 72.
TÜRRSCHMIEDT, Auguste : 139, 140, 211, 350, 351.
TÜRRSCHMIDT (Türrschmiedt), Thé-rèse : 208.

UHLAND, Ludwig : 122, 319.
ULRIKE (Mlle) : 92, 94.
ULRIKE, cf. Peters.
UNGER-SABATIER : 290.

VAN DYCK, Antoine : 246, 279.
VAN EYCK, Jan : 224.

VARNHAGEN, Rahel, née Levin : 22, 23, 36, 39, 86, 105, 114, 127, 128, 178, 332, 340, 349.

VARNHAGEN VON ENSE, Karl August : 44, 127, 170, 180, 219, 220, 286, 289, 306, 330, 332, 336, 359, 360, 361, 363, 364.

VIET, Brendel (Dorothea), née Mendelssohn, cf. Schlegel.

VEIT, Johannes (Jonas) : 72, 76, 78.

VEIT, Philipp : 23, 24, 37, 40, 72, 76, 78, 266.

VEIT, Simon : 23.

VERNET, Horace : 223, 260, 263, 264, 274, 357, 358.

VÉRONÈSE (Paolo Caliari, dit Paolo Veronese) : 261.

VIARDOT-GARCIA, Pauline, née Garcia : 245, 277, 297, 355, 358.

VICTORIA (reine) : 122, 184, 246, 296, 346.

VIRCHOW : 325.

VITTORIA (Victoria) : 264.

VOITUS (Mme) : 56, 57.

VOSS, Johann Heinrich : 109.

WACH, Adolf : 324.

WACH, Karl Wilhelm : 300, 361.

WACH, Lili, née Mendelssohn Bartholdy : 306, 324.

WAGNER, Richard : 156, 337.

WARBURG (banque) : 30.

WEBER, Carl Maria von : 66, 88, 90, 91, 207, 208, 244, 300, 340.

WEISSWEILER, Eva : 197.

WELDON (Mrs.) : 270.

WEPPLER : 139.

WERNER, Eric : 198.

WERNER, Zacharia : 40.

WESTMORELAND (comte) : 300.

WIECK, Clara, cf. Schulmann.

WIESEL, Pauline : 23.

WILMSEN, August : 154.

WILMSEN, Friedrich Philipp : 164, 344.

WILSON : 308.

WINCKELMANN, Johann Joachim : 356.

WINTER, Peter : 209, 350.

WITT, Carl : 322.

WOLF, Hugo : 96, 104.

WOOLF, Virginia : 9, 11, 215.

WORINGEN (famille) : 230, 236, 292, 306.

WORINGEN, Otto : 236.

WRANITSKI, Caroline, cf. Seidler.

WULFF, Amalie, cf. Beer.

WULFF, Miriam, cf. Itzig.

ZAUNE : 127.

ZELTER, Doris : 87, 89, 91, 202.

ZELTER, Karl Friedrich : 50, 54, 55, 58-62, 65, 66, 85-87, 89, 92, 94, 96, 99, 101, 109, 110, 112, 119, 121, 137, 138, 140-145, 157, 159, 178, 187, 198, 199, 202-206, 239, 341, 347-350.

ZIMMERMANN : 245, 355.

ZUNZ, Leopold : 36.

GÉNÉALOGIE PATERNELLE

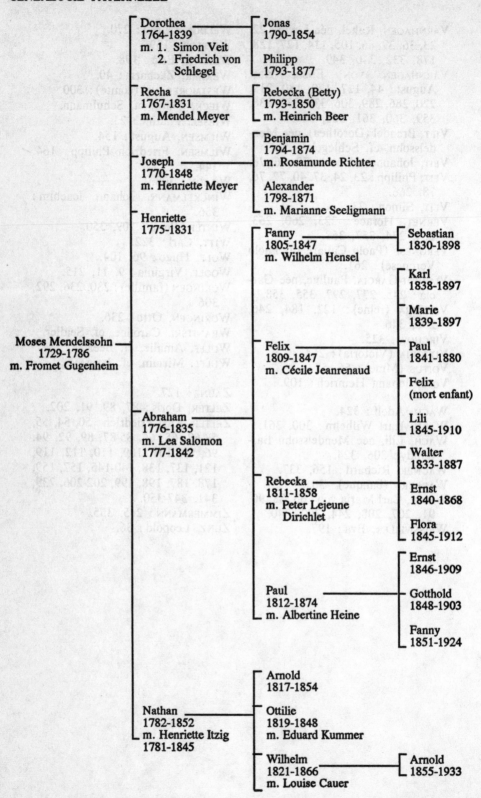

Moses Mendelssohn
1729-1786
m. Fromet Gugenheim

- Dorothea
  1764-1839
  m. 1. Simon Veit
     2. Friedrich von
        Schlegel
  - Jonas
    1790-1854
  - Philipp
    1793-1877

- Recha
  1767-1831
  m. Mendel Meyer
  - Rebecka (Betty)
    1793-1850
    m. Heinrich Beer

- Joseph
  1770-1848
  m. Henriette Meyer
  - Benjamin
    1794-1874
    m. Rosamunde Richter
  - Alexander
    1798-1871
    m. Marianne Seeligmann

- Henriette
  1775-1831

- Abraham
  1776-1835
  m. Lea Salomon
  1777-1842
  - Fanny
    1805-1847
    m. Wilhelm Hensel
    - Sebastian
      1830-1898
  - Felix
    1809-1847
    m. Cécile Jeanrenaud
    - Karl
      1838-1897
    - Marie
      1839-1897
    - Paul
      1841-1880
    - Felix
      (mort enfant)
    - Lili
      1845-1910
  - Rebecka
    1811-1858
    m. Peter Lejeune
       Dirichlet
    - Walter
      1833-1887
    - Ernst
      1840-1868
    - Flora
      1845-1912
  - Paul
    1812-1874
    m. Albertine Heine
    - Ernst
      1846-1909
    - Gotthold
      1848-1903
    - Fanny
      1851-1924

- Nathan
  1782-1852
  m. Henriette Itzig
  1781-1845
  - Arnold
    1817-1854
  - Ottilie
    1819-1848
    m. Eduard Kummer
  - Wilhelm
    1821-1866
    m. Louise Cauer
    - Arnold
      1855-1933

GÉNÉALOGIE MATERNELLE

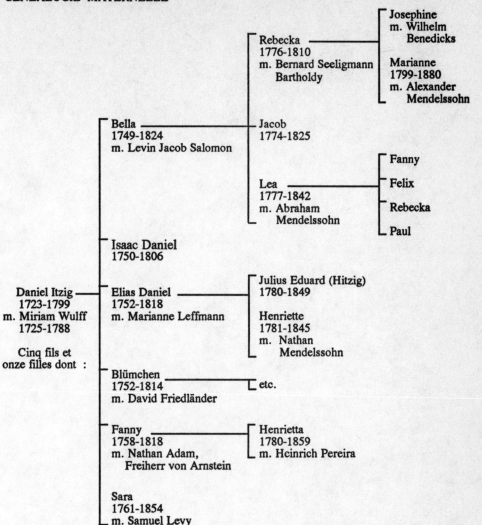

Daniel Itzig
1723-1799
m. Miriam Wulff
1725-1788

Cinq fils et
onze filles dont :

Bella
1749-1824
m. Levin Jacob Salomon

Isaac Daniel
1750-1806

Elias Daniel
1752-1818
m. Marianne Leffmann

Blümchen
1752-1814
m. David Friedländer

Fanny
1758-1818
m. Nathan Adam,
    Freiherr von Arnstein

Sara
1761-1854
m. Samuel Levy

Rebecka
1776-1810
m. Bernard Seeligmann
    Bartholdy

Jacob
1774-1825

Lea
1777-1842
m. Abraham
    Mendelssohn

Julius Eduard (Hitzig)
1780-1849

Henriette
1781-1845
m. Nathan
    Mendelssohn

etc.

Henrietta
1780-1859
m. Heinrich Pereira

Josephine
m. Wilhelm
    Benedicks

Marianne
1799-1880
m. Alexander
    Mendelssohn

Fanny

Felix

Rebecka

Paul

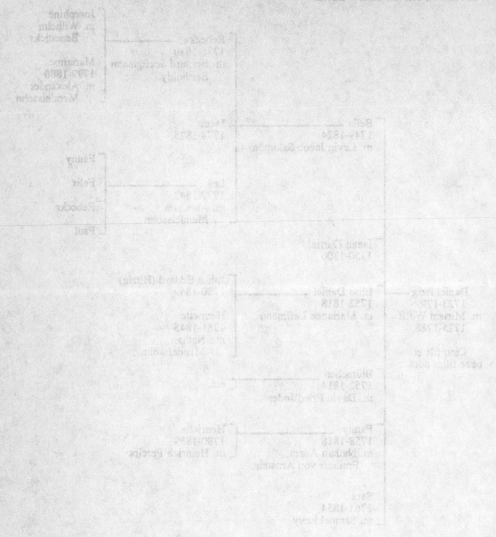

TABLE

Cet ouvrage a été réalisé par la
SOCIÉTÉ NOUVELLE FIRMIN-DIDOT
Mesnil-sur-l'Estrée
pour le compte des Éditions Belfond
en novembre 1992

Imprimé en France
Dépôt légal : novembre 1992
N° d'édition : 2943 – N° d'impression : 22064